LITERATURA UNIVERSAL

ANTONIO DE LA TORRE VILLALBA (COORDINADOR),
FRANCISCO JOSÉ DÍAZ CHICANO, HIPÓLITO ESTEBAN SOLER,
LEANDRO FÉLIX FERNÁNDEZ, FRANCISCO JAVIER SEDEÑO RODRÍGUEZ

Bachillerato

algaida

Coordinación editorial:
Luis Pino García

Edición:
Daniel García Florindo

Diseño de interior:
Alegría Sánchez G.

Maquetación:
Aurora Tristán López
Lumen Gráfica

Diseño de cubierta:
Javier Serrano
Miguel Ángel Pacheco

Asesor científico de edición:
Virgilio Sánchez Rey

Ilustraciones:
Sonia Sanz Escudero
Marta Altieri González

Edición gráfica:
Mar Merino

Fotografías interior: Agefotostock; Agencia EFE; Album; Archivo Anaya: Ashok, Beera; Candel, Cristina; Cosano, Pedro; Enríquez, Sergio; García Pelayo, Á.; Leiva, Á. de; Lezama, Diego; Manuelafotógrafa.com – Fototeca de España; Martin, Joseph; Muñoz Pellicer, M.A. Ortega, Á.; Ramón Ortega, P. – Fototeca de España; Redondo, M.; Rivera Jove, Víctor; Ruiz, J. B.; Steel, M.; Valls, Remedios; Vázquez, A.; Zuazo, A.H. Cordón Press; Cordón/Corbis; Cover; Gamma; Getty Images; Kobal; Prisma; StockPhotos.

Fotografía cubierta: James Joyce, escultura de Marjorie Fitzgibbon, junto al café «Kylemore» en Dublín. Cristina Candel / Anaya

©Del texto: Antonio de la Torre Villalba, Francisco José Díaz Chicano, Hipólito Esteban Soler, Leandro Félix Fernández y Francisco Javier Sedeño Rodríguez.
©De esta edición: Algaida Editores, S. A. 2009. Avda. San Francisco Javier, 22. Edif. Hermes, 4ª-6. 41018 Sevilla.

Este libro ha sido elaborado conforme a la legislación vigente en materia educativa y responde a las enseñanzas correspondientes al Bachillerato establecidas en el marco de la Ley Orgánica de Educación.

ISBN: 978-84-9877-227-2
Depósito legal: M-17248-2009
Imprime: Orymu, S.A.

Reservados todos los derechos. El contenido de esta obra está protegido por la Ley, que establece penas de prisión y/o multas, además de las correspondientes indemnizaciones por daños y perjuicios, para quienes reprodujeren, plagiaren, distribuyeren o comunicaren públicamente, en todo o en parte, una obra literaria, artística o científica, o su transformación, interpretación o ejecución artística fijada en cualquier tipo de soporte o comunicada a través de cualquier medio, sin la preceptiva autorización.

PRÓLOGO

En la presente obra se desarrolla el currículo de la materia «Literatura universal». Hemos optado por la solución que nos parece la más acorde con las necesidades actuales, con los conocimientos previos de nuestro alumnado en historia y arte, y, especialmente, por la opción más conveniente desde el punto de vista pedagógico. De ahí que hayamos combinado un criterio antropológico (mitos y valores culturales de las obras literarias) con un criterio histórico-temático (cronología, géneros y temas). Sin embargo, dada la amplitud de la materia, el recorrido cronológico no puede ser exhaustivo, por ello hacemos unas determinadas calas significativas en los momentos fundamentales de la historia de la Literatura universal que, más que una evolución histórica (respetada igualmente por su valor didáctico), suponen un acercamiento a las principales fuentes de la Literatura. Este recorrido pretende hacer explícitos, a través de once unidades didácticas, estos dos ejes temáticos fundamentales:

1. Comentario y análisis de las obras literarias.
2. Introducción a la Literatura como fenómeno universal.

Cada unidad didáctica del libro consta de los apartados que detallamos a continuación y que responden a los dos núcleos señalados.

Texto inicial y actividades previas:
En primer lugar se propone para su lectura y posterior comentario un texto motivador relacionado con el tema de la unidad y una serie de cuestiones sobre el mismo. Pretendemos despertar el interés y la curiosidad por los autores y obras antes de profundizar en ellos.

Contenido temático:
Los contenidos conceptuales propiamente dichos, a los que se accede por medio del texto teórico y los fragmentos literarios constituyen una base sólida para el conocimiento de la literatura. En cada tema se despliega una serie de actividades destinadas al aprendizaje práctico a través, especialmente, de los distintos textos que ejemplifican los contenidos teóricos. Además contamos con recursos didácticos de gran atractivo que relacionan la literatura con las distintas artes (pintura, cine, música) o con la propia literatura («Intertextualidad»). Asimismo, se cuenta con apartados como «Conocer y saber» que amplían datos destacables por su interés, o bien, se comentan datos curiosos. Del mismo modo, se distribuye en espacios concretos la información relativa a la vida de los autores («Biografía») y al argumento de las obras.

Actividades finales de recapitulación:
La finalidad de estas actividades es la de recapitular los contenidos de cada unidad a través de resúmenes, esquemas o cuadros sinópticos, recordar y comparar los movimientos, autores y obras estudiadas. Sin duda, será una herramienta muy útil que facilitará el estudio de los contenidos.

Guía de lectura:
En este apartado ofrecemos las orientaciones necesarias para que a través de la lectura de la obra propuesta se pueda dirigir un discurso crítico y estético.

Antología:
Cada tema contará, como último apartado, con una selección de textos representativos del período estudiado. De este modo, se completan los fragmentos literarios esparcidos a lo largo de cada tema, y se insiste en la lectura de las grandes obras de la literatura universal como forma de conocimiento y placer.

ÍNDICE

I. EDAD ANTIGUA (ORÍGENES DE LA LITERATURA)

TEMA 1. LAS LITERATURAS ORIENTALES
- Texto inicial y actividades previas 10
1. Literatura mesopotámica: tercer milenio a. C. 12
2. Literatura china de la época clásica: siglos VI-II a. C. 15
3. Literatura sánscrita: siglos X-II a. C. 17
4. Literatura hebrea: siglos X-I a. C. 19
5. Literatura del Antiguo Egipto: siglos XX-I a. C. 22
- Actividades finales de recapitulación 24
- Guía de lectura: El *Antiguo Testamento* 26
- Antología 28

TEMA 2. LITERATURA CLÁSICA GRIEGA
- Texto inicial y actividades previas 31
1. La literatura griega arcaica: siglos VIII al VI a. C. 32
2. La literatura griega en la época clásica: siglos V y IV a. C. 38
3. La literatura alejandrina: final del siglo IV y siglo I a. C. 42
4. La literatura griega en la época romana: siglo I d. C. 44
- Actividades finales de recapitulación 46
- Guía de lectura: *Edipo rey* 48
- Antología 50

TEMA 3. LITERATURA CLÁSICA LATINA
- Texto inicial y actividades previas 53
1. La literatura latina durante la República. Período de iniciación (240-82 a. C.) 54
2. La literatura latina durante la República. Período clásico (82-43 a. C.) 55
3. La literatura latina durante el Imperio (43 a. C. – 476 d. C.) 60
- Actividades finales de recapitulación 66
- Guía de lectura: *Las metamorfosis*, de Ovidio 68
- Antología 70

II. DE LA EDAD MEDIA A LA EDAD MODERNA (SIGLOS XII AL XVI)

TEMA 4. LITERATURA MEDIEVAL Y ORÍGENES DEL RENACIMIENTO
- Texto inicial y actividades previas 75
1. La Edad Media 76
2. Literatura árabe 78
3. Épica medieval 82
4. Narrativa medieval: Chaucer y Boccaccio 86
5. Teatro medieval 89
6. Lírica medieval 90
- Actividades finales de recapitulación 96
- Guía de lectura: *El Cancionero*, de Petrarca 98
- Antología 100

ÍNDICE

III. LA EDAD MODERNA (SIGLOS XVI AL XVIII)

TEMA 5. RENACIMIENTO Y CLASICISMO
- Texto inicial y actividades previas 105
1. La Edad Moderna: Renacimiento, Barroco y Clasicismo 106
2. La prosa narrativa y ensayística 108
3. La poesía 114
4. El teatro europeo 117
- Actividades finales de recapitulación 126
- Guía de lectura: *El rey Lear* 128
- Antología 130

TEMA 6. ILUSTRACIÓN Y PRERROMANTICISMO
- Texto inicial y actividades previas 133
1. La Ilustración 134
2. El Prerromanticismo 141
- Actividades finales de recapitulación 148
- Guía de lectura: *Zadig o el destino* 150
- Antología 152

IV. DE LA EDAD MODERNA A LA EDAD CONTEMPORÁNEA

TEMA 7. EL ROMANTICISMO (DE LA EDAD MODERNA A LA EDAD CONTEMPORÁNEA)
- Texto inicial y actividades previas 157
1. La sociedad del siglo XIX 159
2. El concepto de «Romántico» 159
3. Características del Romanticismo 159
4. Los temas de inspiración romántica 161
5. El Romanticismo en Alemania 162
6. El Romanticismo en Gran Bretaña 165
7. El Romanticismo en Francia 170
8. El Romanticismo en Rusia 174
9. El Romanticismo en Italia 175
10. El Romanticismo en Estados Unidos 177
11. El Romanticismo en Hispanoamérica 179
- Actividades finales de recapitulación 180
- Guía de lectura: *Carmen* 182
- Antología 184

TEMA 8. REALISMO Y NATURALISMO (DE LA EDAD MODERNA A LA EDAD CONTEMPORÁNEA)
- Texto inicial y actividades previas 187
1. El Realismo literario 188
2. La novela en Francia: Stendhal y Balzac, Flaubert. Zola y el Naturalismo 190
3. La novela en Inglaterra: Dickens 196
4. La novela en Rusia: Dostoievski, Tolstói 198
5. La novela en Portugal: Eça de Queiroz 202
6. La novela en Estados Unidos: Mark Twain 203
7. El cuento y el teatro: Chéjov, Ibsen y Strindberg 206
- Actividades finales de recapitulación 212
- Guía de lectura: *Madame Bovary* 214
- Antología 216

TEMA 9. POSROMANTICISMO (DE LA EDAD MODERNA A LA EDAD CONTEMPORÁNEA)

- Texto inicial y actividades previas 219
1. La crisis del Positivismo 220
2. El Decadentismo 221
3. El Prerrafaelismo: Ruskin 224
4. *El placer* de D'Annunzio 225
5. Leconte de Lisle y los parnasianos 226
6. El Simbolismo 236
7. La poesía en Portugal: Antero de Quental 232
8. La poesía en Estados Unidos: Walt Whitman 233
9. El Modernismo hispanoamericano: Rubén Darío 235
10. La novela inglesa: reacción antivictoriana. El esteticismo de Oscar Wilde 237
11. La novela de aventuras: Stevenson, Kipling, Conrad 239
12. La novela fantástica: Verne y Carroll 243
- Actividades finales de recapitulación 244
- Guía de lectura: *Las flores del mal* 246
- Antología 248

V. EDAD CONTEMPORÁNEA (SIGLO XX)

TEMA 10. LITERATURA DEL SIGLO XX (I)

- Texto inicial y actividades previas 253
1. Las Vanguardias 254
2. La renovación de la novela 268
3. La renovación del teatro 276
- Actividades finales de recapitulación 282
- Guía de lectura: *La metamorfosis* 284
- Antología 286

TEMA 11. LITERATURA DEL SIGLO XX (II)

- Texto inicial y actividades previas 289
1. La «generación perdida» 290
2. El existencialismo 294
3. El teatro del absurdo 300
4. El neorrealismo italiano 305
5. El *nouveau roman* francés 307
6. Narradores alemanes de posguerra 309
7. Los jóvenes airados ingleses 311
8. La narrativa norteamericana 313
- Actividades finales de recapitulación 322
- Guía de lectura: *El ruido y la furia* 324
- Antología 326

I

Edad Antigua

Orígenes de la literatura

En este bloque inicial nos acercaremos a las primeras manifestaciones literarias que han sentado las bases de nuestra cultura occidental tanto directa (en el caso de la literatura grecolatina) como indirectamente (en el caso de la literatura china). Así, desde el Extremo Oriente al Próximo Oriente, estas literaturas ejercieron una gran influencia en la literatura europea a través del latín, del griego y del árabe.

Entraremos, pues, en contacto con las principales manifestaciones de la literatura mesopotámica y de la Antigua China, con los libros sagrados de los hindúes, con la Biblia y la literatura hebrea anterior al Nuevo Testamento y, finalmente, con la literatura del Antiguo Egipto. Todas estas manifestaciones literarias son básicas para comprender las civilizaciones griega, latina y árabe, pilares fundamentales de nuestra cultura europea actual.

Como rasgos generales que comparten estas literaturas antiguas, podemos citar los siguientes:

- Están fuertemente enraizadas en las **creencias** de los pueblos donde surgen.
- Además de ejemplos de poesía, relato o drama son **guías religiosas** o de conducta para todos los hablantes y creyentes.
- En muchas de estas manifestaciones literarias se cuenta toda la **historia de un pueblo** y su lucha por sobrevivir frente a sus enemigos.
- Los **elementos fantásticos** (dragones, caballos alados, seres extraordinarios, etc.) aparecen en todas estas leyendas e historias antiguas.
- Finalmente, estas obras no suelen ser escritas por un solo autor, sino que a partir de unos escritos individuales, se fueron añadiendo aportaciones a lo largo de los años y así se pudo formar una **compilación** de leyes, historias, poemas y dramas que caracterizaron a estas obras literarias de la Edad Antigua.

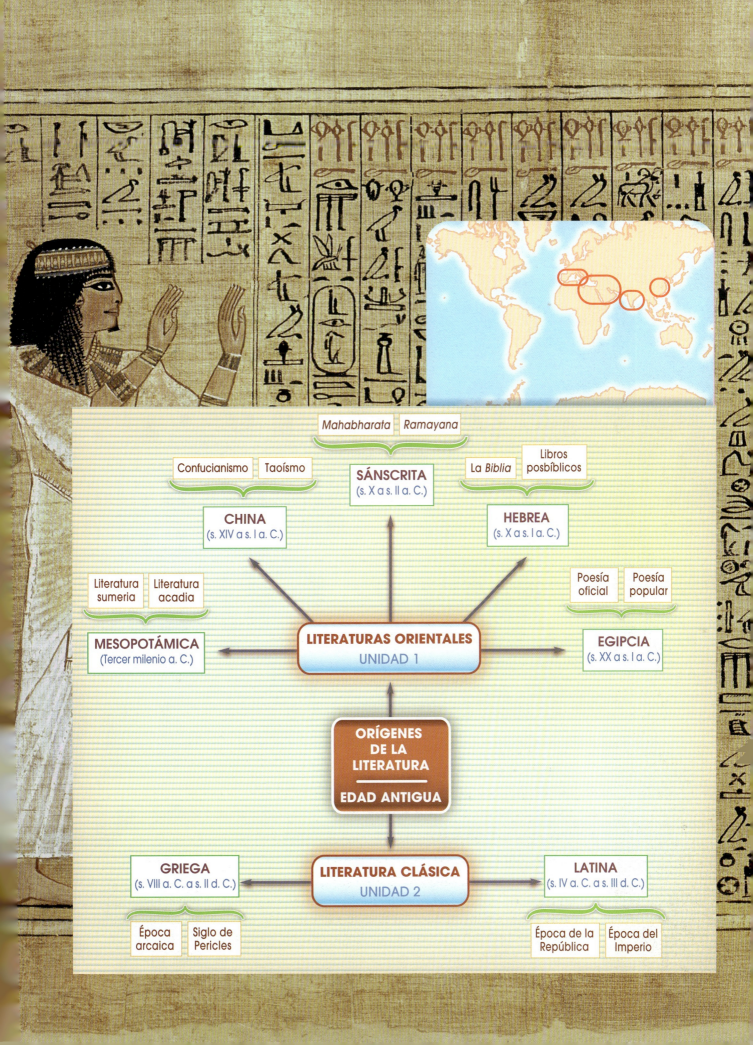

1 Las literaturas orientales

Edad Antigua

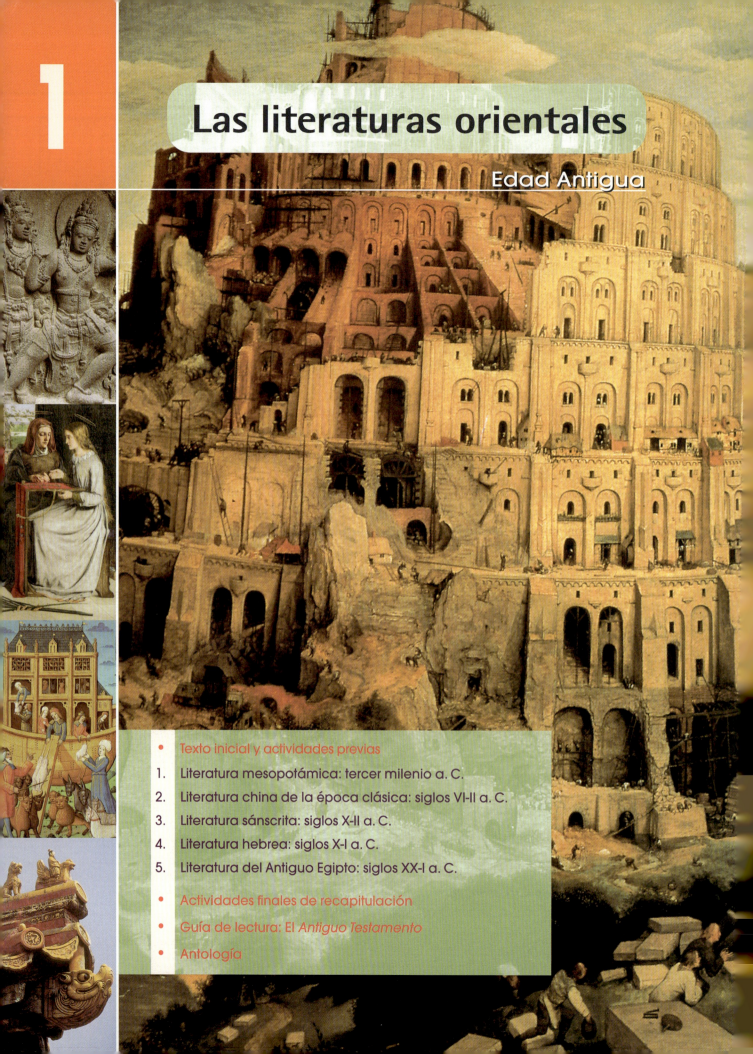

- Texto inicial y actividades previas
1. Literatura mesopotámica: tercer milenio a. C.
2. Literatura china de la época clásica: siglos VI-II a. C.
3. Literatura sánscrita: siglos X-II a. C.
4. Literatura hebrea: siglos X-I a. C.
5. Literatura del Antiguo Egipto: siglos XX-I a. C.

- Actividades finales de recapitulación
- Guía de lectura: El *Antiguo Testamento*
- Antología

Texto inicial

Muchos poetas están de acuerdo en que todos los temas de la poesía se reducen fundamentalmente a dos: el **amor** y la **muerte**. Apartemos, por el momento, el tema de la muerte para entrar en la literatura y en la poesía por la puerta del amor, tema que nos acompañará a lo largo de nuestro recorrido literario. Os ofrecemos un fragmento perteneciente a uno de los más célebres poemas amorosos. Tantos, y así que ha servido de modelo para poetas de todos los tiempos y de todas las latitudes. Se trata del *Cantar de los Cantares* atribuido al rey Salomón.

En este fragmento la esposa, al descubrir que está sola, sale a las calles de la ciudad en busca del «amor de su alma». Pregunta a los centinelas y no descansa hasta encontrarlo y llevarlo a la casa de su madre, donde ella fue concebida.

En busca del amor

En mi lecho, por las noches, he buscado
al amor de mi alma.
Búsquele y no le hallé.
Me levantaré, pues, y recorreré la ciudad.
5 *Por las calles y las plazas*
buscaré al amor de mi alma.
Búsquele y no le hallé.
Los centinelas me encontraron,
los que hacen la ronda en la ciudad:
10 *¿Habéis visto al amor de mi alma?*
Apenas habíalos pasado,
cuando encontré al amor de mi alma.
Le aprehendí y no le soltaré
hasta que le haya introducido
15 *en la casa de mi madre,*
en la alcoba de la que me concibió.

Cantar de los Cantares (3,1-4)

Actividades previas

A. En las primeras manifestaciones literarias el elemento religioso es un rasgo común. El *Cantar de los Cantares* sorprende por su cargado erotismo (lectura literal) y simbolismo (lectura figurada). Establece esa correspondencia entre la esposa y el esposo, entendiendo el poema como una alegoría religiosa (la unión mística del alma con su Creador, o bien, del amor de Dios con su pueblo): ¿quién sería la esposa y quién el esposo?

B. Localiza los recursos de repetición, especialmente el paralelismo propio de la poesía hebrea. Observa cómo se repiten a lo largo del fragmento los verbos que aparecen en el tercer y séptimo verso. ¿Cuál es el complemento que ambos requieren?

C. El título *Cantar de los Cantares* es un superlativo de la lengua hebrea, como *rey de reyes* o *libro de los libros,* que implica un honroso tratamiento propio de los textos fundacionales y sagrados de las primeras civilizaciones. Recuerda otros títulos de textos sagrados y comenta sus significados etimológicos.

NÚCLEO I: Edad Antigua

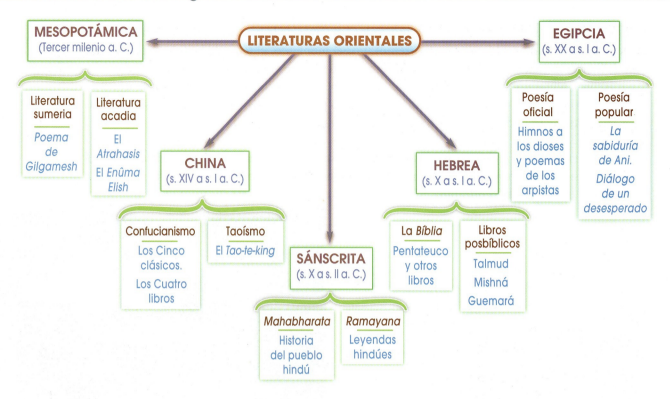

1. Literatura mesopotámica: tercer milenio a. C.

Vocabulario

Mesopotamia: alude a la zona que en la Edad Antigua se encontraba en las áreas fértiles contiguas a la franja entre los ríos Tigris y Eúfrates, y que hoy coincide con las tierras no desérticas del actual Iraq.

Se puede decir que la cultura y la historia de Occidente comienzan en **Mesopotamia**. Las periódicas inundaciones de los ríos Eúfrates y Tigris permitían una vegetación y una agricultura de cereales, legumbres y arroz que atrajo hacia esa región a un numeroso grupo de pobladores. Surgió, pues, una civilización fluvial, como luego pasaría en Egipto, que provocó el interés y, a veces, la codicia de otros pueblos. Por ello, esta región fue testigo de numerosas guerras que dieron el poder alternativamente a distintas poblaciones, tales como los sumerios del sur o los acadios del norte.

Los mesopotámicos escribían con una cuña sobre tablillas de arcilla blanda; de ahí que a esta escritura se la conozca como **cuneiforme**. Los primeros escritos en arcilla parecen remontarse al tercer milenio a. C. Así el poema sumerio llamado *Poema o Epopeya de Gilgamesh* está fechado entre 2750-2600 a. C. y los poemas acadios *Atrahasis* y *Enûma Elish*, más recientes, se escribieron respectivamente entre los años 1646-1626 a. C. y 669-627 a. C.

1.1. Literatura sumeria: *Poema de Gilgamesh*

El *Poema de Gilgamesh* es la narración escrita más antigua de la historia. La versión completa consta de doce tablillas. Se trata de la obra literario-religiosa más importante de la literatura mesopotámica y la primera de las grandes epopeyas que ya plantea los eternos interrogantes humanos: el significado de la vida, la angustia ante la muerte y la búsqueda de la inmortalidad. Su contenido se diseminó más tarde por las civilizaciones hebrea, egipcia, griega y latina.

Figura neosumeria (2112-2095 a. C.) con inscripciones de escritura cuneiforme.

Argumento del *Poema de Gilgamesh*

Se relata las aventuras del rey Gilgamesh y su amigo Enkidu. Gilgamesh era el señor de Uruk en Mesopotamia, humano y divino a la vez, de ahí que fuera demasiado arrogante para el gusto de los dioses. Para contrarrestar su poder crearon a Enkidu, un guerrero con la misma fuerza que Gilgamesh. Ambos luchan y se reconocen como iguales, lo que les lleva a respetarse y a hacerse amigos. En busca de la gloria, ambos marchan a matar al «gran mal» encarnado en el gigante Humbaba. Salen victoriosos del lance, pero los dos héroes desairan a la diosa Ishtar, que se venga con la muerte de Enkidu. Tras entonar una sentida elegía por su amigo muerto (es notable el paralelismo con el duelo de Aquiles ante la muerte de Patroclo —véase la *Ilíada* en el siguiente tema—), Gilgamesh decide buscar el don de la inmortalidad. Para ello emprende un largo viaje en pos de Utanapishtim, el único superviviente del diluvio universal, quien le cuenta que debe encontrar la planta de la inmortalidad en el fondo del mar. Gilgamesh la consigue, pero una serpiente se la roba. Resignado, acepta su condición de mortal y vuelve a Uruk.

Uniendo nuestras fuerzas, juntos escalamos la [montaña,
nos apoderamos del toro y lo matamos,
y derrotamos a Humbaba, que moraba
en el bosque de los cedros.
¿Y ahora qué es este sueño que de ti se ha apoderado?
Te has apagado y no me respondes.
Y él no levantó la cabeza.
Le tocó el corazón y no le latía.
Como a una esposa cubrió el rostro de su amigo.
Como águila se revolvía en torno suyo.
Como leona que ha perdido a sus cachorros,
no cesaba de ir de un lado a otro.

Tablilla VIII, columna 2

1.2. Literatura acadia: el *Atrahasis* y el *Enûma Elish*

El *Atrahasis* se atribuye a un copista llamado Kasap-aya en tiempos del rey acadio Ammi-saduqa. Abarca desde el origen del mundo hasta la creación del hombre.

En cuanto al *Enûma Elish*, es una narración también cosmogónica•. Se llama así por las palabras que la inician «Enûma elish» («cuando en lo alto»). El poema, en suma, es la historia de la eterna lucha entre el Orden y el Caos. Por ello, Marduk, dios de la luz y del orden, debe vencer a Tiamat, diosa que representa la oscuridad y el caos.

Cuando en lo alto el cielo no había sido nombrado,
y abajo la tierra firme no había sido mencionada por su nombre,
del abismo Apsu, su progenitor,
y de la tumultuosa Tiamat, la madre de todos,
5 *las aguas se mezclaron en un solo conjunto.*

Todavía no habían sido fijados los juncales,
ni las marismas habían sido vistas.

Cuando los dioses aún no habían sido creados,
y ningún nombre había sido pronunciado
10 *y ningún destino había sido fijado,*
los dioses fueron creados dentro de ellos.

Vocabulario

Cosmogónica: relativa a la cosmogonía, es decir, al relato mítico sobre el origen del mundo.

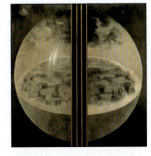

La Creación del mundo, por El Bosco.

NÚCLEO I: Edad Antigua

Argumento de *Atrahasis*

El poema empieza con la disputa entre los dioses («cuando eran a la manera de los hombres»); así, después de 3 600 años de hacer todos los trabajos, se rebelan y se niegan a trabajar más. El dios principal, Enlil, decide que se debe sacrificar a un dios menor y juntar su sangre con arcilla para crear al hombre. De esta manera, el género humano hará el trabajo de los dioses. Tras la procreación del género humano, los hombres fabrican picos y azadas. Cavan canales entre el Éufrates y el Tigris para alimentarse y nutrir también a los dioses. El país crece tanto que Enlil tiene problemas para dormir porque hay mucho ruido. Manda plagas contra los hombres, pero como estos siguen haciendo ruido embarga todos los regalos de la naturaleza: Anu y Adad debían guardar el cielo; Enlil, la tierra; y Enki, las aguas. Además, Enlil decreta la infertilidad entre los hombres; pero Enki frustra su plan y Enlil, como castigo a su desobediencia le manda inundar la tierra. Enki advierte a Atrahasis de la inundación y le recomienda la construcción de un barco donde deberá meter un animal de cada tipo con objeto de salvar a la raza humana y garantizar su subsistencia (este pasaje está tomado del *Poema de Gilgamesh*). Finalmente, Atrahasis desembarca, ofrece un sacrificio y Enki convence a Enlil para que no sea tan estricto y adopte un plan más humano.

Argumento de *Enûma Elish*

La diosa del agua salada, Tiamat, y el dios del agua dulce, Apsu, engendraron una familia de dioses, pero estos molestaban a su padre y Apsu quiso destruirlos. Sin embargo, uno de los dioses hijos, Ea, logró matar a su padre y se unió a la diosa Damkina. De dicha unión nació Marduk, dios de Babilonia. Para vengar a Apsu, Tiamat se alía con Kingu, su segundo esposo, pero Marduk se pone al frente de los otros dioses y destruye a Tiamat. Tras esta victoria, Marduk planea realizar grandes obras y le dice a su padre, Ea: «Amasaré la sangre y haré que haya huesos. Crearé una criatura salvaje, "hombre" se llamará. Tendrá que estar al servicio de los dioses, para que ellos vivan sin cuidado». Kingu es condenado a morir por ser jefe de la rebelión y con su sangre Ea crea a la humanidad.

Intertextualidad

El diluvio universal

A partir del *Poema de Gilgamesh*, el desarrollo literario del mito del diluvio se expandió por distintas culturas. De él depende el *Atrahasis* y el mito hebreo de Noé, que a su vez inspiró las versiones árabes del *Corán*. También en la literatura clásica apareció en cuentos, pero especialmente en la historia de Decaulión y Pirra recogida por Horacio (*Odas*, 1, 2, 5-12) y Ovidio (*Metamorfosis*, 1), quien añade muchos detalles.

Una muestra de la vigencia actual del mito diluviano en la literatura hispánica contemporánea la podemos encontrar en la magnífica obra de Gabriel García Márquez *Cien años de soledad* (1967).

Actividades

1. A partir de los argumentos del *Atrahasis* y del *Enûma Elish* intenta explicar el sentido de estas narraciones míticas. ¿Cuál es la razón de ser del mito en estos poemas?

2. En el poema de Gilgamesh, Utanapishtim le recuerda al héroe el valor de ser mortal:
   Tú, Gilgamesh, llena tu vientre.
   Regocíjate noche y día.
   Celebra una alegre fiesta a diario.
   Danza y juega de día y de noche [...]
   Esa es la tarea de la humanidad.
   Comenta estas palabras y relaciónalas con los tópicos literarios.

3. Explica brevemente los paralelismos entre las literaturas sumeria y hebrea.

4. Investiga sobre el relato mítico de Decaulión y Pirra.

2. La literatura china de la época clásica: siglos VI a II a. C.

Las manifestaciones más antiguas de la literatura china se remontan al siglo XVI a. C. Son inscripciones en huesos y conchas de tortuga dedicadas a divinizar la primera dinastía china conocida, los reyes de la dinastía Shang.

La época clásica se corresponde con las literaturas griega y latina y, por tanto, es posterior a las literaturas sánscrita, hebrea y egipcia. Se produjo entre los siglos VI y IV a. C. en los tiempos de la dinastía Zhou. De esta época son las obras de Confucio, Mencio, Lao Tse y Zhuang Zi.

2.1. Los libros confucianos

Frente a otras tradiciones literarias orientales, los libros confucianos no relatan grandes hazañas o retratan la historia de héroes o semidioses, sino la vida cotidiana de la gente sencilla de las ciudades, pueblos y aldeas chinas. La enseñanza de Confucio insiste en aspectos propios de la primitiva religión china, desde el culto a los antepasados a las formas de adivinación, y aborda la configuración de un imperio paternalista con un gobernante déspota y benevolente. Se trata, pues, de un modelo de sabiduría aplicada al ámbito de la reflexión ética y política que ha formado parte de los estudios de las escuelas chinas, ya que se pensaba que ningún hombre podía llegar a un buen nivel moral y de inteligencia sin conocer la obra de Confucio. Esta literatura confuciana se puede agrupar en dos grupos:

Biografía

CONFUCIO (571-479 A.C.)

Confucio (latinización de Kong fu Zi) nació en la ciudad de Lu, donde llegó a ser ministro de justicia y primer ministro. Por sus ideas tuvo que abandonar Lu con algunos de sus discípulos y, después de algunas desgracias personales que le dieron cierta aureola de santo, regresó a su ciudad fundando una escuela.

Los *Cinco clásicos*:

- *El clásico de los cambios*, también llamado *Libro de las mutaciones*, es una de las obras más herméticas. En principio fue compuesta como una guía para interpretar los oráculos antiguos; posteriormente, va relacionando la realidad del hombre con el cosmos en un momento determinado; así, puede indicar un camino de reflexión ante cada uno de los acontecimientos que se presentan en nuestra existencia.
- *El clásico de la historia* es una recopilación de documentos y discursos supuestamente escritos por mandatarios y funcionarios de la dinastía Zhou.
- *El clásico de la poesía*, también conocido como *Libro de las odas*, es una antología de las baladas populares de las diversas regiones de China. Las más antiguas datan del siglo XI a. C. Se transmitieron de forma oral y sus temas más frecuentes son el paso de las estaciones, las guerras contra los bárbaros, el amor y el desamor, el buen y el mal gobierno, o la forma correcta de realizar ciertos rituales.
- *El clásico de los ritos*, libro de ética que incluye los rituales.
- *Los anales de las primaveras y los otoños* es un registro histórico del país de Lu donde nació Confucio. El título da nombre a una etapa de la historia de China anterior a la dinastía Quin (siglo IV a. C.).

Los *Cuatro libros*:

- *Gran saber* describe la vida refinada del individuo, la familia, la nación y el mundo.
- *Doctrina del método* describe una manera moderada de vida en armonía con el Tao, el camino del cielo. Trata de las reglas de conducta humana, del ejemplo de los buenos monarcas y la justicia de los gobiernos.
- *Analectas (Lun Yü)* incluye una serie de breves sentencias y pequeños diálogos y anécdotas que fueron recopilados por dos generaciones sucesivas de discípulos de Confucio a lo largo de unos setenta y cinco años después de su muerte. En chino, analectas significa literalmente «discusiones sobre las palabras (de Confucio)». En ellas se encuentran los principios básicos de Confucio: decencia, rectitud, lealtad y piedad filial. Veamos algunos ejemplos:

Al terminar el periodo de luto, no deben continuar los lamentos.

Él dijo: no le preocupaba carecer de empleo, sino no ser capaz de desempeñar uno; no le preocupa que no se le conozca, sino hacer algo digno de ser conocido.

El Maestro dijo: «¡Una vasija aristada sin aristas!, ¡vaya una vasija aristada!»

- *Libro de Mencio*. Mencio fue un notable discípulo de Confucio que escribió sobre las cualidades positivas de la naturaleza humana y los deberes cívicos.

2.2. El Taoísmo y el *Tao-te-king*

La otra doctrina que desarrolla la literatura china antigua es el taoísmo, inspirada en el *Tao-te-king* de Lao Tsé, compendio del ideario taoísta. Se puede traducir el título como «tratado del recto camino» o «libro del sendero y del poder». Su escritura es aforística, condensada, y revela una visión mística y sintética del universo. Mientras que el Confucianismo busca la armonía del hombre con la sociedad, el Taoísmo se centra en hallar la armonía del hombre con el Universo (Tao).

El **Tao** es la tercera fuerza, el principio superior que une el **Yin** (lo positivo, lo masculino, lo duro, lo seco…) con el **Yang** (lo negativo, lo femenino, lo frágil, lo húmedo…), las dos fuerzas opuestas y complementarias por las que se rigen todos los seres. Yang significa literalmente 'la ladera luminosa (soleada) de la montaña' y Yin, 'ladera oscura (sombría) de la montaña'. El símbolo de la montaña representa, pues, la unión natural, el Tao.

Conocer y saber

LA POESÍA TAOÍSTA DE LI PO

Li Bai (701-762) conocido en Occidente como Li Po es el gran poeta de la dinastía Tang, bajo la cual llegó a su apogeo la poesía clásica china. Sus versos, cargados de imágenes taoístas, se caracterizan por una bella concisión lingüística y por el culto a la naturaleza, la melancolía y la bebida.

Conversación en la montaña

¿Me preguntas por qué habito
en estas colinas verdes jade?
Yo sonrío. No hay palabras para expresar
el sosiego de mi corazón.
5 ¡Qué fascinante la flor del melocotón
arrastrada por la corriente del agua!
Aquí vivo en otro reino
más allá del mundo de los hombres.

• Actividades

Los cuervos que graznan por la tarde

Doradas nubes bañan la muralla.

Los negros cuervos graznan sobre sus nidos,
nidos en los que quisieran descansar.

En tanto, la joven esposa suspira, sola y triste,
5 sus manos abandonan el telar,
sus ojos están fijos en la azul cortina del cielo,
cortina que parece separarla del mundo,
como la leve niebla oscurece el río.

Está sola: el esposo viaja por países lejanos,
10 todas las noches está sola en su alcoba.

La soledad le oprime el corazón,
y sus lágrimas, como fina lluvia, caen en tierra.

5. En este poema de Li Po puedes observar distintas imágenes taoístas formadas con elementos simbólicos que deberían formar una unidad, pero no lo hacen. ¿Puedes enumerar estos elementos? ¿Qué importancia tiene el primer verso? Observa su relación con el sexto verso y el valor simbólico de la muralla y la cortina. ¿Cuál es su función entre los elementos naturales? ¿Puedes concluir ahora cuál es el tema del poema?

6. Recuerda el principio taoísta de equilibrio (armonía, serenidad, imperturbabilidad). ¿Qué diferencias encuentras entre esta joven esposa y la del *Cantar de los Cantares*, que sale al encuentro de su amado? ¿Existe un paralelismo simbólico entre los cuervos y la esposa triste y sola? ¿Conoces algún personaje de la literatura clásica que se pueda relacionar con ella?

3. La literatura sánscrita: siglos X-II a. C.

La literatura **sánscrita**•, es decir, la antigua literatura india, tiene dos momentos importantes. Los libros escritos unos mil años antes del nacimiento de Cristo y conocidos como los **Vedas**• y los **libros épicos posvédicos que**, basándose en la mitología védica, se fueron transmitiendo oralmente en la India hasta que fueron recopilados después del siglo IV de nuestra era. Los dos libros fundamentales que continúan la tradición védica son el *Mahabharata* y el *Ramayana*.

3.1. El *Mahabharata*

Considerada la obra literaria más extensa del mundo, se compone de más de doscientos mil versos. Alrededor de una trama épica central que le da nombre –la lucha de los bharatas–, el *Mahabharata* cumple en la India la misma función que la *Ilíada* tuvo entre los griegos, el *Cantar de los Nibelungos* entre los germanos o el Antiguo Testamento entre los hebreos. Naturalmente, no podría ser obra de un solo autor, sino de las aportaciones de varias generaciones. No obstante, la tradición atribuye su redacción a Krishna-Dwaipayana, llamado **Vyasa**, personaje legendario que también interviene ocasionalmente en la narración como guía espiritual de sus nietos enfrentados: los hijos de Pandu (los pandavas) y de Dhritarashtra (los Kauravas).

Aunque la obra se empezó a escribir en el siglo IV a. C., la versión actual es la que se conoce desde el siglo IV d. C. con las múltiples aportaciones (amplificaciones de determinadas escenas, intercalación de episodios marginales o reelaboraciones de fases primitivas). Los brahmanes• introdujeron **elementos teológicos y místicos**, los ascetas• incluyeron sus propios temas (**el renunciamiento, el amor a todos los seres y la moral**) a través de fábulas y narraciones. También se le añadieron partes **políticas, jurídicas y filosóficas** en las que están representadas todas las doctrinas brahmánicas (como el *samkhya*, el *yoga* o la *vedanta*). Así, el *Mahabharata* resulta un conjunto muy heterogéneo de más de 100 000 **zlokas** (estrofas de dos versos de 16 sílabas).

Vocabulario

Sánscrito: antigua lengua de los brahmanes, que sigue siendo la sagrada del Indostán

Vedas: son cuatro textos sánscritos que forman la base del extenso sistema de escrituras sagradas del hinduismo.

Brahmán: perteneciente a la primera de las cuatro castas tradicionales de la India.

Asceta: persona que busca la perfección espiritual, mediante la renuncia de lo mundano, y la disciplina de las exigencias del cuerpo.

El dios Krishná y su amigo, el pandava Arjuna en la batalla de Kurukshetra, que narra los capítulos (*parvas*) VI-X, los más antiguos del *Mahabharata*.

NÚCLEO I: Edad Antigua

Intertextualidad

CUENTOS Y FÁBULAS

Los cuentos y las fábulas orientales en colecciones como el **Panchatantra** influyeron en Bocaccio, Chaucer, La Fontaine, Alfonso X, el Arcipreste de Hita, don Juan Manuel o Ramón Llull. La influencia de la literatura sánscrita llegará a la Península a través del árabe y la Escuela de Traductores de Toledo. *Calila e Dinna* es el nombre castellano de esta obra a partir de la traducción árabe del siglo VIII. Un cuento famoso originario es, por ejemplo, *La lechera*.

Argumento de *Mahabharata*

Esta epopeya narra la lucha entre dos familias: los descendientes de Pandu (pandavas) y los hijos de Dhritarashtra (conocidos como kauravas por ser descendientes de Kuru). Dhritarashtra había cedido el trono a su hermano Pandu porque, aunque mayor de edad, era ciego. Pero a la muerte de Pandu vuelve a reinar el rey ciego y los cinco hijos de Pandu permanecen con su tío y sus primos en el Palacio Real de Hastinapura.

Envidiosos los hijos de Dhritarashtra porque sus primos los superan en todo, y habiendo el rey ciego nombrado heredero a su sobrino mayor, se destierran a la selva y urden un complot para matar a los hijos de Pandu. Estos se salvan del atentado y cada uno de ellos realiza una serie de hazañas que son contadas con minuciosidad.

Aunque Dhritarashtra consigue pacificar la situación, los kauravas vuelven a desterrarse en la selva y viven mil aventuras. Acabado el destierro, los kauravas son vencidos y solo quedan tres de los hermanos vivos, pero estos matan a todo el ejército pandava, del que solo sobreviven los cinco hermanos. El poema se cierra con la descripción del campo de batalla y la lamentación de Gandhari, esposa de Dhritarashtra (uno de los momentos de mayor riqueza lírica). Al final, los pandavas se libran de los pecados mediante el sacrificio de los caballos y rigen su reino hasta llegar al mundo de Indra.

3.2. El *Ramayana*

Aunque el *Ramayana* ('la carrera de Rama') es menos extenso que el *Mahabharata*, su amplitud es enorme comparada con las obras épicas occidentales (24 000 estrofas o *zlokas*). Atribuido a **Valmiki**, recoge de forma heterogénea un conjunto de leyendas y pensamientos filosóficos y teológicos. El poema se mantiene vigente en la India, pues se lee en las fiestas religiosas.

El tema central es la historia de Rama, rey muy valeroso, que salva a su esposa Sita después de ser raptada por el rey de los demonios tras una heroica lucha. En realidad, se trata de la transposición narrativa de un mito de la naturaleza, según el cual Rama sería la lluvia y Sita el surco que fecunda el agua.

Escena del *Ramayana* del templo de Prambanan. Isla de Java.

Actividades

Los dos pasaron juntos la noche, llenos de alegría, contando todo el antiguo errar por la selva. En la casa de Bhima, el señor de la tierra, vivían con el corazón alegre, deseando uno el placer del otro, la vidarbha y Nala. Este, reunido al fin con su esposa en las cuartas lluvias, satisfechos todos sus deseos, tenía
5 *un gozo extraordinario. Y también Damayanti, al reunirse con su esposo, se llenó de vigor, como la tierra que recibe agua cuando las mieses están a medio nacer. Reunida con su esposo, libre de su cansancio, calmado su tormento, ensanchado de alegría su corazón, resplandecía la hija de Bhima, conseguido su deseo, como la noche cuando sale la de fríos rayos.*

7. El texto pertenece a la historia de Nala y Damayanti incluida en el *Mahabharata*. Compara este fragmento con el texto inicial del tema: el del *Cantar de los Cantares* y el poema de Li Po «Los cuervos que graznan por la tarde» e indica sus similitudes y diferencias.

8. Indica la relación entre este fragmento y el mito de Rama y Sita que se cuenta en el *Ramayana*.

4. Literatura hebrea: siglos X-I a. C

La especial cualidad del legado literario hebreo, convertido en verdad revelada por Dios a su pueblo de Israel y, a través de Jesucristo, a todo el mundo cristiano, le otorga una singular diferencia frente a las otras literaturas mitológicas (india, egipcia o grecolatina).

El **monoteísmo** del pueblo hebreo establece una división clara con las otras culturas antiguas. Si a ello añadimos su continuidad en el tiempo, entenderemos por qué esta literatura nos es tan familiar a todos los pueblos occidentales. Tanto la cultura occidental como su literatura contienen el espíritu y el legado del «libro de los libros»: la Sagrada Biblia, que es, junto con la herencia grecolatina, el otro gran basamento de nuestra civilización.

Vamos a tratar aquí de los primeros escritos hebreos, por tanto, los *Evangelios* o Nuevo Testamento entrarían en la literatura cristiana que se fundirá con la latina durante los primeros siglos del cristianismo. Por otra parte, hay que tener en cuenta que la Biblia cristiana difiere algo de la hebrea, tanto en la organización como en el contenido. Así, el canon cristiano incluye libros como el de **Judit** o **Tobías** considerados apócrifos por los judíos.

4.1. El *Antiguo Testamento*

El Antiguo Testamento es una recopilación de libros aparecidos entre los años 750 y 50 a.C. (en este año parece ser que se incorpora el último en descubrirse o terminarse: el *Libro de la Sabiduría*).

Aunque el tema central y unificador es la relación del único Dios con su pueblo elegido, Israel, se da una gran heterogeneidad entre los libros que componen el Antiguo Testamento. La clasificación que se ha hecho de estos libros responde a un criterio basado en el contenido, pero por todos ellos corre la misma leyenda: «Israel es el pueblo elegido por su Dios Yahvé».

4.1.1. El *Pentateuco*

El Antiguo Testamento comienza con lo que los judíos denominan la *Torá* y los cristianos el *Pentateuco* (*Génesis, Éxodo, Levítico, Números* y *Deuteronomio*) que narra los sucesos con detalle (la creación del mundo por **Yahvé**, la caída en el pecado, el diluvio…).

Pero lo más importante es que la historiografía hebrea no es tan fabulosa como la griega al explicar el origen de la humanidad. El **Génesis** nos presenta una sola idea: el Dios único que crea al hombre a su imagen y semejanza. Más de una vez se ha dicho que los griegos crearon a sus dioses a imagen y semejanza de los hombres, y ello explica el fracaso de Sócrates al hablar de un Dios único y del alma del hombre hecha a su imagen.

El Arca de la Alianza y Josué. Detalle de las *Puertas del Paraíso*, por Ghiberti.

NÚCLEO I: Edad Antigua

4.1.2. Otros libros bíblicos

Además de los cinco libros de la **Torá**, la Biblia hebrea está compuesta por los ocho libros de *Nevi'im rishomim* ('profetas anteriores') y los once de **Ketubim** ('escritos').

El *Nevi'im* contiene los **libros históricos**, que desarrollan toda la vida del pueblo de Israel desde el *Libro de Josué* hasta el *Segundo libro de los Macabeos*. En ellos la historia militar y política se narra sin deformaciones inverosímiles, pues aquellos episodios que podríamos considerar milagrosos (el maná del desierto, la separación de las aguas del mar Rojo, etc.) son tanto para el escritor como para sus lectores señales del todopoderoso Yahvé y, por tanto, ni símbolo ni fábula.

El *Ketubim* contiene, por su parte, los **libros sapienciales** y los **libros proféticos**. Los sapienciales son los de mayor interés literario. Así, el cancionero de los *Salmos* (atribuidos al rey David) constituye un modelo de poesía religiosa y litúrgica llena de cantos a la gloria de Dios. Hechos para el acompañamiento musical, los *Salmos* constituyen el antecedente de muchas manifestaciones de poesía popular (caracterizada, entre otros rasgos, por el efecto de "balanceo" que produce la repetición: paralelismo, estribillo, sinonimia,...). Como en otras culturas, son de contenido didáctico y están llenos de enseñanzas morales ligadas al conocimiento del alma. El *Libro de Job* es un canto dramático al dolor y a la adversidad del hombre justo. Lo que en la literatura grecolatina y neoplatónica es la Fortuna, en este libro es la manifestación del poder y la justicia de Dios. Sin duda, el *Libro de Job* es la más clásica manifestación de la poesía hebrea. Más influencia sobre la mística cristiana tuvo, no obstante, el *Cantar de los Cantares* (atribuido al rey **Salomón**).

Los **libros proféticos** recogen la vida y los mensajes de Dios al pueblo de Israel por medio de los profetas. Quizá su valor poético radique en que, a través de sus ataques a los judíos que no observaban la ley, presentan un cuadro desolador de las costumbres judaicas en el que se vislumbra siempre la mesiánica esperanza de un profeta único. Para la cultura cristiana estos libros proféticos han sido el punto de inflexión entre la Antigua y la Nueva Alianza de Dios con los hombres.

Job atormentado por los demonios, de Delacroix.

Conocer y saber

¿Sabías que Fray Luis de León fue condenado por la Inquisición y encarcelado durante casi cinco años (1572-1576) por traducir a lengua vernácula la *Biblia*, hecho prohibido por el Concilio de Trento, concretamente por su célebre versión del *Cantar de los Cantares*? Cuenta la tradición que tras ser liberado el día 11 de diciembre de 1576, al reincorporarse en su cátedra, inició su clase con la frase: «Dicebamus hesterna die...», que podemos traducir por: 'como decíamos ayer'. Por otra parte, ¿sabías que San Juan de la Cruz fue su alumno?

Actividades

9. Busca y lee las primeras estrofas del *Cántico espiritual* de San Juan de la Cruz y aprecia la influencia del *Cantar de los Cantares*. Investiga en la biblioteca o en Internet (http://www.cervatesvirtual.com) la localización del comentario que hace Fray Luis de León sobre este fragmento.

10. Los versos del *Cantar de los Cantares* nos llevan al *Cántico espiritual* de San Juan de la Cruz, pero también nos recuerdan los cantos amorosos de los arpistas egipcios y los requiebros amorosos entre Nala y Damayanti, en el *Mahabharata*. Haz una lectura comparativa.

4.2. Libros posbíblicos

Finalmente, como libro posbíblico se debe mencionar el *Talmud*, que contiene la *Mishná* y la *Guemará*. El conjunto de preceptos hebreos de la **tradición oral** sobre religión, derecho, etc. compilados por diferentes autores recibe el nombre de *Mishná* (repetición de los preceptos bíblicos), que se divide en seis partes: agricultura, el sabbat, matrimonio, derecho civil y penal, sacrificios y leyes de pureza e impureza. Por su parte, se denomina *Guemará* al conjunto de interpretaciones y comentarios sobre la *Mishná* realizados por los rabinos para aclarar muchos de sus preceptos. La *Mishná* se prolongó posteriormente en dos redacciones (el Talmud palestino o de Jerusalén y el Talmud babilónico), aunque el segundo de ellos es el que se conoce como Talmud. Esta es la compilación hebrea más importante después del Antiguo Testamento. Como libro heterogéneo, junto a normas y preceptos hay digresiones que son breves y bellísimas narraciones en las que se ha inspirado la novelística hebrea de todos los tiempos.

Otro tipo de **literatura rabínica** es el *Midrásh*, que integra abundante material hagiográfico y legendario. Su rico caudal imaginativo constituye la fundamental cantera para la literatura sefardí patrimonial.

Punto de enlace entre la literatura hebrea y su proyección a través de la literatura cristiana lo constituyen los *Manuscritos del mar Muerto*. Además de demostrar la existencia de muchos libros de la *Biblia*, estos textos fragmentarios contienen la doctrina de los esenios, cuyas ideas sobre la penitencia, la caridad fraterna, el rechazo de los placeres y, sobre todo, su esperanza en la venida del Mesías, se emparentaba con las enseñanzas de San Juan Bautista, el precursor de Jesucristo.

En los *Manuscritos del mar Muerto* también aparecieron una serie de textos que se ha venido en llamar «apócrifos» y que son muestra de la literatura hebrea posbíblica tras los últimos libros del Antiguo Testamento. Entre ellos cabe destacar el de los *Testamentos de los doce patriarcas*, el *Libro de los jubileos*, y algunos libros apocalípticos como el *Libro de Enoc*, la *Asunción de Moisés* y el *Martirio de Isaías*. Todos ellos vienen a ser una reconstrucción de los libros bíblicos y están llenos de narraciones, leyendas y relatos de interés que influyeron notablemente en la literatura medieval.

Si en la base de nuestra herencia cultural se encuentra el Antiguo Testamento, no es menos cierto que las antiguas culturas medio-orientales mantienen interrelaciones muy estrechas y los libros sagrados hebreos recogen leyendas e historias de la literatura sánscrita y también egipcia (recuérdese al respecto lo que se ha dicho sobre los salmos y los *zlokas* sánscritos o las relaciones entre la poesía amorosa de los arpistas egipcios y el *Cantar de los Cantares*); de ahí que nuestro estudio de la literatura universal merezca un breve repaso por la literatura egipcia.

Conocer y saber

EVANGELIOS APÓCRIFOS

De los apócrifos proceden muchas tradiciones cuya fuerte presencia en la liturgia hace olvidar que ninguno de ellos son textos canónicos: los nombres de los padres de María (Joaquín y Ana), el nombre de los Reyes Magos, la presencia de un asno y un buey en el pesebre donde nació Jesús, los nombres y las historias del buen ladrón (Dimas) y del mal ladrón (Gestas), el nombre del centurión (Longinos) que atravesó el costado de Jesús en la cruz, y muchas otras informaciones.

Presentamos un episodio de la infancia de Jesús contada en el *Evangelio apócrifo de Tomás*:

Gorriones hechos con barro

El niño Jesús, de cinco años de edad, jugaba en el vado de un arroyo, y traía las aguas corrientes a posar, y las tornaba puras enseguida, y con una simple palabra las mandaba. Y, amasando barro, formó doce gorriones, e hizo esto un día de sábado. Y había allí otros muchos niños, que jugaban con él. Y un judío, que había notado lo que hacía Jesús, fue acto seguido, a comunicárselo a su padre José, diciéndole: He aquí que tu hijo está cerca del arroyo, y, habiendo cogido barro, ha compuesto con él doce gorriones, y ha profanado el sábado. Y José se dirigió al lugar en el que estaba Jesús, lo vio, y le gritó: ¿Por qué haces, en día de sábado, lo que no está permitido hacer? Pero Jesús, dando una palmada, y dirigiéndose a los gorriones, exclamó: Volad. Y los pájaros abrieron sus alas, y volaron, piando con estruendo. Y los judíos quedaron atónitos ante este espectáculo, y fueron a contar a sus jefes lo que habían visto hacer a Jesús.

Si conoces la canción «Pájaros de barro» del cantante Manolo García podrás reconocer la influencia de este episodio en la letra: «Hago pájaros de barro. Hago pájaros de barro y los echo a volar.».

NÚCLEO I: Edad Antigua

5. Literatura del Antiguo Egipto: siglos XX-I a. C

La literatura del Antiguo Egipto y el idioma egipcio antiguo se han preservado gracias a los grabados de templos y tumbas, así como a los papiros con inscripciones **jeroglíficas** que dichas tumbas protegieron. Utilizado desde la época predinástica hasta el siglo IV, este sistema de escritura combina ideogramas con fonogramas. Otras escrituras utilizadas fueron la hierática y la demótica.

La literatura antigua egipcia se remonta al Imperio Antiguo, en el tercer milenio a. C., con los textos de las pirámides de varios faraones sobre mitología y rituales funerarios.

Durante el primer periodo intermedio de Egipto se funden los textos de los sarcófagos con los textos de las pirámides. De este modo, «la literatura del *más allá*» produce durante el Imperio Nuevo, edad dorada de esta literatura, el célebre *Libro de los Muertos*.

5.1. Poesía

Tanto la literatura religiosa como la política tiene una finalidad única: la exaltación de la figura del faraón como dios y como rey. Así, en el Imperio Antiguo encontramos el *Himno a las coronas del Alto y Bajo Egipto*; en el Medio, el *Himno a Min-Horus,* y en el Nuevo, el *Gran himno a Amón-Ra* y el *Gran y pequeño himno a Atón*.

Junto a esta poesía oficial hubo una poesía popular constituida por pequeñas canciones que aparecen en las tumbas y que versan sobre ocupaciones domésticas: canción de los pastores, de los pescadores, de los silleteros y de los trilladores. En cuanto a los cantos de los arpistas, tratan dos temas muy familiares para la cultura occidental:

- El *carpe diem*, esto es, el disfrute de la vida y del tiempo presente ante la inseguridad del futuro y la celeridad del tiempo.

- Una poesía amorosa en la que el amado o la amada expresan sus sentimientos a través de breves discursos. En sus versos destacan la alegría de vivir y el sentimiento de la Naturaleza. Guardan una estrecha relación con el *Cantar de los Cantares*, pues su auge se dio en el Imperio Nuevo; es decir, poco antes de la llegada al trono del rey Salomón.

Intertextualidad

HISTORIA DE SINUHÉ

Este personaje fue recreado en 1945 por el escritor finlandés Mika Waltari en su novela *Sinuhé, el egipcio*. La recreación de Mika Waltari tuvo tanto éxito que fue llevada a la pantalla y traducida a numerosas lenguas, porque en ella se narra gran parte de la **historia del antiguo Egipto**, mundo casi desconocido para Occidente hasta esa fecha.

● Actividades

11. El siguiente texto aborda el tema de la muerte tras la fugacidad del tiempo de estar vivos. Ante el hecho inevitable de morir es preferible aprovechar el tiempo disfrutando de él. Se llega, pues, a la conclusión del tópico horaciano *carpe diem*. Localiza los versos en los que más directamente se hace referencia a ello. Localiza asimismo los versos referidos a otro tópico, el *ubi sunt*. Recuerda en qué consiste y busca las famosas *Coplas* de Jorge Manrique donde también se encuentra dicho tópico.

El canto del arpista

*Generaciones y más generaciones desaparecen y se van,
otras se quedan, y esto dura desde los tiempos de los
　　　　　　　　　　　　　　　　　　[Antepasados,*

*de los dioses que existieron antes
y reposan en sus pirámides.*

5 *Nobles y gentes ilustres
están enterrados en sus tumbas.*

*Construyeron casas cuyo lugar ya no existe.
¿Qué ha sido de ellos?*

*He oído sentencias
10 de Imutes y Hordyedef
que se citan como proverbios
y que duran más que todo.*

¿Dónde están sus moradas?

*Sus muros han caído;
15 sus lugares ya no existen,
como si nunca hubieran sido.*

*Nadie viene de allá para decir lo que es de ellos,
para decir qué necesitan,
para sosegar nuestro corazón hasta que abordemos
20 al lugar donde se fueron.*

Por eso, tranquiliza tu corazón.

¡Que te sea útil el olvido!

*Sigue a tu corazón
mientras vives.*

25 *Ponte olíbano en la cabeza.*

Vístete de lino fino.

*Úngete con la verdadera maravilla
del sacrificio divino.*

*Acrecienta tu bienestar,
30 para que tu corazón no se desmaye.*

Sigue a tu corazón y haz lo que sea bueno para ti.

Despacha tus asuntos en este mundo.

*No canses a tu corazón,
hasta el día en que se eleve el lamento funerario por ti.*

35 *Aquel que tiene el corazón cansado no oye su llamada.*

Su llamada no ha salvado a nadie de la tumba.

*Hazte por tanto el día dichoso,
y no te canses nunca de esto.*

¿Ves?, nadie se ha llevado sus bienes consigo.

40 *¿Ves?, ninguno de los que se fueron ha vuelto.*

5.2. Libros sapienciales

Como en la literatura hebrea, también hay una literatura egipcia de carácter sapiencial. La mayoría de las obras son **consejos** que un padre da a su hijo sobre diversos temas ilustrados por una **corta narración**. *La sabiduría de Ani* es una de las más destacadas por su amplitud temática y también por su estilo ágil y ameno. Dentro de esta literatura sapiencial hubo una corriente de literatura pesimista muy próxima al *Libro de Job*, el **Diálogo de un desesperado con su alma**, pero de propósito más deliberadamente materialista y sin la profundidad ideológica del libro hebreo.

5.3. Los cuentos

Finalmente, hemos de destacar en esta literatura la **corriente cuentística**, y dentro de ella el relato más conocido en Occidente, obra maestra de la literatura egipcia: la *Historia de Sinuhé*. Aunque es obra política en lo que se refiere a su contenido didáctico, constituye una de las piezas narrativas maestras de la antigua prosa egipcia. En esta obra se recogen himnos, cantos de arpistas y, sobre todo, lo que supuso para el pueblo egipcio un gran descubrimiento y, al mismo tiempo, una gran decepción: el intento de implantar la adoración de un dios único que, si en principio recibió culto y fue aceptado por la nobleza y el clero egipcio, no fue nunca del agrado del pueblo que tenía una fe muy arraigada en los dioses familiares.

Otros cuentos dignos de mención son los que incluyen el **elemento maravilloso**: *El náufrago, El pastor que vio a una diosa, El príncipe predestinado* o la *Historia de un desaparecido*; o el **elemento mitológico**, como *La leyenda del dios del mar*, cuya protagonista es la diosa Astarté. Un segundo cuento mitológico, ***Las aventuras de Horus y Seth***, es especialmente significativo para nosotros, pues se emparenta con las numerosas narraciones mitológicas griegas al estar lleno de peripecias y aventuras de los dioses egipcios.

Así pues, mito, religión y literatura forman un acervo cultural antiquísimo en el cual están las bases de otras mitologías, especialmente, de la griega, que hará que sus dioses sean divinizaciones de las cualidades humanas.

Actividades

1. Copia y completa en tu cuaderno el cuadro resumen sobre las literaturas antiguas orientales con los autores y obras más representativas.

Literaturas Orientales			
Mesopotamía Tercer milenio a. C.	Acadia		*Eûma Elish*
China (época clásica) VI al II a. C.	Confucianismo (Confucio)	Los cinco clásicos	*El clasico de la poesía*
			Analectas
			Tao-te-king
Sánscrita X al II a. C.	Vyasa		
	Valmiki		
	Cuentos y fábulas		*Panchatantra*
Hebrea X al I a. C.	Antiguo Testamento	Pentateuco (Torá)	*Números*
		Otros libros bíblicos	*Libro de Job*
			Mishná Guemará
		Midrásh	
		Manuscritos del mar Muerto (evangelios apócrifos)	*Libro de Enoc*
Egipcia XX al I a. C.	Poesía oficial	Imperio Antiguo	*Himno a las coronas del Alto y Bajo Egipto*
		Imperio Medio	
		Imperio Nuevo (edad dorada)	*Libro de los muertos*
	Poesía popular	Canciones de pastores, pescadores, silleteros, trilladores, Cantos de los arpistas	
	Libros sapienciales		
	Cuentos		*Historia de Sinuhé*
		Elemento maravilloso	
		Elemento mitológico	

de recapitulación

Iglesia de Todas las Naciones o de la Agonía en el Monte de los Olivos, en Jerusalén.

2. Busca en una enciclopedia el significado de las palabras *Mahabharata* y *Ramayana* y relaciónalos con lo que sabes sobre estos dos libros.

3. Explica el contenido del *Pentateuco*.

4. ¿Qué rasgos comunes a las literaturas china, sánscrita, hebrea y egipcia podrías citar? ¿En qué se diferencian?

5. ¿Cuál de estas culturas literarias crees que ha influido más en la nuestra? Razona la respuesta.

Hombre montado en una gallina y tras él figuras en un edificio de la ciudad prohibida de Beijing.

Guía de lectura
Antiguo Testamento

Como herederos de una tradición cristiana, no cabe duda de que el texto literario que más ha influido en la cultura occidental es el «libro de los libros», es decir, la Biblia. Desde el Antiguo Testamento, la huella de las grandes narraciones y de los poemas bíblicos está presente en toda la literatura posterior.

1. Autor

El Pentateuco se atribuía a Moisés, pero el estudio actual de estos libros ha evidenciado diferencias de estilo que impiden ver en el *Pentateuco* la mano de un solo autor. Los libros históricos se atribuyen a los antiguos profetas como Josué o Samuel. Los dos libros de las crónicas, el Esdras y el Nehemías fueron escritos por un levita de Jerusalén hacia el año 300 a. C. Los libros de Tobías, Judit y Ester se escribieron en el siglo II a. C., pero no tienen autor conocido. Los dos libros de los Macabeos fueron compuestos por un judío de Jerusalén entre los años 134 y 63 a. C. Los libros sapienciales se atribuyen al rey David y a su hijo Salomón y, finalmente, los libros de los profetas fueron escritos por ellos mismos o por sus discípulos.

2. Fecha

Se supone que el conjunto de libros que forman el Antiguo Testamento fueron escritos en hebreo a lo largo de ocho siglos (desde 750 a. C. hasta 63 a. C.) aunque su traducción al griego es de los siglos III y II a. C.; y algunos libros, como el segundo de los Macabeos y el de la Sabiduría, solo se conocen en su versión griega.

3. Género

Indudablemente el género por excelencia es el histórico. El Antiguo Testamento es la narración de la historia de Israel; sin embargo, se dan en ella piezas yuxtapuestas de diferentes géneros: narraciones cortas, series de leyes, oráculos (de la predicación de los profetas), piezas líricas de gran belleza y colecciones de sentencias de sabiduría. Estas piezas están escritas tanto en prosa como en verso.

4. Tema

Se podría decir que el tema de todo el Antiguo Testamento es el yahvismo, esto es, la religión de Moisés, que, frente a las religiones orientales, propugna la creencia en un solo Dios (Yahvé). Este principio del encuentro de un Dios único es la base unitaria que aglutina la variedad de textos de la Biblia. Pues si bien el Pentateuco inicia esta historia, todos los demás textos completan el primer gran bloque bíblico.

5. Argumento

En este libro se recogen todas las tradiciones orientales sobre la creación del mundo y del hombre, pero la diferencia fundamental con respecto a las otras culturas orientales es que Yahvé es el único Dios y su pueblo, Israel, ha sido escogido para proclamar su grandeza. Desde el Pentateuco hasta el profeta Malaquías, todos los libros que componen esta magna obra siguen un mismo plan unitario: la historia del pueblo de Israel y sus relaciones con Yahvé.

6. Estructura

Se puede estructurar el Antiguo Testamento en cuatro grandes bloques, a saber:

- El Pentateuco (*Génesis, Éxodo, Levítico, Números y Deuteronomio*): que empieza con los orígenes del mundo y acaba antes de la entrada del pueblo de Israel en la Tierra Prometida.
- Los Libros históricos o de los antiguos profetas, cuya temática principal es la relación de Israel con su Dios, Yahvé, la fidelidad e infidelidad del pueblo a la palabra de Yahvé transmitida por los profetas.
- Los Libros poéticos y sapienciales forman el conjunto más bello de la literatura hebrea antigua en la que destacan tres grandes géneros: los himnos, las súplicas y las acciones de gracias. Los libros son los siguientes: el *Libro de Job*, los *Salmos*, los *Proverbios*, el *Eclesiastés*, el *Cantar de los Cantares*, el *Libro de la Sabiduría* y el *Eclesiástico*.
- Los Libros proféticos que recogen las revelaciones hechas por Yahvé a los profetas y su difusión entre el pueblo.
  Se suele hacer dos grupos de estos libros: los cuatro profetas mayores (Isaías, Jeremías, Baruc y Daniel) y los doce profetas menores que van desde Amós hasta Malaquías. Puede decirse que son los libros que cierran todo el proceso del yahvismo judío, esto es, el unitario y concomitante tema del Antiguo Testamento.

7. Contexto y trascendencia

Esta narración se debe enmarcar dentro de la corriente de literatura fundacional, mítica, y religiosa de las antiguas literaturas orientales.

Antología

El *Atrahasis* y el *Génesis*

Como ya sabemos, el poema de *Atrahasis* es una de las narraciones más antiguas que se conocen, de ahí que todas las demás epopeyas posteriores tanto orientales como occidentales recojan rasgos fundamentales de ella. Creemos que la lectura de algunos fragmentos de esta narración nos puede servir de pauta para llegar a las culturas helénica y latina y, en consecuencia, a nuestra civilización occidental.

La epopeya se inicia mucho antes de que el hombre fuera pensado y creado, por eso los dioses tenían que hacer todo el trabajo de los hombres.

Los dioses tuvieron que drenar los ríos y limpiar los [canales,
y las fronteras de la vida de la tierra
los dioses drenaron el lecho del Tigris
y luego ellos drenaron el lecho del Éufrates.

Los dioses, después de 3600 años de trabajo se declaran en huelga y el dios principal, Enlil, pregunta al dios de las aguas dulces, Enki, y al dios del cielo, Anu, quién es el cabecilla, pero el enviado le dice que los dioses han contestado lo siguiente.

¡Cada uno de nosotros dioses ha declarado la guerra!
¡Belit-ili la diosa madre (diosa matriz o diosa de útero) está presente,
dejad a la diosa madre crear al descendiente,
y dejad al hombre llevar la carga de los dioses!

Compárese ahora con el principio del *Génesis* y se podrá comprobar la diferencia con el monoteísmo hebreo. Aunque también hay similitudes.

En el principio creó Dios los cielos y la tierra. La tierra era caos y confusión y oscuridad por encima del abismo, y un viento de dios aleteaba por encima de las aguas.
Dijo Dios: «Haya luz», y hubo luz. Vio Dios que la luz estaba bien, y apartó Dios la luz de la oscuridad; y llamó Dios a la luz «día» y a la oscuridad la llamó «noche». Y atardeció y amaneció: día primero.

El dios Enki advierte a Atrahasis de un próximo diluvio que el dios Enlil va a mandar sobre la tierra porque los hombres hacen mucho ruido y le recomienda lo siguiente:

Desmonte la casa y construya un barco...
¡Que la azotea sea como el Apsu que ni el sol pueda penetrar dentro!
Haga cubiertas superiores e inferiores,
al abordar deben ser muy fuertes,
que el betún sea fuerte.

Después de siete días y siete noches de lluvia, Atrahasis desembarca y ofrece un sacrificio. Véase ahora el mismo texto en el Génesis:

Dijo Dios, pues, a Noé: «He decidido acabar con toda carne, porque la tierra está llena de violencia por culpa de ellos. Por eso, he aquí que voy a exterminarlos de la tierra. Hazte un arca de maderas resinosas. Haces el arca de cañizo y la calafateas por dentro y por fuera con betún…

Noé construyó un altar a Yahvé y tomando de todos los animales puros, y de todas las aves puras, ofreció holocaustos en el altar. Al aspirar Yahvé el calmante aroma, dijo en su corazón: «Nunca más volveré a maldecir el suelo por causa del hombre, porque las trazas del corazón humano son malas desde su niñez, ni volveré a herir a todo ser viviente como lo he hecho.

Esto no es más que la constatación de la que se ha llamado en el mundo cristiano y judío la Antigua Alianza, pues continúa diciendo a Noé:

He aquí que yo establezco mi alianza con vosotros y con vuestra futura descendencia… Establezco mi alianza con vosotros, y no volverá nunca más a ser aniquilada toda carne por las aguas del diluvio, ni habrá más diluvio para destruir la tierra… Esta es la señal de la alianza que para las generaciones perpetuas pongo entre yo y vosotros… Pongo mi arco en las nubes, y servirá de señal de la alianza entre yo y la tierra… Esta es la señal de la alianza que he establecido entre yo y toda carne que existe sobre la tierra.

Analectas de Confucio

Las Analectas son una serie de breves sentencias o dichos de Confucio a sus discípulos.

Si un hombre mantiene vivo lo antiguo y reconoce la novedad, podrá con el tiempo enseñar.

Si no entiendes la vida, ¿cómo vas a entender la muerte?

Antiguamente los hombres estudiaban para hacerse a sí mismos, ahora estudian para impresionar a otros.

Si para las cosas pequeñas no se tiene paciencia, se estropean los grandes planes.

El *Tao-te-king* de Lao Tsé

Seleccionamos del libro fundacional del taoísmo el siguiente texto referido a la asimilación del conocimiento.

Cuando conocemos que lo bello es bello, también conocemos la fealdad que existe en el mundo.
Cuando conocemos que el bien es el bien, entonces conocemos el mal que existe en el mundo.
De este modo, la existencia sugiere la no existencia.
Lo fácil promueve lo difícil.
Lo más corto surge de lo largo por simple comparación.
Lo alto y lo bajo se diferencian por el lugar que ocupan.
La voz y el tono se armonizan uno a otro.
«Después» sigue el recorrido de «antes».
Por esto el hombre sabio actúa sin acción y enseña callando.
No se queda en la obra cumplida.

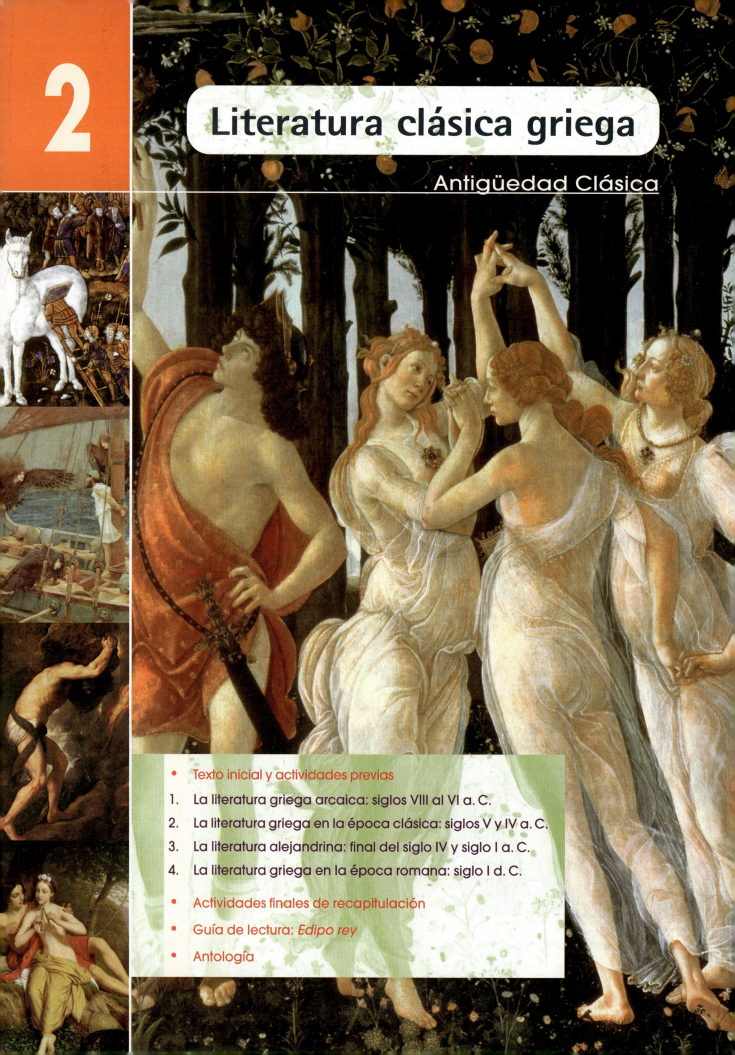

2 Literatura clásica griega

Antigüedad Clásica

- Texto inicial y actividades previas
1. La literatura griega arcaica: siglos VIII al VI a. C.
2. La literatura griega en la época clásica: siglos V y IV a. C.
3. La literatura alejandrina: final del siglo IV y siglo I a. C.
4. La literatura griega en la época romana: siglo I d. C.
- Actividades finales de recapitulación
- Guía de lectura: *Edipo rey*
- Antología

En este fragmento de la *Odisea* se encuentran en el Hades –la morada de los muertos en el inframundo– los dos grandes héroes de las epopeyas homéricas: el alma de **Aquiles** (protagonista de la *Ilíada*) y **Odiseo** –Ulises, el héroe de la *Odisea*–. Este desciende hasta el Hades para buscar auxilio en su viaje de vuelta. Allí se encuentra con los héroes compañeros de la guerra de Troya y tras su alabanza a Aquiles, este le responde que preferiría ser el último de los vivos antes que el primero de los habitantes del Hades.

Texto inicial

Odiseo y Aquiles en el Hades

Llegó después el alma del Pelida Aquiles y la de Patroclo, y la del irreprochable Antíloco y la de Áyax, el más hermoso de aspecto y cuerpo entre los dánaos•, después del irreprochable hijo de Peleo. Me reconoció el alma

5 *de Aquiles, de pies ligeros, y, lamentándose, me dijo aladas palabras:*

– Hijo de Laertes, Odiseo fecundo en ardides, desdichado, ¿qué acción todavía más grande preparas en tu mente? ¿Cómo te has atrevido a descender al Ha-

10 *des, donde habitan los muertos, los que carecen de sentidos los fantasmas de los mortales que han perecido?*

Así habló y yo dije:

15 *– Aquiles hijo de Peleo, el más excelente de los aqueos, he venido en busca de un vaticinio de Tiresias, por si me revelaba algún plan para poder llegar a la escarpada Ítaca. En cambio, Aquiles, ningún hombre es más feliz que tú; pues antes, cuando vivo, te honrábamos los*

20 *argivos• igual que a los dioses, y ahora de nuevo imperas poderosamente sobre los muertos aquí abajo. Así que no entristezcas por haber muerto, Aquiles.*

Así hablé y él respondiéndome dijo:

– No intentes consolarme de la muerte, noble Odiseo.

25 *Preferiría estar sobre la tierra y servir en casa de hombre pobre que ser el soberano de todos los cadáveres […]*

Homero: *Odisea*, XI

Vocabulario

Dánaos, argivos: griegos.

Actividades previas

A. Este pasaje ilustra el carácter de los mitos y muestra sus lazos con la filosofía. Ambos se preocupan por los mismos asuntos, pero sus respuestas son de naturaleza completamente distinta. ¿De qué tema se ocupa el texto? ¿Crees que es un motivo recurrente en el pensamiento griego la inmortalidad del alma?

B. ¿Has oído hablar de Aquiles y de su talón? Explica lo que sepas sobre ello.

C. ¿Y Odiseo o Ulises? ¿Dónde has leído antes algo sobre este personaje famoso?

D. El término Hades alude tanto al antiguo inframundo griego como al dios de los muertos. ¿Conoces los nombres de otros dioses griegos? ¿Qué otros nombres de distintas culturas o mitologías conoces para referirnos al inframundo?

NÚCLEO I: Orígenes de la Literatura. Antigüedad Clásica

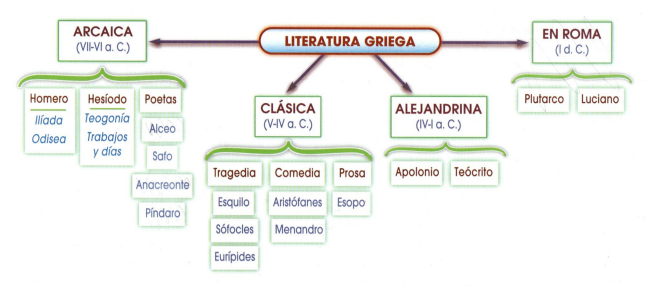

El pensamiento y el arte griego, caracterizados por una visión del mundo a la medida de la naturaleza humana, determinaron, junto a la tradición hebrea, el desarrollo cultural de Occidente. Así, el sentido del equilibrio griego diferencia a su literatura de la exagerada fantasía de los pueblos orientales. La fuente principal de esta literatura reside en su mitología, que desarrolla hasta la perfección todos los géneros desde las epopeyas de Homero a las tragedias de Esquilo, Sófocles y Eurípides. Estudiaremos la literatura griega en las siguientes cuatro etapas: arcaica, clásica, alejandrina y romana.

1. La literatura griega arcaica: siglos VIII al VI a. C.

1.1. La epopeya homérica

La epopeya homérica, a pesar de la intervención de los dioses, como en las epopeyas orientales, presenta una característica común: todas fueron compuestas para la recitación. Homero ya había recogido leyendas orales para componer su obra; los personajes son aristocráticos, príncipes y reyes; los dioses que intervienen en la acción se dejan llevar por las mismas pasiones que los hombres; la narración es respetuosa y objetiva, pues se basa en un lenguaje elevado y adecuado a los personajes; sobre todo destacan las descripciones minuciosas y el retrato impresionista de los personajes que, casi siempre, son descritos con uno o dos breves epítetos.

Los mitos

Bellísimas ficciones, vinculadas a determinadas creencias o símbolos religiosos, que, en el fondo, constituyen narraciones llenas de peripecias y de maravillas, historias fabulosas, lances de amor o de muerte de profundo significado, sencillas anécdotas o relatos de gran extensión. Para los griegos este maravilloso mundo mitológico constituía, en principio, una especie de prehistoria de su país [...], si bien no tardó en aparecer una especie de racionalismo que negó la presunta realidad «histórica» de los mitos y vio en ellos un puro símbolo, o, mejor aún, pura y simple poesía.

Martín de Riquer, José María Valverde: *Historia de la literatura universal I*

- La *Ilíada* de Homero se basa en una **leyenda**: Paris, hijo de Príamo (rey de Troya), rapta a Helena, esposa de Menelao (hermano del rey de Micenas, Agamenón) y comienza una guerra entre troyanos y griegos. La acción de la *Ilíada* comienza cuando los griegos ya han sitiado Troya, lo cual demuestra que el pueblo griego conocía la leyenda con anterioridad.

Homero pretende reflejar en su obra las **dos pasiones de Aquiles**: su ira contra Agamenón por arrebatarle a su amada esclava Briseida, y la ira contra Héctor por haber dado muerte a su amigo Patroclo. Se trata, pues, de la **recreación de un héroe**, como todos los poemas épicos, inmerso en la legendaria tradición de la guerra entre griegos y troyanos. Y, por encima de todo ello, la intervención de los dioses que, convertidos en hombres, se dejan arrastrar por las mismas pasiones.

> *La belleza de Elena*
> —No es reprensible que troyanos y aqueos de hermosas grebas sufran prolijos males por una mujer como esta, cuyo rostro tanto se parece a las diosas inmortales. Pero, aun siendo así, váyase en las naves, antes que llegue a convertirse en una plaga para nosotros y para nuestros hijos.
> Así hablaban. Príamo llamó a Elena y le dijo:
> —Ven acá, hija querida; siéntate a mi lado para que veas a tu anterior marido y a sus parientes y amigos, pues a ti no te considero culpable, sino a los dioses que promovieron contra nosotros la luctuosa guerra de los aqueos.
> Homero: *Ilíada*, III

Los griegos se esconden en el caballo de Troya. Esmalte de Limoges.

Actividades

1. ¿Cuál es el tema central de la *Ilíada*? ¿A qué nombre hace referencia el título de esta epopeya?
2. Vuelve al texto introductorio del tema y busca información sobre los lugares y personajes que aparecen.
3. En la imagen se ilustra la argucia de los griegos para vencer a los troyanos. Localiza el episodio. ¿Quién ideó esta estrategia?
4. Busca y selecciona un fragmento de la *Ilíada* y otro, de la *Odisea*. Indica el lugar al que pertenece en cada obra: el canto o el episodio para situarla en la estructura argumentativa general de cada epopeya.

Argumento de la *Odisea*

La *Odisea* narra las aventuras de Odiseo (Ulises) en su viaje desde Troya a la isla de Ítaca, de la que era rey. Penélope, su esposa, había mandado a su hijo Telémaco a buscar a su padre mientras este se encontraba retenido en la isla de Calipso. Esta permite al fin a Ulises salir de la isla en una balsa, pero la frágil embarcación es arrojada por las olas a la tierra de los feacios donde reina Alcínoo, padre de Nausícaa. Los feacios reciben muy bien a Ulises y celebran un banquete donde el poeta (aedo) ciego Demódoco recita cantos épicos gracias a los cuales se conoce el final de la guerra de Troya (la famosa estratagema del caballo de madera) o los amores de Ares con Afrodita. Ulises relata en este banquete todas sus aventuras: su encuentro con el cíclope Polifemo, los odres llenos de viento, sus relaciones con la maga Circe, su descenso a los infiernos, la aventura de las sirenas y su naufragio y llegada a la isla de Calipso.

Los feacios llevan a Ulises a Ítaca y, por otro lado, su hijo Telémaco arriba también a la isla y lo encuentra en la cabaña del porquero Eumeo. Ulises convence a su hijo para ir disfrazado y que no le reconozcan con objeto de poder castigar a los pretendientes de Penélope (recuérdese la famosa leyenda que presenta a Penélope como la fiel esposa que, ante el acoso de sus pretendientes, teje de día y desteje de noche para prolongar la espera de los que la cortejan y dar tiempo a la llegada de su esposo). Ya sin esperanza, Penélope organiza un concurso de arco para elegir al pretendiente más diestro en su manejo. Llegan Telémaco y Ulises y este participa en el torneo, queda vencedor y mata, ayudado por su hijo, a todos los pretendientes. Penélope reconoce a su marido y acaba la obra con la visita de Ulises a su padre Laertes y el restablecimiento de la paz en Ítaca.

NÚCLEO I: Orígenes de la Literatura. Antigüedad Clásica

Ulises y las sirenas (1891), de Waterhouse.

Intertextualidad

ULISES

La figura de Ulises se ha convertido en un arquetipo literario recreado y reinterpretado por numerosos autores de la literatura universal (Sófocles, Dante, Tennyson, Joyce, etc.). Te proponemos la lectura del fragmento final de Ítaca, un poema del griego Constandinos Cavafis (1863-1933) en el que la patria del héroe, la isla de Ítaca, simboliza el valor de todo viaje.

Ítaca

[...]

Ten siempre a Ítaca en tu mente.
Llegar allí es tu destino.
Mas no apresures nunca el viaje.
Mejor que dure muchos años
y atracar, viejo ya, en la isla,
enriquecido de cuanto ganaste en el camino
sin aguardar a que Ítaca te enriquezca.

Ítaca te brindó tan hermoso viaje.
Sin ella, no habrías emprendido el camino.
Pero no tiene ya nada que darte.

Aunque la halles pobre, Ítaca no te ha engañado.
Así, sabio como te has vuelto, con tanta
    [experiencia,
entenderás ya que significan las Ítacas.

■ **La *Odisea*.** Sin duda alguna, además de los valores propios de cada una de estas grandes epopeyas, Homero consiguió una fusión entre lo humano y lo divino que será una de las constantes de toda la literatura griega posterior a él. En la poesía y en el teatro hombres y dioses representarán las pasiones humanas: el amor y el odio en todas sus manifestaciones, la venganza, el miedo, el sacrificio, la generosidad, etc.

1.2. Hesíodo

El otro gran poeta que arranca también de la tradición y de la leyenda es Hesíodo. Realizó dos obras fundamentales: la *Teogonía* y *Los trabajos y los días*. La primera sintetiza los principales mitos del pueblo griego, desde las sombras del **Caos** (igual que en el Génesis) hasta la victoria de **Zeus** (nombre del que procede la palabra dios) sobre los titanes.

Los trabajos y los días nos habla de un mundo opuesto al de la aristocracia urbana de Homero. Hesíodo es el educador y mentor del campesino griego, y su pesimismo busca refugio en el mito: el de Prometeo, que se rebeló contra Zeus y fue encadenado a una roca en la que un águila le devoraba el hígado –pero este órgano volvía a crecerle de nuevo para ser otra vez devorado–, hasta que fue liberado por Hércules; o el de Pandora, mujer creada para la perdición de la humanidad, pues abre una caja que contiene todos los males del mundo (mito comparable al atrevimiento de Eva en el *Génesis* al querer morder la fruta del árbol prohibido).

Tema 2. Literatura clásica griega

Arte y Literatura

TEOGONÍA, DE HESÍODO

La mitología ha sido a lo largo de la historia del arte una de sus principales fuentes de inspiración. Sus temas y motivos se han reinterpretado en todas las tendencias, estilos y técnicas artísticas. En relación con el episodio de la *Teogonía* «Castración de Urano. Afrodita», por ejemplo, podemos recordar el famoso cuadro de Botticelli *El nacimiento de Venus*.

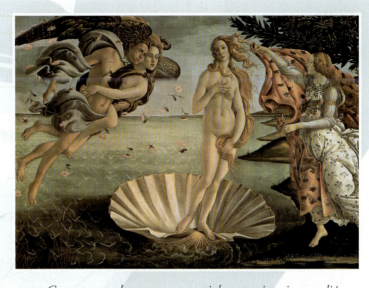

Castración de Urano. Nacimiento de Afrodita

Pues bien, cuantos nacieron de Gea y Urano, los hijos más terribles, estaban irritados con su padre desde siempre. Y cada vez que alguno de ellos estaba a punto de nacer, Urano los retenía a todos ocultos en el seno de Gea sin dejarles salir a la luz y se gozaba cínicamente con su malvada acción. La monstruosa Gea, a punto de reventar, se quejaba en su interior y urdió una cruel artimaña. Produciendo al punto un tipo de brillante acero, forjó una enorme hoz y luego explicó el plan a sus hijos. Armada de valor dijo afligida en su corazón: "¡Hijos míos y de soberbio padre! Si queréis seguir mis instrucciones, podremos vengar el cruel ultraje de vuestro padre; pues él fue el primero en maquinar odiosas acciones." Así habló y lógicamente un temor los dominó a todos y ninguno de ellos se atrevió a hablar. Mas el poderoso Cronos, de mente retorcida, armado de valor, al punto respondió con estas palabras a su prudente madre: "Madre, yo podría, lo prometo, realizar dicha empresa, ya que no siento piedad por nuestro abominable padre; pues él fue el primero en maquinar odiosas acciones." Así habló. La monstruosa Gea se alegró mucho en su corazón y le apostó secretamente en emboscada. Puso en sus manos una hoz de agudos dientes y disimuló perfectamente la trampa. Vino el poderoso Urano conduciendo la noche, se echó sobre la tierra ansioso de amor y se extendió por todas partes. El hijo, saliendo de su escondite, logró alcanzarle con la mano izquierda, empuñó con la derecha la prodigiosa hoz, enorme y de afilados dientes, y apresuradamente segó los genitales de su padre y luego los arrojó a la ventura por detrás. No en vano escaparon aquellos de su mano. Pues cuantas gotas de sangre salpicaron, todas las recogió Gea. Y al completarse un año, dio a luz a las poderosas Erinias, a los altos Gigantes de resplandecientes armas, que sostienen en su mano largas lanzas, y a las Ninfas que llaman Melias sobre la tierra ilimitada. En cuanto a los genitales, desde el mismo instante en que los cercenó con el acero y los arrojó lejos del continente en el tempestuoso Ponto, fueron luego llevados por el piélago durante mucho tiempo. A su alrededor surgía del miembro inmortal una blanca espuma y en medio de ella nació una doncella. Primero navegó hacia la divina Citera y desde allí se dirigió después a Chipre rodeada de corrientes. Salió del mar la augusta y bella diosa, y bajo sus delicados pies crecía la hierba en torno. Afrodita la llaman los dioses y hombres, porque nació en medio de la espuma, y también Citerea, porque se dirigió a Citera. Ciprogénea, porque nació en Chipre de muchas olas, y Filomedea, porque surgió de los genitales. La acompañó Eros y la siguió el bello Hímero al principio cuando nació, y luego en su marcha hacia la tribu de los dioses. Y estas atribuciones posee desde el principio y ha recibido como lote entre los hombres y dioses inmortales: las intimidades con doncellas, las sonrisas, los engaños, el dulce placer, el amor y la dulzura. A estos dioses su padre, el poderoso Urano, les dio el nombre de Titanes (del gr. teteines 'los que abusan') aplicando tal insulto a los hijos que el mismo engendró. Decía que en su intento, con temeraria sensatez habían cometido un acto terrible por el que luego tendrían justo castigo.

Hesíodo: *Teogonía*.

Actividades

5. Busca información sobre los dioses aparecidos en la narración: Gea, Urano, Cronos y Afrodita. Explica qué simboliza cada uno y las relaciones que se establecen entre ellos.
6. Investiga y selecciona tres obras de arte inspiradas en la mitología griega. Aporta los siguientes datos: tipo de arte, título, autor, tema mitológico, movimiento o estilo artístico.
7. Narra brevemente las historias de las obras seleccionadas en el ejercicio anterior. ¿Qué tratan de explicar o representar cada una?

NÚCLEO I: Orígenes de la Literatura. Antigüedad Clásica

1.3. Lírica arcaica

Los griegos llamaban poesía mélica, (de *melos*, que significa 'canto') a la expresión de los sentimientos íntimos del poeta. Eran composiciones destinadas a ser cantadas por un solista (es el caso de la poesía de Safo o de Anacreonte) o por un coro (el caso de Píndaro). Desde muy antiguo el instrumento que se usaba para cantar estos poemas era la lira, de ahí que los romanos la llamaran poesía lírica, para diferenciarla de las narraciones (poesía épica) o del teatro (poesía dramática). De los muchos poetas de la época destacaremos a los más importantes: Alceo y Safo de Lesbos, Anacreonte de Teos (lírica monódica) y Píndaro de Tebas (lírica coral).

1.3.1. Lírica monódica

Alceo de Mitilene (hacia 630 a. C. - 580 a. C.) se inspira en Homero, al igual que Anacreonte, y también canta los placeres del vino:

Sísifo, de Tiziano.

> *Consuelo y alegría del vino*
>
> *Bebe y emborráchate, Melanipo, conmigo. ¿Qué piensas?*
>
> *¿Qué vas a vadear de nuevo el vorticoso• Aqueronte•,*
> *una vez ya cruzado, y de nuevo del sol la luz clara*
> 5 *vas a ver? Vamos, no te empeñes en tamañas porfías.*
>
> *En efecto, también Sísifo•, rey de los eolios, que a todos*
> *superaba en ingenio, se jactó de escapar a la muerte.*
>
> *Y desde luego, el muy artero, burlando su sino mortal,*
> 10 *dos veces cruzó el vorticoso Aqueronte. Terrible*
>
> *y abrumador castigo le impuso el Crónida• más tarde*
> *bajo la negra tierra. Conque, vamos, no te ilusiones.*
>
> *Mientras jóvenes seamos, más que nunca, ahora importa*
> *gozar de todo aquello que un dios pueda ofrecernos.*

Actividad

8. Alceo utiliza el mito de Sísifo para argumentar el consejo que realiza a Melanipo. ¿Cuál es el tema de la composición? ¿En qué tópico literario se basa?

Sus himnos a las divinidades y, sobre todo, sus versos dedicados al vino, a la embriaguez y al amor están llenos de una sensual lasitud y de una perfecta correlación entre las palabras y los efectos sensuales que estas producen: el canto de la cigarra, el ardor de las mujeres y el ardiente sol que invita al poeta a beber hacen de Alceo un poeta irónico al tiempo que sensual.

Safo de Lesbos compuso poemas dirigidos tanto a mujeres como a hombres. Su poesía es pura expresión del sentimiento, de ahí que su temática se reduzca al amor y a la belleza. Escribió nueve libros de poesía lírica y uno de elegías.

En cuanto al **círculo sáfico•**, Safo, ciertamente, expone sus experiencias sobre la belleza, las fiestas y el amor en unión de estas jóvenes, cuyos nombres aparecen en muchos poemas: Atis, Góngula, Anactoria, Arqueanasa, Mnasídica, Girino y algunas más. Máximo de Tiro compara la escuela de Safo con la de Platón y habla de la pedagogía de ambos. Sin embargo, otros opinan que esta escuela tuvo un carácter de culto religioso en honor de Afrodita, las tres Gracias o las musas.

Vocabulario

Vorticoso: tumultuoso.

Aqueronte: río que conduce al Hades.

Sísifo: Zeus castiga a Sísifo con la muerte por haber revelado el rapto de Egina, pero este escapa del infierno. Cuando Sísifo muere de muerte natural, para que no se pueda escapar nuevamente, Zeus lo castiga haciendo que transporte una enorme roca a lo alto de un monte. Cuando Sísifo llega a la cima del monte, la piedra vuelve a caer y tiene que empezar de nuevo a subirla.

Crónida: hijo del dios Cronos.

Círculo sáfico: Escuela o academia (*thiasos*) para muchachas dirigida por Safo en la que se enseñaba música, poesía y danza.

Tema 2. Literatura clásica griega

Actividades

9. En el siguiente poema, Safo, por primera vez en la literatura occidental describe con verdad los efectos del amor, trasladados de una realidad fisiológica a otra poética que carece de adornos y de sentimentalismos.

> Me parece el igual de un dios, el hombre
> que frente a ti se sienta, y tan de cerca
> te escucha absorto hablarle con dulzura
> y reírte con amor.
>
> 5 Eso, no miento, me sobresalta
> dentro del pecho el corazón; pues
> te miro un solo instante, ya no puedo
> decir ni una palabra,
> la lengua se me hiela, y un sutil
> 10 fuego no tarda en recorrer mi piel,
>
> mis ojos no ven nada, y el oído
> me zumba, y un sudor
> frío me cubre, y un temblor me agita
> todo el cuerpo, y estoy, más que la hierba,
> 15 pálida, y siento que me falta poco
> para quedarme muerta.

a. Explica la estructura del poema.

b. Investiga las biografías de Safo de Lesbos y Alceo de Mitilene.

10. Interpreta los siguientes versos de Safo construidos sobre un símil o comparación:

> Eros me sacudió el alma
> como un viento que en monte sobre los árboles cae.

Anacreonte de Teos ha pasado a la historia de la literatura como el cantor de los placeres que trae el vino, la buena mesa y el amor a las mujeres. Ante esto cabría esperar que el tema de la vejez y de la muerte no cupiera en su poesía, pero no es así, porque están tratados con una actitud serena y con amable ironía que dan a algunos de sus poemas cierto aire burlesco y melancólico:

> Amor, el de la dorada cabellera,
> me tira una roja manzana
> y me incita a jugar con una moza
> de sandalias bordadas;
> 5 pero ella –que ha nacido en la bien edificada
> Lesbos– desprecia mis cabellos blancos
> y suspira por otro.

1.3.2. Lírica coral

Píndaro de Tebas es el poeta culto más importante de la época arcaica y de la lírica coral. Como antes hicieron Homero y Hesíodo, Píndaro reúne piedad y mito en sus cantos de los juegos atléticos. Es más, en sus composiciones encontramos la profunda religiosidad griega que se pregunta por el destino de los hombres y su dependencia de los dioses y, al mismo tiempo, encontramos la exaltación de la vida feliz, del vigor juvenil, de la belleza y de la fuerza.

Actividad

11. Una oda *anacreóntica* es una composición poética que, a imitación de las de Anacreonte, canta asuntos ligeros sobre los placeres. Busca alguna en autores neoclásicos como Juan Meléndez Valdés.

En sus **epinicios** (himnos triunfales) cantó la gloria de los atletas vencedores en los juegos de las cuatro ciudades griegas donde se celebraban (Olimpia, Nemea, Delfos y Corinto). Así, encontramos *Olímpicas, Nemeas, Píticas, Ístmicas*. Con el epinicio se elogia al vencedor, a su victoria y a su linaje. Para ello se recrean las leyendas y los mitos de cada ciudad, de sus hombres ilustres, etc. que glorifican la heroica ascendencia del vencedor.

Así comienza la primera parte de la *Olímpica segunda*, dedicada a Terón de Agrigento, vencedor en la carrera de carros:

> *Oh himnos, reyes de la pequeña lira,*
> *¿qué dios, héroe o humano cantaremos?*
>
> *Señor de Pisa en Zeus; y Heracles quien creó la fiesta olímpica,*
> *primicias y botín de guerra;*
> 5 *y Terón el que obtuvo la victoria en su cuadriga,*
> *fiel cumplidor de hospitalarios ritos,*
> *fuerte muralla de Agrigento,*
> *fino vellón de ilustre cuna, nacido en bien de su ciudad.*

Vocabulario

Tragedia: Género dramático que plantea el conflicto entre un héroe y la adversidad. La gravedad del conflicto y el carácter noble y aristocrático de los personajes justifican el uso de un lenguaje elevado.

Comedia: Género dramático que representa la vida desde un punto de vista cómico. Los personajes son de una condición social inferior a los de la tragedia. Frente a la función catártica de esta, el fin de la comedia es la crítica social e individual.

2. La literatura griega en la época clásica: siglos V y IV a. C.

2.1. La tragedia

La tragedia griega tiene su origen en los cantos que en el Peloponeso se dedicaban al dios Dionisos (el dios del vino). Desde ese canto coral se evoluciona hasta llegar al drama. La primera representación trágica la compuso **Tespis** en el año 534 a. C. durante las fiestas dionisíacas y fue el primero en ponerse frente al coro como *hipocrites*, es decir, como primer actor que responde al coro y se opone a él. A partir de él, todas las tragedias griegas se basarán en los personajes de la *Ilíada* y de la *Odisea*, o en los mitos recogidos por Hesíodo, Heródoto y otros muchos autores anteriores a los grandes trágicos, como Esquilo, Sófocles y Eurípides.

LA *CATARSIS* EN LA TRAGEDIA GRIEGA

En la *Poética* de Aristóteles, la catarsis designa el efecto que ejerce la tragedia en los espectadores. Con el recurso a la *piedad* y al *terror*, se logra la expurgación de tales pasiones.

En palabras del filósofo e historiador francés Jean-Pierre Vernant:

La tragedia monta una experiencia humana a partir de personajes famosos, pero los instala y los hace conducirse de tal manera que [...] la catástrofe que se presenta soportada por un hombre, aparecerá en su totalidad como probable o necesaria. Es decir, el espectador que ve todo con piedad y terror adquiere la sensación de que cuanto sucede a ese individuo, habría podido sucederle a él.

Jean-Pierre Vernant: *Mito y tragedia en la Grecia Antigua.*

- **Esquilo.** Aunque Esquilo cultivó la tragedia basándose en **temas históricos recientes** (*Los persas*), casi todas sus obras se inspiran en los mitos (*Los siete contra Tebas, Las suplicantes, Orestíada* y *Prometeo encadenado*).

  Sabemos que tuvo predilección por las trilogías y, de hecho, *Los siete contra Tebas* es parte de una trilogía junto con *Layo* y *Edipo* (ambas desaparecidas), y **Orestíada** (*Agamenón, Las coéforas* y *Euménides*) se ha conservado completa.

- **Sófocles.** Sófocles amplía el campo temático de Esquilo y sus obras recrean personajes de la **guerra de Troya** (*Áyax, Las traquinias, Filoctetes*), pero quizá lo fundamental es que al recoger la temática de Esquilo nos dejó obras imperecederas que, al mismo tiempo, han llenado el hueco de las obras desaparecidas de este, como ocurre con la serie de Edipo: *Edipo rey, Edipo en Colono* y *Electra*.

- **Eurípides.** Eurípides, basándose en los episodios finales de los **argonautas** (marineros que navegan en la embarcación llamada *Argos*), escribe su obra quizá más lograda: *Medea*; y también amplía su temática a las relaciones entre Creta y Atenas respecto de la leyenda del Minotauro en *Hipólito*, la historia de Hércules en *Alcestis*, o los mismos temas que sus predecesores en *Hécuba, Electra, Orestes, Ifigenia en Táuride* e *Ifigenia en Áulide*.

Representación teatral de la *Orestiada*, en la que Orestes da muerte a su madre y al amante para vengar el asesinato de su padre.

2.2. La comedia

La comedia tiene el mismo origen dionisiaco que la tragedia, concretamente las mascaradas o paseos burlescos que celebraban la vendimia de forma licenciosa y popular. Destacan Aristófanes (445 al 387 a. C.) y, sesenta y seis años después, otro ateniense llamado Menandro.

- **Aristófanes.** El teatro de Aristófanes se basa en la realidad de la vida de la Atenas de finales del siglo V y principios del IV a. C. Su primera obra, *Los acarnienses*, la escribió antes de cumplir los 20 años, y la última, *Pluto*, se representó un año antes de su muerte (388 a. C.).

  La novedad de la obra de Aristófanes consistió fundamentalmente en que, mientras el pueblo griego conocía las historias y leyendas en que se basaba la tragedia, los **temas** de sus comedias eran totalmente **nuevos**. La vida cotidiana se convierte en espectáculo que produce la hilaridad del público, entre otros motivos porque se ve reflejado en los personajes atenienses que recrea Aristófanes. En *Los caballeros* ataca la corrupción de los gobernantes. En *Las nubes* la crítica se centra en los maestros como Sócrates, a quien iguala con los sofistas. El tema predilecto de Aristófanes es el **pacifismo**. Pocos días antes de firmarse la paz entre Atenas y Esparta estrena *La paz*. En ella, además del ataque contra la guerra, aparece otro elemento importante: el mundo natural y campesino no contaminado

La historia de Hipólito y Fedra

Hipólito era hijo de la amazona Antíope (también llamada Melanipe o Hipólita) y de Teseo. Este se enamora de Fedra y repudia y mata a Antíope. Después envía a su hijo Hipólito a Trecén. Cuando Teseo visita con su esposa Fedra a su hijo Hipólito, Fedra lo conoce y se enamora de él; sin embargo, como Hipólito no hace caso a los requerimientos de Fedra, esta lo acusa ante Teseo de haberla seducido o violado y su padre pide al dios Poseidón que lo castigue. En efecto, el dios lo castiga y muere cuando conducía su carro. Al ver Fedra el cadáver de Hipólito huye y se suicida clavándose una espada.

NÚCLEO I: Orígenes de la Literatura. Antigüedad Clásica

Argumento de *Lisístrata*

Lisístrata es una matrona ateniense que, convencida de que los hombres no son capaces de lograr la paz, reúne a las mujeres griegas y les propone que no tengan relaciones sexuales con sus maridos hasta que estos hagan la paz. Las viejas se encargarán de velar y ocultar el tesoro público para que no se puedan financiar las guerras. Finalmente un oráculo anuncia a las mujeres su triunfo, pues atenienses y espartanos, desesperados por la abstinencia sexual, firman la paz ante Lisístrata.

por la ambición del hombre urbano. En cierto modo Aristófanes piensa en un mundo utópico y arcádico que recreará después en su comedia *Las aves*. En el año 411 vuelve otra vez la guerra y Aristófanes insiste, a través de la más famosa de sus comedias, *Lisístrata*, en pedir la reconciliación y la paz.

Como vemos, Aristófanes no acude al mito, sino que **parodia y desmitifica** con sus comedias que reflejan los problemas de los atenienses. El mérito consiste en la forma desenfadada de su teatro, que invita constantemente a la risa.

■ **Menandro**. Entre la última obra de Aristófanes y la representación de la primera obra de Menandro transcurren sesenta y seis años. Durante todo este tiempo la comedia sufre una gran **transformación**: la intención política y la chocarrería son sustituidas por una comedia de costumbres que se inicia con un asunto interesante.

El misántropo es la primera obra de Menandro, y en ella ya observamos las características siguientes: el orden, la convivencia entre los hombres y el triunfo del amor sobre el egoísmo de un padre. En *El arbitraje* estamos ante una comedia de enredo muy próxima a la de nuestros dramaturgos del Siglo de Oro.

2.3. La prosa

Sin el brillo de otras manifestaciones literarias (tragedia, comedia y poesía) pero con un rigor ya muy avanzado para la época, la prosa griega también se convirtió en modelo literario para los temas ficticios (fábula) como no ficticios (historia, filosofía, oratoria, etc.).

Conocer y saber

POESÍA E HISTORIA

No corresponde al poeta decir lo que ha sucedido, sino lo que podría suceder, esto es, lo posible según la verosimilitud o la necesidad. En efecto, el historiador y el poeta no se diferencian por decir las cosas en verso o en prosa [...], la diferencia está en que uno dice lo que ha sucedido, y el otro, lo que podría suceder. Por eso también la poesía es más filosófica y elevada que la historia, pues la poesía dice más bien lo general y la historia, lo particular.

Aristóteles: *Poética*.

	Historia
Heródoto	Narra en sus nueve libros de Historia la guerra entre griegos y persas, enfrentamientos cuyos últimos episodios vivió el propio Heródoto durante su infancia en Halicarnaso. Su intención es que los hechos de los hombres no caigan en el olvido y que las grandes hazañas no queden sin realce. Cicerón lo llamó «padre de la Historia» y hoy sigue siendo el primer gran historiador de nuestra cultura.
Tucídices	En sus ocho libros de Historia Tucídides nos narra las guerras del Peloponeso entre atenienses y espartanos. Aunque tiene por maestros a Homero y a Heródoto, su método es más actual que el de ambos, pues se propone la búsqueda de la verdad y critica a quienes aceptan la tradición oral sin comprobación.
Jenofonte	No llega a la altura de Tucídides en sus **Helénicas**, obra que abarca la historia de Grecia desde el año 411 hasta el 362 a. C. La **Ciropedia** es más famosa por ser una incipiente novela de aventuras de carácter didáctico, ya que fue escrita para la educación del gran emperador persa Ciro el Viejo. También escribió las **Memorables** o **Recuerdos de Sócrates**, cuyo precedente fue la **Apología de Sócrates**, y un diálogo, **El banquete**, muy inferior al del mismo título de Platón. Su fama como historiador la adquirió con **La anábasis**, también llamada **Expedición de los diez mil**. Narra en ella Jenofonte la retirada de los mercenarios griegos que habían ido a apoyar a Ciro el Joven y fueron derrotados por Artajerjes. Esta retirada es la «anábasis», en la que, muertos los jefes griegos, el propio Jenofonte se encargó de llevar a la diezmada tropa mercenaria desde las proximidades de Babilonia hasta las riberas del mar Negro.

Filosofía

Platón: El diálogo platónico sigue la mayéutica de Sócrates, esto es, el maestro pregunta a los discípulos sobre un tema y poco a poco va convenciéndolos de su error y los va llevando a la verdad. En el diálogo **La República** crea Platón su mito personal sobre el origen de las ideas que tanto influyó en Europa a partir de la segunda mitad del siglo XVI, y que dio lugar al pensamiento neoplatónico.

Aristóteles: es el otro gran filósofo cuya doctrina más ha perdurado en Occidente. Enseñaba en el Liceo y su **método** recibe el nombre de **peripatético** porque discutía con sus discípulos paseando por el interior de un ambulatorio cubierto o *peripatos*. Su obra abarca cuestiones de lógica, ética, física, ciencias, política y literatura. Se le considera el creador del vocabulario filosófico y científico de Grecia y, por ende, de todo el mundo civilizado. Su influencia se percibe en los pensadores latinos y, a través de ellos, en la Edad Media cristiana, que lo consideró maestro indiscutible del saber. Su **Poética** ha sido el canon literario continuado por Horacio y, más tarde, por los preceptistas italianos del *Quattrocento* y del *Cinquecento* hasta desembocar en las poéticas de Boileau y de Luzán en las postrimerías del clasicismo. Sin sus ideas de la **mímesis** y de la **catarsis** mal entenderíamos *La Divina Comedia* de Dante Alighieri, las tragedias de William Shakespeare, *El Quijote* de Miguel de Cervantes y, en general, todo el canon literario de Occidente.

Oratoria

Demóstenes: En la época clásica destaca también la oratoria, el arte de la elocuencia. Sin duda, el orador más famoso de Grecia fue Demóstenes. Mal dotado para hablar en público, sufrió y trabajó incansablemente para superar esta deficiencia. Era ateniense y vivió en la época en que Filipo de Macedonia (padre de Alejandro Magno) amenazaba con conquistar su ciudad. Por ello avisa a los atenienses del peligro a través de sus discursos conocidos como **Filípicas**. La tercera de ellas es la más famosa de todas, pues junto con el discurso **Sobre la paz**, constituye el más bello alegato en favor de la convivencia pacífica que se haya escrito nunca. Es muy famosa y conocida su rivalidad con el otro gran orador de su tiempo, **Esquines**. Éste, mejor dotado para la elocuencia que Demóstenes, lo ridiculizó en numerosas ocasiones dada su falta de espontaneidad. En su discurso **De la falsa embajada** Demóstenes acusó a Esquines de corrupto por aceptar el soborno de Filipo de Macedonia. La pugna terminó en la defensa de Ctesifonte (amigo de Demóstenes opuesto a la Corona), pues en su discurso conocido como **Sobre la corona** Demóstenes venció a Esquines, que tuvo que abandonar Atenas.

2.3.1. La fábula: Esopo

Dentro de la prosa habría que hacer mención del fabulista griego Esopo, cuyas historias de animales, de hombres y animales o de hombres solos han alimentado toda la literatura narrativo-didáctica tanto del mundo occidental como del oriental, puesto que Esopo escribió sus fábulas antes de la aparición de las sánscritas y también era conocedor de la cuentística egipcia y mesopotámica.

A continuación presentamos tres fábulas de Esopo:

Afrodita y la gata

Se había enamorado una gata de un hermoso joven, y rogó a Afrodita que la hiciera mujer. La diosa, compadecida de su deseo, la transformó en una bella doncella, y entonces el joven, prendado de ella, la invitó a su casa.

Estando ambos descansando en la alcoba nupcial, quiso saber Afrodita si al cam-
5 *biar de ser a la gata había mudado también de carácter, por lo que soltó un ratón en el centro de la alcoba. Olvidándose la gata de su condición presente, se levantó del lecho y persiguió al ratón para comérselo. Entonces la diosa, indignada, la volvió a su original estado.*

El cambio de estado de una persona, no la hace cambiar de sus instintos.

Zeus, los animales y los hombres

Dicen que Zeus modeló a los animales primero y que les concedió la fuerza a uno, a otro la rapidez, al de más allá las alas; pero al hombre lo dejó desnudo y este dijo:
—¡Sólo a mí me has dejado sin ningún favor!

FÁBULAS

Recreadas posteriormente por el escritor latino Fedro, estas fábulas fueron traducidas al árabe y, a través de él, pasaron a España y al resto de Europa. Así, vemos historias de animales en el *Libro del Buen Amor* y *El Quijote* (España), en el *Roman de Renard* (Francia), en los *Cuentos de Canterbury* (Inglaterra), etc. En el siglo XVII las recrea el francés La Fontaine y en el XVIII nuestros fabulistas Tomás de Iriarte y Félix María Samaniego.

Intertextualidad

NÚCLEO I: Orígenes de la Literatura. Antigüedad Clásica

Esopo, de Velázquez.

5 —No te das cuenta del presente que te he hecho —repuso Zeus—, y es el más importante, pues has recibido la razón, poderosa entre los dioses y los hombres, más poderosa que los animales más poderosos, más veloz que las aves más veloces. Entonces el hombre, reconociendo el presente recibido de Zeus se alejó adorando y dando gracias al dios.

10 Que las grandezas que observamos en las criaturas de la naturaleza, no nos hagan olvidar que fuimos obsequiados con la mayor de todas ellas.

El camello que estercoló en el río

Atravesaba un camello un río de aguas rápidas. Sintió la necesidad de estercolar, y viendo enseguida que pasaba delante de él su excremento, arrastrado por el río, exclamó:

5 —¿Cómo sucede esto? ¡Lo que estaba detrás de mí, ahora lo veo pasar por delante!

Como en algunos estados o empresas, donde los incapaces y los corruptos pasan a ocupar los primeros lugares, en lugar de los más sensatos, honestos y capaces. Si llegas a tener puestos de mando, promueve siempre a los mejores.

● Actividades

12. Una característica de estas fábulas es la brevedad y concisión que las hacen muy efectivas para su fin didáctico. Observa la estructura de cada fábula. ¿En qué coinciden?

13. Comprueba el carácter alegórico y moralizante en cada fábula y los valores que conllevan (prudencia, moderación, astucia...). ¿Qué se exalta o se critica en cada una de ellas? ¿Cómo son los protagonistas y qué simbolizan en cada caso?

3. La literatura alejandrina: final del siglo IV y siglo I a. C.

Se conoce como literatura alejandrina o helenística a la producida entre el final del siglo IV y el siglo I a. C., y se llama así porque tuvo su mayor foco de difusión en **Alejandría**, la ciudad fundada por Alejandro Magno en el norte de Egipto. El nombre de «helenística» le viene porque lo heleno, es decir, lo griego, se difundió por todo el mundo gracias al imperio creado por Alejandro Magno. Sin embargo, el centro cultural siguió siendo Atenas y la incipiente monarquía romana enviaba allí a sus mejores artistas y pensadores para que aprendieran el saber de los griegos.

3.1. Apolonio de Rodas

Apolonio de Rodas recoge en su **Viaje de los argonautas** otro gran mito griego: el de Jasón y Medea. Junto con la *Odisea* y la *Ilíada* constituye la tercera gran epopeya de la literatura griega. La obra es un acopio de datos míticos y legendarios, de leyendas locales, de noticias de viajeros y, finalmente, de numerosos recuerdos de las propias lecturas de Apolonio. Apolonio se inspiró en la *Odisea* y su obra influyó en el otro gran poeta de la época alejandrina, Teócrito.

Intertextualidad

ALEJANDRO MAGNO

Ha servido de inspiración para muchas obras. A la perspectiva histórica de Plutarco (*Vida de Alejandro*) le siguió la biografía fabulosa del Pseudo Calístenes en el siglo III d. C. (*Vida y hazañas de Alejandro de Macedonia*). En la actualidad, son muchas las biografías noveladas de este personaje: la trilogía de Mary Renault (*Fuego del paraíso*, *El muchacho persa*, *Fuegos funerarios*) o los *best sellers* de Gisbert Haefs y Valerio M. Manfredi.

Tema 2. Literatura clásica griega

Argumento del *Viaje de los Argonautas*

El **tema** central de la epopeya es el conjunto de aventuras que corre Jasón para apoderarse del vellocino de oro (la lana dorada de un carnero volador) y su encuentro con Medea, hija del rey de la Cólquide, Eetes, el cual había hecho custodiar el vellocino por un dragón. Medea, enamorada de Jasón, le ayuda a vencer al dragón y a recuperar el vellocino en contra de su propio padre. Huyen los dos de la Cólquide y llegan a Iolcos, donde Jasón entrega el vellocino al rey Pelias. El poema acaba con el feliz matrimonio de Jasón y Medea.

Apolonio no narra la continuación de la historia de Jasón y Medea ni los numerosos crímenes que ésta comete para conservar el amor de aquel. Hechos que sí recogen Píndaro en su *Pítica IV* y Eurípides en su tragedia *Medea*.

3.2. Teócrito

Teócrito es autor de *Los idilios*, o **contiendas amorosas entre pastores**. Estos pastores creados por Teócrito nutrirán la literatura posterior desde Virgilio hasta Góngora y los neoclásicos: así aparecen nombres tan conocidos en la literatura de los siglos XVI y XVII como Dafnis, Polifemo, Galatea, Amarilis, Cástor, Pólux… Un poema anónimo de la escuela de Teócrito, el *Oaristis*, es un diálogo lleno de sensualidad y belleza entre un pastor y una joven pastora que constituye el precedente de la novela *Dafnis y Cloe* de **Longo**, que abordaremos más adelante.

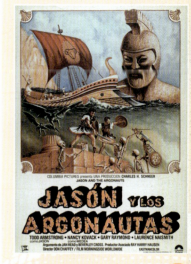

Idilio, de Fortuny.

MITOS EN LA MÚSICA Y EL CINE

La fascinación que los mitos, epopeyas y personajes históricos griegos suscitan en el imaginario colectivo occidental explica la abundancia de obras musicales y cinematográficas basadas en ellos.

Los compositores se han apropiado de aquel universo legendario para componer sus óperas, desde el *Orfeo* de Monteverdi hasta la *Electra* de Richard Strauss o el *Edipo Rey* de Stravinsky.

Lo mismo cabe decir de los directores de cine, quienes han encontrado en aquellas narraciones míticas un filón inagotable para sus películas: *Alejandro Magno* de Oliver Stone, *Troya* de Wolfgang Petersen, *Medea* de Pasolini, *La Odisea* de Konchalovski, *Jasón y los argonautas* de Don Chaffey, etcétera.

4. La literatura griega en la época romana: siglo I d. C.

4.1. Plutarco y su concepto de la historia

La obra más importante de Plutarco es *Vidas paralelas*, en la que narra la biografía de personajes griegos y romanos seleccionados de dos en dos. Plutarco escribió las biografías de poetas y pensadores (Hesíodo, Píndaro, Crates, etc.), pero en *Vidas paralelas* sólo aparecen políticos y militares. Son cincuenta biografías entre las que destacan las de Demóstenes y Cicerón (el primero siempre fue modelo de orador para el segundo), o las de Julio César y Alejandro. A veces, el paralelismo es más moral que político o militar. Se destaca asimismo el dramatismo de los acontecimientos más relevantes: asesinato de César y de Pompeyo, suicidio de Catón, etc.

4.2. Luciano de Samosata: diálogo y novela

Además de una serie de obras pequeñas en las que, partiendo de motivos triviales, demuestra una vasta erudición y conocimiento de la lengua griega (*Elogio de la mosca*, *Fálaris*, *Sobre una equivocación cometida al saludar*…), Luciano es famoso por sus diálogos. Tanto es así que junto al diálogo platónico y al ciceroniano siempre hay que incluir el **diálogo lucianesco** para entender la evolución del género desde el *Quattrocento* italiano hasta el Neoclasicismo.

Diálogos de Luciano	
Diálogos de las rameras	Son quince diálogos que descubren el mundo interior de estas mujeres y sus conflictos con los soldados fanfarrones que aparecerán en las comedias de Plauto.
Diálogos marinos	Son quince diálogos que ridiculizan a héroes de la *Odisea* y a los pastores de Teócrito.
Diálogos de los dioses	Desmitifican totalmente el valor sobrenatural de estos seres, a los que reduce a simples mortales con sus celos, sus infidelidades y sus murmuraciones.
Diálogos de los muertos	Son treinta diálogos donde la broma, el sarcasmo y la crítica social encubren una verdad implacable: la muerte iguala a ricos y pobres, sabios y necios, jóvenes y viejos, humildes y poderosos. Su burla de las vanidades alcanza su máxima expresión en el *Menipo*, en *La travesía* o en el *Icaromenipo* (continuación de *Menipo*).
El sueño o el gallo	El zapatero Micilo dialoga con su gallo (reencarnación de Pitágoras) y se burlan ambos de la metempsícosis o doctrina de la transmigración de las almas.
El banquete o los lapitas	La tendencia cínica de Luciano ridiculiza a los más grandes pensadores y lo que debía ser una amigable conversación entre filósofos se convierte en una auténtica refriega en la que los sabios se atacan encarnizadamente e incluso llegan a herirse físicamente.

Las huellas de los diálogos de Luciano llegan hasta finales del siglo XVII francés en los *Diálogos de los muertos antiguos y modernos* de Fenelon. E incluso, la fina ironía de José Cadalso en sus *Noches lúgubres* (1775) debe mucho al diálogo lucianesco.

Su obra más extensa se titula *Las historias verdaderas* y en ella Luciano deja volar su imaginación construyendo una auténtica novela de aventuras y de ciencia ficción comparable a la obra de Julio Verne o a las películas de Steven Spielberg.

4.3. Novela

Las historias verdaderas de Luciano no son todavía una verdadera novela. La primera novela europea conservada (siglo I d. C.) se titula ***Quéreas y Calírroe***, de **Caritón de Afrodisias**; es una historia de amor que acaba felizmente tras numerosos obstáculos. Calírroe sufre una aparente muerte (hecho que utilizará Shakespeare en su *Romeo y Julieta*) por una patada de Quéreas, su esposo.

Pero las dos novelas griegas de mayor impacto en la literatura occidental son ***Dafnis y Cloe*** de **Longo** y ***Las etiópicas*** o ***Teágenes y Cariclea*** de **Heliodoro**, que dotó a la novela de los principales elementos que la diferencia de otros géneros, estableciendo un canon narrativo en Occidente. No en vano Cervantes confesó que su *Persiles y Sigismunda* «se atreve a competir con Heliodoro, si ya por lo atrevido no sale con las manos en la cabeza».

Argumento de *Dafnis y Cloe*

En *Dafnis y Cloe* confluyen el ambiente pastoril de Teócrito y de Virgilio (la novela es del siglo II d.C.). Dafnis y Cloe se dedican a apacentar sus rebaños en un ambiente bucólico en el que están presentes las ninfas. Aunque el amor entre estos dos pastorcillos roza lo empalagoso y deliscuescente, esto contrasta con algunas escenas libidinosas, como ocurre cuando una vecina inicia a Dafnis en el amor físico.

Argumento de *Las etiópicas* o *Teágenes y Cariclea*

En *Las etiópicas* o *Teágenes y Cariclea* Heliodoro cuenta la historia de dos jóvenes, Teágenes y Cariclea, con numerosos saltos y retrocesos: los jóvenes enamorados sufren mil peripecias inverosímiles.

LA NOVELA

La novela griega, también llamada bizantina, está en el origen de dos subgéneros novelísticos muy cultivados: la **novela romántica** o **sentimental** y la **novela de aventuras**. Si *Dafnis y Cloe* inaugura una línea que seguirán *Pablo y Virginia* de Saint Pierre o *La nouvelle Heloïse* de Rosseau, las *Etiópicas* abre el camino a las novelas de Julio Verne (*Viaje al centro de la tierra*), Daniel Defoe (*Robinson Crusoe*) o R. L. Stevenson (*La isla del Tesoro*). En cambio, la novela realista (*Lazarillo de Tormes*, *Don Quijote*) es deudora de las narraciones cómicas como las de Luciano, pues «sólo con motivo de una intención cómica parece la realidad adquirir un interés estético» (Ortega y Gasset).

Intertextualidad

Dafnis y Cloe, de Louis Hersent.

Actividades

1. Copia y completa en tu cuaderno el cuadro resumen sobre la literatura clásica griega con los autores y obras más representativos de cada género en los distintos períodos.

Literatura clásica Griega			
Etapa	**Género**	**Autor**	**Obra**
Arcaica VIII al VI a. C.	Epopeya (homérica)	Homero	Ilíada
		Hesíodo	Trabajos y días
	Lírica (monódica)	Alceo	Poesía
		Safo	
		Anacreonte	
	Lírica (coral)	Píndaro	Epinicios / Olímpicas
Clásica V al IV a. C.	Tragedia	Esquilo	Los siete contra Tebas
			Orestíada / Euménides
			Los suplicantes
		Sófocles	Filoctetes / Las traquinias
			Ayax
			Sobre Edipo
			Electra
		Eurípides	Ifigenia en Áulide
			Hécuba
			Alcestis
			Electra
			Hipólito
			Ifigenia en Táuride
			Medea
	Comedia	Aristófanes	La Paz
			Lisístrata
			Las nubes
			Las aves
			Los caballeros
		Menandro	El misántropo
			El arbitraje
Alejandrina Final del IV y I a. C.	Epopeya	Esopo	Fábulas
		Apolonio	Viaje de los Argonautas
	Poesía (bucólica o pastoril)	Teócrito	Los idilios
Romana I d. C.	Prosa (histórica)	Plutarco	Vidas paralelas
	Prosa	Luciano	Diálogos
	Novela	Caritón	Quéreas y Calírroe
		Longo	Dafnis y Cloe
		Heliodoro	Las Etiópicas o Teágenes y Cariclea

de recapitulación

2. ¿Por qué se afirma que Homero y Hesíodo son los creadores de la religión griega? Recopila los nombres de dioses que aparecen en el siguiente fragmento de la *Teogonía* de Hesíodo e interpreta cómo el mito da una explicación del mundo.

Saturno devorando a su hijo, de Goya.

Hijos de Rea y Cronos

Rea, entregada a Cronos, tuvo famosos hijos: Hestia, Deméter, Hera de áureas sandalias, el poderoso Hades que reside bajo la tierra con implacable corazón, el resonante Ennosigeo y el prudente Zeus, padre de dioses y hombres, por cuyo trueno tiembla la anchurosa tierra. A los primeros se los tragó el poderoso Cronos según iban viniendo a sus rodillas desde el sagrado vientre de su madre, conduciéndose así para que ningún otro de los ilustres descendientes de Urano tuviera dignidad real entre los Inmortales. Pues sabía por Gea y el estrellado Urano que era su destino sucumbir a manos de su propio hijo, por poderoso que fuera, víctima de los planes del gran Zeus. Por ello no tenía descuidada la vigilancia, sino que, siempre al acecho, se iba tragando a sus hijos; y Rea sufría terriblemente. Pero cuando ya estaba a punto de dar a luz a Zeus, padre de dioses y hombres, entonces suplicó enseguida a sus padres, los de ella, Gea y el estrellado Urano, que le ayudaran a urdir un plan para tener ocultamente el parto de su hijo y vengar las Erinias de su padre y de los hijos que se tragó el poderoso Cronos de mente retorcida.

Hesíodo: *Teogonía*

3. Eurípides consigue en su tragedia *Medea* crear un símbolo del alma femenina torturada por el amor contrariado. En ella, el amor se vuelve odio; la ternura, violencia; y la razón, locura. Busca información sobre esta tragedia, analiza su argumento y comenta sus rasgos trágicos.

4. Recuerda el argumento de *Lisístrata* de Aristófanes. ¿Cómo se caracteriza el personaje de Lisístrata y qué simboliza? ¿Dónde reside el humor en esta comedia?

   a. ¿Cuál es el carácter fundamental de los diálogos de Luciano de Samosata? Recuerda los títulos más representativos y qué importancia tuvieron a lo largo de la historia de la literatura.

   b. ¿En qué sentido se ha afirmado que Heliodoro establece el germen de la novela occidental?

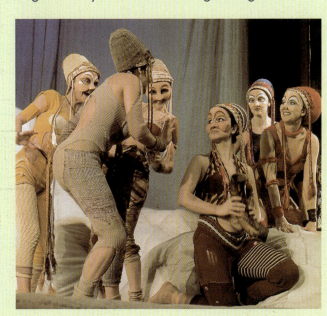

Representación actual de la comedia *Lisístrata*.

Guía de lectura
Edipo rey

Edipo rey es una obra dramática sobre una de las leyendas más famosas de la Antigua Grecia: el momento cumbre de la vida de Edipo. Se trata de una tragedia clásica y, por tanto, el estudio deberá atender a los siguientes aspectos fundamentales, teniendo en cuenta que nuestro objeto de estudio es la obra escrita, no su representación en el teatro.

1. Autor

Sófocles nació en un pueblecito cercano a Atenas llamado Colono Hípico y siempre se sintió unido a ese lugar, hasta el punto que en su obra *Edipo en Colono* le dedica una oda que es uno de los cantos más bellos jamás escritos y que ha dejado memoria perenne de ese pequeño pueblo. Sófocles era hombre abierto y proclive a la comunicación y relaciones humanas y le unía una amistad particular con el historiador Heródoto, amistad de la que queda constancia en la oda que Sófocles le dedicó cuando contaba cincuenta y cinco años de edad. Ello explica los numerosos puntos de contacto entre las obras de ambos.

2. Fecha

La fecha de composición no es segura, pero se supone que si la obra de Aristófanes, *Acarnienses*, es del año 425 a. C. y es una imitación de *Edipo rey*, esta debe ser, por tanto, anterior al año 424 a. C. Parece, en todo caso, que hay que situar *Edipo rey* entre 440-425 a. C.

3. Género

Se puede decir que esta tragedia, junto con las otras tragedias griegas constituye el paradigma de lo que será después el género trágico. Son el modelo en el que se han inspirado todos los autores de tragedias desde Séneca, Cervantes, Shakespeare y muchos más hasta llegar a nuestro Federico García Lorca.

4. Tema

Sería el mal llamado «complejo de Edipo». Mal llamado porque se ha dicho hasta la saciedad del hijo enamorado de su madre. Sin embargo, en esta tragedia Edipo se enamora de una desconocida, se casa y tiene hijos con ella, pero hasta el final no sabe que es su madre. No obstante, el castigo que se inflige pone bien a las claras que el tema no es el del amor incestuoso, sino el de la **predestinación**: El hombre no puede hacer nada contra su destino.

5. Argumento

Edipo era hijo de Layo y Yocasta, reyes de Tebas. Al nacer el horóscopo vaticinó que daría muerte a su padre y que se casaría con su madre. Ante tan horrible vaticinio, Layo entrega a un hombre al niño pequeño para que lo abandone en el bosque y sea víctima de las fieras; sin embargo, este hombre siente lástima del bebé y se lo entrega a un pastor que, a su vez, lo da en adopción a Pólibo, rey de Corinto. Edipo, príncipe de Corinto, lucha contra el ejército de Tebas y da muerte a Layo. Entra vencedor en Tebas tras descubrir el enigma de la esfinge y se casa con Yocasta. Cuando una epidemia de peste se declara en la ciudad, el pueblo le pide que encuentre al culpable y, tras muchas averiguaciones y declaraciones de testigos, resulta que el culpable es el propio Edipo que, al descubrir la verdad, se arranca los ojos.

6. Estructura

La estructura de la obra arroja una unidad lineal perfecta, pues toda gira en torno a Edipo. El desarrollo de la acción es magistral, pues al principio se nos presenta el hundimiento de la ciudad frente a la solidez de Edipo. Pero Tebas es asolada por una epidemia de peste y los sacerdotes acuden a Edipo para que ponga remedio al mal. Consultados los oráculos, estos dicen que el culpable de los males de Tebas es uno de sus habitantes y Edipo se dedica con todas sus fuerzas a buscarlo. Poco a poco, por las declaraciones de unos y otros, Edipo empieza a sentirse inseguro e inquieto y va dándose cuenta de que él, cazador, se va convirtiendo en probable pieza. Tras las declaraciones de Tiresias, vidente ciego, del mensajero que viene de Corinto y las del pastor que cuidó a Edipo, se precipitan los acontecimientos y llega el *clímax*: Yocasta se suicida y Edipo ciega sus ojos, lo que en cierto modo es una distensión después de la tensa situación vivida por los personajes principales. Es una estructura que presenta una progresiva aunque lenta marcha *in crescendo*, cuyo interés decae.

Edipo y la Esfinge, de Ingres.

7. Contexto y trascendencia

Dicen los críticos que los griegos, cuando acudían a estas representaciones trágicas, ya conocían la verdad de los hechos, pues ya se sabían por las obras de Homero y Hesíodo; sin embargo, la magistral forma en que Sófocles nos representa la fuerza del destino es totalmente nueva y eso es lo que querían ver los griegos: vivir unos momentos de tensión dramática que les liberara de todas las inquietudes de la vida, lo que los críticos han venido en llamar catarsis. Esto es, la curación del alma por medio de la escena trágica.

Como ya se ha dicho, la trascendencia de esta obra y de otras tragedias griegas llega a nuestros días porque penetran en lo más profundo del alma humana y entran dentro de lo *prerracional*, cuando el hombre todavía no está contaminado por el razonamiento lógico. La fatalidad como fuerza fundamental de la vida de los hombres es aún prelógica.

Antología

Lucha entre Aquiles y Eneas

Roma no tendría origen divino ni existiría la epopeya que lo ha narrado, la *Eneida*, sin este pasaje de la *Ilíada* en que los dioses salvan a Eneas de una muerte segura a manos del héroe griego Aquiles.

Y desenvainando su afilada espada, arremetió Aquiles con un grito terrible. Y cogió Eneas una roca tan pesada que dos hombres de ahora no podrían sostener, aunque él la manejaba sin esfuerzo. Entonces habría golpeado Eneas a Aquiles en el casco o en el escudo que le preservaba de la muerte, y el Peleida hubiera con la espada arrancado el alma del contrario, si Poseidón, el que conmueve la tierra, no lo hubiese visto. Y dijo ante los dioses inmortales:

—¡Ay! Me aflige la muerte del magnánimo Eneas, que, vencido por el Peleida, va a bajar a la mansión de Edes. Le convenció el arquero Apolo para que luchara, y no será él quien le salve. Pero ¿por qué ha de sufrir un inocente las desdichas merecidas por otros? ¿No ha hecho siempre Eneas ofertas agradables a los dioses que habitan en el ancho Urano? Acudamos para librarle de la muerte, no sea que el Cronida luego se encolerice si le ve morir a manos de Aquiles. El destino de Eneas es vivir aún para que no se extinga la raza de Dárdano, a quien amó el Cronida entre todos los hijos que le dieron las mujeres mortales. El Cronión odia a la estirpe de Príamo, y reinarán sobre los troyanos el fuerte Eneas y los hijos de sus hijos y otros descendientes suyos que han de nacer en el porvenir.

Homero: *Ilíada*.

Sirenas

En el siguiente fragmento de la *Odisea*, Circe aconseja al héroe Odiseo cómo enfrentarse a las Sirenas para continuar su camino de regreso a Ítaca.

Primero llegarás a las Sirenas, las que hechizan a todos los hombres que se acercan a ellas. Quien acerca su nave sin saberlo y escucha la voz de las Sirenas ya nunca se verá rodeado de su esposa y tiernos hijos, llenos de alegría porque ha vuelto a casa; antes bien, lo hechizan estas con su sonoro canto sentadas en un prado donde las rodea un gran montón de huesos humanos putrefactos, cubiertos de piel seca. Haz pasar de largo a tu nave y, derritiendo cera agradable como la miel, unta los oídos de tus compañeros para que ninguno de ellos las escuche. En cambio, tú, si quieres oírlas, haz que te amarren de pies y manos, firme junto al mástil —que sujeten a este las amarras—, para que escuches complacido la voz de las dos Sirenas; y si suplicas a tus compañeros o los ordenas que te desaten, que ellos te sujeten todavía con más cuerdas.

Cuando tus compañeros las hayan pasado de largo, ya no te diré cuál de dos caminos será el tuyo; decídelo tú mismo en el ánimo. Pero te voy a decir los dos: a un lado hay unas rocas altísimas, contra las que se estrella el oleaje de la oscura Anfítrite. Los dioses felices las llaman Rocas Errantes.

Homero: *Odisea*, XII, 40-61.

Edipo descubre la verdad

SERVIDOR.– ¿En qué he fallado, oh el mejor de los amos?

EDIPO.– No hablando del niño por el que este pide información.

SERVIDOR.– Habla, y no sabe nada, sino que se esfuerza en vano.

EDIPO.– Tú no hablarás por tu gusto, y tendrás que hacerlo llorando.

SERVIDOR.– ¡Por los dioses, no maltrates a un anciano como yo!

EDIPO.– ¿No le atará alguien las manos a la espalda cuanto antes?

SERVIDOR.– ¡Desdichado! ¿Por qué? ¿De qué más deseas enterarte?

EDIPO.– ¿Le entregaste al niño por el que pregunta?

SERVIDOR.– Lo hice y ¡ojalá hubiera muerto ese día!

EDIPO.– Pero a esto llegarás, si no dices lo que corresponde.

SERVIDOR.– Me pierdo mucho más aún si hablo.

EDIPO.– Este hombre, según parece, se dispone a dar rodeos.

SERVIDOR.– No, yo no, pues ya he dicho que se lo entregué.

EDIPO.– ¿De dónde lo habías tomado? ¿Era de tu familia o de algún otro?

SERVIDOR.– Mío no. Lo recibí de uno.

EDIPO.– ¿De cuál de estos ciudadanos y de qué casa?

SERVIDOR.– ¡No, por los dioses, no me preguntes más, mi señor!

EDIPO.– Estás muerto, si te lo tengo que preguntar de nuevo.

SERVIDOR.– Pues bien, era uno de los vástagos de la casa de Layo.

EDIPO.– ¿Un esclavo, o uno que pertenecía a su linaje?

SERVIDOR.– ¡Ay de mí! Estoy ante lo verdaderamente terrible de decir.

EDIPO.– Y yo de escuchar, pero, sin embargo, hay que oírlo.

SERVIDOR.– Era tenido por hijo de aquél. Pero la que está dentro, tu mujer, es la que mejor podría decir cómo fue.

EDIPO.– ¿Ella te lo entregó?

SERVIDOR.– Sí, en efecto, señor.

EDIPO.– ¿Con qué fin?

SERVIDOR.– Para que lo matara.

EDIPO.– ¿Habiéndolo engendrado ella, desdichada?

SERVIDOR.– Por temor a funestos oráculos.

EDIPO.– ¿A cuáles?

SERVIDOR. – Se decía que él mataría a sus padres.

EDIPO.– Y ¿cómo, en ese caso, tú lo entregaste a este anciano?

SERVIDOR.– Por compasión, oh señor, pensando que se lo llevaría a otra tierra de donde él era. Y éste lo salvó para los peores males. Pues si eres tú, en verdad, quien él asegura, sábete que has nacido con funesto destino.

EDIPO.– ¡Ay, ay! Todo se cumple con certeza. ¡Oh luz del día, que te vea ahora por última vez! ¡Yo que he resultado nacido de los que no debía, teniendo relaciones con los que no podía y habiendo dado muerte a quienes no tenía que hacerlo!

3

Literatura clásica latina

Antigüedad Clásica

- **Texto inicial y actividades previas**
1. La literatura latina durante la República. Período de iniciación (240-82 a. C.)
2. La literatura latina durante la República. Período clásico (82-43 a. C.)
3. La literatura latina durante el Imperio (43 a. C.-476 d. C.)
- **Actividades finales de recapitulación**
- **Guía de lectura:** *Las metamorfosis*, de Ovidio
- **Antología**

Recordemos de la poesía egipcia el «poema del arpista» sobre la brevedad del tiempo y el consiguiente consejo de aprovechar el momento presente. Ese tema recibe, como vimos, el nombre literario de *carpe diem*, es decir, 'disfruta del día presente'. En sus *Odas*, Horacio establece este tópico recurrente de la literatura universal, que cobrará especial relevancia en el Renacimiento, en el Barroco y en el Romanticismo. A continuación mostramos la «Oda XI» de Horacio, donde aparecen las palabras que dan lugar al tópico (verso ocho) junto a su traducción:

Marte y Venus, de Boticcelli.

Texto inicial

Tu ne quaesieris (scire nefas) quem mihi, quem tibi
finem di dederint, Leuconoe, nec Babylonios
temptaris numeros. Ut melius, quidquid erit, pati!
seu pluris hiemes, seu tribuit Iuppiter ultimam,
5 quae nunc oppositis debilitat pumicibus mare
Tyrrhenum: sapias, uina liques et spatio breui
spem longam reseces. Dum loquimur, fugerit inuida
aetas: **carpe diem, quam minimum credula postero.**

*No preguntes, Leuconoe, (saberlo es sacrilegio)
el destino que los dioses nos tienen reservado
para ti y para mí. No lo busques tampoco
en cifras babilónicas. Mejor es soportar
5 cualquier cosa que venga. Sean muchos inviernos
los que te done Júpiter o el último sea este
que abate al mar Tirreno contra escollos porosos,
sé prudente y escancia el buen licor de vino
10 y en este tiempo breve pon toda tu esperanza,
pues mientras conversamos deprisa el tiempo huye:
goza el presente día confiando muy poco
en el día venidero.*

Vocabulario

Leuconoe: en la mitología romana, Leuconoe es una hija de Neptuno y de Telmisto, y hermana de Leuconte.

Actividades previas

A. ¿Sabrías explicar qué significa la palabra *tópico*? Además del *carpe diem*, ¿qué otros tópicos literarios conoces?
B. ¿Qué finalidad persigue Horacio con esta oda? ¿A quién aconseja?
C. ¿Qué tipo de temática nos muestra Horacio? ¿Podríamos pensar que Horacio cree en el destino?

NÚCLEO I: Orígenes de la Literatura. Antigüedad Clásica

Gracias al impulso romano, la cultura griega se difundió. Precisamente, una de las características de la literatura latina es su filiación con la griega: siguen cultivándose los modelos griegos a través del género de la epopeya, la lírica y el teatro. La mitología romana, calco de la griega, es también la fuente principal de los argumentos. No obstante, la literatura romana aporta originalidad en los géneros secundarios y didácticos como la oratoria, la historia y la sátira. Por último, hay que destacar la importancia del latín como vehículo de la cultura en Occidente también durante la Edad Media y el Renacimiento.

1. La literatura latina durante la República. Período de iniciación (240-82 a. C.)

Mucho antes de que Luciano escribiera sus obras en griego ya habían iniciado sus primeros pasos las letras latinas, pues hacia el año 240 a. C. se representaban obras dramáticas de **Livio Andrónico**, primer escritor latino importante. Tradujo la *Odisea* y se inspiró en los autores griegos para recrear en sus dramas a Aquiles, Áyax, Egisto, etc.

Más conocido aún en esta época primitiva de la historia de la literatura latina es el escritor **Cneo Nevio**, autor de comedias y de un poema épico extenso, *Las guerras púnicas*, en el que enlaza la tradición homérica con la latina.

Los Anales de **Quinto Ennio** constituyen una de las obras más admiradas por Cicerón. Imitado por Lucrecio y Virgilio, inspiró también la voluminosa obra histórica de Tito Livio.

En la prosa antigua destaca **Catón el Censor**, autor de los *Orígenes*, que es una historia de Roma. También se le atribuyen los *Dichos de Catón* (consejos morales en hexámetros) que tanto éxito tuvieron en la Edad Media.

Augusto escuchando la lectura de la 'Eneida' (1814), de Ingres.

2. La literatura latina durante la República. Período clásico (82-43 a. C.)

Algunos críticos llaman a esta etapa de la literatura latina «**época ciceroniana**» por el papel fundamental que en ella juega Marco Tulio Cicerón. Realizó una ingente labor como abogado, político y escritor.

2.1. La comedia

Con anterioridad a las tragedias de Andrónico y a las comedias de Nevio existió en Italia un teatro popular cuyas composiciones se llamaron **atelanas** (de la ciudad de Atella, en la Campania) y cuyos personajes eran representantes de la gente vulgar y grotesca: el fanfarrón, el glotón, el sabelotodo, el viejo ridículo, etc. También fueron de carácter popular los **juegos fescenios** en Etruria, al norte de Roma. Junto a este teatro popular se cultivó un teatro culto que imitó la tragedia de Eurípides y la comedia de Menandro.

EL TEATRO EN ROMA

La tragedia de asunto griego se llamó **fabula cothurnata** (por el uso del coturno o calzado alto para realzar a los actores) y la comedia se llamó **fabula palliata** (porque los actores usaban el *pallium* o manto griego). Sin embargo, la comedia latina de asunto romano se llamó **fabula togata** (por representarse con la toga o manto romano).

Conocer y saber

2.1.1. Tito Maccio Plauto

El primer comediógrafo latino importante es Tito Maccio **Plauto**, que escribió **comedias palliatas**, si bien en algunas de ellas se perciben influencias de las atelanas latinas. La acción siempre se desarrolla en Grecia, pero con continuas alusiones a las costumbres y usos romanos. El teatro de Plauto es intrincado, recargado e inverosímil, lo que hace que el público siempre esté atento.

Entre sus **comedias de enredo**, que son famosas y han influido poderosamente en la literatura occidental, podemos citar las que tienen como tema la pérdida de un niño encontrado en su mocedad (*El cable, La cajita*…); las calaveradas de un joven de buena familia cuyo padre (un viejo verde) aprovecha las conquistas amorosas de su propio hijo y teme la reprimenda de su esposa (*Las Báquides, El mercader*…); el mundo de las alcahuetas y de los soldados fanfarrones aparecen en *El militar fanfarrón* (*Miles gloriosus*), *El aparecido*, *El persa*, etc. Por su repercusión en el teatro de los siglos XVI y XVII destaca su *Aulularia* (*La olla*), que es una ingeniosa y divertida sátira contra la avaricia. Y, finalmente, también compone algunas comedias con carácter moralizador como *Los cautivos* y *Las tres monedas*.

NÚCLEO I: Orígenes de la Literatura. Antigüedad Clásica

Argumento de *Anfitrión*

Júpiter adopta la figura de Anfitrión para pasar la noche con su mujer, Alcmena, antes de que su marido regrese de la guerra. Anfitrión vuelve victorioso y envía a su criado Sosia para anunciar su regreso, pero Sosia se encuentra con su doble: el dios Mercurio que se ha transmutado en Sosia para ayudar a Júpiter. Júpiter se despide de Alcmena tras pasar la noche con ella y le deja como recuerdo una copa de oro. Mientras tanto, el verdadero Sosia cuenta al verdadero Anfitrión lo sucedido. Anfitrión llega a su casa, donde se encuentra con su mujer Alcmena cuya conversación le hace sospechar de su infidelidad. Anfitrión busca un testigo que confirme su versión. Júpiter regresa con Alcmena cada vez más confusa. Por fin se encuentran los dos Anfitriones cuando Alcmena se pone de parto y nacen dos niños: uno, de Júpiter (Hércules) y otro de Anfitrión, que se enorgullece al saber que ha sido un dios, no un hombre, quien le ha suplantado con su mujer.

Este tema ha sido reelaborado numerosas veces posteriormente por Molière, Dryden o Giraudoux, entre otros.

Actividades

1. Investiga sobre el enredo mitológico en que se basa Plauto para esta comedia: el nacimiento de Hércules.

2. Plauto utiliza una lengua muy rica (neologismos, refranes, juegos de palabras, expresiones) para transmitir el habla popular sin caer en la vulgaridad. Asimismo, puedes observar el dinamismo del diálogo. Detecta algunos de estos rasgos lingüísticos en el texto.

Anfitrión es considerada una de sus mejores obras de enredo. A continuación reproducimos un fragmento de la escena II:

Anfitrión sospecha de Alcmena

SOSIA.– (A Anfitrión). ¡Esto es un lazo que me tiendes! A escondidas, tú te has adelantado corriendo hasta la nave por otro camino, y tú mismo has tomado de aquí esta taza, y se la has regalado a tu mujer. Después, has vuelto a poner el sello a la arquilla, en secreto.

5 ANFITRIÓN.– ¡Ay de mí! ¿También tú coadyuvas a la locura? (A Alcmena, su esposa). ¿Dices tú que llegamos ayer aquí?

ALCMENA.– Lo digo, y al llegar me saludaste en seguida, y yo a ti, y te di un beso.

SOSIA.– Eso de comenzar con un beso no me hace gracia (comenta iró-
10 nicamente).

ANFITRIÓN.– (A Sosia). No interrumpas (A Alcmena). Sigue hablando.

ALCMENA.– La cena fue servida. Cenaste conmigo. Yo me senté a tu lado.

ANFITRIÓN.– ¿En el mismo triclinio?

ALCMENA.– Sí, en el mismo.

15 SOSIA.– ¡Ay! No me gusta este convite.

ANFITRIÓN.– (A Sosia). Vamos, deja que se explique. (A Alcmena). ¿Y después que hubiste cenado?

ALCMENA.– Tú dijiste que tenías sueño, quitaron la mesa y nos fuimos a acostar.

20 ANFITRIÓN.– Y tú ¿dónde dormiste?

ALCMENA.– En tu misma cama, contigo; en nuestra habitación.

ANFITRIÓN.– ¡Desdichado de mí!

SOSIA.– ¿Qué tienes?

ANFITRIÓN.– Esta mujer acaba de matarme ahora.

25 ALCMENA.– Por qué, pues. Explícate, te lo ruego.

ANFITRIÓN.– No me dirijas la palabra.

SOSIA.– ¿Qué tienes?

ANFITRIÓN.– Estoy muerto, ¡ay! Ha sido manchado mi honor durante mi ausencia.

30 ALCMENA.– Te lo ruego, ¡por Cástor! ¿Cómo puedo oírte estas palabras, marido mío?

ANFITRIÓN.– ¿Publicas tus hechos y me preguntas de qué eres culpable?

ALCMENA.– ¿En qué sería culpable, si estando casada contigo, he pasado la noche contigo?

35 ANFITRIÓN.– ¿Conmigo? Hay algo más atrevido que esta desvergonzada?

ALCMENA.– Esta fechoría de que me acusas no sienta bien a nuestro linaje. Aun deseando sorprenderme en pecado de impudicia, no podrás lograrlo.

2.1.2. Publio Terencio Afer

Publio **Terencio** Afer era un esclavo africano a quien dio nombre su dueño, Terencio Lucano. Escribió seis comedias que han llegado íntegras hasta nosotros. Su maestro en la comedia fue Menandro, por ello desaparece de sus comedias el fondo popular (*las atelanas*) tan frecuente en Plauto. Crea Terencio una **comedia ciudadana y sentimental** en la que destaca el fino estudio psicológico de los personajes, como en su *Hécyra* (suegra) y, sobre todo, en *El eunuco*, la comedia más famosa de Terencio por su intriga y comicidad, al mismo tiempo que crea uno de sus personajes más universales: la ramera Tais. También abordó los defectos de una mala educación a los jóvenes en *Adelphoe* (*Los hermanos*) y el conflicto entre jóvenes y viejos en *Heautontimorúmenos* (*El que se atormenta a sí mismo*). Los **temas** de Terencio son parecidos a los que trató Plauto: situaciones equívocas entre enamorados, padres que se oponen a las bodas de sus hijas, niños desaparecidos que son reconocidos por los protagonistas como parientes suyos, etc. Sin embargo, Terencio no recarga tanto la acción ni sus personajes son tan grotescos como en Plauto.

El teatro Romano

Como habrás tenido ocasión de observar alguna vez, el espacio donde los romanos representaban sus obras dramáticas estaba al aire libre. Los actores actuaban sobre un escenario (*scena*) decorado con columnas y estatuas. El público se sentaba frente al escenario en unas gradas llamadas *cavea*, mientras el coro ocupaba un espacio intermedio semicircular denominado *orchestra*. Los actores (*hypócritas*) portaban máscaras trágicas o cómicas según el tipo de representación, y utilizaban alzas (*coturnos*) en las tragedias para elevar la estatura de los personajes, símbolo de su nobleza.

2.2. La poesía

La poesía de la época republicana adopta el «estilo alejandrino•» después de haber imitado a los clásicos griegos, de ahí que los temas recojan en gran medida los mitos y leyendas griegas. Tenemos dos grandes figuras: Tito Lucrecio Caro y Cayo Valerio Catulo.

2.2.1. Tito Lucrecio Caro

La única obra que conocemos de Lucrecio es ***De rerum natura*** (*De la naturaleza de las cosas*). Está dividida en seis libros y en ellos se desarrolla la doctrina de Epicuro• sobre los dos principios fundamentales del atomismo: el axioma de que nada se destruye, sino que se transforma y el de los *primordia*, esto es, el de la composición de los cuerpos por átomos. De esos principios pasa a estudiar el alma, a la que considera mortal como el cuerpo; después, la teoría de las sensaciones; y, finalmente, la descripción del mundo, de la Naturaleza y de los fenómenos atmosféricos. Es la obra, pues, una auténtica epopeya del mundo natural que opone lo científico a lo supersticioso y mítico. Lo que podría ser un tratado científico por obra del arte de Lucrecio se transforma en un auténtico poema que sentará las bases del amor a las ciencias frente a la superchería religiosa de los antiguos griegos.

Vocabulario

Estilo alejandrino: Se denomina así al estilo erudito, alambicado, formalista propio de los poetas del periodo helenístico (s. IV-s. I a. C.) en el que la ciudad de Alejandría fue su foco cultural.

Epicuro: Filósofo griego del siglo IV a. C. fundador del epicureísmo, doctrina filosófica de carácter hedonista y materialista que considera el placer como fuente de la felicidad. La filosofía de Epicuro no aspira a explicar el mundo sino a alcanzar la serenidad con los dones de la vida.

2.2.2. Catulo

Tras Lucrecio surge en Roma una generación poética que fue llamada por Cicerón *poeti novi* ('poetas nuevos'). Sin duda, el poeta más importante de esta generación fue Catulo, aparte de que es el único de los *poeti novi* cuya obra se ha conservado. Han llegado a nosotros ciento dieciséis composiciones de Catulo dedicadas a cantar su amor por una mujer, Clodia, a la que él llama Lesbia en sus poemas por la admiración que tuvo siempre a Safo de Lesbos, cuyos versos adaptó al latín. Sus poemas de amor, directos, simples e intensos, admiraron a los poetas de todos los tiempos.

Actividades

3. Compara este poema de Catulo con el poema de Safo que presentamos en la actividad 9 del tema 2 (p. 31). Comenta sus semejanzas y diferencias.

4. Comenta la estructura del poema. ¿A quién se dirige el poeta en cada parte?

> *Aquel me parece igual a un dios;*
> *más, si es lícito decirlo, me parece que sobrepasa a los dioses,*
> *aquel que, sentado frente a ti,*
> *te observa y te escucha*
> 5 *mientras tú le sonríes dulcemente; a mí, desgraciado,*
> *esto me arrebata todos los sentidos;*
> *pues, en cuanto te veo, Lesbia, mis palabras mueren en la boca,*
> *mi lengua se entorpece y una tenue llama*
> 10 *invade mis miembros, con su propio ruido*
> *zumban mis oídos, y mis ojos se nublan*
> *con redoblada oscuridad.*
>
> *El ocio, Catulo, no es bueno para ti;*
> *con el ocio te alteras y te excitas en demasía,*
> 15 *el mismo ocio que ya antes arruinó*
> *a tantos reyes y ciudades felices.*

2.3. La filosofía

2.3.1. Cicerón

Sus **tratados filosóficos** pretenden sistematizar todos los saberes cultivando temas tan diversos como la política y el derecho o la naturaleza de los dioses y la moral. Además Cicerón hizo la lengua latina apta para la expresión filosófica como antes lo había sido el griego.

Sus obras, dialogadas como las de Platón y Aristóteles a los que trató de seguir, son modelos de prosa refinada y elegante para los autores del *Quattrocento* italiano.

Sus *Discusiones tusculanas* tratan de la inmortalidad del alma y de la excelencia de la filosofía. Son famosos sus diálogos *De la amistad y De la vejez* porque representan el modelo más acabado de la prosa latina. Su tratado filosófico *Hortensius* se perdió, pero se sabe que influyó en san Agustín. *De republica* se inspira en la obra del mismo título de Platón y, finalmente, su *Sueño de Escipión* adquirió enorme fama en la Edad Media por los comentarios que de él había hecho Macrobio destacando su carácter onírico, e influyó en numerosas obras de este tipo.

Cicerón también escribió obras de **retórica**, entre las que destacan el *Orador* y el *Brutus*, que es un esbozo de la historia de la oratoria latina. No sólo escribió sobre oratoria, sino que él también fue un orador de gran nivel, sobre todo en la defensa de algunos amigos como en *Pro Sexto Roscio* y en *Pro Quinto Amerino*. Su obra de oratoria política más famosa es *Catilinarias*, cuatro discursos pronunciados sobre la conjura de Lucio Sergio Catilina, cuyas primeras palabras son universalmente conocidas: «Quousque tandem abutere, Catilina, patientia nostra?» (*¿Hasta cuándo abusarás, Catilina, de nuestra paciencia?*)

También escribió contra Marco Antonio catorce discursos que recibieron el nombre de *Filípicas* porque recuerdan los de Demóstenes contra Filipo de Macedonia. Estos discursos le acarrearían, finalmente, la muerte.

Sus *Epístolas*, escritas sin la intención de que fueran publicadas, nos reflejan la humanidad de Cicerón, que tanto impresionó a Petrarca cuando las leyó en 1345.

2.4. La historia

2.4.1. Cayo Julio César

Con una prosa llena de sencillez y de eficacia narrativa nos cuenta Julio César sus experiencias bélicas en la *Guerra de las Galias* y en la *Guerra civil*. Narra, como Jenofonte, en tercera persona, lo que da al relato un tono exento de pasión y una serenidad llena de equilibrio e imparcialidad.

2.4.2. Tito Livio

La historia de Roma, el mayor monumento histórico jamás escrito, es obra de Tito Livio, que pudo terminar 142 libros compilados con el título *Desde la fundación de Roma*. Sólo han quedado 33 libros y algunos fragmentos, pero suficientes para formar con la *Eneida* de Virgilio dos grandes monumentos del esplendor y la gloria de Roma.

2.4.3. Cayo Salustio Crispo

El turbulento período que vivió Roma en los últimos tiempos de la República y antes de consolidarse el Imperio ha sido narrado por un historiador que, siguiendo a Tucídides, quiere descubrir los errores para que éstos no vuelvan a cometerse en el futuro. Se trata de Cayo Salustio Crispo, del que nos han llegado dos monografías: la *Conjuración de Catilina* y la *Guerra de Yugurta*.

Gracias a las *Catilinarias* de Cicerón, Salustio nos hace un retrato magistral de Catilina: su fortaleza de ánimo en contraste con su maldad y ambición. Sabe pintar magníficamente los caracteres de los demás personajes históricos y dota a su relato de tal emoción y fuerza que el lector sigue fielmente los avatares de esta conspiración contra los poderes del Estado.

Cayo Julio César.

Argumento de *Guerra de Yugurta*

La *Guerra de Yugurta* es el relato de la guerra del pueblo romano contra el rey Yugurta de Numidia. Este rey había aprendido de los romanos el arte de la guerra en la campaña de Numancia, en España, y luego usó su aprendizaje para luchar contra ellos. Pero el verdadero héroe de esta obra es Mario, que representa el modelo de soldado poco instruido pero eficaz al servicio de Roma y de sus intereses.

3. La literatura latina durante el Imperio (43 a. C.-476 d. C.)

3.1. Virgilio

El gran poeta de la época imperial es Publio Virgilio Marón.

Las *Bucólicas* es un **libro dividido en diez églogas** en las que traza cuadros de la **vida pastoril** que tan famosos se hicieron a partir de Boccaccio y de Sannazaro. Aunque se inspira en Teócrito, sus pastores son personas que se expresan con elegancia, sensibilidad y preciosismo sobre temas diversos que ocultan problemas sentimentales. Por tanto, son más bien personas conocidas del poeta disfrazadas de pastores. La cuarta égloga habla del nacimiento de un niño que mejorará el mundo, de ahí el atractivo que tuvo para san Agustín, pues en ella vio el anuncio del nacimiento de Jesucristo.

Las *Geórgicas* es un **poema en hexámetros** dedicado a la **agricultura** en el que el mundo irreal y de ambiente refinado de las *Bucólicas* ha sido sustituido por el mundo real con su exigencia de trabajo y amor. Lo que más llama la atención es la transformación poética del quehacer cotidiano. Séneca dijo de este poema que más que enseñar a los agricultores se dedicó Virgilio en esta obra a deleitar a los lectores.

Virgilio cantó a «los caudillos» en la *Eneida*, la gran epopeya de las letras latinas. Consciente de la grandeza imperial de Roma, Virgilio quiso dar una visión poética y trascendente de su patria incitado por el propio Augusto. La comenzó en el año 29 a. C. y, aunque terminada, realizó un viaje por Grecia para conocer los lugares por donde anduvo Eneas para perfeccionarla. A la vuelta de dicho viaje murió Virgilio, y Augusto, desoyendo los deseos de aquél de que se destruyera su obra, la conservó tal como la dejó su autor.

La primera parte se inspira en la *Odisea*, y la segunda, en la *Ilíada*. En general, la mayoría de los pasajes de la obra están inspirados en Homero. Se separa, en cambio, de Homero y se acerca más al *Viaje de los argonautas* de Apolonio de Rodas, porque es una obra para la lectura y no para la recitación como son los cantos de las obras homéricas. Ello explica por qué las diferentes partes se llaman «libros» y no «cantos».

Argumento de la *Eneida*

Está dividida en 12 libros. Después de la clásica invocación preliminar, el poeta pasa a describir la tempestad que, desencadenada por Juno, desvía las naves de Eneas hacia Cartago, donde son recibidos por la rina Dido. En los libros II y III Eneas cuenta a Dido la caída de Troya y la historia de sus propios viajes y aventuras. El libro IV está dedicado al trágico amor de Dido y Eneas, que culmina con el suicidio de la desventurada reina después de llorar su marcha en versos de una pasión y ternura inmensas. Ella quiere retenerlo sin comprender la gran misión que el poeta le ha encomendado: la fundación de Roma. El libro V (una especie de interludio) describe los juegos fúnebres en honor de Anquises, su padre. Vuelve a retomar Virgilio el hilo argumental en el libro VI con el descenso de Eneas a los infiernos, donde le es revelada la importancia de su misión y la futura grandeza de Roma. Los seis libros restantes relatan la gesta bélica que enfrenta a los conquistadores troyanos con los pueblos latinos, cuyo héroe, el feroz Turno, es finalmente vencido en combate singular por Eneas.

Mujeres de Troya prendiendo fuego a la flota (1643), de Claudio de Lorena.

Laocoonte

El conjunto escultórico del *Laocoonte* (50 a. C., Roma, Musei Vaticani) realizado por Agesandro, Polidoro y Atenodoro de Rodas representa el momento en que el sacerdote troyano, que había intentado advertir a sus compatriotas del engaño que contenía el caballo, es devorado, junto con sus hijos, por dos horribles serpientes enviadas por Minerva. La referencia inevitable era el relato de Virgilio en el libro segundo de la *Eneida*:

Ellas, con marcha firme, se lanzan hacia Laocoonte; primero se enroscan en los tiernos cuerpos de sus dos hijos, y rasgan a dentelladas sus miserables miembros; luego arrebatan al padre que, esgrimiendo un dardo, iba en auxilio de ellos, y lo sujetan con sus enormes anillos: ya ceñidas con dos vueltas alrededor de su cuerpo, y dos veces rodeado al cuello el escamoso lomo, todavía exceden por encima sus cabezas y sus erguidas cervices. Pugna con ambas manos Laocoonte por desatar aquellos nudos, mientras chorrea de sus vendas baba y negro veneno, y al propio tiempo eleva hasta los astros espantables clamores...

3.2. Horacio

Quinto Horacio Flaco escribió los ***Epodos***, diecisiete poemas en **dísticos yámbicos** de carácter violento y sarcástico y que comentan situaciones y anécdotas de los años cuarenta y treinta antes de Cristo, años difíciles en Roma. Por esta razón Horacio en sus *Epodos* advierte a los romanos que tantas guerras les llevarán a su propia destrucción, y les sugiere que se retiren a las Islas Afortunadas.

Beatus ille

El deseo de retiro de la vida ajetreada de la ciudad romana inspiró a Horacio el epodo cuyo primer verso *Beatus ille qui procul negotiis* da lugar al tópico literario de la vida retirada, composición que fue traducida por Fray Luis de León en el siglo XVI, de la que también hizo su propia versión en su *Oda a la vida retirada*.

Beatus ille qui procul negotiis,
ut prisca gens mortalium
paterna rura bobus exercet suis,
solutus omni fenore,
neque excitatur classico meles truci
neque horret iratum mare,
forumque vitat et superba civium
potentiorum limina.[...]

Dichoso aquel que lejos de los negocios, como la antigua raza de los hombres, dedica su tiempo a trabajar los campos paternos con los bueyes, libre de toda deuda, y no se despierta como los soldados con el toque de diana amenazador, ni tiene miedo a los ataques del mar, que evita el foro y los soberbios palacios de los ciudadanos poderosos. [...]

NÚCLEO I: Orígenes de la Literatura. Antigüedad Clásica

Las **Sátiras** nos hablan, en un verso cercano a la prosa, de la vida cotidiana, de la moral y de las costumbres de los romanos. Algunas de ellas son verdaderos tratados de introspección psicológica, como la del esclavo Davo confesando los defectos de su dueño.

En las **Odas** (*Carmina*) Horacio se dirige a diferentes mujeres para hablarles de temas filosóficos o intrascendentes. Para el canto coral compuso el *Carmen saeculare* que festeja los *ludi saeculares* o fiestas que se celebraban cada siglo para pedir la protección de los dioses.

Finalmente, son famosas sus **epístolas**, sobre todo la ***Epístola a los Pisones*** o ***Arte poética***, que junto con la *Poética* de Aristóteles es el libro que más ha influido en los escritores de todos los tiempos.

3.3. Ovidio

Publio **Ovidio** Nasón compitió con Propercio, Tibulo y Catulo en su **poesía amorosa** y los superó a todos con su elegancia al tratar los temas eróticos en sus ***Amores***, conjunto de **elegías** que van desde aquella en que confiesa que le gustan todas las mujeres hasta la elegía en que describe la irritada reacción de su amante cuando su virilidad fracasa.

En las ***Heroidas***, dieciocho **cartas ficticias de parejas mitológicas enamoradas**, Ovidio pinta situaciones sentimentales, celos de enamorados y males de ausencia: Penélope a Ulises, Dido a Eneas, Helena a Paris, Hero a Leandro… Aunque también es ficticia, la carta de Safo a su enamorado Faón no es mitológica, y en ella Ovidio rinde tributo a la poetisa que más admiraban los jóvenes romanos. La más famosa de las ***Heroidas*** es la epístola de Medea a Jasón, pues Ovidio siempre se sintió fascinado por esta terrible heroína.

También de tema amoroso es el ***Arte de amar*** (*Ars amatoria* o *Ars amandi*). Ovidio da consejos a los hombres para conquistar a las mujeres y a estas para que conserven el amor de aquellos. Para contrarrestar el efecto del *Ars amandi* escribió Ovidio sus ***Remedios de amor*** (*Remedia amoris*).

Las Tristes y las ***Cartas Pónticas*** conforman su obra poética en el destierro.

En las ***Metamorfosis***, Ovidio recopila 250 leyendas en las que se producen algunas transformaciones o metamorfosis. Así Dafne, perseguida por Apolo, se transforma en laurel; Narciso se convierte en flor; Atlas, en montaña; Axis, en río, etc.

Intertextualidad

DAFNE Y APOLO

Una de las más famosas metamorfosis que recoge Ovidio es la de Dafne, en la cual se inspirará Garcilaso de la Vega en el siglo XVI para la composición de su soneto XIII:

A Dafne ya los brazos le crecían,
y en luengos ramos vueltos se mostraba;
en verdes hojas vi que se tornaban
los cabellos que el oro escurecían.

De áspera corteza se cubrían
los tiernos miembros, que aún bullendo estaban:
los blancos pies en tierra se hincaban,
y en torcidas raíces se volvían.

Aquel que fue la causa de tal daño,
a fuerza de llorar, crecer hacía
este árbol que con lágrimas regaba.

¡Oh miserable estado! ¡oh mal tamaño!
¡Que con llorarla crezca cada día
la causa y la razón por que lloraba!

Tema 3. Literatura clásica latina

Actividades

1. Lee el poema sobre Dido y Eneas (en el apartado de Antología) y explica los rasgos del amor de la joven Dido.

2. Compara la oda de Horacio presentada en el texto inicial de la unidad con el soneto XXIII de Garcilaso:

> En tanto que de rosa y de azucena
> se muestra la color en vuestro gesto,
> y que vuestro mirar ardiente, honesto,
> con clara luz la tempestad serena;
>
> 5 y en tanto que el cabello, que en la vena
> del oro se escogió, con vuelo presto
> por el hermoso cuello blanco, enhiesto,
> el viento mueve, esparce y desordena:
>
> coged de vuestra alegre primavera
> 10 el dulce fruto antes que el tiempo airado
> cubra de nieve la hermosa cumbre.
>
> Marchitará la rosa el viento helado,
> todo lo mudará la edad ligera
> por no hacer mudanza en su costumbre.

a. Busca el soneto de Góngora «Mientras por competir con tu cabello» y compáralo con el anterior de Garcilaso.

b. Busca la oda de Fray Luis de León «A la vida retirada», versión libre del *Beatus ille* horaciano y compara los primeros versos con la traducción ofrecida en el apartado de intertextualidad.

3.4. Séneca

La prosa del Imperio está representada principalmente por Lucio Anneo Séneca. La prosa de Séneca tiende a las frases breves y muy expresivas. Con cortas máximas y conceptos tajantes pretende impresionar al lector. Así, su prosa se aparta del período amplio y filosófico de Cicerón.

Además de sus **tratados filosóficos** (*De Clemencia*, dedicado a Nerón; *De la brevedad de la vida*, *De la constancia del sabio*, *De la ira*), Séneca escribió varias **tragedias** siguiendo el modelo griego de Eurípides. En estas obras recrea a personajes tan conocidos ya del público romano como Fedra, Medea, Agamenón y Edipo.

Como también haría su sobrino **Lucano** en la *Farsalia*, Séneca sustituye el elemento mitológico por la hechicería y la superstición popular. También se caracterizan las tragedias por sus truculencias y su desmesurado realismo, lo que contradice el tono retórico y engolado de sus personajes.

ESTOICISMO

Séneca es considerado como el fundador del estoicismo, que propugna una vida sencilla sin apego a los bienes materiales, una existencia austera que mediante la renuncia a los placeres traiga la paz y la felicidad al espíritu. Como se puede observar, estas normas estoicas están muy próximas al cristianismo, de ahí que en la Edad Media se hablara de una posible correspondencia epistolar entre Séneca y San Pablo.

NÚCLEO I: Orígenes de la Literatura. Antigüedad Clásica

3.5. Marcial y Juvenal

El relajamiento de las costumbres característico de los periodos tardíos y la sensación de decadencia tras el reinado de Augusto explican el florecimiento de la literatura satírica, cuyos máximos exponentes son Marco Valerio Marcial (40-104) y Junio Juvenal (c. 67-c. 127).

El español **Marcial** (nació en Bilbilis, cerca de Calatayud) introdujo el **epigrama** (subgénero lírico que consiste en una composición breve y sentenciosa de carácter satírico o festivo) en la literatura romana. Compuso más de 1500 epigramas que agrupó en distintas colecciones (*Liber spectaculorum*, *Apophoreta*, *Xenias* y *Epigramas*). El contenido de estos poemas poseen un doble valor: literario y documental. Desde el punto de vista literario, Marcial es un consumado poeta que gozó de cierto renombre por su habilidad e ingenio a la hora de satirizar en pocos versos las costumbres de su época. En este sentido, su obra de circunstancia (versos que acompañan a regalos, critican conductas o cuentan anécdotas) constituye un fresco vivísimo de toda una época.

Epigramas de Marcial

Soledad en compañía
No te sorprenda en nada que rechace
tu invitación
para una cena de trescientos, Néstor:
No me gusta cenar a solas.

Nerón contra los corruptos
Nerón quiso que Roma fuera honrada:
así pudo robar él solo.

Doble moral
Te compadeces del cartaginés
y tratas a patadas a los tuyos.

Globalización
Eres muy pobre y serás más pobre.
Ahora sólo los ricos se enriquecen.

El declamador
Son míos los versos.
Cuando los declamas
se vuelven tuyos porque los destrozas.

La buena tierra
Preguntas qué me da mi parcela
en una tierra tan distante de Roma.
Da una cosecha que no tiene precio:
el placer de no verte.

Elogio fúnebre
Reservas tus elogios para los muertos,
jamás aprecias a un poeta vivo.
Discúlpame, prefiero seguir viviendo
a tener tu alabanza.

Brevedades
Vélox, criticas
mis epigramas. Te parecen largos.
Los tuyos son brevísimos:
no escribes nada.

La tumba de la abeja
Yace la abeja en una gota de ámbar,
atrapada en su néctar.
Su laboriosidad tejió el sepulcro.
Imposible encontrar mejor destino.

Todo lo que es humorismo y risa en Marcial se vuelve moralidad y censura en **Juvenal**, quien sigue la senda de las sátiras de Horacio. Su indignación es sincera ante los vicios, intrigas y corrupciones de su tiempo, lo que explica el carácter virulento y pasional de sus *Sátiras*. El didactismo de su obra justifica que fuera muy apreciado en la Edad Media.

Intertextualidad

LA ANTOLOGÍA PALATINA

Marcial se sitúa dentro de la tradición epigramática griega (Calímaco, Simónides, Meleagro), que tiene en la *Antología palatina* su máxima expresión. Se trata de una recopilación bizantina de epigramas griegos descubierta en 1606 en la Biblioteca Palatina de Heidelberg. Aquí tienes un ejemplo del poeta Páladas:

La muerte

Te engañas si temes la muerte:

deberías anhelarla como la mejor de las suertes.

Nada hay tras ella que temer puedas.

3.6. Apuleyo y Petronio

El género novelístico no fue un género muy cultivado por los romanos. Sin embargo, la trascendencia literaria de tan escasa producción es considerable si se tiene en cuenta que muchos estudiosos remontan el origen de la novela al *Satiricón* de Petronio y al *Asno de oro* de Apuleyo.

Gracias al historiador Tácito conocemos algunos sabrosos detalles de la vida de **Petronio** (c. 20-66): su condición de maestro de ceremonias (*elegantiae arbiter*) de la corte del Nerón, su nombramiento como cónsul, su cultura y refinamiento, su condena de muerte por participar en una conjura contra el emperador. Petronio, no obstante, es conocido por ser el autor del *Satiricón*, un relato de aventuras cercano a la picaresca protagonizado por Encolpio, Gitón, Asclito y Eumolpo. El humor, la comicidad y hasta lo obsceno se dan cita en este extraño relato escrito en un latín cercano a lo coloquial y repleto de escenas memorables (el banquete de Trimalción). La obra de Petronio fue adaptada al cine de forma magistral por el director italiano Federico Fellini.

La otra novela importante de este periodo es ***El asno de oro*** de **Apuleyo** (125-180), también conocida como *Metamorfosis*, otro curioso relato de aventuras que cuenta la transformación de un comerciante llamado Lucio en asno. El carácter autobiográfico de la obra y las sucesión de peripecias del asno en manos de diferentes amos constituyen la base estructural de la futura novela picaresca, en concreto del *Lazarillo de Tormes*.

Biografía

MARCO AURELIO (121-180 D. C.)

Este emperador romano que gobernó el Imperio durante 20 años (161-180 d. C.) ha pasado a la posteridad literaria por ser el autor de las *Meditaciones*, un breviario de conducta moral escrito en griego para uso privado. Así lo indica su título original *Eis heauton* ('A mí mismo'), bajo el que agrupa una serie de aforismos y pensamientos de corte estoicista: «Aceptar sin orgullo, renunciar sin apego».

Las rosas de Heliogábalo (1888), de Lawrence Alma-Tadena.

Actividades

1. Copia y completa en tu cuaderno el cuadro resumen sobre la literatura clásica latina con los autores y obras más representativos de cada género en los distintos períodos.

Literatura clásica latina			
Etapa	**Género**	**Autor**	**Obra**
República. Período de iniciación (240-82 a. C.)	Teatro	Livio Andrónico	
	Comedias Poema épico		Las guerras púnicas
	Historia	Quinto Ennio	Los Anales
	Historia Prosa		Orígenes / Dichos de Catón
República. Período clásico (82-43 a. C.)	Comedia		Amphitrio Aulularia Miles Gloriosus
		Publio Terencio Afer	
	Poesía	Tito Lucrecio Caro	De rerum natura
		Catulo	
	Filosofía	Marco Tulio Cicerón	
	Retórica		
	Epístola		De temática variada y extraordinario valor documental
	Historia		Guerra de las Galias Guerra civil
		Tito Livio	
			Conjuración de Catilina Guerra de Yugurta
Imperio (43 a. C.-476 d. C.)	Églogas Poema Epopeya		
	Poesía		Ars amandi Remedia amoris Metamorfosis Heroidas Las Tristes Cartas Pónticas
	Filosofía Tragedias		De Clemencia De la brevedad de la vida De la constancia del sabio De la ira
	Literatura satírica		Epigramas
		Junio Juvenal	
	Novelas	Petronio	
			El asno de oro

de recapitulación

2. Comenta cómo influye la literatura griega en la romana.
3. ¿Cuáles son los tópicos literarios más destacados de la literatura romana? Busca información sobre otros tópicos.
4. Define los géneros literarios cultivados por los autores romanos.
5. ¿Cuáles son las diferentes etapas históricas en que se divide la literatura romana?
6. Comenta los siguientes pensamientos de Marco Aurelio:

- Perder es solo cambiar. Y la naturaleza universal disfruta con el cambio.
- Los hombres existen unos por otros: instrúyelos o sopórtalos.
- Ya no discutas más qué es un hombre bueno. Sé uno.
- La gente se suele retirar al campo, a la costa o a la montaña. Tú mismo lo deseas a menudo. Pero es un tanto ingenuo, pues en cualquier momento te puedes retirar en ti mismo.

Foro romano.

Columna de Marco Aurelio.

Guía de lectura
Metamorfosis

Metamorfosis, la obra cumbre de Ovidio, es de difícil clasificación, pues se encuentra entre la épica y la didáctica. Fue escrita en hexámetros y consta de más de 250 narraciones mitológicas que se suceden en el tiempo desde el origen del mundo hasta la transformación en estrella del alma de Julio César. Esta joya de la literatura romana ejercerá una gran influencia en la poesía medieval y de todos los tiempos.

Argumento de diez episodios

Apolo y Dafne (Libro I, versos 452-567)

Es la primera metamorfosis. Apolo persigue a Dafne, de la que está enamorado, pero ella no lo ama y huye. Los dioses, apiadados de ella, la convierten en laurel y la salvan de Apolo.

Narciso y Eco (Libro III, versos 339-510)

Narciso es muy bello y Eco se enamora de él, pero ella ha sido castigada por Juno, por ocultar las infidelidades de Júpiter, a no poder hablar y repetir las frases finales de las otras personas. Por su parte, Narciso, después de desdeñar a Eco, se contempla en un lago y se enamora tanto de su imagen que muere por no poder conseguirla, pero su cuerpo no es encontrado, en su lugar hay una flor amarilla con sépalos blancos en su cáliz. Es la flor del narciso.

Píramo y Tisbe (Libro IV, versos 55-156)

Es la historia de amor de estos dos jóvenes que, enamorados y no pudiendo cumplir sus deseos, huyen de su casa. Píramo cree que Tisbe es atacada por una fiera y se mata con su espada; cuando Tisbe, que se había escondido, acude al lado de su amado, coge la espada y también se da muerte, bajo un moral, que desde entonces dará frutos negros.

Perseo y Andrómeda (Libro IV, versos 663-771)

Perseo, hijo de Júpiter y Danae, se enamora de Andrómeda, encadenada a una roca. Lucha contra la Medusa, monstruo cuyos cabellos son serpientes, y libera a Andrómeda de sus cadenas. Se celebra un gran banquete en su boda. Las plantas marinas sobre las que depositó la cabeza de la Medusa se endurecieron, por eso se endurecen los corales al salir del agua.

El rapto de Prosérpina (Libro V, versos 332-571)

Plutón, dios del mundo subterráneo, es herido por la flecha de Cupido y se enamora de Prosérpina. La rapta y se la lleva. Su madre, Ceres, la busca y Júpiter le dice que volverá con ella si no ha comido nada, pero Ascálafo revela a Júpiter que Prosérpina ha comido unos granos de granada. Indignada, Ceres convierte a Ascálafo en búho. Finalmente Júpiter toma una decisión salomónica: la mitad del año estará Prosérpina con su madre y la otra mitad en las profundidades con su raptor.

Jasón y Medea (Libro VII, versos 1-158)

Narra aquí Ovidio las contradicciones del amor, pues Medea, locamente enamorada de Jasón, piensa en los pro y los contra de su unión con él. Posiblemente la frase más conocida de Ovidio esté en boca de Medea: *video meliora proboque, deteriora sequor!* (veo lo mejor y lo apruebo, pero sigo lo peor!). Jasón consigue, con la ayuda de Medea, vencer a un monstruo y lograr el vellocino de oro. Con él y con su amada regresa feliz a su patria.

Filemón y Baucis (Libro VIII, versos 611-724)

Son un matrimonio de ancianos que supieron acoger a Júpiter cuando nadie le abría su puerta. A cambio, el dios les concedió sus deseos: ser sacerdotes y guardianes de su templo, y no morir uno antes que el otro. Por eso Júpiter los transformó al mismo tiempo en árboles: una encina y un tilo cuyos troncos se veían muchos años después delante del templo de Bitinia.

Orfeo y Eurídice (Libro X, versos 1-85)

La esposa de Orfeo, Eurídice, es mordida por una serpiente y muere. Tanto es el amor de Orfeo que baja a los infiernos a buscar a su esposa. Los dioses le conceden que regrese a la vida con él bajo la condición de no mirarla hasta que no saliera del Infierno, pero tanto es el amor de Orfeo que no puede evitar mirar hacia tras y verla. Entonces Eurídice muere de nuevo y Orfeo rechaza a todas las jóvenes enamoradas de él y se dedica a cantar el amor por los jóvenes adolescentes.

Pigmalión (Libro X, versos 243-297)

Estaba soltero porque no le agradaba ninguna mujer y decidió hacer una estatua de marfil de una joven bellísima. Pigmalión se enamoró de la estatua y pidió a Venus que le diera vida. La diosa se lo concedió y los dos jóvenes se casaron y tuvieron un hijo llamado Pafos, que da nombre a la isla donde ambos viven.

Galatea (Libro XIII, versos 740-897)

Está enamorada de Acis y tiene con él encuentros amorosos; sin embargo, el gigante Polifemo ama a Galatea y está celoso. Cuando los descubre juntos arroja una roca sobre el joven, que, al huir, pide a Galatea que lo salve. Esta ruega a los dioses que lo salven y Acis queda convertido en río.

Orfeo y Eurídice (1650), de Poussin.

Antología

Las quejas de Dido

La *Eneida* está llena de las peripecias vividas por su protagonista, Eneas, en su periplo de Troya a Roma. Uno de los episodios más bellos es su estancia en Cartago, donde su reina, Dido, enamorada de él, le reprocha su marcha.

*Mas la reina presiente una mentira
(¿Quién engaña a mujer enamorada?),
y primero y segura de sí misma
huye de inquietudes receladas.*

*Enfurecida por traición impía
ha ordenado la flota abastecer
y detener la marcha que la guía.*

*Como en las fiestas de Baco trienales
y por monte Citerón excitada,
a voces clama por los arrabales
como bacante libre y alocada.
Y con gritos a Eneas se dirige
como del mar al otro lado efigie:*

*¡Oh pérfido traidor y mentiroso!
¿Cómo fuiste capaz de traicionarme?
¿Cómo huyes de aquí facineroso?
¿Simulador, creías engañarme?*

*¿No basta nuestro amor a detenerte,
ni la ayuda que otrora te presté,
ni de Dido los tristes funerales,
que dejará su vida por perderte?*

*¿Por qué en este tiempo proceloso
la flota no dejaste bien guardada
y saliste a toda marcha celerada
con viento Norte y mar tempestuoso?*

*Si no buscas mi tierra, que es ajena,
ni otros pueblos por ti desconocidos,
¿por qué marchaste de tu Troya amena?
Pues la vieja y llana Troya, es sabido,
es codiciada por flotas ajenas,
que la buscan por mares conmovidos.
              ¿Por qué huyes de mí?
Por estas lágrimas que son mi entrega,
por nuestro matrimonio y mis favores
(puesto que fueron penas y dolores
los que logré al entregarme entera),*

*si de tu amor merezco lo mejor,
si algo de mí fue dulce para ti,
apiádate de mí, de mi estertor,
y suplico que no salgas de aquí
si tiene aún la súplica valor.*

*Por tu causa mis gentes han odiado
al tirano, gran enemigo tirio;
por ti el pudor acaba traslumbrado
y la prima pasión que como lirio
yo sola en el oráculo he buscado.*

*¿Por qué me dejas, huésped, moribunda
(pues ese es mi destino como esposa)?*

¿Por qué no te detienes?

*Quizá mi hermano Pigmalión destruya
las murallas, y esclava me haga Iarba.*

*Si al menos un pequeño en mí engendrado
me regalaras antes de tu marcha,
si el hijo por su padre contemplado
jugara con él del patio en la escarcha,
quien hora te ruega sientes tu clava
cierto ni sola sería ni esclava.*

Dulzuras

El poeta latino Propercio es tan completo como Catulo e hizo una poesía que recoge todas las facetas de la vida. En este caso se trata de un poema que celebra el cumpleaños de su amiga.

¿Qué mensaje podrían traerme esta mañana las Camenas•, en pie al sol en la hora bermeja, ante mi lecho? ¡Ah! Es el cumpleaños de mi amiga: ellas dieron la señal, y tres veces, batieron sus manos, claramente, como feliz presagio.

Siga el día sin nubes, suspendan los vientos su carrera aérea y se difuminen suavemente, sin que la ola, amenazadora, moje la playa. Que mis ojos no vean hoy a ningún desgraciado: que la propia estatua de Níobe• cese en sus lágrimas; que los alciones•, en calma, cesen en sus lamentos y que la madre de Itis• dé una tregua a sus fúnebres lamentos.

Y tú, querida mía, de quien el nacimiento se llenó de vuelos propicios, levanta y da a los dioses su deuda con tus súplicas. Pero antes dispersa el sueño con agua pura: recoge y modela tus brillantes cabellos; y luego viste estos vestidos, los primeros con que sedujiste los ojos de Propercio; no olvides coronarte de flores y pide a los dioses que dure siempre, con tu belleza, tu poderío y tu imperio sobre mí.

Al punto, cuando tu incienso haya santificado los altares cuajados de guirnaldas, y una vez que por toda la casa brille la llama con un resplandor propicio, pensemos en la mesa, y que la noche se marche entre copa y copa, entre la pingüe olor a azafrán que exhala el ónice dorado. Que se canse la flauta y se una a nuestras danzas nocturnas; libres sean las ideas de tu loca inspiración; que la dulzura del festín ahuyente el sueño celoso, llene nuestro tumulto la calle vecina. Echemos suertes: los dados sabrán decirnos cuál de los dos ha sido más duramente azotado por el ala del Niño…

Vocabulario

Camenas: musas de la poesía.

Níobe: diosa que vio perecer a todos sus hijos y fue convertida en una roca (o estatua) de la que brotaba agua sin cesar.

Alciones: avecillas legendarias de las que se dice que en los catorce días que dura la gestación y cría de sus polluelos, el mar está siempre en calma.

Itis: diosa cuya madre (Procné) fue metamorfoseada en golondrina.

Picaresca femenina

Frente a las palabras de Propercio, Horacio, en el *Ars Amandi*, previene a los hombres de la capacidad de las mujeres para hacerlos gastar dinero en su cumpleaños.

Guardad un santo temor al cumpleaños de vuestra amiga; y cada vez que sea necesario hacer un regalo, sea para vosotros un día nefasto. Pese a todas vuestras precauciones, os saqueará; estad bien seguros. ¡La mujer tiene tantos recursos para apoderarse de los bienes de un amante apasionado! El buhonero llegará arrastrando sus vestidos a casa de vuestra dama, siempre dispuesta a comprar; él desembala —vosotros estáis allí, sentados— sus mercancías. Ella os pide «echad un vistazo», con el pretexto de que sea de vuestro agrado. Luego os besa, y luego os pide… que compréis. Jura que durará años: lo necesita —dice—; y el precio es hoy ventajoso. Si alegáis no tener en ese momento encima el dinero en efectivo, os rogará que extendáis un recibo: ¡maldita sea la instrucción! ¿Y si, para aprovechar la ocasión tradicional del regalo de cumpleaños, nace cada vez que le conviene? ¿Y si, desgarrada por una falsa pérdida, llora y muestra su oreja desprovista de la piedra que la adornaba? Muchas veces piden que se les preste, pero no quieren devolver nunca: sois inocente, y sin provecho alguno.

II

De la Edad Media a la Edad Moderna

Siglos XII al XVI

En este bloque vamos a estudiar las manifestaciones literarias medievales. Desde nuestra perspectiva europea debemos considerar que en Occidente se fraguaron desde la Antigüedad clásica –como se ha visto en los temas anteriores– los cimientos del pensamiento europeo, es decir, de una unidad cultural que aglutinó otras culturas, principalmente la árabe, que a su vez llevaba asimiladas otras civilizaciones orientales. Tras la caída del Imperio romano hasta el siglo XVI, a la vez que se fueron conformando las distintas naciones europeas, se afianzaron sus literaturas, de las que surgieron corrientes, movimientos y autores que, más allá de las particularidades nacionales, contribuyeron a construir la unidad del pensamiento europeo.

Así, pues, realizaremos un recorrido para entrar en contacto con las principales manifestaciones de la literatura medieval hebrea, musulmana o cristiana, con los ciclos épicos occidentales, con las líricas tradicional y culta en las distintas lenguas vernáculas, con las incipientes representaciones teatrales y, finalmente, con la narrativa medieval en verso y prosa. Todas estas manifestaciones literarias con su apariencia de ingenuidad son mucho más sabias de lo que a primera vista pudieran parecer.

Como rasgos generales de estas literaturas medievales se podrían citar los siguientes:

- Todas las expresiones literarias de esta época están fuertemente enraizadas en las **ideas teocéntricas**, cargadas de simbolismo espiritual, donde lo importante es el **ejemplo moral**.
- La mayoría de los textos muestran un estado inicial de las distintas **lenguas vernáculas** en que se escribieron, fundamentalmente los poemas líricos.
- En las manifestaciones literarias épicas se cuenta la historia de un pueblo. La guerra era un hecho cotidiano. Será la **juglaría** la encargada de difundir tales noticias.
- La cultura se había refugiado en monasterios, en los que los monjes, manuscribiendo códices, transmitían un saber reservado sólo para la **clerecía**.
- Finalmente, la **coexistencia** de judíos, moros y cristianos propició un clima de diversidad **cultural** y de permeabilidad ideológica que difícilmente se ha dado en otras épocas.

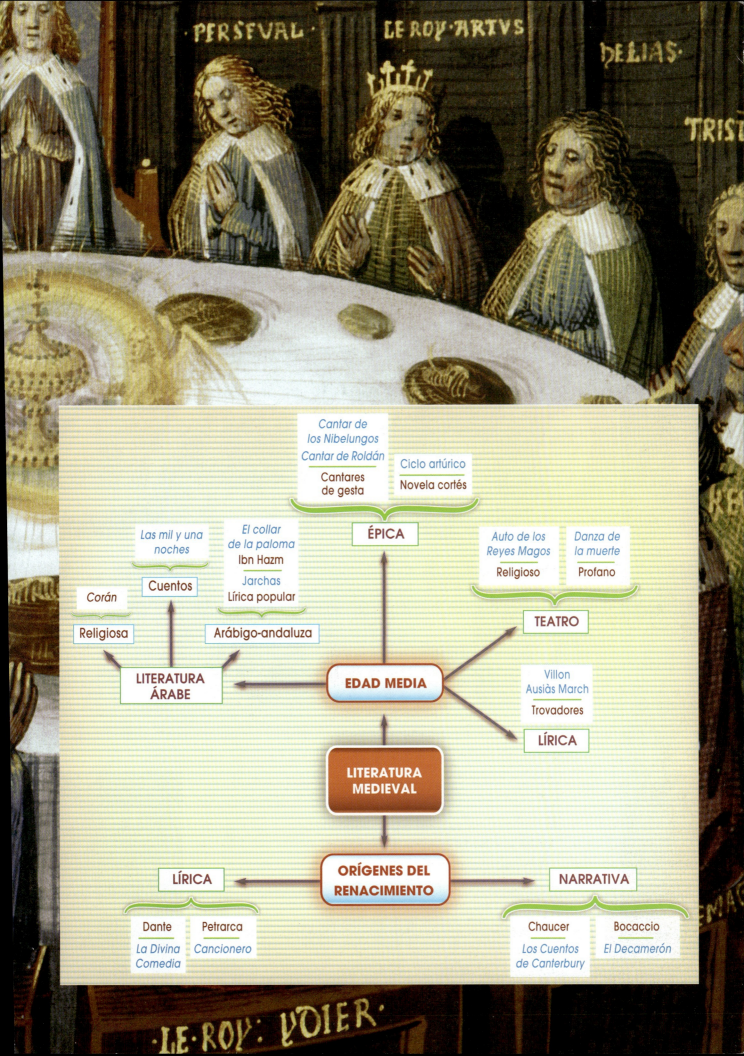

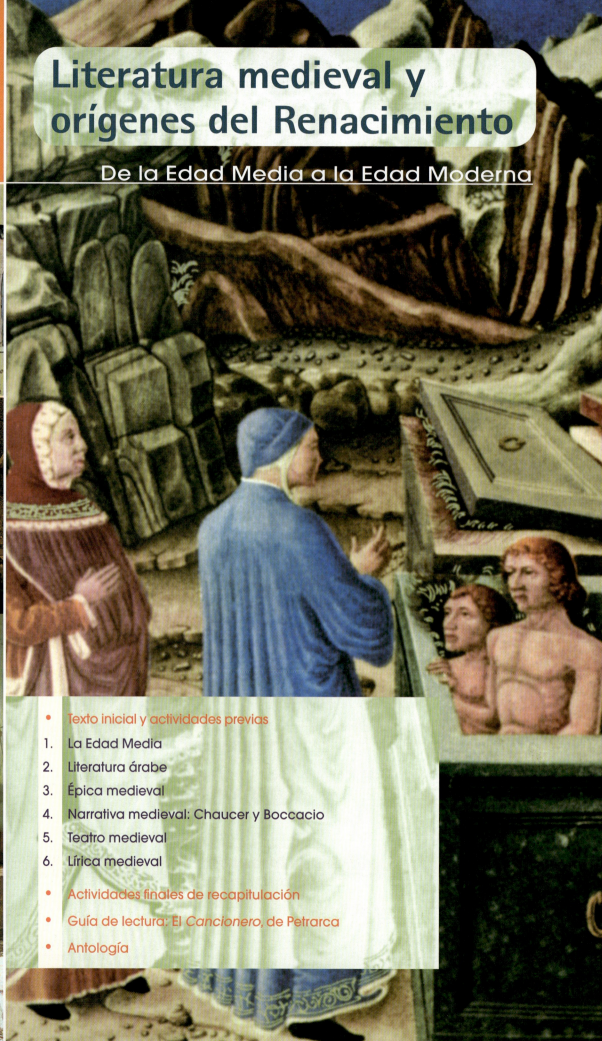

4

Literatura medieval y orígenes del Renacimiento

De la Edad Media a la Edad Moderna

- **Texto inicial y actividades previas**
1. La Edad Media
2. Literatura árabe
3. Épica medieval
4. Narrativa medieval: Chaucer y Boccacio
5. Teatro medieval
6. Lírica medieval

- **Actividades finales de recapitulación**
- **Guía de lectura:** El *Cancionero*, de Petrarca
- **Antología**

Texto inicial

El *Libro del orden de caballería. Príncipes y juglares* de Raimundo Lulio es un manual sobre la educación del caballero que recoge los esquemas narrativos medievales y ejemplifica el concepto de caballería. Es frecuente encontrar elementos fantásticos, exóticos y sobrenaturales. El narrador se remite a unas supuestas crónicas o libros de historias donde verificaba los acontecimientos.

En que se trata del significado de las armas del caballero

*Al caballero se le da una **espada**; la cual es labrada en semejanza de cruz, para significar que así como nuestro Señor Jesucristo venció a la muerte en la cruz, en la cual muerte habíamos caído por el pecado de nuestro padre Adán; de esta manera el caballero debe vencer con la espada, y destruir los enemigos de la Cruz.*

Y como la espada que se entrega al nuevo caballero tiene filo en cada parte; y siendo la caballería oficio de mantener justicia, y justicia dar a cada uno su derecho; por esto la espada del caballero significa que el caballero debe mantener con la espada a la caballería y a la justicia.

*Se da al caballero una **lanza**, para significar verdad. Porque la verdad es cosa recta, que no se tuerce, y la verdad se adelanta a la falsedad. El hierro de la lanza significa la fuerza que la verdad tiene sobre la falsedad; y el pendón significa que la verdad se demuestra a todos, y no tiene pavor ni de la falsedad ni del engaño. También la verdad es apoyo de la esperanza; y esto, como otras cosas, vienen significadas en la lanza que recibe el caballero.*

*Al caballero se le da el **yelmo** para significar vergüenza; porque un caballero sin vergüenza no puede ser obediente al orden de caballería. Así como la vergüenza hace que el hombre sea vergonzoso, y hace que el hombre baje sus ojos a la tierra; así el yelmo guarda de las cosas altas y mira a la tierra, porque es el medio entre las cosas bajas y las cosas altas. Y así como el casco de hierro defiende la cabeza, que es lo más alto y el miembro principal entre todos los miembros del hombre, así la vergüenza defiende al caballero, cuyo oficio, después del oficio de clérigo, es el más alto entre los que existen; y esto para que no se incline a hechos viles, ni la nobleza de su ánimo baje a maldad o engaño ni a costumbre proterva.*

*La **loriga** significa castillo y muro contra los vicios y las faltas; porque así como el castillo está cercado de muro por todas partes, para que nadie pueda entrar en él; así la loriga se halla cerrada por todas partes para significar el noble coraje del caballero y su aislamiento en esta nobleza, a fin de que en él no puedan entrar la traición, ni el orgullo, ni la deslealtad, ni vicio alguno. […]*

*Se dan **espuelas** al caballero en significación de diligencia, peritaje y ansia, con que puede honrar a su orden. Porque así como el caballero espolea al caballo, a fin de tenerlo a sus órdenes y corra cuanto pueda hermosamente, así también la diligencia hace que se tenga cuidado de las cosas que deben ser; el ser experto libra de ser sorprendido; y el ansia hace procurar el arnés y demás cosas que son menester para honor de la caballería. […]*

*Se da al caballero un **escudo**, para significación de su propio oficio; porque así como el escudo se pone y permanece entre el caballero y su enemigo, de la misma manera el caballero se interpone entre el rey y su pueblo. […]*

*Se da **caballo** al caballero, en significación de la nobleza de su valor, para que cabalgue más alto que los demás hombres, y sea visto desde lejos, y más cosas tenga debajo de sí; y para que se presente en seguida, antes que otros hombres, donde lo exija el honor de caballería*

Raimundo Lulio:
Libro del orden de caballería. Príncipes y juglares.

Actividades previas

A. En el texto se hace una descripción en los terrenos físico y psicológico de las cualidades del caballero. ¿Qué características se nos presentan en cada plano? ¿Cuál se describe con más detalle? ¿En qué consiste el oficio de caballero?

B. Establece diferencias y analogías entre el modelo caballeresco de Raimundo Lulio y la figura de don Quijote de Miguel de Cervantes?

C. Justifica el texto a partir de la «Introducción» de la *Partida 2* de Alfonso X que se te ofrece en este tema.

NÚCLEO II: De la Edad Media a la Edad Moderna

1. La Edad Media

1.1. La organización social

El **sistema social** y **político** del siglo XI es el **feudalismo**, que ordena la sociedad de acuerdo con las tres funciones que el hombre puede cumplir: rezar, combatir y trabajar. Entre los siglos X y XIII, Europa vive en una tensión permanente entre dos poderes: el Papa y el Emperador. El resurgimiento económico y el desarrollo de las ciudades favorecieron a las **burguesías** urbanas en el XIV. Los ciudadanos, agrupados en gremios, perciben lo necesario para el desempeño de sus actividades y el derecho de autogobierno. Este sistema alcanza su plena madurez en Alemania y en el norte de Italia, donde surgen las **ciudades-Estado**: Florencia o Venecia.

1.2. Influencias culturales

Los principales focos difusores de la cultura en la Alta Edad Media fueron los **monasterios**, las **escuelas medievales**, ya fueran monacales (dependientes de los monasterios) o catedralicias (dependientes de la administración de las catedrales por obispos), el **Camino de Santiago** y las **escuelas de traductores**.

> *Defensores* son uno de los *tres estados* por que Dios quiso que se mantuviese el mundo: ca bien así como los que ruegan á Dios por el pueblo son dichos *oradores*; et otrosí los que labran la tierra et facen en ella aquellas cosas por que los homes han de vivir et de mantenerse son dichos *labradores*; et otrosí los que han á defender á todos son dichos defensores: por ende los homes que tal obra han de facer toviéron por bien los antiguos que fuesen mucho escogidos, et esto fue porque en defender yacen tres cosas, esfuerzo, et honra et poderío.
>
> Alfonso X (Partida 2, título XXI, introducción)

Tema 4. Literatura medieval y orígenes del Renacimiento

En el período comprendido entre los siglos XIII-XV hubo un desarrollo importante. Así, a lo largo del siglo XIII la cultura tuvo un pujante renacimiento fruto de la progresiva secularización. Todo ello se debió a la pérdida de influencia de las órdenes monásticas en beneficio de nuevas órdenes religiosas (franciscanos, dominicos); y, en general, a la aparición de la nueva mentalidad burguesa y al desarrollo de las ciudades. Algunos aspectos de este florecimiento cultural fueron la consideración del castellano como **lengua oficial** a partir de Alfonso X (el latín dejó de funcionar como única lengua de cultura, por lo que la iglesia perdió el monopolio cultural), y los contactos entre la **Cristiandad** y el **Islam** debido al avance de la Reconquista y a la Escuela de Traductores de Toledo en su segunda etapa. Por último, la fundación de **Universidades** propició el desarrollo de ciertas ramas del saber que, como la Filosofía, las Artes, el Derecho, la Medicina, etc., habían estado dominadas por la Teología.

Cine y Literatura

El nombre de la Rosa

Umberto Eco es el autor de *El nombre de la rosa*, una novela que recoge la historia de Adso de Melk y su maestro Guillermo de Baskerville durante el invierno del año 1327, bajo el papado de Juan XXII. Los dos llegan a una abadía benedictina, ubicada en el norte de Italia y famosa por su impresionante biblioteca, para organizar una reunión entre los delegados del Papa y el emperador. El asunto que se quiere tratar es la supuesta herejía de una rama de los franciscanos: los espirituales. No obstante, este encuentro se ve amenazado por la serie de asesinatos que aparentemente siguen la pauta de un pasaje del Apocalipsis y que tiene como telón de fondo la biblioteca y los libros prohibidos. Ambos personajes resuelven la intriga a la vez que se describe con detalle la vida cotidiana de ese periodo medieval.

1.3. El tránsito a la Edad Moderna

La primera consecuencia de los grandes descubrimientos del XV fue la creación de los imperios coloniales portugués y español; la segunda, la dinamización del mercantilismo. En el siglo XV nace en Italia el **humanismo**, que considera al hombre como centro del universo y la medida de todas las cosas. La invención de la imprenta por Gutenberg, en 1455, procura a los humanistas un magnífico instrumento de difusión. Gracias al latín, la lengua común a todos los europeos cultivados, las ideas humanistas proliferan por toda Europa. Erasmo de Rotterdam es quien mejor representa ese ideal humanista. Sin embargo, a la muerte de Erasmo, en 1536, esos principios de felicidad y armonía renacentistas se rompen: se produce la ruptura de la unidad cristiana y el inicio de las guerras de religión. Es la época en que tiene lugar el ascenso de las lenguas y literaturas nacionales: Ariosto y Maquiavelo, en Italia; Rabelais, Ronsard y Montaigne, en Francia; Camões, en Portugal; Cervantes, en España; o Shakespeare, en Inglaterra.

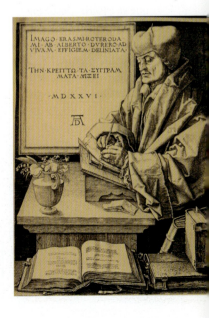

NÚCLEO II: De la Edad Media a la Edad Moderna

2. Literatura árabe

En la literatura árabe antigua confluyen la cultura persa, griega y la de otros pueblos orientales. Podrían establecerse tres estados en su desarrollo cronológico: **preislámico**, **islámico** y **arábigo-andalusí**. Por su interés atenderemos a los dos últimos.

2.1. Literatura religiosa: el *Corán*

El *Corán* es el libro sagrado de los musulmanes y, como todos los libros sagrados que ya se han visto, constituye la ley de leyes que regula la **conducta** y la **espiritualidad** de los creyentes. Es la palabra de Dios transmitida textualmente por el propio Mahoma, el cual se considera simple profeta de Dios enviado para comunicar la verdad a su pueblo. Se compone de 114 capítulos o *suras*, formados a su vez por un número variable de versículos o *ayas*. Estos versículos van rimados o ritmados, aunque sin medida fija, como los libros sapienciales del *Antiguo Testamento*, y dan la sensación de una prosa armoniosa que produce una agradable impresión en el oyente cuando los lee o recita un buen lector.

Casi todas las *suras* o *azoras* empiezan con las palabras: «En nombre de Dios, el misericordioso, el compasivo». Las *suras* están divididas en versos o *aleyas* (6 239), que dan una gran belleza literaria al libro, y están clasificadas según su dimensión, de la más larga (288 *aleyas*) a la más corta (3 *aleyas*). La primera *sura* se llama *fathida* (la que abre, apertura), y es la oración fundamental del Islam:

¡En el nombre de Dios, el Clemente, el Misericordioso! Alabado sea Dios, Señor del Universo, el Clemente, el misericordioso, Soberano del día de juicio. A Ti solo servimos y a Ti solo imploramos ayuda. Dirígenos por la vía recta, la vía de los que Tú has agraciado, no de los que han incurrido en la ira ni de los extraviados.

El *Corán* está formado por una serie de predicaciones y amonestaciones de Mahoma recogidas por sus discípulos y recopiladas en el año 650 por el califa Otmán. Sus *suras* se dividen en dos grupos: los **mesquíes** (de La Meca) y los **medeníes** (de Medina), y recogen elementos de la religión judaica, del cristianismo y del antiguo paganismo árabe, si bien el libro no pierde su peculiar originalidad. Incluso toma elementos legendarios como la ascensión (o escala de Mahoma), o la leyenda de los siete durmientes. Está redactado en prosa rimada como la de los brujos y hechiceros de la Arabia pagana, aunque con ideas totalmente revolucionarias respecto a aquellos.

Todos los musulmanes creen que el *Corán* contiene la palabra de Dios, si bien su interpretación ha dado lugar a numerosas disputas entre los coranistas. Unos lo entienden al pie de la letra, mientras que otros piensan que estos escritos son alegóricos.

En definitiva, el *Corán* contiene cuanto es necesario para el desarrollo armónico de la comunidad de creyentes. De una forma u otra, este libro ha sido la primera guía para todos los artistas y escritores islámicos. Y, aunque a veces se salte aquellas prescripciones que hemos llamado discutibles, la **idea monoteísta** y el profundo **sentido religioso de la vida de ultratumba** es algo siempre presente en la literatura árabe.

Biografía

MAHOMA
(570-632 A.C.)

Nació en La Meca. Huérfano de madre desde muy pequeño, fue educado por su tío Abu Talib. Trabajó en las caravanas comerciales de Jadicha, con la que se casaría. Desde entonces se dedicaría a la meditación. A los cuarenta años comenzó a predicar una nueva religión inspirada en la judía y cristiana. En el 622 huye de La Meca a Medina acusado de impostor, fecha de la que parte la era musulmana o hégira. En Medina tuvo muchos seguidores con los que impuso su doctrina hasta que en el 630 en La Meca fue reconocido como jefe religioso y político.

2.2. El cuento: *Las mil y una noches*

Las mil y una noches es una colección de cuentos populares. Dos documentos de los siglos IX y X establecen que esta joya de la literatura imaginativa árabe ha tenido por modelo una colección persa titulada *Hazar Afsanah*. De este libro, hoy perdido, se ha tomado el argumento, o sea, el recurso narrativo de la sultana Schehrezade, así como una parte de sus historias. Los narradores populares, que ejercitaron su inventiva sobre estos temas, los fueron conformando teniendo en cuenta la religión, las costumbres y el espíritu árabes. Otras leyendas que no eran de origen persa y otras puramente árabes se fueron encajando con la tradición en el repertorio de los cuentistas. El libro de *Las mil y una noches* es una obra de arte que pertenece al folklore árabe a pesar de su origen pérsico. Su configuración definitiva se produjo a lo largo de los siglos con adiciones y cambios. Fue traducida a numerosos idiomas (persa, turco e indostánico), con lo que se esparció por todo el Oriente.

Los relatos son muy diferentes: cuentos, historias de amor, tragedias, comedias, poemas, parodias y leyendas religiosas musulmanas. Algunas de las historias más famosas corren en la cultura occidental traducidas como *Aladino y la lámpara maravillosa*, *Simbad el marino* y *Alí Babá y los cuarenta ladrones*; sin embargo, los dos primeros fueron añadidos a la recopilación realizada en el siglo XVIII por Antoine Galland, quien las había oído en Siria. En muchas historias aparecen a genios, espíritus fantásticos, magos y lugares legendarios que son mezclados con personas y lugares reales. El histórico califa Harun al-Rashid, por ejemplo, es uno de sus protagonistas. A veces algún personaje en los cuentos de Shehrezade comienza a contarles a otros personajes una historia propia, y esa historia puede incluir otra historia dentro de ella.

Argumento marco de *Las mil y una noches*

El sultán Schariar, indignado por la infidelidad de las mujeres, jura ejecutar a todas y cada una de sus esposas después de la primera noche, pero Schehrezade consigue salvar su vida interesándolo por los relatos que le cuenta cada noche sin terminarlos para dejar en suspenso el interés del sultán y garantizarse su supervivencia.

NÚCLEO II: De la Edad Media a la Edad Moderna

Vocabulario

Efrit o ifrit: es un ser de la mitología popular árabe. Generalmente, se considera que es un tipo de genio, pero de carácter maligno y dotado de gran poder.

Actividades

4. El relato breve tiene una estructura que responde generalmente a planteamiento, nudo y desenlace. Justifícalo en este cuento.
5. Analiza los personajes, el tiempo, el espacio, el punto de vista y el tipo de narrador.
6. En qué medida el marco narrativo refleja orientalismo y cierto exotismo fantástico. ¿Queda patente su religiosidad?

Primera noche
*Historia del mercader y el efrit**
Schehrezade dijo:
He llegado a saber, ¡oh rey, afortunado! que hubo un mercader entre los mercaderes, dueño de numerosas riquezas y de negocios comerciales en todos los países.

Un día montó a caballo y salió para ciertas comarcas a las cuales le llamaban sus negocios. Como el calor era sofocante, se sentó debajo de un árbol, y echando mano al saco de provisiones, sacó unos dátiles, y cuando los hubo comido tiró a lo lejos los huesos. Pero de pronto se le apareció un efrit de enorme estatura que, blandiendo una espada, llegó hasta el mercader y le dijo: "Levántate para que yo te mate como has matado a mi hijo." El mercader repuso: "Pero ¿cómo he matado yo a tu hijo?" Y contestó el efrit: "Al arrojar los huesos, dieron en el pecho a mi hijo y lo mataron." Entonces dijo el mercader: "Considera ¡oh gran efrit! que no puedo mentir, siendo, como soy, un creyente. Tengo muchas riquezas, tengo hijos y esposa, y además guardo en mi casa depósitos que me confiaron. Permíteme volver para repartir lo de cada uno, y te vendré a buscar en cuanto lo haga. Tienes mi promesa y mi juramento de que volveré en seguida a tu lado. Y tú entonces harás de mí lo que quieras. Alah es fiador de mis palabras.

El efrit, teniendo confianza en él, dejó partir al mercader.

Y el mercader volvió a su tierra, arregló sus asuntos, y dio a cada cual lo que le correspondía. Después contó a su mujer y a sus hijos lo que le había ocurrido, y se echaron todos a llorar: los parientes, las mujeres, los hijos. Después el mercader hizo testamento y estuvo con su familia hasta el fin del año. Al llegar este término se resolvió a partir, y tomando su sudario bajo el brazo, dijo adiós a sus parientes y vecinos y se fue muy contra su gusto. Los suyos se lamentaban, dando grandes gritos de dolor.

En cuanto al mercader, siguió su camino hasta que llegó al jardín en cuestión, y el día en que llegó era el primer día del año nuevo. Y mientras estaba sentado, llorando su desgracia, he aquí que un jeique se dirigió hacia él, llevando una gacela encadenada. Saludó al mercader, le deseó una vida próspera, y le dijo: ¿Por qué razón estás parado y solo en este lugar tan frecuentado por los efrits?

Entonces le contó el mercader lo que le había ocurrido con el efrit y la causa de haberse detenido en aquel sitio. Y el jeique dueño de la gacela se asombró grandemente, y dijo: ¡Por Alah! ¡oh hermano! tu fe es una gran fe, y tu historia es tan prodigiosa, que si se escribiera con una aguja en el ángulo interior de un ojo, sería motivo de reflexión para el que sabe reflexionar respetuosamente. [...] Seguía allí el dueño de la gacela, cuando llegó un segundo jeique, que se dirigió a ellos con dos lebreles negros. Se acercó, les deseó la paz y les preguntó la causa de haberse parado en aquel lugar frecuentado por los efrits. Entonces ellos le refirieron la historia desde el principio hasta el fin. Y apenas se había sentado, cuando un tercer jeique se dirigió hacia ellos. [...]

A todo esto, se levantó un violento torbellino de polvo en el centro de aquella pradera. Descargó una tormenta, se disipó después el polvo y apareció el efrit con un alfanje muy afilado en una mano y brotándole chispas de los ojos. Se acercó al grupo, y dijo cogiendo al mercader: "Ven para que yo te mate como mataste a aquel hijo mío, que era el aliento de mi vida y el fuego de mi corazón." Entonces se echó a llorar el mercader, y los tres jeiques empezaron también a llorar, a. gemir y a suspirar.

Pero el primero de ellos, el dueño de la gacela, acabó por tomar ánimos, y besando la mano del efrit, le dijo: ¡Oh efrit, jefe de los efrits y de su corona! Si te cuento lo que me ocurrió con esta gacela y te maravilla mi historia, ¿me recompensarás con el tercio de la sangre de este mercader?" Y el efrit dijo: "Verdaderamente que sí, venerable jeique. Si me cuentas la historia y yo la encuentro extraordinaria, te concederé el tercio de esa sangre.

2.3. Literatura arábigo-andaluza

2.3.1. Ibn Hazm: *El collar de la paloma*

Sus obras más importantes son *El collar de la paloma*, considerada como la obra más bella sobre el amor en lengua árabe, *La Historia crítica de las religiones, sectas y escuelas*, *El bordado de la novia* y *Los caracteres y la conducta*.

El collar de la paloma

Esta reflexión poética sobre las distintas formas y manifestaciones del amor fue escrita en árabe, aunque descubierta y traducida en el siglo XIX. *El collar de la paloma* combina la poesía con una prosa plagada de deliciosas metáforas que intentan describir aquello que muchas veces se califica como inefable. De raíces neoplatónicas, en palabras del autor trata de «el amor, sus aspectos, causas y accidentes y cuánto en él o por él acaece».

Biografía

Ibn Hazm (994-1063 A.C.)

Fue un polígrafo nacido en Córdoba en el año 994 en una familia aristocrática. Su infancia, hasta los quince años, transcurrió en la corte cordobesa por el cargo de su padre, un alto funcionario al servicio del gran Almanzor. Participó en las intrigas que desencadenaron las guerras con el califato Omeya. En 1023 fue nombrado Visir y al terminar el gobierno Omeya un año después fue encarcelado. Una vez libre, renunció a la política, abandonó el rito Malequí y adoptó el rito Zaharí.

Actividad

7. Comenta el siguiente fragmento incluido en *El collar de la paloma*, de Ibn Hazm:

> *Cuando se trata de ella, me agrada la plática, y exhala para mí un exquisito olor de ámbar. Si habla ella, no atiendo a los que están a mi lado y escucho sólo sus palabras placientes y graciosas. Aunque estuviese con el Príncipe de los Creyentes, no me desviaría de mi amada en atención a él. Si me veo forzado a irme de su lado, no paro de mirar atrás y camino como una bestia herida; pero, aunque mi cuerpo se distancie, mis ojos quedan fijos en ella, como los del*
> 5 *náufrago que, desde las olas, contemplan la orilla. Si pienso que estoy lejos de ella, siento que me ahogo como el que bosteza entre la polvareda y la solana. Si tú me dices que es posible subir al cielo, digo que sí y que sé dónde está la escalera.*

2.3.2. Poesía popular

Fruto del contacto entre lo árabe culto y lo popular cristiano, que empezaba a expresarse en lengua romance, surgen estrofas populares más breves y con distintas rimas, apropiadas para el canto coral (**zéjeles**), junto a estrofas cultas en árabe clásico (**moaxajas**) que terminaban con unas cancioncillas en lengua romance (**jarchas**).

Las **jarchas** fueron las más tempranas manifestaciones de la poesía lírica hispánica. Nacidas hacia mediados del siglo XI, son breves cancioncillas tradicionales, en dialecto mozárabe, que se incluían al final de **moaxajas** hebreas o árabes. Actualmente, se conservan 59 jarchas, recopiladas de 54 moaxajas árabes y 26 hebreas.

Conocer y saber

La Moaxaja

La moaxaja (del árabe '*adornado con un cinturón de doble vuelta*'), inventada por el cordobés **Muccadam ben Muafa** (fin del siglo IX), era una inconfundible forma poética arábigo-andaluza, una composición culta escrita en árabe clásico o en hebreo y su contenido era de carácter amoroso o panegírico.

Cual tímido ciervo
mi amada es bella.
Sus hermosos ojos
robó a la gacela.
Duna es luminosa
con palma de perlas.

NÚCLEO II: De la Edad Media a la Edad Moderna

3. Épica medieval

3.1. Los cantares de gesta

Los escasos poemas épicos conservados son narraciones en verso de hechos histórico-legendarios, tratados de un modo a veces verosímil y a veces fabuloso, y referidos a un héroe cuya actividad bélica y calidades humanas se proponen como ejemplares. Su fácil estructura se basa en una yuxtaposición de episodios y reproduce el proceso cronológico seguido por el protagonista hasta conseguir su engrandecimiento definitivo.

De carácter anónimo, se debieron probablemente a la labor de un poeta que recopiló sus materiales de leyendas populares, noticias históricas y otros poemas épicos más breves, para ordenarlos y estructurarlos de forma orgánica. Su transmisión oral, realizada por los juglares, los introdujo en un proceso de continua reelaboración, origen de múltiples variantes y de su reestructuración posterior como romances. Fueron escritos con objeto de entretener, informar e incluso dar publicidad a determinados personajes y hechos históricos.

3.2. *Cantar de los Nibelungos*

Como casi todas las epopeyas medievales, esta obra tuvo primero una difusión oral y se sabe que fue narrada por un poeta austriaco entre 1160 y 1170. Un caballero, también austriaco, la recogió por primera vez en forma escrita entre los años 1200 y 1205. Se trata en realidad de una reelaboración de la anterior materia contenida en los *Edda*, un conjunto de composiciones mitológicas de origen germano y nórdico escritas entre los siglos IX y XIII con muy diversos temas, entre ellos el del ciclo de los Nibelungos, con su héroe Sigfrido. Estas composiciones se han estructurado y ordenado para darles algo de homogeneidad y convertirlas en un cantar de gesta. En *El Cantar de los Nibelungos* hay una valoración positiva de Atila y los hunos que no se recoge en ningún otro lugar ni de la literatura ni de la historia.

En definitiva, como hemos visto en otras mitologías, en el *Cantar de los Nibelungos* se recogen grandes mitos universales y, como en todas las tradiciones, pasiones del ser humano: traición, venganza, amor, odio...

Música y Literatura

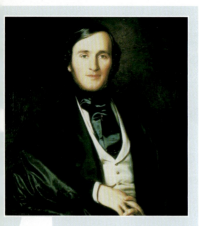

EL ANILLO DEL NIBELUNGO, DE WAGNER

Para componer la tetralogía operística *El anillo del nibelungo* (*El oro del Rin*, *La valquiria*, *Sigfrido*, *El ocaso de los dioses*), el compositor alemán Richard Wagner se inspiró en la tradición mitológica germánica y nórdica, así como en *El cantar de los Nibelungos*, poema germano del inicio del siglo XIII que, desde su redescubrimiento en 1755, había sido elevado por los románticos alemanes como la «Saga Nacional Alemana».

Argumento del *Cantar de los Nibelungos*

Toda la trama gira alrededor de la venganza de Krimilda, tierna y dulce joven que luego será brutal y sanguinaria, pues su esposo, Sigfrido, ha sido asesinado por Hagen, un guerrero burgundio. Ella, trasladada a la corte de Atila, conseguirá que este dé muerte a todos los guerreros burgundios y ella misma decapitará a Hagen y a su hermano Gunter, pues se habían negado ambos a revelar dónde estaba el tesoro de los Nibelungos escondido por Sigfrido.

3.2. El ciclo francés: *El cantar de Roldán*

En los últimos años del siglo XI aparecieron en Francia casi simultáneamente dos formas literarias muy diferentes que rompen con los modelos latinos y que iban a constituirse en las manifestaciones esenciales de la literatura románica: la canción de gesta, en lengua *d'oïl*, y la poesía lírica de los trovadores, en lengua *d'oc*.

Los cantares de gesta franceses son poemas épicos narrativos cantados que presentan una forma y un contenido propios:

- **Forma**: están compuestos en tiradas (*laisses*), es decir, estrofas de extensión irregular con rima asonante. El verso empleado es el decasílabo con cesura. Hacia finales del siglo XII, el verso alejandrino sustituirá al primero.
  El **estilo** se caracteriza por el empleo de frases cortas, así como por las constantes repeticiones y paralelismos.

- **Contenido**: tratan temas esencialmente bélicos situados siempre en época carolingia, ya sea en tiempos de Carlomagno o en los de su hijo Luis el Piadoso. Los personajes protagonistas son caballeros de Carlomagno que combaten contra los sarracenos o defienden sus derechos contra el emperador o su frágil hijo.

El *cantar de Roldán* (o la *Chanson de Roland*), de finales del siglo XI, compuesto por unos cuatro mil versos, presenta tres rasgos propios:

1) **simplicidad de la acción**, ya que aparece estructurado en tres partes: en la primera, Ganelón, que odia a Roldán, prepara una emboscada; en la segunda, se relatan las batallas hasta la muerte de Roldán; y en la tercera, Carlomagno resarce a su sobrino Roldán.

2) la **verosimilitud** con la que se disponen escenas y caracteres.

3) la **ética de los personajes**: valores de fidelidad y de amistad. Esta obra fue modelo de las canciones de gesta para el resto de Europa.

3.4. La novela cortés. El ciclo artúrico

EL REY ARTURO

Arturo o Artús (primera mitad del siglo VI), rey legendario de los britanos, luchó contra los anglosajones. Aunque algunos historiadores lo consideran una leyenda, hay motivos para pensar que un Arturo histórico pudo sustentar la resistencia británica contra los sajones. Según la leyenda, Arturo fue el hijo de Uther Pendragon, rey de Britania. Mantenido en la sombra durante su infancia, fue presentado sorprendentemente al pueblo como su rey y demostró ser un gobernante prudente y valeroso. Se rodeó de un clima cortesano y caballeresco y evitó los problemas de preeminencia con el uso de una mesa redonda en sus reuniones. Junto con su esposa, Ginebra, mantuvo una espléndida corte en el sur de Gales (quizá la legendaria Camelot), donde los britanos tenían sus posesiones más arraigadas. Sus hazañas se extendieron por el continente europeo, donde desafió al Imperio romano hasta que tuvo que regresar a su país a causa de los ardides de su sobrino Mordred, que se había apoderado de su reino. En la batalla final de Camlan, al suroeste de Inglaterra, el rey y el traidor cayeron atravesados por sus respectivas lanzas. Arturo fue misteriosamente conducido a la isla de Avalón para curar su atroz herida.

NÚCLEO II: De la Edad Media a la Edad Moderna

Cine y Literatura

EL REY ARTURO

A partir del texto que cierra el ciclo artúrico, *La muerte de Arturo*, de Thomas Malory, el protagonista ha ido sugiriendo reinterpretaciones que han culminado recientemente en otros formatos audiovisuales como *Los caballeros del rey Arturo* de *Richard Thorpe* (1953), el musical *Camelot* de *Joshua Logan* (1967) y la magnífica *Excalibur* (1981) de *John Boorman*.

Aunque lo incluimos dentro del epígrafe dedicado a la épica medieval, la novela cortés (*roman courtois*) ofrece rasgos propios que la diferencian del cantar de gesta. En primer lugar, difieren en la forma, pues son narraciones escritas en pareados octosílabos de rima consonante, si bien con el tiempo pasan a escribirse en prosa. En segundo lugar, no son obras anónimas ni fueron concebidas para su difusión oral, sino para ser leídas. Por último, la novela cortés concede una gran importancia a la fantasía y a los aspectos amorosos y sentimentales del héroe, un caballero que suele luchar solo.

Cuando hablamos del ciclo literario artúrico hemos de considerar varios momentos cronoliterarios. Así, desde el origen del mito hasta mediados del XII, el galés **Geoffrey de Mommouth** escribirá su *Historia de los reyes de Bretaña*, dando dignidad a su pueblo pero contaminando los hechos históricos con la recreación literaria. Configura el protagonista como un espléndido rey situado en la corte de Camelot. Ya aquí se encuentran los personajes de Ginebra, Merlín y Morgana, y se menciona el traslado de Arturo, agonizante, hacia la isla de Avalon, desde donde volverá un día para salvar a su pueblo.

El *Roman de Brut* es un texto escrito en 1155 por **Wace**, un clérigo anglonormando. Se trata de una traducción al francés de la *Historia Regum Britanniae* de **Geoffrey de Monmouth**, que tiene la particularidad de presentar por primera vez la institución de la Tabla Redonda, ausente de la Historia, invención que va a adquirir, en los textos posteriores, una dimensión mítica sin precedentes. A esto se suma que el texto está presentado como una crónica, lo cual permite seguir la vida del mítico personaje de Arturo desde su concepción (gracias a los poderes mágicos de Merlín) hasta su retiro, herido de muerte, a la isla de Avalon.

Durante los siglos XII y XIII podríamos considerar el segundo estadio con **Chrétien de Troyes** y sus continuadores. Fue uno de los primeros poetas que escribió romances en versos pareados sobre el rey Arturo y sus nobles caballeros. Entre estos poemas, infundidos de ideales caballerescos y amor cortesano, destacan *Perceval* o *Cuento del Grial*, la primera versión literaria de la leyenda del Santo Grial, *Erec y Enide, Lanzarote o el caballero de la carreta*, donde se presenta al rival amoroso del rey Arturo. Felipe de Flandes pensó en reunir en un relato aquellos acontecimientos que perpetuaran el tiempo que el noble vivió. Para ello pidió al mejor escritor de la época, Chrétien de Troyes, que escribiera una historia alegórica. Así nació el *Cuento del grial*, que recreaba el reinado de Arturo en tierras lejanas y que acabó constituyendo un manual para la formación del perfecto caballero, además de una historia que aún permanece vigente como tópico en la literatura actual. Sin embargo, Troyes murió sin poder terminar su obra, por lo que la trama, inacabada, tuvo continuación por parte de otros autores. A partir del XIII, tercer período, surge el *Lanzarote* en prosa. Las cinco novelas anónimas que lo constituyen son una reconstrucción del ciclo artúrico desde una óptica cristianizada: se condena el espíritu profano de la caballería y se reprenden las relaciones amorosas.

La fase final del ciclo en la Edad Media se cierra con *La muerte de Arturo*, de Thomas Malory, en el siglo XV, un texto que responde a una síntesis del ciclo artúrico.

Tema 4. Literatura medieval y orígenes del Renacimiento

Argumento de *Lanzarote*

En *Lanzarote* un gigante ruin rapta a Ginebra, la reina. Dos caballeros, Lanzarote y Gawain, emprenden su rescate. Aunque Gawain es un gran guerrero, solo Lanzarote, enamorado de la reina, logrará liberarla tras desafiar por ella los mayores peligros. La pasión de Lanzarote por Ginebra, esposa del rey Arturo, fue un ejemplo del amor cortés entonado por los trovadores. Aquí, la devoción del amante no queda sin recompensa: antes de volver a los brazos de su marido, Ginebra se entrega en secreto al caballero que le ha salvado la vida. Para llegar hasta ella, el héroe tiene que vencer una última dificultad: doblar, sin hacer ruido, los recios barrotes que resguardan la ventana de su cuarto.

Dicho esto, la reina se va, y él se dispone a deshacerse de la ventana. Se agarra a los barrotes, los sacude violentamente, tira de ellos tanto que consigue doblarlos y arrancarlos de raíz. Pero era tan cortante su hierro que le cortó la primera falange del dedo meñique hasta los nervios, y le produjo un profundo corte en el primer nudillo del dedo contiguo. No se da cuenta el héroe de la sangre que mana, gota a gota, de sus heridas: está pensando en algo muy diferente. No es baja ni mucho menos la ventana, pero Lanzarote la franquea con ligereza y soltura. En su lecho encuentra a Keu, dormido, y por fin llega al lecho de la reina. Ante ella se postra, y la adora: en ningún cuerpo santo creyó tanto como en el cuerpo de su amada. La reina lo encuentra en seguida con sus brazos, lo besa, lo estrecha fuertemente contra su corazón y lo atrae a su lecho, junto a ella. Allí le dispensa la más hermosa de las acogidas, nunca hubo otra igual, que Amor y su corazón la inspiran. De Amor procede tan cálido recibimiento. Si ella siente por él un gran amor, él la ama cien mil veces más: Amor ha abandonado todos los demás corazones para enriquecer el suyo. En su corazón ha recobrado Amor la vida, y de una forma tan pletórica que en los demás se ha marchitado. Ahora ve cumplido Lanzarote cuanto deseaba, pues que a la reina le son gratas su compañía y sus caricias, y la tiene entre sus brazos y ella a él entre los suyos.

La mucha alegría y el placer ocuparon a Lanzarote toda la noche. Pero viene el día, su tormento, porque ha de levantarse de junto a su amiga. Mientras amanece, semeja en todo un mártir: tanto le apena su partida que sufre gran martirio. Su corazón regresa en seguida al lugar donde queda la reina. No tiene poder para detenerlo. Tanto le satisface su dueña que no desea abandonarla. Él parte, permanece el corazón.

Chrétien de Troyes: *Lanzarote*.

Actividades

8. ¿Cómo logra alcanzar Lanzarote a la reina? ¿Resulta dañado? ¿Cómo reacciona ante el dolor?

9. ¿Qué siente el caballero cuando llega el amanecer? ¿Por qué?

NÚCLEO II: De la Edad Media a la Edad Moderna

4. Narrativa medieval: Chaucer y Boccaccio

4.1. La narrativa medieval en prosa

El predominio del latín como lengua universal y culta, y la lenta evolución de las lenguas vernáculas demoran el surgimiento de la prosa en todos los países. Tres géneros escritos se desarrollan en esta época: la **historia**, la **prosa de ficción** y los **textos didácticos**.

- La prosa inglesa conoce durante los siglos XIII y XIV una notable influencia de las letras germánicas, palpable sobre todo en la poesía popular inglesa. El desarrollo de la literatura inglesa, hasta que predominan las formas plenamente renacentistas, es muy complejo y lento. **Chaucer** devolverá a las letras inglesas una peculiar imaginación simbólica y enigmática, la magia de las leyendas caballerescas desde una perspectiva prerrenacentista.

- De la mano de Dante y Petrarca, sus maestros y amigos, **Boccaccio** aportó la maduración de la **prosa «burguesa» italiana**, realista y cómica a la vez. Del mismo modo, la influencia de la narrativa oriental a través de libros didácticos árabes resulta evidente en el carácter sentencioso y en el gusto por narrar de la literatura.

- Por otra parte, hay que destacar la persistencia de la tradición eclesiástica del **ejemplo moral** o de la **hagiografía** en esta nueva narrativa. La muerte, la magia y la aventura caballeresca son tres elementos distintos, pero típicos de la prosa medieval europea. La significativa expresión del terror ante la muerte, del contraste entre la alegría de vivir y la desvalorización de la existencia terrena darán paso a una narrativa humanista cada vez más alejada de los valores teocéntricos.

4.2. Chaucer: *Los cuentos de Canterbury*

Chaucer escribió y leyó sus obras para un público limitado de cortesanos y oficiales entre los cuales, sin duda, debió de encontrarse algún miembro de la familia real. La cultura de la aristocracia inglesa del momento era aún predominantemente afrancesada, por lo que en las primeras obras de Chaucer de las que han llegado hasta nosotros solo algunos fragmentos sueltos, se puede rastrear la influencia de poetas franceses de moda en la época, como Guillaume de Machaut y Jean Froissart, así como del gran poema alegórico del siglo XIII *Le Roman de la Rose*•.

Su primera obra propia fue *El libro de la duquesa*, una elegía escrita para Juan de Gante con ocasión de la muerte, en 1369, de su primera esposa. *La casa de la fama*, poema inconcluso de más de 2 000 versos, refiere en tono humorístico un frustrante viaje del poeta a lomos de un águila dorada (idea que proviene de Dante) rumbo al palacio de la diosa Fama, mientras que en *El parlamento de las aves* el poeta es testigo de un infructuoso debate sobre el amor, que tiene lugar entre distintas especies de aves. *La casa de la fama* y *El parlamento de las aves* muestran las influencias de Dante y de Boccaccio. Estos tres poemas oníricos, escritos aproximadamente entre 1373 y 1385, contienen una curiosa mezcla de comedia y seria especulación sobre la enigmática naturaleza del amor. En este período, el poeta también tradujo y adaptó obras religiosas, históricas y filosóficas. *Troilo y Crésida*, un poema de más de 8 000 versos, es su obra más importante tras *Los cuentos de Canterbury*.

Biografía

**GEOFFREY CHAUCER
(1343-1400)**

Conocemos la vida de Chaucer a través de documentos relacionados con su carrera como funcionario de la corte de los reyes Eduardo III y Enrique II. Viajó al frente de numerosas misiones diplomáticas a Francia, España e Italia, entre los años 1372 y 1378, lo cual le permitió entrar en contacto con las obras de Dante, Petrarca y Boccaccio, quien influyó particularmente en sus posteriores obras. En el último año de su vida alquiló una casa en las cercanías de la abadía de Westminster y se le concedió el gran honor de ser enterrado en la abadía, en lo que a partir de entonces se denominaría *The Poets' Corner*.

Vocabulario

Le Roman de la Rose: se trata de un largo poema medieval francés del siglo XIII cuya escritura inició Guillaume de Lorris y continuó Jean Clopinel. Gozó de gran difusión en la Edad Media por su mezcla de poesía, fantasía y didactismo. El libro comienza con un sueño en el que se van sucediendo figuras alegóricas (Cortesía, Hermosura, Peligro, etc.) que instruyen al poeta sobre la ciencia del amor, simbolizado en la rosa.

Tema 4. Literatura medieval y orígenes del Renacimiento

Los cuentos de Canterbury

Argumento de *Los cuentos de Canterbury*

Un anfitrión propone que, para matar el tiempo, 33 peregrinos que se dirigen a visitar la tumba de Santo Tomás Becket en Canterbury, cuenten cuatro historias cada uno, dos camino de ida y dos camino de vuelta. Esta estructura posibilitó al autor utilizar distintos géneros literarios: vidas de santos, cuentos alegóricos y romances corteses, o mezclas de ellos.

Chaucer sólo pudo escribir 22 cuentos en verso y dos en prosa, más o menos la cuarta parte de lo que había planeado, y eso contando con que algunos de ellos, al parecer, ya los había escrito. La parte que logró completar se compone de unos 18 000 versos, separados en grupos de uno o más cuentos por breves notas introductorias.

Entre ellos se encuentran ejemplos de casi todas las historias, fábulas y tradiciones que circulaban en la Edad Media, aunque la genialidad del autor consistió, sobre todo, en la trama de unión que creó entre los cuentos y la historia. Así, después del relato cortés y filosófico sobre un amor noble que cuenta el caballero, el molinero relata una deliciosa y picante historia de seducción dedicada al escudero. Este contraataca con un cuento sobre la seducción y el engaño de la mujer y la hija de un molinero. De este modo, los cuentos van descubriendo las personalidades, disputas y diferentes opiniones de quienes los cuentan.

4.3. Boccaccio

Admirador de Dante y amigo de Petrarca, Boccaccio personifica la madurez de la prosa «burguesa» y realista. Casi toda su obra está escrita en lengua vulgar, de la que llegó a ser máximo creador. Supo sacar rendimiento a lo que la realidad le ofrecía, observando todo lo humano con ironía y, a la vez, con comprensión.

- ***Fiammetta*** es una narración casi autobiográfica en la que se invierte el planteamiento de la aventura amorosa: si en la realidad la amada abandona a Bocaccio, en la obra es Pánfilo quien abandona a Fiammeta. Se trata de una novela de gran penetración psicológica y de perfecto monólogo interior sobre el desengaño amoroso. Boccaccio en su *Fiammetta* impulsará un género de novela nuevo en el que predomina lo sentimental y lo psicológico. La vaga ternura de este tipo de novela sentimental parece absorbida por el paisaje. Con el discurrir del tiempo aparecerá también el género de la vida pastoril, que alcanzó su mayoría de edad en el Renacimiento y el Neoclasicismo.

Biografía

GIOVANNI BOCCACCIO (1313-1375)

Probablemente nació en París, hijo ilegítimo de un comerciante florentino y una noble francesa. Criado en Florencia, fue enviado a estudiar el arte del comercio a Nápoles hacia el 1323. Abandonó la contabilidad por el Derecho Canónico y este por los estudios clásicos y científicos. Formó parte de la corte de Roberto de Anjou, rey de Nápoles.

NÚCLEO II: De la Edad Media a la Edad Moderna

- Con *El Decamerón* publicado y en su madurez literaria, Boccaccio compuso su ***Corbacho*** (*Corbaccio*), sátira contra las mujeres, que recoge toda la literatura misógina desde Juvenal hasta la Edad Media. El *Corbacho* logró un gran éxito en su tiempo. Su mejor logro es la viveza y el sarcasmo de su prosa hiriente y colorista.
- *El Decamerón* es la obra más importante de Boccaccio. La empezó en 1349 y la terminó en 1351. Esta colección de **cien relatos** ingeniosos y alegres se desarrolla en el marco concreto de la epidemia de peste de 1348. De ella tratan de huir los diez jóvenes que se retiran en una villa y que se distraen, además de con canciones y bailes, contando cuentos. Esta es la leve trama que sirve de engarce al conjunto de cuentos que constituye *El Decamerón*. Esta técnica narrativa, que une **elementos dispares** y halla una justificación literaria a la reunión de materias diversas, procede, sin duda, de las grandes narraciones orientales como *Las Mil y una noches*.

Argumento del *Decamerón*

Un grupo de amigos "educados, afortunados y discretos", siete mujeres y tres hombres, para escapar de un brote de peste se refugian en una villa de las afueras de Florencia. Boccaccio centra su *Decamerón* en ese lugar durante la peste de 1348. Para huir de los estragos de la epidemia y liberarse de la melancolía y la aflicción, los diez jóvenes, pertenecientes a la burguesía rica y cultivada, se encierran en una casa de campo y se imponen el juego de relatar cada uno de ellos un cuento a lo largo de todo el día, exceptuando los de respeto religioso. De esta suerte, en diez días se narran cien cuentos, y cada jornada va en cierto modo presidida por aquel o aquella que es elegido rey o reina del día, razón por la cual las «jornadas» del *Decamerón* son designadas a veces con el nombre propio de quien las preside. El relato de cada día termina con una *canzone*, una canción para bailar entonada por uno de los narradores; estas canciones representan algunas de las muestras más exquisitas de la poesía lírica de Boccaccio.

Lo grotesco y lo vil de esta sociedad aparece ante nuestros ojos como una abigarrada comedia a la que Boccaccio ha querido dar una apariencia de verdad concreta envolviendo su auténtica verdad humana. De ahí que a todos los personajes se les den nombres y apellidos precisos, se puntualice su patria y su profesión, se les señalen notas marginales concretas y se les haga viajar por ciudades determinadas y por lo común próximas y de todos conocidas. El autor se manifiesta con todo su poder en la prosa. En el *Decamerón* hallamos la primera obra maestra de la prosa europea moderna y el más refinado estilo de Boccaccio.

5. Teatro medieval

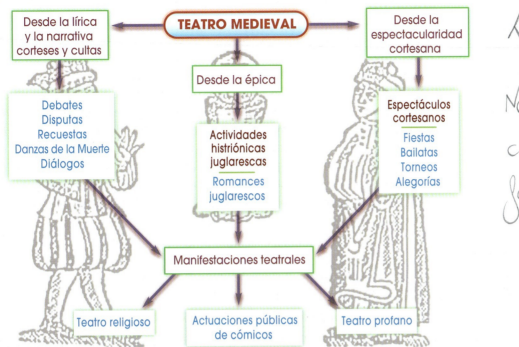

El teatro medieval participa del carácter cultual del teatro griego, lo que significa que es una prolongación del culto religioso. A la vez es un fenómeno cristiano, pues nace en la Iglesia como institución y tiene la iglesia como escenario de la representación. En aquellos momentos tan cargados de intensidad litúrgica podemos presenciar el nacimiento de un género literario.

No nos puede extrañar, pues, que la única muestra propiamente medieval de teatro en castellano, el *Auto de los reyes Magos*, esté relacionado con este ámbito cristiano, en concreto con el ciclo de Navidad. La obra, que nos ha llegado de forma fragmentaria, fue escrita en el siglo XII por un autor de origen gascón o catalán avecindado en Castilla. Pero puede decirse que dicha obra constituye una excepción, porque hasta el siglo XV, si se exceptúan los juegos juglarescos populares, no empezó a cultivarse el género teatral con **Juan del Encina**, **Lucas Fernández** y **Jorge Manrique**. Caso especial es la *Tragicomedia de Calisto y Melibea*, de Fernando de Rojas, obra cumbre del siglo que se escapa a una fácil clasificación genérica.

Pronto aparecen los primeros síntomas de secularización del teatro. El francés **Rutebeuf**, autor del *Milagro de Teófilo*, escribió hacia 1260 un monólogo cómico, *Decir de la herboristería*, puesto en boca de un médico que acaba de llegar de Oriente y pondera comercialmente las virtudes de sus plantas curativas. La farsa se inicia con la pieza titulada *El mozo y el ciego*, escrita entre 1266 y 1282, en la cual el muchacho que acompaña a un ciego le hace objeto de burlas y pillerías, crueles para nuestra sensibilidad pero divertidas para el público medieval: elementos que reaparecerán en el *Lazarillo de Tormes* castellano.

En el siglo XV el **teatro religioso** aparece bajo dos formas distintas que se han conservado escritas en francés: *los misterios*, escenificaciones de carácter bíblico, de milagros de la Virgen y hagiografías, y las *moralidades*, representaciones de tipo alegórico.

La **Danza de la Muerte**, por su parte, es una de las creaciones más impresionantes del teatro medieval. Se trata de un poema dialogado anónimo donde la Muerte llama a representantes de todas las clases sociales y les anuncia que tienen que abandonar el mundo.

NÚCLEO II: De la Edad Media a la Edad Moderna

6. La lírica medieval

6.1. La lírica primitiva culta: el amor cortés

Guillermo IX de Aquitania (Guilhem de Peitieu), conde de Poitiers y duque de Aquitania (1071-1127), fue el príncipe más poderoso de su época en Occidente y el primer trovador conocido. En pocos años sus seguidores e imitadores en poesía, los *troubadour*, se multiplicaron en las cortes del sur de Francia; en el norte, los *trouvéres* desarrollaron el mismo tipo de poesía. Se trataba de una poesía lírica cortesana, de ahí su nombre: *courtois*, que exalta la cortesía como ideal de vida y una determinada concepción del amor –el **amor cortés** o *fin'amor* ('amor perfecto')–. La cortesía exige nobleza de corazón, liberalidad y buena educación en todos los aspectos. La originalidad de la cortesía está en situar a la mujer en un lugar privilegiado y testimoniarle una devoción extrema. El amante cortés hace de su amada su *donna*, es decir, su señora en el sentido feudal. La métrica de los versos y la rima están sujetas a una técnica muy rigurosa. El lenguaje se caracteriza por la abundancia de recursos gramaticales y estilísticos. Esta cortesía encontró su expresión en la poesía lírica en provenzal (langue doc) de los trovadores. Entre ellos hubo grandes señores, como **Guillermo IX** o **Jaufré Rudel**, príncipe de Blaya.

Pero tal vez, el más grande de los poetas europeos del siglo XV, nacido hacia 1431, sea el francés **François Villon**. Cantó a los reos de muerte y a las prostitutas, y se burló del amor cortés. Se vio a sí mismo como un gran pecador, deseoso a pesar de todo de ganar la salvación. En su aventurera vida se confunden realidad y la ficción. Lo condenaron a la horca, pero le conmutaron la pena por diez años de destierro. Murió hacia 1463.

Actividades

La Balada de las damas de antaño, de François Villon desarrolla de forma magistral el tópico del *ubi sunt*:

```
   ¿Dónde, decid, decid, en qué país
   está Flora, bellísima romana;
   dónde Archipiada está, dónde Thaís,
   ¿Y Eco, que habla cuando el ruido gana
 5 ríos y estanques, que su voz le dan?
   Belleza fue de altura más que humana.
   Mas las nieves de antaño, ¿dónde están?

   ¿Dónde estará la prudente Heloys?
   -Pedro Esbaillart por ella fue castrado
10 y profesó de monje en Saint-Denis;
   todo esto fue por su amor realizado.
   También, decid, ¿qué destino ha encontrado
   la reina que ordenó que Buridán
   dentro de un saco fuese al Sena echado?
15 Mas las nieves de antaño, ¿dónde están?

   La reina Blanca como flor de lis,
   la que cantó con su voz de sirena;
   Berta, pie grande, y Bletrís y Alís,
   Haremburgís, dueña del Maine plena
20 la buenajuana, oriunda de Lorena,
   que los Ingleses quemaron en Ruán,
   ¿en dónde están, Virgen y Reina buena?
   Mas las nieves de antaño, ¿dónde están?

   Príncipe mío, no queráis saber
25 ni mañana ni nunca dónde van.
   Este estribillo dejad sin recoger:
   mas las nieves de antaño, ¿dónde están?
```

10. ¿Qué tipo de métrica usa el poeta? ¿Cómo se distribuye? ¿Qué verso sirve de estribillo?

11. ¿A qué se refiere con las nieves de Antaño? ¿Cómo describe el rostro de la amada?

12. Investiga quiénes fueron Eco, Abelardo y Eloísa. ¿A qué personajes históricos alude el poema?

Ausiàs March nació en Gandía (Valencia) alrededor de 1397 y murió en Valencia en 1459. Pertenecía a una familia noble. En su juventud participó en una expedición contra los piratas del Mediterráneo. Pasó sus años de madurez entre Gandía y Valencia, llevando una vida amorosa desatinada. Junto a **Jordi de Sant Jordi** representa la poesía en lengua catalana. Ausiàs March es un poeta único por varias razones: **abandona la lengua provenzal**, que habían usado hasta entonces los trovadores catalanes, y escribe en su lengua materna; su obra se basa en una concepción muy personal de la poesía y de la mujer amada. Para él la perfección formal importa menos que la autenticidad de los sentimientos. El amor, aunque ideal, es también razón de sufrimiento y compromete la salvación del alma. Su **obra** se agrupa en **dos ciclos**: el primero recoge los poemas amorosos dirigidos a *Llir entre cards* («Lirio entre cardos») y *Plena de seny* («Llena de sensatez»), seudónimos de damas amadas por él. El segundo ciclo comprende seis *Cantos de muerte* (lamentaciones por la muerte de su esposa) y varios poemas metafísicos.

Actividades

Por lo que es hoy no siento algún amor,
sino por el pasado, que es nada y ya se ha ido.
Me deleito pensando en aquello que ha sido
pero cuando lo pierdo se agrava mi dolor.
5 *Como el reo soy yo, tiempo atrás condenado,*
que asumió que le espera sin remedio la muerte
y le hacen creer que ha cambiado su suerte
y lo matan después de tenerlo engañado.

13. ¿En qué tiempo el poeta percibe el amor: en el presente o en el pasado? ¿Qué engaño sufre el amante? ¿Puede culpar a alguien de su desgracia? ¿Por qué el amante se compara con un reo a muerte? ¿En qué consiste su personal condena?

6.2. El *dolce stil nuovo*

Desde finales del siglo XII los trovadores provenzales asistieron a las cortes del norte de Italia, cuyos poetas también versificaron en provenzal. A mediados del siglo XIII, siendo rey de Sicilia Federico II Hohestaufen, apareció la primera escuela poética culta en lengua vulgar italiana: la **escuela siciliana**, cuyas composiciones están ajustadas a la manera provenzal. En esa corte, el mismo rey, su hijo y muchos de sus vasallos fueron, además, poetas. Esta poesía fue rápidamente aceptada en los ambientes urbanos y universitarios de toda Italia, y dio lugar a la corriente poética del *Dolce stil nuovo*. Quizás sea el boloñés **Guido Guinizzelli**, el primer poeta del *Dolce stil nuovo*, en su canción «Al corazón gentil se acoge siempre el amor», donde lanza un mensaje poético innovador: la nobleza no desciende del linaje, sino de las virtudes del corazón y, por tanto, sólo es noble el que tiene el *cor gentil*; allí es donde reside el amor. La bella *donna* es la que produce en el hombre esta naturaleza y, como si fuera un ángel, es intermediaria entre Dios y el hombre. Este nuevo estilo, que tiene en su centro el amor como concepto de carácter espiritual y ético, alcanza su plenitud y su superación con **Dante Alighieri**.

Los *stilnovistas* presentan importantes diferencias respecto a los trovadores:

- Abandonan la actitud de vasallaje ante la dama.
- El poema no está compuesto para ser cantado.
- Los temas amorosos se abren hacia lo abstracto e intelectual.
- Se fijan las formas estróficas: la utilización del verso endecasílabo y, sobre todo, la invención del soneto, atribuida al siciliano **Giacomo da Lentini**.

NÚCLEO II: De la Edad Media a la Edad Moderna

6.3. La irrupción de Dante y Petrarca

La producción poética de **Dante** y **Petrarca** inaugura el Renacimiento en la literatura europea. Se trata de uno de los fenómenos culturales más revolucionarios de toda la historia, que aunque tiene unos antecedentes concretos –Renacimiento carolingio, clasicismo del s. XII–, se impone en la Italia del Quattrocento como una actitud madura que hace imposible cualquier tipo de involucionismo medieval y condiciona toda la literatura posterior con las dos grandes corrientes que se originan:

a) La **corriente alegórica-dantesca**, así denominada porque desarrolla visiones alegóricas cuyo modelo es la *Divina Comedia* de Dante Alighieri, presenta el estilo más artificioso y audaz.

b) La **corriente amorosa de raíz trovadoresca** donde impera la sutileza expresiva y el refinamiento formal. La insistencia en tomar el sentimiento amoroso como eje temático fundamental está inmersa en una inmediata tradición erótica occidental cuyos orígenes se remontan al siglo XI en Provenza. Esta poesía bebe de un fondo común integrado básicamente por los temas y la expresión petrarquistas, la filosofía neoplatónica renacentista y los reductos del amor cortés.

6.4. Dante

Dos poetas influyeron en la obra de Dante: **Cavalcanti** y **Guitone**. Del primero, Dante tomó su experiencia *stilnovista*, y la que añadió el luto por la muerte de la mujer amada. Del segundo, aprendió a abrir la experiencia lírica a problemáticas civiles, con lo que acercó la poesía al ensayo, lo que le hizo madurar y reflexionar sobre su propia obra poética, al tiempo que iniciaba su actividad política en Florencia.

En el tratado ***De Monarchia*** (1310), escrito en latín probablemente durante la estancia del emperador en Italia, expone detalladamente sus ideas políticas, entre las cuales se encuentran la necesidad de la existencia de un Sacro Imperio Romano y la separación total de Iglesia y Estado. También sin acabar, ***Il convivio*** (1304-1307), fue concebida como una recopilación, en quince volúmenes, del conocimiento de la época. El primero de los tomos sería un volumen introductorio, mientras que los catorce restantes incluirían otros tantos comentarios en forma de poema. Sólo logró completar los cuatro primeros libros. La tesis fundamental de la obra está ya formulada en el primer tratado de *Il convivio*: la madurez formal y la dignidad cultural del *sermo vulgaris* (la lengua romance) frente al latín.

La *Vita Nuova*

Un hecho, aparentemente insignificante, determinó toda la existencia del poeta e influyó poderosamente en toda su poesía posterior: a los nueve años se enamoró de una niña llamada Beatriz, que habría de convertirse en el amor de su vida. Nueve años más tarde vuelve a verla y se saludan: Dante comprende que ha entrado en una vida nueva y relata ese amor juvenil. La obra, finalizada en 1292, dos años después de la muerte de Beatriz, es una muestra ideológica de la época: el amor, plenamente platónico, asciende al poeta a la divinidad; la belleza es su instrumento. Al mismo tiempo, la poesía de Dante ha conseguido depurar la artificiosidad y el tono impersonal de la lírica provenzal.

Biografía

DANTE ALIGHIERI (1265-1321)

Nace en el seno de una noble familia florentina. Empieza su producción a los 18 años y a los 30, su actividad política en el partido güelfo blanco (independiente del Papa y del emperador).

Conoció en el año 1274 a Beatriz, a quien amó en términos neoplatónicos y enalteció según las reglas de cortesanía como reflejo supremo de la gracia divina, primero en *La vida nueva* y, más tarde, en su obra maestra, la *Divina Comedia*. La crítica ha identificado a Beatriz como la noble florentina Bice di Folco Portinari, que murió en 1290, con apenas 20 años. Dante sólo la vio en tres ocasiones y nunca habló con ella, pero ello fue suficiente para que se convirtiera en la *donna angelicata* inspiradora de casi toda su obra.

En el 1300 lo nombran magistrado de Florencia, cargo en el que muestra un gran sentido de la justicia. En el 1302 se exilió al triunfar el partido de los güelfos negros (aliados del Papa frente al emperador). Trabajó como diplomático en distintas ciudades italianas. Muere en Rávena.

Tema 4. Literatura medieval y orígenes del Renacimiento

La Divina Comedia

La Divina Comedia es un poema alegórico con un total de treinta y tres cantos estructurados en tres partes: Infierno, Purgatorio y Paraíso, Se ha señalado el año de 1304 como fecha de arranque de la composición, que fue terminada en 1321, año de la muerte del poeta. Dante no le puso ningún título. Él la denominaba *commedia* (para subrayar la mezcla de estilos y para poner en evidencia el desenlace feliz) o poema sacro. El adjetivo **divina** pasó a formar parte del título a partir de la edición de 1555 en Venecia.

- **Estructura:** cada una de las secciones incluye 33 cantos, excepto la primera, que incluye uno más y sirve como introducción: Infierno (4 720 versos), Purgatorio (4 755) y Paraíso (4 758). El poema está escrito en *terza rima*, una estructura en que la rima se distribuye así: ABA BCB CDC... Todo ello está perfectamente calculado y tiene un sentido matemático y simbólico: el número 3, símbolo de la Trinidad, constituye la médula de la arquitectura del poema. Esto da una perfecta simetría al poema, donde cada una de las partes acaba con el término *stelle*, 'estrellas'. Se trata de una obra cuya forma parece diseñada con perfección platónica, matemáticamente resuelta y vinculada a una unidad de sentido que no presenta el más mínimo fallo. Este logro estructural puede parecer innecesario, pero no lo es en tanto que da forma a otra perfecta unidad interna y simbólica.

- **Estilo:** la intención de Dante al componer este poema era llegar al mayor número posible de lectores, y por ello lo escribió en italiano y no en latín. La obra está repleta de sentidos tácitos que se insertan alegóricamente a lo largo de todo el poema sin rupturas. Constituye una visión escatológica, concebida como visión de salvación, pero a la vez es una **alegoría** de este mundo y finalmente del alma humana. Para contemplar el infierno y el purgatorio al viajero del más allá le basta la **razón**; para contemplar el paraíso necesita de la **gracia**. Así, Dante simboliza el alma que ha emprendido el camino de la redención y que es guiada primero por la razón (Virgilio), luego por la gracia (Beatriz): su viaje dura siete días, los mismos de la Creación. El poeta cree en la verdad revelada y no duda de que todos sus lectores están en esa misma situación intelectual. Por ello la alegoría es diáfana para todo cristiano en su concepción general, aunque presente problemas en ciertos pasajes en los que por falta de documentación histórica puede haber dificultad en el entendimiento de determinadas individualizaciones de vicios o virtudes.

El Paraíso. Miniatura para *La Divina Comedia*. Represa el Canto III: Dante y Beatriz ascienden al cielo de la luna donde moran las almas.

NÚCLEO II: De la Edad Media a la Edad Moderna

Actividades

[...]
Un lugar hay de Belcebú alejado
tanto cuanto la cárcava se alarga,
que el sonido denota, y no la vista,
de un arroyuelo que hasta allí desciende
5 por el hueco de un risco, al que perfora
su curso retorcido y sin pendiente.

Mi guía y yo por esa oculta senda
fuimos para volver al claro mundo;
y sin preocupación de descansar,
10 subimos, él primero y yo después,
hasta que nos dejó mirar el cielo
un agujero, por el cual salimos
a contemplar de nuevo las estrellas.

[...]
Como un alma gentil, que no se excusa,
15 sino su gusto al gusto de otro pliega,
tan pronto una señal se lo sugiere;

de igual forma, al llegarme junto a ella,
echó a andar la mujer, y dijo a Estacio
con femenina gracia: «Ve con él.»

20 Si tuviese, lector, más largo espacio
para escribir, en parte cantaría
de aquel dulce beber que nunca sacia;

mas como están completos ya los pliegos
que al cántico segundo destinaba,
25 no me deja seguir del arte el freno.

De aquel agua santísima volví
transformado como una planta nueva
con un nuevo follaje renovada,
puro y dispuesto a alzarme a las estrellas.

[...]
30 Cual el geómetra todo entregado
al cuadrado del círculo, y no encuentra,
pensando, ese principio que precisa,

estaba yo con esta visión nueva:
quería ver el modo en que se unía
35 al círculo la imagen y en qué sitio;

pero mis alas no eran para ello:
si en mi mente no hubiera golpeado
un fulgor que sus ansias satisfizo.

Faltan fuerzas a la alta fantasía;
40 mas ya mi voluntad y mi deseo
giraban como ruedas que impulsaba
Aquel que mueve el sol y las estrellas.

Dante y Beatriz, de Henry Holiday.

14. Los fragmentos presentados de La Divina Comedia pertenecen al final de cada parte de la obra: Infierno, Purgatorio, Paraíso. ¿Qué características formales observas que conlleven también un valor simbólico?

15. Trata de interpretar o comentar cada fragmento.

6.4. Petrarca

Petrarca escribió indistintamente en latín e italiano. El estilo de Petrarca se basa en el cultivo consciente e intencionado del latín clásico como expresión perfecta de la prosa y del verso. Sus textos latinos le inspiran mayor satisfacción que sus rimas en italiano y sus obras de erudición. Entre sus **obras en latín** destacan los géneros eglógico y epistolar en verso: el cristiano y el enamorado de Laura no pueden vivir siempre en el paganismo clásico. Por ello, realiza un breve escrito en prosa latina, el *Secreto* (De *secreto conflicto curarum mearum*), testimonio de una profunda crisis interior del poeta, escrito entre 1353 y 1358, unos diez años después de la muerte de Laura, pero narrando un sueño que el autor finge haber tenido cuando aquella aún vivía. El tratado *De vita solitaria* (1346-1356) es una defensa de una dedicación a la naturaleza, al estudio y la oración. Su amplia colección de *cartas* ha resultado muy útil por la cantidad de detalles históricos y biográficos que contienen.

> XV
>
> *Yo me vuelvo hacia atrás a cada paso,*
> *mi cuerpo exhausto apenas soportando,*
> *y de vuestro aire alivio voy tomando*
> *que le ayuda a seguir, diciendo: "¡Ay, laso!"*
>
> 5 *Llamo al perdido bien y el tiempo paso*
> *con vida corta, largo trecho andando,*
> *los pies detengo pálido y temblando*
> *y mi abatida vista en llanto arraso.*
>
> *Me asalta, en medio de la pena mía,*
> 10 *tal duda: ¿cómo vive separado*
> *este cuerpo de su alma, tan lejana?*
>
> *Pero responde Amor: "¿Has olvidado*
> *que esta es de los amantes regalía,*
> *libres de toda cualidad humana?"*

Biografía

FRANCESCO PETRARCA (1304-1374)

Nace en Arezzo. Asentado en la corte pontificia de Avignon, decide estudiar leyes en las Universidades de Montpellier y Bolonia. En Avignon será donde se enamore de Laura (1327), tema principal de su *Cancionero*. En 1330, arruinado por sus diversiones, toma las órdenes eclesiásticas menores. Al servicio de varios magnates, desempeña misiones diplomáticas y dedica el máximo tiempo a la literatura. Residió en Venecia y en Padua. Muere en Arqua.

El Cancionero es la obra cumbre de Petrarca; en ella trabajó durante toda su vida. Consta de treinta 300 sonetos además de baladas, canciones y madrigales, divididos en dos partes: los poemas *in vita* e *in morte* de Laura. En ellos se cuenta la historia de su amor (véase la antología final).

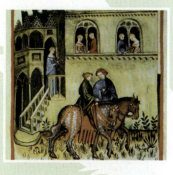

Intertextualidad

EL PETRARQUISMO

Esta corriente y estilo poéticos derivados de la obra de Petrarca guarda estrecha relación con el desarrollo de la poesía culta (principalmente el soneto) y con el ritual de la idealización de la amada, unido al tema del sufrimiento del poeta. El Petrarquismo ejerció un enorme influjo en la lírica moderna europea a partir del Renacimiento.

Además del *Cancionero*, también Laura le inspiró, en plena madurez, otro conjunto de poemas, *Triunfos* (1352-1374), que detallan la elevación del alma humana desde el amor terrenal a su realización a través de Dios. Son cantos en tercetos al estilo de *La Divina Comedia*. La alegoría general, las enumeraciones de personajes célebres y la pesadez de algunos pasajes de esta obra se compensan con la presencia de Laura.

Actividades

1. Copia y completa en tu cuaderno el cuadro resumen sobre la literatura medieval y prerrenancentista con los autores y obras más representativas.

Literatura medieval y prerrenacentista				
Literatura	**Autor**	**Nación**	**Obra**	**Síntesis**
Literatura árabe			Corán	
	Ibn Hazm	España		
	Anónimo			Cancioncillas puestas en boca de mujer remate de las moaxajas
	Anónimo		Las mil y una noches	
Género	**Autor**	**Nación**	**Obra**	**Síntesis**
Épica		Alemania	Los Nibelungos	
		Francia	Cantar de Rolando	
		Inglaterra		Todos sus argumentos giran sobre lo que se ha llamado materia de Bretaña: Corte del rey Arturo, Tabla redonda, etc.
Lírica	Guido Guinizzelli	Italia		
	Villon		El Testamento «Balada de las nieves de antaño»	
	Dante	Italia		
	Petrarca	Italia		
	Ausiàs March		Cantos de amor	
Teatro	Anónimo		Danza de la muerte	
Narrativa	Chaucer	Inglaterra	Cuentos de Canterbury	
	Boccaccio	Italia		

2. Realiza un esquema con las características generales de la sociedad medieval, grupos sociales e influencias culturales.

de recapitulación

3. ¿En qué consiste el amor cortés? ¿Se podría afirmar que la relación entre Lanzarote y Ginebra cumple las condiciones del amor cortés? Razona la respuesta.

4. ¿Desde qué punto de vista está compuesta la poesía amorosa tradicional y cuál es su métrica habitual?

5. ¿Qué rasgos comunes tienen la poesía de Dante y Petrarca? ¿En qué se diferencian?

6. ¿Qué rasgos comunes tienen la obra narrativa de Boccaccio y de Chaucer? ¿En qué se diferencian?

Francesca Rimini y Paolo Malatesta (1819), de Ingres. Tomado de un episodio del «Infierno» de la *Divina Comedia*. Se representa a los amantes a punto de ser sorprendidos por el marido de ella.

Guía de lectura
El cancionero de Petrarca

1. Fecha y género. Argumento

La más famosa de sus obras es una colección de poemas en italiano titulada *Rime in vita e morte di Madonna Laura* (posterior a 1327), que después fue ampliada a lo largo de su vida y se conoce como *Cancionero*. Es una colección de poemas, inspirados casi todos ellos en su amor no correspondido por Laura, y reflejan a la perfección el carácter del poeta y de su pasión amorosa en un italiano vernáculo extremadamente melodioso y refinado. La mayoría de las composiciones del *Cancionero* celebran a una mujer que el poeta llama Laura, que es cantada durante su vida y después de su muerte. ¿Quién era esta dama? Los contemporáneos del poeta llegaron a suponer que se trataba de una mera ficción poética, de un artificio creado para un simple ejercicio literario. Petrarca, en una de sus *Epístolas familiares*, se opone terminantemente a esta suposición: «Nadie finge durante tanto tiempo sin gran trabajo; y atenerse de esta suerte, sin razón, sólo para ser tenido por loco, es el colmo de la locura».

2. Tema

Exceptuando las canciones circunstanciales, como las dedicadas a Italia, en el *Cancionero* hay tres directrices temáticas:

1) el amor por Dios;

2) el amor por la fama;

3) el amor por Laura. Ella es el tema principal del *Cancionero*. El tema del amor por Laura aparece dividido en dos apartados: *in vita* e *in morte*, pero Laura ya no es la *donna angelicata* de los *stilnovistas*, sino una mujer real.

3. Estructura

Trescientos sesenta y seis poemas —317 sonetos, 29 largas canciones, 9 sextinas, 7 baladas y 4 madrigales— constituyen el *Cancionero* italiano de Petrarca. Podría decirse que la estructura externa definitiva de la obra es la siguiente:

I	Exordio Soneto-prólogo	«Voi ch'ascoltate in rime sparse il suono»	Conforma una unidad de *exemplum* que se superpone y otorga un significado alegórico al resto de los poemas.
II	Rimas *in vita*	poemas II al CCLXIII	La división tradicional del *Cancionero in vita* e *in morte* ha sido polémica a partir de los poemas CCLXIV–CCLVI que presentan a Laura todavía viva y ponen en tela de juicio el hecho de que la muerte de la *donna* sea la razón de tal división.
III	Rimas *in morte*	poemas CCLXIV al CCCLXV	
IV	*Explicit* final	Canción a la Virgen: «Vergine bella, che di sol vestita»	Este componente didáctico y ejemplar entra en tensión con el componente narrativo, distorsionando relativamente la coherencia moral pretendida.

Pero la estructura interna revela que el *Cancionero* es la historia poética de un proceso vital relativamente autobiográfico, aferrado a un eje amoroso que exige la presencia de un poeta-amante y una amada a la que dirigirse y cuya muerte bisecciona esa historia en *in vita* e *in morte*. La esencia del *Cancionero* responde a una exigencia más narrativa que cronológica. En esta obra los motivos fundamentales y más frecuentes se agrupan en torno a cinco grandes apartados. Tres se refieren al hecho amoroso en sí mismo, y dos perfilan el carácter y las y funciones de los interesados en la relación amorosa:

a) Definición y características del amor.

b) El enamoramiento.

c) Los efectos del amor.

d) La dama.

e) El amante.

Antología

Literatura medieval y orígenes del Renacimiento

Esta es una muestra de poesía arábiga-andaluza donde se une la poesía árabe culta (moaxaja) con la poesía popular en mozárabe en los dos versos finales (jarcha):

Moaxaja con jarcha

*Si se compadeciera,
si a mi afán accediera,
si mi fin no quisiera,
besarlo me dejara
y de él no me quejara.*

*Culto de amor profeso;
no de traición soy reo;
mi honor puro mantengo:
quien esta ley abraza
prendado está de Faray.*

*Mi humillación me gusta,
mis ansias, mi tortura.
Deja, pues, tus censuras.
Soy de una gente rara,
que de su mal se jacta.*

*Que el fuero intacto siga fuero:
a todo amante obliga, civiles
y, si alguien dice, diga:
los reproches aparta,
pero al fuero no falta.*

*Una niña que pena
cual yo, mi mal consuela
si a su madre se queja:
¡Ke tuelle me ma 'alma!
¡Ke kitá me ma 'alma!*

*(¡Que me quita mi alma!
¡Que me arrebata mi alma!)*

Boccaccio, en su *Corbacho*, muestra su misoginia en la reprobación de las mujeres. Se presenta a estas como culpables de que el hombre se sujete al *loco amor* y fustiga lo que él considera vicios con cierta ironía: coquetería, vanidad, estupidez, parloteo inútil, avaricia... El fragmento pertenece a uno de los capítulos más célebres que ha servido de modelo para escritores posteriores como el Arcipreste de Talavera, Fernando de Rojas o Diego Hurtado de Mendoza, entre otros:

Volubles todas y sin estabilidad alguna son: en un momento quieren y no quieren una misma cosa mil veces, salvo si fuese de aquellas que pertenecen a la lujuria, porque esas siempre las quieren. Son generalmente todas presuntuosas; y a sí mismas hacen creer que todas las cosas merecen, que todas las cosas son propiedad suya, que de todo honor, toda grandeza son dignas; y de que, sin ellas, los hombres nada valen, ni vivir pueden; y son testarudas y desobedientes. Nada es más duro de soportar que una mujer rica; nada más desagradable que ver terquear a una pobre [...]. Los míseros estudiantes padecen frío, ayunos y vigilias; y después de muchos años se encuentran con que han aprendido pocas cosas; estas, con que una mañana en lo que dura una misa estén en la iglesia saben cómo da vueltas el firmamento, cuántas estrellas hay en el cielo y cómo de grandes, cuál sea el curso del sol y de los planetas, cómo el trueno, el relámpago, el arco iris, el granizo y las demás cosas en el aire se crean, cómo el mar va y viene, y cómo la tierra produce frutos [...].

Es verdad que de esta su sabiduría tan súbita y divinamente inspirada nace en ellas una óptima enseñanza para sus hijas: a todas enseñan a robar a sus maridos; cómo se deben recibir las cartas de los amantes; cómo responderlas; y de qué guisa metérselos en casa; qué manera deben seguir para fingir que están malas, para que libre de su marido les quede la cama; y muchos otros males. Loco está quien piense que una madre se deleita con tener una hija mejor que ella o más púdica. Y no impide que con una mentira, con un perjurio, con una maldad, con mil suspiros fingidos, con cien mil falsas lágrimas vayan a sus vecinos para que, cuando lo hayan menester, las presten, sabe Dios (que yo, por mí nunca he sabido pensar tanto que pudiese conocerlo o discernirlo) dónde las guardan, que tan prontas y tan prestas a todos sus deseos las pueden tener como las tienen.

Petrarca

Soneto I

Los que en mis rimas sueltas, el sonido
oís del suspirar que alimentaba
al joven corazón que desvariaba
cuando era otro hombre del que luego he sido:

del vario estilo con que me he dolido
cuando a esperanzas vanas me entregaba,
si alguno de saber de amor se alaba,
tanta piedad como perdón le pido.

Que anduve en boca de la gente siento
mucho tiempo y, así, frecuentemente
me advierto avergonzado y me confundo;

y que es vergüenza, y loco sentimiento,
el fruto de mi amor sé claramente,
y breve sueño cuanto place al mundo.

Soneto LXI

Benditos sean el año, el mes, el día
la estación, la hora, el tiempo y el instante,
y el país y el lugar en que delante
de los ojos que me atan me veía;

y el dulce afán primero que sentía
cuando me ataba Amor, y aquel tirante
arco, y sus flechas, y, en mi pecho amante,
las profundas heridas que me abría.

Bendito sea el incesante acento
que llamando a mi dama he difundido,
y el llanto y el deseo y el lamento,

y bendito el papel con que he solido
ganarle fama y, ay, mi pensamiento
que parte en él tan solo ella ha tenido.

Soneto CCCXXVI

A dónde tu poder llega has mostrado,
Muerte cruel: que ya el reino de Amor
empobreciste, y de beldad la flor,
y la luz, en la tumba has encerrado;

a nuestra triste vida ya has privado
de todo adorno y del mayor honor:
mas la honra, que no muere, ni el valor,
no son tuyos; los huesos te han quedado:

lo otro fue al cielo, y con su claridad,
que es casi un sol, complácese la gloria,
y los buenos conservan su memoria.

Venza el corazón santo en su victoria,
oh ángel nuevo, y tened de mí piedad,
como al mío venció vuestra beldad.

III

Edad Moderna

Siglos XVI al XVIII

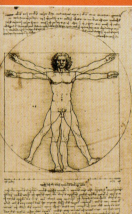

A lo largo de los siglos XVI, XVII y XVIII se desarrollan cinco grandes movimientos literarios:

- El **Renacimiento**, corriente que en el siglo XVI conlleva una especial actitud claramente **humanista**, puesto que ahora no es Dios el que ocupa el centro del universo como ocurría en la Edad Media, sino el Hombre. Esta visión **antropocéntrica** se traduce en una mayor atención hacia el ser humano, la naturaleza, la antigüedad clásica greco-latina y a un afán de conocimiento del mundo mediante un método basado en la razón y la experimentación.

- El **Barroco**, consecuencia de la crisis de valores que en el siglo XVII se produce por el desengaño y frustración del período renacentista. Los escritores elegirán entre dos actitudes opuestas: la resignación pesimista frente a la indiferencia como escapatoria. Ello explica que la principal característica de este período sea el desequilibrio anímico que provoca el entorno social.

- El **Clasicismo**, corriente literaria que se inicia e Francia a mitad del siglo XVII, y en el siglo XVIII en los demás países de Europa, tiene sus raíces en el **racionalismo** promovido por Descartes. Las obras literarias clasicistas se basarán en principios opuestos a los del barroquismo y se inspirarán en los preceptos grecolatinos que quedan codificados en una serie de reglas que persiguen la verosimilitud, la naturalidad, la sencillez y la belleza formal.

- La **Ilustración**, movimiento filosófico-literario que refleja los cambios socioculturales ocurridos en el siglo XVIII. Se rechaza los dictámenes del Clasicismo, y se piensa que la **razón** es el único medio para resolver todos los problemas del ser humano. La Ilustración se presenta, pues, como una corriente humanista, optimista, laica y siempre con una finalidad moralizante.

- El **Prerromanticismo** será la lógica reacción al excesivo racionalismo de la Ilustración que había relegado a un segundo plano el mundo de la imaginación y de los sentimientos. Este movimiento, que comienza a abrirse paso en el último cuarto del siglo XVIII, defiende las libertades individuales, fomenta la introspección, el culto al «yo», la vuelta al pasado, y confía plenamente en la bondad natural del hombre.

Con esta mirada panorámica, es fácil comprender cómo el ciclo de cada corriente literaria, además de obedecer a un movimiento pendular (idealismo / realismo, racionalismo / sentimentalismo…), se inicia oponiéndose a la corriente que le ha precedido; aunque sin renunciar a todas sus características, alcanza su apogeo y, tras un período de estancamiento, deja paso a la siguiente corriente renovadora, y así sucesivamente. Ello explica, por ejemplo, que la Ilustración encorsetada en un rígido racionalismo haya sido desplazada por el Romanticismo, desbordante de sentimientos y enemigo de toda norma formal.

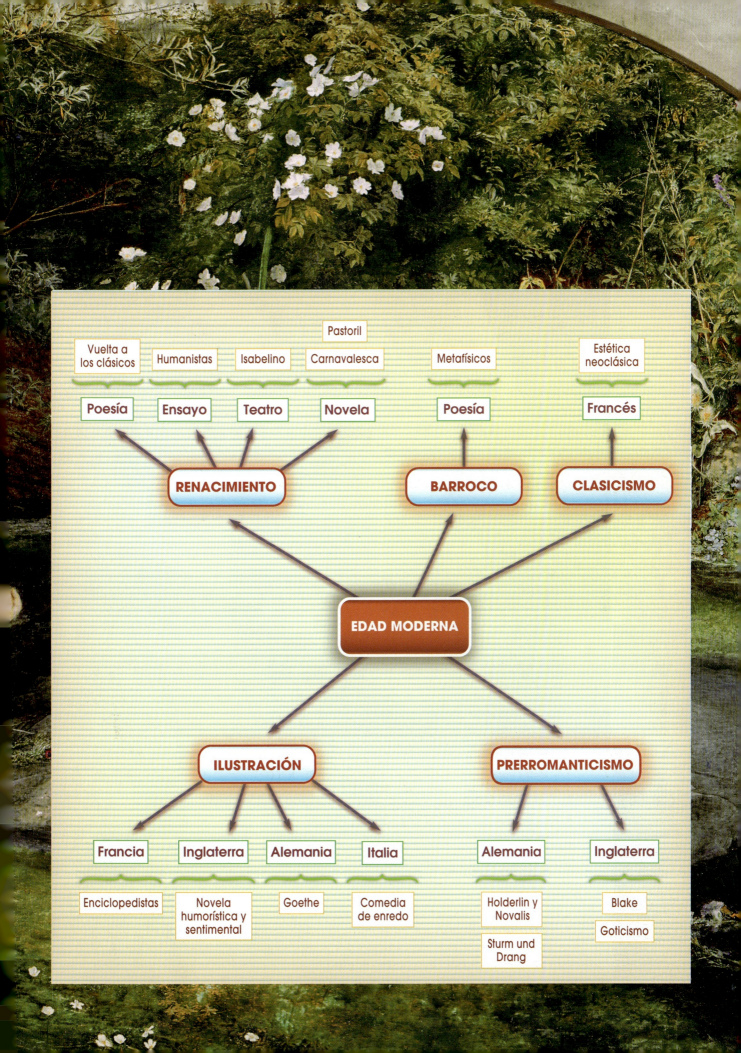

5

Renacimiento y Clasicismo

Edad Moderna

- Texto inicial y actividades previas
1. La Edad Moderna: Renacimiento, Barroco y Clasicismo
2. La prosa narrativa y ensayística
3. La poesía
4. El teatro europeo
- Actividades finales de recapitulación
- Guía de lectura: *El rey Lear*
- Antología

Texto inicial

Durante el siglo XVII una corriente de **poesía metafísica** atraviesa Europa. **John Donne** personifica esa corriente que equivale a la poesía conceptista de **Francisco de Quevedo** de la que es coetánea. La obra del joven Donne se caracteriza por su estilo realista, sensual y satírico; un lenguaje vibrante y la inmediatez de sus metáforas lo distingue de sus antecesores y de sus contemporáneos. El poeta inglés es el autor de uno de los más intensos poemas de amor de la literatura inglesa. Lejos de excederse con palabras románticas, decididamente ajeno a cualquier rasgo conmovedor, ha creado un controvertido manifiesto a la dignidad de un enamorado. Por el contrario, en el segundo poema, Quevedo expresa la incondicionalidad en el amor.

Psique en la barca de Caronte.
Tapiz del siglo XVI del Castillo de Sully-sur-Loire.

El mensaje

Devuélveme mis ojos largamente descarriados,
pues es ya mucho el tiempo que han estado sobre ti;
mas ya que tales males allí han aprendido,
tales conductas forzadas
5 *y apasionamiento falso,*
que por ti
nada bueno
pueden ver, quédatelos para siempre.
Devuélveme mi corazón inofensivo,
10 *que pensamiento indigno no podría mancillarlo,*
pero si el tuyo le enseñara
a burlarse
del amor;
a quebrantar
15 *palabra y juramento,*
quédatelo, porque mío no será.
Pero devuélveme mi corazón, mis ojos,
que pueda ver y conocer tu falsedad;
que pueda reírme y gozar
20 *cuando te angusties,*
cuando languidezcas
por aquel
que no querrá,
o, como tú ahora, falso sea.

John Donne.

Amor constante más allá de la muerte

Cerrar podrá mis ojos la postrera
sombra que me llevare el blanco día,
y podrá desatar esta alma mía
hora a su afán ansioso lisonjera.
5 *Mas no de esotra parte en la ribera,*
dejará la memoria, en donde ardía:
nadar sabe mi llama el agua fría,
y perder el respeto a ley severa.
Alma a quien todo un dios prisión ha sido,
10 *venas que humor a tanto fuego han dado,*
medulas que han gloriosamente ardido:
Su cuerpo dejará no su cuidado;
serán ceniza, mas tendrá sentido;
polvo serán, mas polvo enamorado.

Francisco de Quevedo.

● Actividades previas

A. ¿Qué diferencia las posturas del «yo lírico» en ambos poemas?
B. ¿Qué leyes no se acatan en ambos casos?
C. ¿Qué recursos estilísticos son comunes?

NÚCLEO III: Edad Moderna

1. La Edad Moderna: Renacimiento, Barroco y Clasicismo

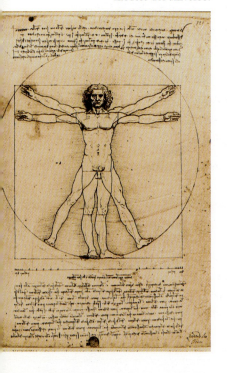

El hombre de Vitrubio, apunte de Leonardo da Vinci. El hombre como centro y modelo del universo.

Se podría afirmar que, entre otros acontecimientos, en **1519**, con la elección para la dignidad imperial de Carlos I de España que hace que se convierta en el soberano más poderoso de Europa, comienza la **Edad Moderna**. Pero ese poderío choca con tres obstáculos: las dificultades que entraña la Reforma protestante, la firme oposición de los reyes de Francia a las pretensiones de los Habsburgo y el avance otomano en la Europa oriental. En 1648, al final de la **guerra de los Treinta Años**, conflicto político-religioso, Francia pone fin a las anhelos de los Austria y sienta las bases de la hegemonía europea. La Europa de **1660** es muy diferente de la de años anteriores. La casa de Austria ya no constituye un peligro para la paz europea. España, debilitada, pasa a un segundo orden. Inglaterra se constituye en una gran potencia. Pero el hecho clave es la posición conseguida por Francia, que ostenta la preponderancia en Europa. Entre estos dos ejes cronológicos hemos de situar tres corrientes ideológicas y estéticas: **Renacimiento**, **Barroco** y **Clasicismo**

Hoy se entiende por **Renacimiento** no sólo la renovación artística según los modelos de la Antigüedad clásica, sino un amplio movimiento de transformación que se desarrolla en todos los ámbitos del quehacer **humanista**: política, economía, ciencia, religión, filosofía, etc. En el orden político-social supone la ruptura del sistema feudal y la aparición de un nuevo modelo del Estado ligado a la monarquía, la **economía libre de mercado** y el inicio de cierta independencia entre Estado e Iglesia. La inquietud intelectual y religiosa se halla vinculada ahora a la nueva **visión antropocéntrica de la realidad**. El establecimiento del **método experimental** da comienzo a la investigación racional del mundo: Copérnico, Bruno, Da Vinci, etc.

Tema 5. Renacimiento y Clasicismo

La aparición del **Barroco** coincide con una situación de crisis generalizada en Europa. En el ámbito ideológico se difunde una **visión negativa del mundo** y del hombre, que desembocará en el sentimiento de **desengaño** que impregna la obra de nuestros grandes escritores, bien reflejado de forma directa, **moralista** (Donne o Quevedo), o de forma indirecta en la **actitud evasiva** ante la realidad (Marino o Góngora). En el orden artístico es evidente la **tensión** propia de una época conflictiva, manifestada en un conjunto de **dualidades**: idealización/degradación, hedonismo/ascetismo, sueño/hiperrealismo, novedad/tradición. En el terreno expresivo, la tendencia a la extremosidad representa un estado de **desequilibrio anímico** acorde con las circunstancias sociales. Durante el Barroco siguen vigentes los temas y formas renacentistas, pero la imitación de los clásicos será ahora emulación e invención.

Hay que tener en cuenta, sin embargo, que el Barroco no se produjo de forma sincrónica en todos los países europeos. En Francia, por ejemplo, dicha corriente no alcanzó la importancia que adquirió en países como España e Italia, hasta el punto de que en ese país el Barroco se circunscribe solo a la primera mitad del siglo XVII. A partir de 1640 puede decirse que la doctrina clásica triunfa en Francia como consecuencia del racionalismo que impregna la cultura francesa. Este **Clasicismo,** que en Europa se desarrollará en el siglo XVIII, retoma conceptos del Renacimiento como la imitación de los clásicos, el didactismo, la verosimilitud y claridad artísticas, la vuelta a las reglas de las tres unidades (acción, lugar y tiempo).

Edicto de Nantes

Ordenamos que la religión católica, apostólica y romana quede restaurada y restablecida en todos los lugares y los distritos de nuestro reino y de las tierras que están bajo nuestro dominio, en las que su práctica se interrumpió, y que en todos estos sitios se profese en paz y libremente, sin desorden ni oposición. Prohibimos expresamente a cualquier persona del rango o condición que sea, bajo la pena de susodicho castigo, turbar, importunar o causar molestias a los sacerdotes en la celebración de los oficios divinos, en la reposición o goce de los diezmos, bienes y rentas, pertenecientes a tales eclesiásticos, y que en la actualidad los retienen y ocupan, que restituyan su posesión y goce completos con todos los antiguos derechos, privilegios y garantías inherentes a ellos. Y prohibimos también, expresamente, que los miembros de la religión reformada tengan reuniones religiosas u otras devociones en iglesias, habitaciones y casas de los referidos eclesiásticos.

A fin de eliminar toda causa de discordia y enfrentamiento entre nuestros súbditos, permitimos a los miembros de la susodicha religión reformada vivir y residir en todas las ciudades y distritos de nuestro reino y nuestros dominios, sin que se les importune, perturbe, moleste u obligue a cumplir ninguna cosa contraria a su conciencia en materia de religión, y sin que se les persiga por tal causa en las casas y distritos donde deseen vivir, siempre que ellos por su parte se comporten según las cláusulas de nuestro presente edicto.

Actividades

1. Infórmate cuándo se publicó el Edicto de Nantes y qué supuso para Europa.
2. La monarquía absoluta creó un aparato administrativo, un ejército permanente, reglamentó la economía y extendió su autoridad también sobre la religión. Este proceso se vio favorecido por la aparición de los movimientos protestantes. En los países en que se mantuvo el catolicismo se produjo igualmente una relación estrecha entre el Estado e Iglesia. Se reconoce a la Iglesia y su autoridad, pero los reyes defienden su soberanía. ¿Qué afirma el fragmento del Edicto al respecto?

NÚCLEO III: Edad Moderna

2. La prosa narrativa y ensayística

2.1. La novela: géneros

Vocabulario

Roman courtoi: Se denomina así al relato francés de aventuras caballerescas propio de la Edad Media. Eran relatos de extensión variable, de carácter idealista y escritos normalmente en verso. Sus temas fueron desarrollados por la lírica provenzal cortés, por los libros de caballerías o por la novela sentimental.

La **novela** fue muy cultivada en el Renacimiento, aunque durante este período el término solo se empleaba para referirse a narraciones breves. El resto de las narraciones más extensas se designaban con otros como **tratado**, **libro**, **historia**, **vida**. En los siglos XVI y XVII se desarrollaron varias modalidades de prosa de ficción que se disputaron el favor del público: los **libros de caballerías**, una derivación de los **romans courtois** franceses, alcanzaron tal éxito que se escribieron cerca de un centenar de novelas para ser leídas en público; **la novela pastoril**, cuyo modelo fueron las *Églogas* de Virgilio, tiene su máximo esplendor en la segunda mitad del siglo XVI y entronca con la tradición bucólica clásica en la que bebía la lírica renacentista: la naturaleza idealizada es el marco en el que se desarrollan las historias de amor de los pastores (los dos elementos esenciales del género son el paisaje y el sentimiento); **la novela morisca** narra hechos relativos a las luchas fronterizas entre moros y cristianos. Los personajes de estas obras son siempre un dechado de perfecciones, prototipos de belleza, nobleza y valor (el género se caracteriza por la idealización de la figura del moro y la tolerancia entre las culturas árabe y cristiana); **la novela italiana** (*novella*) desarrolla el gusto por los relatos breves que sirven de entretenimiento (su fuente de inspiración eran los italianos Boccaccio –*Decamerón*– y Bandello, entre otros); **la novela bizantina** o de aventuras peregrinas cuentan una sucesión de aventuras, a veces muy incoherentes, que terminan con el reencuentro feliz de los amantes o de los miembros de una familia después de múltiples peripecias por todo el mundo. Además de *El Lazarillo de Tormes*, novela protopicaresca, y *El Quijote* de Miguel de Cervantes, novela total, podríamos señalar *Gargantúa y Pantagruel* y la *Arcadia* como las novelas más importantes del Siglo de Oro europeo.

Cubierta de una edición inglesa del *Quijote*.

En **Francia** hay que destacar a **François Rabelais** (1574-1636). Fue novicio franciscano en 1510, recibió formación teológica y manifestó pronto una curiosidad típicamente humanista: se interesa por los autores antiguos y mantendrá correspondencia con otros humanistas célebres. Posteriormente profesa como benedictino.

Intertextualidad

Luis de Góngora creó uno de los poemas más bellos sobre el gigantismo y la visión de la estética desde la deformidad con su *Fábula de Polifemo y Galatea*:

VII

Un monte era de miembros eminente
este (que, de Neptuno hijo fiero,
de un ojo ilustra el orbe de su frente,
émulo casi del mayor lucero)
cíclope, a quien el pino más valiente,
bastón le obedecía tan ligero,
y al grave peso junco tan delgado,
que un día era bastón y otro cayado.

VIII

Negro el cabello, imitador undoso
de las obscuras aguas del Leteo
al viento que lo peina proceloso
vuela sin orden, pende sin aseo;

un torrente es su barba impetüoso
que, adusto hijo de este Pirineo,
su pecho inunda, o tarde, o mal, o en vano
surcada aun de los dedos de su mano.

IX

No la Tinacria *en sus montañas, fiera*
armó de crueldad, calzó de viento,
que redima feroz, salve ligera
su piel manchada de cobres ciento:
pellizco es ya la que en los bosques era
mortal horror al que con paso lento
los bueyes a su albergue reducía,
pisando la dudosa luz del día.

Hacia 1528 se secularizará, comienza sus estudios de medicina y una intensa vida bohemia. Inspirado en un texto anónimo, Rabelais publica con gran éxito en 1532 su *Gargantúa y Pantagruel*. En esta obra se describe con gran humor y todo tipo de excentricidades la disparatada vida de un gigante con un apetito voraz. De ahí viene, precisamente, la expresión «banquete pantagruélico». No se trata de crueles ogros, sino de gigantes bondadosos y glotones. El recurso al gigantismo le permite trastocar la percepción normal de la realidad. Bajo esta óptica, la obra de Rabelais se inscribe en el estilo grotesco propio de la cultura popular y carnavalesca. Así critica y satiriza el pensamiento medieval a la vez que los inacabados logros renacentistas. El disparate, la ironía, la estética de lo deforme, la abundancia de metáforas originales, parodias y neologismos crean un estilo lleno de nueva vitalidad y comparable en prosa a lo que fue la «nueva poesía» creada por Góngora.

Vocabulario

Leteo: en la mitología griega, Leteo es el río del olvido situado en el Tártaro, una zona del Hades o Inframundo. Todo aquel que bebía de sus aguas olvidaba sus recuerdos.

Tinacria: nombre griego de Sicilia utilizado sobre todo en la poesía latina

Gargantúa y Pantagruel

Estructura

Esta obra, bajo la apariencia de un relato grotesco, contiene una verdadera reflexión. Gargantúa y su hijo Pantagruel son dos gigantes. Gargantúa, que representa los sueños titánicos del humanismo, transmite a su hijo una verdadera ansia de saber y un espíritu crítico. Pantagruel se consagra a la filosofía y adquiere seriedad, razón y discreción. Respetuoso con la naturaleza, deseoso de buscar en todo el justo medio, representa al hombre completo.

Se desarrolla en cinco libros:

1.- Nacimiento de Gargantúa, educación y hazañas juveniles. Máxima: «Haz lo que te plazca».

2.- Gigantismo de Pantagruel, educación y nuevas hazañas.

3.- Casamiento de Panurgo. Consulta a la galería de prototipos sociales.

4 y 5.- Relatos de aventuras y viajes. Máxima báquica: «Bebe».

Participar de una cena pantagruélica, comer como un Gargantúa son expresiones frecuentes cuando se habla de una mesa atiborrada y de conductas muy próximas a la gula. Gargantúa y Pantagruel, padre e hijo, son dos verdaderos zampones que le sirven al autor para hacer una sátira social y política de su tiempo. Para ilustrar la exageración, lo hiperbólico del estilo de Rabelais, recogemos la fiesta que da Grandgousier por el nacimiento de su hijo Gargantúa:

> Habían hecho matar trescientos sesenta y siete mil catorce de estos bueyes para ser salados... y poder disponer así, llegada la primavera, de abundante carne aderezada para ser servida al comienzo de la comida... Las tripas fueron copiosas... Pero la gran
> 5 diablura de los cuatro personajes era que no había posibilidad de conservarlas por más tiempo porque se habrían podrido... Por ello se convino en que las devorarían hasta no dejar nada. A tal efecto convidaron a todos los ciudadanos de Cinais, Seuilly, Roche-Clermaund y Vaugaudry, sin olvidarse de los de Coudray,
> 10 Montpensier, Gue de Vede y otros vecinos, todos grandes bebedores, buenos compañeros y diestros jugadores de bolos.

Cap. IV

NÚCLEO III: Edad Moderna

Vocabulario

Canto amebeo: Técnica de composición literaria característica de la égloga en la que dos o mas personajes, generalmente pastores, recitan sus versos de forma alternativa.

Locus amoenus: tópico literario basado en una naturaleza idílica, trasunto del paraíso terrenal, que simboliza el retorno del hombre a la naturaleza, su reencuentro con la felicidad y el paraíso.

En la **corte napolitana** se dio otro gran foco de humanismo con Alfonso V de Aragón y su hijo Fernando I, quienes ofrecieron mecenazgo a un humanista como **Jacopo Sannazaro** (1458-1530). Su obra de mayor trascendencia para la literatura universal y que creó el canon de la literatura pastoril, al inspirarse en Teócrito y Virgilio, fue la *Arcadia*. Se trata de la autobiografía amorosa de unos pastores ideales que a través de un canto amebeo• exponen sus amores y angustias en un marco idílico (*locus amoenus*•), todo ello expresado en una prosa elegante e intercalada con poemas al estilo petrarquista.

La *Arcadia* influyó enormemente en la narrativa y en la lírica renacentistas. En ella se cuenta el viaje de un personaje al país simbólico de la vida pastoril en busca de una distracción que le haga olvidar a la joven que lo ha rechazado.

Prosa primera

En la cumbre del Partenio, no humilde monte de la pastoril Arcadia, yace un delicioso llano, de no muy dilatada extensión, ya que la situación del lugar no lo consiente, pero tan colmado de menuda y verdísimo hierba, que si los lascivos ovejas con sus ávidos mordiscos allí no pastaran, se podría en cualquier tiempo encontrar
5 *verdor. Donde, si no me engaño, hay de doce a quince árboles de una belleza tan extraña y desmedida, que cualquiera que los viese juzgaría que la maestra natura se hubiese esmerado allí en formarlos con sumo deleite. Estos árboles, algo distanciados unos de otros, y no dispuestos en orden artificioso, ennoblecen sobremanera con su raleza la natural belleza del lugar. Allí, sin nudo alguno, se puede ver el*
10 *derechísimo abeto, nacido para resistir los peligros del mar; y la robusta encina, de ramos más abierta, y el alto fresno y el delicioso plátano allí se despliegan con sus sombras, ocupando una buena parte del bello y abundante prado.*

● **Actividades**

3. Señala los elementos de la naturaleza que se describen en la «Prosa primera». ¿Qué sentimientos despierta la naturaleza en los personajes en ese pasaje?

4. Analiza los recursos descriptivos.

2.2. El ensayo: humanistas

La prosa renacentista se desarrolló también en otra dirección: la **prosa didáctica**. El humanismo produjo escritos muy variados, que encontraron su forma en diversos subgéneros: el **diálogo** es el modelo formal más empleado en los textos en prosa del siglo XVI. Se trata de un género vinculado a la difusión de la ideología erasmista. Esta ideología propugnaba un ideal de literatura ajustada a lo verosímil, cuya principal finalidad era la de educar. Algunos de sus cultivadores más notables fueron los hermanos **Alfonso** y **Juan de Valdés**, con su obra *Diálogo de Mercurio y Carón* y *Diálogo de la lengua*, respectivamente. Las **misceláneas** son obras que tratan sobre asuntos variados. Obras misceláneas fueron la *Utopía* de Tomas Moro y los *Adagios* y *Elogio de la locura* de **Erasmo de Rotterdam**. La **historia** fue un género de gran importancia que surgió como consecuencia del interés renacentista por conocer la historia nacional. Destacaron **Hernán Cortés** (*Cartas de relación*), **Gonzalo Fernández de Oviedo** (*Historia general y natural de las Indias*) y **Bernal**

Brevísima relación de la destrucción de las Indias

Todas las cosas que han acaecido en las Indias, desde su maravilloso descubrimiento, y del principio que a ellas fueron españoles, para estar tiempo alguno, y después, en el proceso adelante hasta los días de ahora, han sido tan admirables y tan no creíbles en todo género a quien no las vio, que parece haber añublado y puesto silencio y bastantes a poner olvido a todas cuantas, por hazañosas que fuesen, en los siglos pasados se vieron y oyeron en el mundo. Entre éstas son las matanzas y estragos de gentes inocentes, y despoblaciones de pueblos, provincias y reinos que en ellas se han perpetrado, y que todas las otras no de menor espanto. Las unas y las otras, refiriendo a diversas personas, que no las sabían, el obispo don fray Bartolomé de las Casas o Casaus, la vez que vino a la corte, después de fraile, a informar al Emperador nuestro señor (como quien todas bien visto había), y causando a los oyentes con la relación de ellas una manera de éxtasis y suspensión de ánimos, fue rogado e importunado que de estas postreras pusiese algunas con brevedad por escrito. Él lo hizo, y viendo algunos años después muchos insensibles hombres, que la codicia y ambición ha hecho degenerar del ser hombres, y sus facinerosas obras traído en reprobado sentido, que, no contentos con las traiciones y maldades que han cometido, despoblando con exquisitas especies de crueldad aquel orbe, importunaban al rey por licencia y autoridad, para tornarlas a cometer y otras peores (si peores pudiesen ser) acordó presentar esta suma de lo que cerca de esto escribió al Príncipe nuestro señor, para que Su Alteza fuese en que se les denegase. Y pareciole cosa conveniente ponerla en molde, porque Su Alteza la leyese con más facilidad.

Fray Bartolomé de las Casas.

Díaz del Castillo (*Historia verdadera de la conquista de Nueva España*). El más polémico de los cronistas fue el padre **Bartolomé de las Casas** (*Brevísima relación de la destrucción de las Indias*), quien defendió a los indígenas y denunció los abusos de los colonizadores.

En **Centroeuropa** surge la figura de **Erasmo de Rotterdam** (1466-1536), filósofo, filólogo, teólogo holandés y sobre todo el humanista más importante de la época. Tras ordenarse sacerdote, estudió en la Universidad de París, que se encontraba en ese momento muy influida por el Renacimiento de la cultura clásica italiana. Posiblemente en esta etapa se encuentren las raíces del pensamiento humanista erasmiano, que convirtieron al joven en un pensador libre e independiente, sin ataduras a cultura, nacionalidad o religión. Acabó su actividad creativa y pensadora en el seno de la prestigiosa universidad de Basilea. Entre sus obras destacan: *Adagios*, *Enquiridión* (*Manual del caballero cristiano*), *Coloquios* y *De libero arbitrio diatribe* (*Sobre la diatriba del libre albedrío*).

Erasmo de Rótterdam (ca. 1523), de Holbein el Joven.

Dentro de la **prosa renacentista francesa** destaca la figura de **Michel de Montaigne** (1533-1592). Su creación cumbre son los *Ensayos*. En ellos elabora un proyecto de educación para formar hombres ejercitados en el espíritu crítico. Se estructuran en tres volúmenes: el primero se dedica a observaciones de orden político y los grandes temas de la condición humana (la muerte, la amistad, la soledad, la educación). El segundo muestra las ideas personales y los gustos literarios del ensayista. El tercero desarrolla reflexiones políticas y metodológicas, así como notas sobre el Nuevo Mundo. La filosofía de Montaigne es sorprendentemente moderna: se trata de conocerse bien con el fin de vivir en armonía consigo mismo.

NÚCLEO III: Edad Moderna

Conocer y saber

EL ENSAYO

Se considera a Michel de Montaigne como el inventor del ensayo (*essais*), un género en prosa en el que se desarrollan las ideas sobre un asunto. Montaigne, sin embargo, entendía sus *essais* como divagaciones o meditaciones sobre sí mismo, es decir, acentuando su carácter autobiográfico y el tono ligero, ameno y conversacional. En la dedicatoria «Al lector» que encabeza sus «ensayos», Montaigne avisa del propósito de su libro:

De entrada te advierte que con él no me he propuesto más fin que el doméstico y privado. En él no he tenido en cuenta ni el servicio a ti, ni mi gloria. No son capaces mis fuerzas de tales designios. Lo he dedicado al particular solaz de parientes y amigos: a fin de que una vez me hayan perdido (lo que muy pronto sucederá), puedan hallar en él algunos rasgos de mi condición y humor, y así, alimenten más completo y vivo el conocimiento que han tenido de mi persona.

Castiglione, por Rafael

En Florencia Lorenzo de Medici había tomado el mando de la república y mantuvo en su corte a los más grandes humanistas e intelectuales. Por ello se creó la Academia neoplatónica de Marsilio Ficino, quien tradujo todas las obras de Platón al italiano. *El cortesano* de **Baltasar de Castiglione** y los *Diálogos de Amor* de **León Hebreo** desarrollaron las concepciones filosóficas neoplatónicas de Ficino y de Pietro Bembo, quienes partían del filósofo griego. La belleza del mundo es un bien que emana de la Bondad divina y constituye un reflejo de la misma. Del mismo modo, la belleza femenina es también reflejo de la divinidad, de ahí que su contemplación eleve y ennoblezca al hombre.

Baltasar de Castiglione (1478-1529), militar y diplomático desempeñó diversas embajadas, entre ellas la de España, donde murió. Su obra maestra, *El cortesano*, fue traducida por Juan Boscán y tuvo una enorme repercusión en la literatura española. Aquí traza el ideal del nuevo hombre renacentista: guerrero, políglota, elegante, exquisito y, sobre todo, versado en las artes.

Vista de Florencia.

Tema 5. Renacimiento y Clasicismo

El amor platónico

El DRAE define *amor platónico* como «amor idealizado y sin relación sexual». Aunque esta sea la acepción más corriente y generalizada, conviene recordar que el concepto de amor platónico renacentista adquiere un significado más matizado por elevado. En efecto,  al igual que la naturaleza y la música, la belleza femenina es un reflejo de la divinidad o de la Belleza Absoluta y, por tanto, un medio para acceder a la perfección, al ideal. En concreto, son los ojos de la amada los que mejor simbolizan esa belleza ideal, por eso los poemas amorosos del Renacimiento se centran en la mirada:

Ojos claros, serenos,
si de un dulce mirar sois alabados,
¿por qué, si me miráis, miráis airados?
Si cuanto más piadosos,
Más bellos parecéis a aquel que os mira,
No me miréis con ira,
Porque parezcáis menos hermosos.
¡Ay, tormentos rabiosos!
Ojos claros, serenos
Ya que asís me miráis, miradme al menos.

Gutierre de Cetina.

Nicolás Maquiavelo (1469-1527) fue un florentino con una educación esmerada. Sus ideas políticas se encuentran en *El príncipe*, obra que expone su concepción del Estado como creación de un único individuo y una masa pasiva a la que se debe moldear. En ella se recoge el ideal lingüístico de **Juan de Valdés** en su *Diálogo de la lengua*: la idea debe primar sobre la expresión y está exenta de ornamentos innecesarios.

El **siglo** XVII fue para la prosa francesa didáctica un periodo de brillantez. Es el siglo de **Descartes** y **Pascal**. El racionalismo impregnó todas las manifestaciones del siglo XVII francés. El pensador más prestigioso del Clasicismo fue **René Descartes** (1596-1650). Su obra fue el *Discurso del método*, donde toda idea –filosófica, artística o literaria– queda subordinada al principio de verdad, y esta es revelada por la razón. Como contraposición al racionalismo surgió en Francia el **jansenismo**, resultante de una desconfianza en la razón como forma última de conocimiento. Fue el obispo **Cornelius Jansen** su defensor. **Blaise Pascal** (1623-1662) fue el principal valedor de esta doctrina. En su obra *Provinciales* presenta los grandes problemas de la gracia, la nación y la vida moral. Emprendió después la redacción de una *Apología de la religión cristiana*, pero murió antes de terminarla. Fue publicada póstuma y fragmentariamente como *Pensamientos*:

Maquiavelo, por Santi di Tinto.

273. Si se somete todo a la razón, nuestra religión no tendrá nada de misteriosa y de sobrenatural. Si se tropieza contra los principios de la razón, nuestra religión será absurda y ridícula.

277. El corazón tiene razones que la razón no conoce. Se sabe esto en mil cosas. Yo digo que el corazón ama naturalmente el ser universal, y se ama naturalmente a sí mismo, en la medida que se entrega; se endurece contra el uno o contra el otro a su antojo. Habéis rechazado lo uno y conservado lo otro, ¿es que os amáis por razón?

278. Es el corazón quien siente a Dios, y no la razón. Esto es lo que es la fe: Dios sensible al corazón, no a la razón.

279. La fe es un don de Dios; no penséis que decimos que es un don de razonamiento. Las otras religiones no dicen esto de su fe; para llegar a ellas, no daban sino el razonamiento, que, sin embargo, no conduce a ella.

Actividades

5. Sobre la razón y el corazón, ¿qué conocimientos les son propios?

6. ¿Qué justificación hace de la religión el autor?

3. La poesía

3.1. Poesía épica: Ariosto, Camões

En la Europa del siglo XVI, los cantares de gesta medievales dejan de interesar. Menos en España, donde perviven a través del Romancero pero fragmentados. Como compensación, surge ahora una nueva forma narrativa en verso, la **poesía épica culta** o **epopeya renacentista**. La forman una serie de poemas, más o menos extensos, de autores cultos que dedican sus versos a relatar las hazañas, verdaderas o legendarias, de héroes famosos de distintas épocas. Se toma como modelos a los clásicos grecolatinos: se estudiará, entre otros, a **Homero**, en versiones adaptadas y muy lejanas al original; a **Lucano** y, sobre todos, a **Virgilio**, cuya *Eneida* traducirá en 1555 **Gregorio Hernández de Velasco** en **octavas reales**, estrofa en que se desarrollará la épica de este momento. De Italia llega lo que conocemos como **canon de Ferrara**, que es un modelo para la épica culta, en el que se incluyen hazañas fabulosas sobre héroes conocidos, la dedicatoria del poema a un personaje o familia de la nobleza, etc. Las dos obras más importantes italianas fueron el *Orlando furioso* de **Ludovico Ariosto**, traducido al castellano en 1549 por **Jerónimo de Urrea**, y la *Jerusalén liberada* de **Torcuato Tasso**.

Ludovico Ariosto (1474-1533) fue camarero del cardenal Hipólito de Este en lides diplomáticas y bélicas. Está considerado como el poeta épico de Italia. Su obra cumbre es *Orlando furioso*, extenso poema en octavas reales, cuyo protagonista, Roldán, deja de simbolizar el espíritu heroico de la colectividad para convertirse en un personaje fantástico capaz de emprender las más increíbles aventuras.

Argumento *Orlando furioso*

Orlando, un caballero cristiano, valeroso, noble y franco, se enamora de la princesa Angélica, hermosísima. Para alcanzar sus favores efectúa toda clase de proezas: deshace hechizos, protege doncellas y se bate contra ejércitos enteros. Pero a quien ama Angélica es a Medoro, al que encontró herido y con el que escapa a Oriente. Orlando, furioso, recorre desnudo Francia y España, amenazando con un garrote a todo el que encuentra a paso; nada el estrecho y vaga por África. Su locura degenera en cólera destructora hasta que su amigo Astolfo asciende en un hipogrifo al Paraíso, donde San Juan le informa de que el juicio de Orlando se halla en la Luna. A ella se encamina Astolfo en el carro de Elías y de allí baja la razón de Orlando embotellada, para dársela a beber. El caballero recupera el juicio, vislumbra la vanidad del amor y comienza su redención, conquistando para el cristianismo todos los países árabes.

*La mujer, el caballero, las armas, los amores,
las cortesías, las empresas audaces yo canto,
el furor al tiempo que cruza los mares
de África, y Francia recorre tanto,
siguiendo la ira y las furias juveniles
del rey Agramante, que se jactan tanto,
para vengar la muerte de Troyano
por encima de Carlos emperador romano.*

*Voy a contar de Orlando en un mismo tratado
algo inédito en prosa y en rima:
por el amor que estaba furioso y alocado [...]*

Luis de Camões (1524-1580) es considerado como uno de los mayores poetas en lengua portuguesa, aunque también escribió algunos sonetos en castellano. Nacido en Lisboa, vivió algún tiempo en Coimbra, donde frecuentó las aulas de humanidades y llevó una vida bohemia. Pobre y enfermo, consiguió publicar *Os Lusíadas* en 1572 gracias a las influencias de algunos amigos cercanos al rey Sebastián I de Portugal. Junto con *La Araucana* del español Alonso de Ercilla se puede considerar la gran epopeya del Renacimiento. En cuanto a su obra lírica, el volumen de sus *Rimas* le fue robado. Así, la producción lírica de Camões fue publicada de forma póstuma, sin que haya acuerdo entre los diferentes editores en cuanto al número de sonetos escritos por el poeta.

Monumento a los Descubridores en Lisboa.

Intertextualidad

LA ARAUCANA

La Araucana (1569) relata la primera fase de la Guerra de Arauco entre españoles y mapuches. Responde al subgénero del poema épico culto, característico de principios de la Edad Moderna: *Orlando Innamorato* (1486), *Orlando Furioso* (1516), *Os Lusíadas* (1555), y más tarde se continúa el género con *Jerusalén liberada* (1575).

*No las damas, amor, no gentilezas
de caballeros canto enamorados,
ni las muestras, regalos y ternezas
de amorosos afectos y cuidados;
mas el valor, los hechos, las proezas
de aquellos españoles esforzados,
que a la cerviz de Arauco no domada
pusieron duro yugo por la espada.*

*Cosas diré también harto notables
de gente que a ningún rey obedecen,
temerarias empresas memorables
que celebrarse con razón merecen,
raras industrias términos loables
que más los españoles engrandecen
pues no es el vencedor más estimado
de aquello en que el vencido es reputado.*

Alonso de Ercilla.

● Actividad

7. Alonso de Ercilla representa la figura del poeta soldado humanista español. Tuvo una corta pero accidentada experiencia en la Guerra de Arauco. Acompañó a Hurtado de Mendoza en su primera campaña a Arauco, donde presenció —y se supone que también participó— en las batallas de Lagunillas, Quiapo y Millarapue. Fue testigo de la muerte de Caupolicán, protagonista de su poema *La Araucana*. Infórmate sobre su tema y principales personajes.

3. 2. Poesía lírica: Ronsard y Donne

La **lírica del Siglo de Oro** se extiende a lo largo del siglo XVI y XVII en torno a tres grandes periodos: la poesía del primer Renacimiento, que se desarrolló durante el reinado de Carlos I (1516-1556). Su principal representante es **Garcilaso de la Vega** en España, **Pierre Ronsard** en Francia y **Sa de Miranda** en Portugal. La poesía del segundo Renacimiento coincide con el reinado de Felipe II (1556-1598). **Fray Luis de León** y **San Juan de la Cruz** son, en España, los poetas españoles más importantes de esta época y, en Italia, **Gianbattista Marino**. La poesía del Barroco, que se adentra hasta finales del XVII, cuenta con **Quevedo** y **Góngora** entre los españoles, mientras que en Inglaterra destacan **Donne** y **Milton**.

NÚCLEO III: Edad Moderna

En **Francia**, la poesía en los primeros años del humanismo se concebía como una técnica. **Clément Marot** fue el más importante de los poetas de la denominada escuela de los «grandes retóricos», quienes representan el paso del medievalismo al Renacimiento. La innovación poética llegó a Francia con un grupo de poetas llamado *La Pléyade*, que conciliaban tradición y renovación. El inspirador del grupo fue **Pierre Ronsard** (1524-1584). Tuvo una educación cortesana y humanística. Inspiró a Du Bellay el manifiesto *Defensa e ilustración de la lengua francesa* (1549), donde se propugnaba la imitación de los clásicos grecolatinos. Los cuatro libros de las *Odas* (1550-1552), con emulaciones de Píndaro y de Horacio, son su primera obra poética. *Los amores* (1552), de inspiración petrarquista, y la *Continuación de los amores* (1555-1556), en la que canta su amor por la pastora Marie con un tono más personal, son importantes obras de transición, anteriores a sus dos libros de *Himnos* (1555), en los que emprende temas políticos, filosóficos y religiosos. Sus poemas recogen los tópicos italianizantes: el tema del *carpe diem*, la invitación al goce sensual de los sentidos ante la inevitable muerte y el lamento por el paso del tiempo. *La Pléyade,* al mejorar la literatura francesa con obras en los tres géneros clásicos (epopeya, tragedia y comedia), inició el Renacimiento.

Soneto para Helena

Vencida por los años, en la dulce tibieza
del hogar y la luz albos copos hilando,
dirás embelesada mis versos recordando:
Ronsard cantó los días de mi feliz belleza.

5 *Ya no habrá quién recoja de tu voz la tristeza,*
ni esclava soñolienta que el percibir el blando
rumor en que me nombras, dichosa despertando
con férvida loanza bendiga tu realeza.

Mi cuerpo bajo tierra, tan sólo ya mi alma
10 *Yagará de tus mirtos umbrosos en la calma,*
mientras tú, cerca al fuego, te acoges aterida.

Y has de llorar entonces esa altivez insana...
No te niegues, escúchame, no esperes a mañana:
cíñete desde ahora las rosas de la vida.

Actividad

8. Indica el tema y la organización de las ideas del soneto más famoso de Ronsard.

La **poesía inglesa** del XVII tiene características propias, pues lo barroco se tiñó de rasgos religiosos y didácticos. En general, fue un periodo poco brillante exceptuando la producción de **John Donne** y de los poetas llamados **metafísicos** (George Herbert, Richard Crashaw, Henry Vaughan). A ellos se debe la introducción en la poesía de un profundo pensamiento. Alejados de los modelos tradicionales, buscaron lo inusual, lo insólito. **John Donne** (1572-1631) fue poeta, prosista y clérigo inglés. Estudió en la Universidad de Oxford y leyes en el Lincoln's Inn de Londres. Su primer libro de poemas, *Sátiras*, está considerado como la obra más destacada de su autor. Aunque no lo publicó hasta tardíamente, el libro ya había circulado en forma manuscrita, al igual que *Canciones y sonetos*, escrito en la misma época que el anterior. Su extenso poema *El progreso del alma* describe irónicamente la transmigración del alma de la manzana de Eva. Sus principales creaciones fueron *Poemas divinos* y la obra en prosa *Biathanatos*. En 1611, publicó *Aniversarios*, una elegía en dos partes. A pesar de su dedicación casi absoluta a la vocación eclesiástica, continuó escribiendo poesía, aunque, a excepción de *Sonetos sagrados*, la mayoría de ella no fue publicada hasta después de su fallecimiento. La poesía de Donne se caracteriza por la irregularidad de la forma y por una compleja imaginería. Utilizaba a menudo el llamado concepto•, una elaborada metáfora que sintetizaba en sí dos objetos o ideas aparentemente inconexos.

John Milton (1608-1674), poeta y ensayista inglés, autor de una obra rica y densa, dedicó su prosa a la defensa de las libertades civiles y religiosas y es para muchos el más grande poeta inglés después de Shakespeare. Su obra está marcada por su elevado idealismo religioso y su interés por los temas cósmicos. En ella revela un gran conocimiento de los clásicos latinos, griegos y hebreos. Su trayectoria como escritor puede dividirse en tres épocas. La primera, 1625-1640, corresponde a la oda *La mañana del nacimiento de Cristo*, el soneto *Sobre Shakespeare*, *Tiempo*, *Una música solemne*. Su segundo periodo, 1640-1660, estuvo dedicado principalmente a la redacción de ensayos: *La razón del gobierno de la Iglesia*. Durante sus años de ensayista y político, Milton compuso parte de su gran poema épico, *Paraíso perdido*, además de 17 sonetos, entre los que figuran *Sobre su ceguera* y *Sobre su esposa muerta*. El apogeo de su carrera poética llegó en el periodo comprendido entre 1660 y 1674, cuando completó *Paraíso perdido* y compuso además *Paraíso recuperado* y el drama poético *Samson Agonistes*.

Vocabulario

Concepto: Este término está en la base de la corriente estética denominada conceptismo. El español Baltasar Gracián definió el concepto como aquel «acto del entendimiento que exprime la correspondencia que se haya entre los objetos».

Como si un ángel cayera, de William Blake.

4. El teatro europeo

El teatro europeo durante los **siglos XVI a XVII** presenta un estrecho paralelismo en sus principales países: de las formas dramáticas medievales, religiosas y profanas, se pasa a manifestaciones de teatro popular, más acordes con los nuevos tiempos, o a formas de teatro culto, inspiradas en las tragedias y comedias clásicas. Las principales **modalidades** son:

- un **teatro eclesiástico** (autos, misterios, etc.) que la Iglesia promueve con motivo de las grandes fiestas litúrgicas.

- un **teatro cortesano** fruto de los nuevos gustos de las cortes renacentistas, en las que el teatro es un pasatiempo.

- un **teatro popular**, el de los cómicos profesionales que recorren las ciudades representando obras en cualquier lugar. Se trata de farsas, improvisaciones, que sólo tratan de divertir al público, pero que más tarde recobrarán dignidad al ser asumidas por autores cultos.

NÚCLEO III: Edad Moderna

Biografía

GIL VICENTE (1465-1536)

Dramaturgo portugués que está considerado como el fundador del teatro portugués. Se cree que nació en Lisboa, donde se convirtió en **dramaturgo de la corte** para los reyes **Juan II, Manuel y Juan III**. Gil Vicente escribió 44 obras, 11 de ellas en español, 15 en portugués y 18 en una mezcla de ambos idiomas. Obras religiosas, comedias, tragicomedias y farsas, todas reflejan múltiples aspectos de la vida portuguesa. Algunas de ellas expresaban un espíritu crítico y satírico inspirado en el humanismo del Renacimiento y serían prohibidas por la Inquisición. Tres obras cortas morales están inspiradas en la *Divina Comedia* del escritor italiano Dante: *Auto da barca do inferno* (1516), *Auto da barca do purgatorio* (1518) y *Auto da barca da gloria* (1519) están consideradas como sus mejores obras.

He aquí una cantiga utilizada dentro de su obra dramática:

*Dicen que me case yo:
no quiero marido, no.*

*Mas quiero vivir segura
nesta sierra a mi soltura,
que no estar en ventura
si casaré bien o no.*

*Dicen que me case yo:
no quiero marido, no.*

*Madre, no seré casada
por no ver vida cansada,
o quizá mal empleada
la gracia que Dios me dio.*

*Dicen que me case yo:
no quiero marido, no.*

*No será ni es nacido
tal para ser mi marido;
y pues que tengo sabido
que la flor yo me la só.*

*Dicen que me case yo:
no quiero marido, no.*

4. 1. El teatro en Italia

En Italia se cultiva por la misma época un teatro culto frente a las *sacre representazioni* y a los espectáculos populares. La lectura de los clásicos grecolatinos suscitó pronto numerosas adaptaciones e imitaciones en latín (teatro humanístico). En una línea análoga, pero ya en lengua italiana, se sitúan los dos auténticos creadores del teatro culto de aquel país: **Ariosto** (1474-1533), con varias comedias de corte terenciano, y **Maquiavelo** (1469-1527), cuya obra *La mandrágora* es la comedia más importante de la literatura italiana.

Junto a ellos, figuran un grupo de escritores (**Bibbiena, Cechi, Dolce**, etc.) que cultivaron la **comedia de enredo**, cuyos orígenes se hallan también en Plauto y en Terencio, a lo que se añade el influjo de los *novellieri*, autores de relatos breves en la línea de Boccaccio.

La **commedia del'arte** es la aportación más original de Italia al teatro universal. Se caracteriza por ser un espectáculo **muy popular** y por carecer de texto previo. La **trama** de una comedia se reduce a un breve guión (*scenario* o *canovaggio*) sobre el que los actores improvisan lances y diálogos. Los **personajes**, caracterizados por el atuendo y la máscara que usaban los actores, son invariables. He aquí a los principales: los viejos antipáticos como Pantalón y el Doctor; los criados (*zanni*), ingeniosos como Arlequín o simples como la *servetta*, criada cómplice de los amores; el Capitán Spavento, soldado fanfarrón; finalmente, los enamorados, que componen la parte grave de la comedia. Dado lo esquemático del argumento escrito, la **improvisación** lo era casi todo. Cada representación venía a ser una recreación colectiva, con amplio margen para el ingenio y el arte de los comediantes. Sin duda, lo fundamental era el puro juego teatral del actor: la mímica, las bufonadas, las zancadillas, las bastonadas, las piruetas; en fin, todo eso que hoy llamamos expresión corporal.

Polichinela, personaje de la *commedia dell'arte*.

4. 2. El teatro en Inglaterra

El carácter relativamente tardío del **teatro isabelino** (1580-1642) del Renacimiento inglés explica que el teatro religioso persista más tiempo que en otros países. Pero, a la par de él, aparecerán manifestaciones de teatro cortesano y popular. Éste último será el de mayor auge. Su consolidación se debe a varios factores:

- influencia de la comedia italiana y de los *novellieri*: algunas obras de Shakespeare se inspiran en cuentos italianos de Boccaccio.

- inspiración en la historia y en las tradiciones nacionales: Inglaterra había vivido una historia «dramática» en la que los autores encontrarían asuntos para conmover a un pueblo inmerso en esos acontecimientos.

4. 2. 1. Shakespeare

William Shakespeare (1564, Stratford-on-Avon-1616, Stratford) llegó a Londres hacia 1588 y cuatro años más tarde ya había logrado un notable éxito como dramaturgo y actor teatral. Consiguió el mecenazgo de Henry Wriothesley, tercer conde de Southampton. La publicación de dos poemas eróticos según la moda de la época, *Venus y Adonis* (1593) y *La violación de Lucrecia* (1594), y de sus *Sonetos* (editados en 1609 pero que ya habían circulado manuscritos desde bastante tiempo atrás) le valieron la reputación de brillante poeta clásico.

En aquellos años Shakespeare fue enriqueciendo su arte en más de una docena de obras de diverso tipo, con predominio de las **piezas históricas** y de la **comedia**, elevada ésta a calidades eminentes como en *La fierecilla domada* o *El sueño de una noche de verano*. En conjunto, lo que dominó en su producción hasta 1600, y salvo alguna muestra trágica (como *Romeo y Julieta*), es un tono risueño. A partir de 1600, su obra se hace más grave. Son sus comedias llamadas sombrías (por ejemplo, *A buen fin no hay mal principio*), que junto a *Julio César* o *Hamlet* (1602) preludian su época de las grandes tragedias: *Otelo*, *El rey Lear*, *Macbeth*... Pero en 1608 la etapa sombría termina; vuelve a la comedia, al final feliz. Sus últimas obras respiran una grandiosa serenidad y una paz superior que culmina con *La tempestad* (1611).

Su **producción dramática** se compone de treinta y siete obras, entre tragedias, comedias y dramas. El sistema dramático de Shakespeare supera por completo los moldes clásicos; de hecho su única coincidencia con ellos es mantener los **cinco actos** del modelo horaciano. No encontramos en su obra ni unidades dramáticas (espacio, acción y tiempo) ni uniformidad de estilo; las **formas métricas son variadas**, e incluso **se mezcla la prosa con el verso** en una misma obra.

En las **comedias** partió de una fórmula ya consagrada: la comedia novelesca y de enredo, de raíces terencianas e italianas. Nos encontramos con **intrigas amorosas** que se entrecruzan, repletas de dificultades, de celos y de malentendidos causados por similitudes entre personajes, disfraces, etc. Así, los estereotipos se convierten en criaturas vivas e individualizadas. Todo ello se vislumbra ya en las comedias de su primera época: *La comedia de las equivocaciones*, *La fierecilla domada*, *El sueño de una noche de verano*, *Los dos hidalgos de Verona*, *Las alegres casadas de Windsor*. En las **comedias sombrías** de 1601 a 1604 los **temas graves** recobran mayor densidad: el conflicto entre apariencia y realidad, los límites de la

EL CLOWN

Interesa destacar la mezcla de lo trágico con lo cómico en las obras dramáticas con un aspecto particular: la utilización del *clown*. Las compañías inglesas contaban con un actor cómico que representaba el papel del gracioso o el del **bufón**. Shakespeare elevó este papel a una altura insospechada: en sus chanzas llega a encerrar sentencias filosóficas. Esta inclusión de una veta cómica hasta en las tragedias es la base de lo que se ha llamado *comic relief*, un contrapunto cómico que realza los temas y episodios más graves, reflejados como en un espejo esperpéntico.

William Shakespeare.

felicidad, la muerte, etc., enturbian de melancolía obras como *A buen fin no hay mal principio* y *Medida por medida,* entre otras. Finalmente, la serenidad y el optimismo caracterizan sus últimas comedias: *Cuento de invierno* o *La tempestad.*

Los **dramas históricos** se inspiran en **temas nacionales**. A esta línea corresponden diez de las obras de Shakespeare, desde los tres dramas sobre Enrique VI a Enrique VIII hasta las obras sobre Ricardo III, Enrique V, etc. En sus dramas predominan las personas por encima de los acontecimientos, de ahí el alcance universal de aquellas. En sus **piezas romanas**, *Julio César, Antonio y Cleopatra,* etc., también supera lo puramente histórico para dramatizar los conflictos interiores de los personajes.

Entre las grandes **tragedias** destacamos *Romeo y Julieta, Otelo, El rey Lear, Macbeth...* El argumento de *Romeo y Julieta* (1597) lo tomó de una historia italiana. Sus protagonistas, amantes por encima de la enemistad entre sus familias, han traspasado todas las épocas como modelos de un amor juvenil que salta por encima de convenciones y sucumbe como consecuencia de aquellas. *Otelo* (1604), basado en una novela italiana de Cinthio, es la tragedia de los celos. El protagonista, hombre por naturaleza violento, se ve arrastrado por las sospechas. *Macbeth* (1606?) desarrolla un suceso de la historia de Escocia incluido en las *Crónicas* de Holinshed. Lady Macbeth impulsa a su marido al asesinato del rey Duncan. Por ello, se convierte en ejemplo de ambición autodestructora. Toda la tragedia está traspasada por el horror del crimen, de los remordimientos, del propio desenlace trágico; y todo ello ambientado en una atmósfera estremecedora.

Otelo y Desdémona (1881), de Antonio Muñoz Degrain.

Actividad

Soneto I

Lo que es bello debiera repetirse engendrando
y así nunca la rosa moriría del todo:
cuando el tiempo la mustie habrá un tierno heredero
por el cual aún exista transformada en recuerdo.

5 Pero tú, cuya cifra son tus ojos brillantes,
alimentas tu llama con lo que arde en ti mismo
hambreando la tierra donde hay más abundancia,
despiadado enemigo de tu propia belleza.

Tú, el novísimo ornato de cuanto hay en el mundo
10 y el heraldo que anuncia primaveras alegres,
en tu propio capullo sepultaste tu gozo,
y, oh tacaño precoz, avaricia derrochas.

Ten piedad de este mundo, o si no, vorazmente
entre tú y el sepulcro todo va a consumirse.

William Shakespeare: *Sonetos*.

9. ¿Qué diferencias encuentras entre la forma de este soneto y los de factura italiana? Razona la respuesta con el análisis métrico.

Te presentamos a continuación el monólogo quizás más conocido y citado de la literatura dramática: se trata del famoso «Ser, o no ser». Dicho monólogo ilustra muy bien tanto la «naturaleza lingüística» de las criaturas de Shakespeare, siempre enzarzadas en la maraña del lenguaje para expresar su interioridad, como el tema de *Hamlet*: la indecisión, la distancia entre el pensamiento y la acción, el soliloquio existencial de un hombre ante la violencia desatada. Recuerda que Hamlet desea vengar la muerte de su padre a manos de su tío, el usurpador del trono gracias al asesinato. Horrorizado por la corrupción del reino pero suspenso ante las consecuencias del acto de la venganza, Hamlet se debate en la duda de si no es mejor descansar, morir, que soportar la crueldad de la vida.

[…]

HAMLET.- Ser, o no ser: esta es la cuestión: si es más noble sufrir en el ánimo los tiros y flechazos de la insultante Fortuna, o alzarse en armas contra un mar de agitaciones y, enfrentándose con ellas, acabarlas:
5 morir, dormir, nada más, y, con un sueño, decir que acabamos el sufrimiento del corazón y los mil golpes naturales que son herencia de la carne. Esa es una consumación piadosamente deseable: morir, dormir; dormir, quizá soñar: sí, ahí está el tropiezo, pues tiene
10 que preocuparnos qué sueños podrán llegar en ese sueño de muerte, cuando nos hayamos desenredado de este embrollo mortal. Esa es la consideración que da tan larga vida a la calamidad: pues ¿quién soportaría los latigazos y los insultos del tiempo, el agravio del opre-
15 sor, la burla del orgulloso, los espasmos del amor despreciado, la tardanza de la justicia, la insolencia de los que mandan, y las patadas que recibe de los indignos el mérito paciente, si él mismo pudiera extender su documento liberatorio con un simple puñal? ¿Quién
20 aguantaría cargas, gruñendo y sudando bajo un vida fatigosa, si no temiera algo después de la muerte, el país sin descubrir, de cuyos confines no vuelve ningún viajero, que desconcierta la voluntad, y nos hace soportar los males que tenemos mejor que volar a otros
25 de que no sabemos? Así, la conciencia nos hace cobardes a todos, y el colorido natural de la resolución queda debilitado por la pálida cobertura de la preocupación, y las empresas de gran profundidad y empuje desvían sus corrientes con esta consideración y pierden
30 el nombre de acción… ¡Cállate ahora! ¿La hermosa Ofelia? Ninfa, que en tus oraciones sean recordados todos mis pecados.

[…]

Shakespeare: *Hamlet*.

4.3. El teatro en Francia

El siglo XVII francés ofrece diferencias estilísticas respecto al resto de países europeos. Recordemos que el Barroco apenas dejó huella en su literatura, lo que es especialmente palmario en su teatro. Francia careció de un teatro nacional y popular a la manera de Shakespeare o Lope de Vega; muy al contrario su teatro fue cortesano y académico. Los autores siguieron con fidelidad la preceptiva clásica de Horacio y Aristóteles, con la distinción tajante entre comedia y tragedia y el respeto de las unidades clásicas de acción, lugar y tiempo.

La tragedia. Corneille y Racine

Los dos grandes representantes de la tragedia clásica francesa son **Pierre Corneille y Jean Racine.** Corneille (1606-1684) comenzó cultivando la comedia barroca hasta que presentó *Le Cid*. A partir de entonces, escribe grandes **tragedias** inspiradas sobre todo en la historia romana: *Horace, Cinna, Polyeucte*. Sus tragedias se caracterizan por la presentación de **personajes en busca de la libertad y de la gloria**. Pero en esa búsqueda surge el **conflicto** —conflicto corneliano— que escindirá al héroe entre contradicciones insalvables: seguir los impulsos de su voluntad o acatar los dictados de un deber superior.

En **Jean Racine** (1639-1699), una densa e implacable atmósfera de fatalidad y un sentimiento de imposibilidad de vivir impregnan sus grandes **tragedias** como *Andromaque, Bérénice, Phèdre*. Tras unos años de silencio, nos dejó al final de su vida dos tragedias de inspiración bíblica y cristiana: *Esther* y *Athalie*. La tragedia raciniana es la tragedia de **dramas interiores** generados por una **pasión desbordante**.

Conocer y saber

EL NACIMIENTO DE LOS TEATROS

Junto a la variedad de locales improvisados en que actúan los cómicos ambulantes, existen en París varios teatros fijos a finales del siglo XVI. Luis XIV (1642-1715) acrecienta la protección a los comediantes: Molière, como veremos, llegó a instalarse en Palacio, cuyas **salas** compartió con los comediantes italianos. Estas, a diferencia de las españolas o las inglesas, son salas cubiertas. Disponían de **palcos** para personas principales, un **parterre** donde asistían de pie hombres del común, escena iluminada con **candelabros** o lámparas y una **escenografía** que se va enriqueciendo con la **tramoya** italiana, para simplificarse luego cuando se imponga la **unidad de lugar**.

248. Molière, Seud. *Jean Baptiste Poquelin. Les plaisirs de l'Isle Enchantée...*

En España, un corral de comedias es un teatro permanente instalado en el patio interior de una manzana de casas. Los más importantes de España son el corral de comedias de Almagro, el Corral de la Cruz, del Príncipe y el corral de Alcalá. Un escenario improvisado (instalado en un extremo del patio, contra la pared de la casa del fondo) estaba dispuesto en el fondo del patio. Los tres lados restantes servían de galerías (aposentos) para el público más pudiente. Los otros espectadores veían el espectáculo de pie (mosqueteros) en el patio a cielo abierto. Las mujeres de clase más baja debían sentarse en la cazuela, un palco frente al escenario. En el piso más alto estaban los desvanes, aposentos muy pequeños entre los que se encontraba la tertulia de los religiosos y una segunda cazuela.

La comedia. Molière

Sin duda, el dramaturgo francés por excelencia es **Molière**, seudónimo de **Jean-Baptiste Poquelin** (París, 1622-1673). Desde pequeño se sintió fascinado por el teatro y se unió a una compañía de actores profesionales que actuó por Francia durante trece años. Con la protección de la corte, Molière se consagró por completo a la comedia como **escritor, actor, productor y director**.

Entre sus grandes **comedias** destacamos *La escuela de las mujeres*. En ella analiza el papel de las mujeres en la sociedad y su preparación para cumplirlo. En *Don Juan* adapta al ambiente francés el tipo creado por Tirso de Molina, convirtiéndolo en un retrato del cortesano sin escrúpulos (un libertino, hombre descreído). *El misántropo* introduce la figura del necio: un hombre de elevados principios morales que critica constantemente la debilidad y estulticia de los demás y, sin embargo, es incapaz de ver los defectos de Célimène, la muchacha de la que se ha enamorado y que encarna a esa sociedad que él condena. *El médico a palos* es una sátira sobre la profesión médica. *El avaro* (1668) nos ha dejado el retrato inolvidable de Harpagón, que no cede en fuerza al avaro de la *Aulularia* de Plauto. La obra constituye una gran sátira de los valores materialistas de la época, por ello fue acusada de impía y vulgar.

También Molière nos ha dejado prototipos universales de una pasión o de un carácter. *Tartufo* nos permitirá comprobar la universalidad y la viveza del retrato del hipócrita.

Molière.

Tartufo

Trama

En ella Molière creó uno de sus personajes cómicos más famosos, el del hipócrita religioso. Por su audacia el rey prohibió su representación pública durante cinco años.

La trama de la comedia responde a un esquema habitual en Molière y que podría resumirse así: a) dos jóvenes se aman y desean casarse; b) el padre de ella, personaje negativo, a menudo apoyado por otro, se opone a aquella unión y le prepara otro matrimonio descabellado; c) ciertas personas sensatas —parientes, criados— apoyan a los jóvenes y logran hacer triunfar su amor.

Estructura

Es una comedia en cinco actos y en verso, que se sujeta perfectamente a las tres unidades: acción única, desarrollada en un mismo lugar (una sala en la casa de Orgón) y en un solo día. Muestra una distribución habilísima: el acto I es el planteamiento; el II presenta el preclímax con los primeros efectos negativos (el amor amenazado); el III es el clímax con el triunfo del hipócrita; en los actos IV y V, nuevas vicisitudes y peligros que solo serán vencidos al final.

Personajes

Los personajes de la comedia se distribuyen en dos grupos: al primero pertenecen Tartufo, Orgón y la señora de Pernelle. Son los personajes negativos: el hipócrita, hábil y sin escrúpulos, y los ridículos beatos, ciegos hasta el final, o poco menos; al segundo, el resto de personajes: Elmira, la madre, y su hermano Cleantes; los hijos, Damis y Mariana, con Valerio, su enamorado; y Dorina, la doncella. Estos son los personajes positivos, defensores de la verdad, de la moderación, de los derechos del amor.

Grabado de *Tartufo*.

ACTO III. ESCENA VI

ORGÓN, DAMIS, TARTUFO

ORGÓN.– ¿Es creíble lo que acabo de oír, oh Cielo?

TARTUFO.– Sí, hermano mío: soy un delincuente, un culpable, un desgraciado pecador lleno de iniquidad, el mayor malvado que nunca se haya visto. Cada instante de mi vida está cargado de máculas y ella no es sino un conjunto de crímenes y suciedades. Veo, pues, que el Cielo, para castigarme, me quiere mortificar en esta ocasión. Mas de cualquier gran desaguisado que se quiera acusarme no tendré el orgullo de defenderme. Creedlo que se os dice, armaos de cólera, y arrojadme de vuestra casa como a un criminal, porque nunca recibiré tanto oprobio como antes no haya merecido y más aún.

ORGÓN (A su hijo).– ¿Así osas, traidor, con una falsía, mancillar la pureza de la virtud de este hombre?

DAMIS.– ¿Eh? ¿Os hará la fingida mansedumbre de este alma hipócrita denegar que...?

ORGÓN.– Calla, peste maldita.

TARTUFO.– Dejadle hablar, pues le acusáis sin justicia y más vale que creáis en sus referencias. ¿Por qué serme tan favorable un hecho tal? ¿Sabéis, al cabo, de qué puedo ser capaz yo? ¿Fiáis de mi exterior, hermano? Ya veo que me creéis mejor de lo que soy, pero no os dejéis engañar por las apariencias. Os aseguro que no soy sino lo que se piensa; que todos me toman por hombre de bien, mas la pura verdad es que no valgo nada. (Se dirige a DAMIS.) Sí, querido hijo mío: hablad, tratadme de pérfido, de infame, de perdido, de ladrón, de homicida. Colmadme de nombres aun más aborrecidos, pues los merezco. De rodillas quiero recibir esta ignominia como afrenta debida a los crímenes de mi existencia.

ORGÓN (A TARTUFO).– Basta, hermano; es demasiado. (A DAMIS) ¿No se doblega tu corazón traidor?

DAMIS.– ¿Cómo? ¿Os seducirán sus discursos hasta el punto...?

ORGÓN.– Calla, bellaco. Levantaos, hermano Tartufo. (A su hijo.) ¡Infame!

DAMIS.– ¿Es posible...?

ORGÓN.– No digas una palabra si no deseas que te quiebre los brazos.

DAMIS.– ¡Oh! Pero yo aseguro...

TARTUFO.– No os enfurezcáis, hermano, por Dios. Prefiero sufrir la pena más dura a que vuestro hijo reciba ni el menor arañazo.

ORGÓN (A DAMIS.). — ¡Ingrato!

TARTUFO.– Dejadle. Si queréis que os pida su perdón de rodillas...

ORGÓN.– ¿Os mofáis? (A su hijo.) ¿Ves su bondad, bribón?

DAMIS.– Pero...

ORGÓN. — ¡Silencio!

DAMIS.– Yo...

ORGÓN.– Silencio, digo. Bien sé la razón que te lleva a injuriarle. Todos le odiáis y veo desencadenados contra él mujer, hijos y servidores. Desvergonzadamente pónese todo a cuento para hacer salir de mi casa a este hombre

Figurín de dama para *Tartufo*.

devoto; pero cuanto más se haga para expulsarle, más quiero aplicarme a retenerlo. Sí; y para confundir el orgullo de mi familia, voy a apresurar los esponsales de Tartufo con Mariana.

DAMIS.– ¿Pensáis obligarla a recibir la mano de este hombre?

ORGÓN.– Sí, menguado; y desde hoy os desafío a todos y os haré comprender que aquí el amo soy yo y ha de obedecérseme. Ea, pícaro: lánzate al instante a sus pies y pídele perdón.

DAMIS.– ¿Perdón yo a este bergante, que con sus imposturas...?

ORGÓN.– ¿Resistes, mendigo? ¿Y le insultas todavía? (A TARTUFO.) Un bastón, un bastón y no me refrenéis. (A DAMIS.) Pronto, fuera de casa y no vuelvas a ella.

DAMIS.– Me iré, pero...

ORGÓN.– Sal en seguida. Te privo de mi herencia, malvado, y te maldigo, por ende.

● Actividades

10. Demuestra la habilidad de Tartufo al engañar a Orgón y reconocer la verdad. ¿Cuál es el tono?

11. Caracteriza el personaje de Tartufo. ¿En qué medida está personalizado o es un prototipo?

12. El segundo parlamento de Tartufo comienza con unas interrogaciones. ¿Son retóricas? ¿Hay ambigüedad en ellas? Si dice la verdad, ¿por qué produce el efecto contrario?

13. Desarrolla una composición sobre el siguiente pensamiento: «La hipocresía es el colmo de todas las maldades» (Molière).

Fotograma de la versión cinematográfica de *Tartufo* (1925), de F. W. Murnau.

Actividades

1. Copia y completa en tu cuaderno el cuadro resumen sobre la literatura de los siglos XVI y XVII.

\multicolumn{4}{c}{Literatura del Renacimiento y Clasicismo}			
Género	**Autor**	**Nación**	**Obra**
Prosa narrativa	Sannazaro		
			Gargantúa y Pantagruel
Prosa ensayística	Erasmo		
			Utopía
	Maquiavelo		
			Ensayos
	Castiglione		
			Pensamientos
Teatro	Shakespeare		
			Trilogía de las barcas
	Molière		
			El Cid
	Racine		
Poesía lírica			*Los Amores*
	Donne		
			Paraíso perdido
Poesía épica	Ariosto		
			La Araucana
	Camões		

2. Realiza un esquema con las características generales de la sociedad moderna, grupos sociales e influencias culturales.

3. Busca información sobre la evolución de la novela europea en los siglos XVI y XVII.

4. Realiza una exposición sobre las diferencias entre los teatros europeos y los corrales de comedias españoles.

5. ¿Qué rasgos comunes tienen la obra narrativa de Shakespeare y de Molière? ¿En qué se diferencian?

de recapitulación

6. La magnífica calidad de la lírica petrarquista y del neoplatonismo no se encierra solo dentro de las fronteras de Italia. En Inglaterra Shakespeare o en México Sor Juana Inés de la Cruz son muestras de dos concepciones distintas del amor basadas en los moldes italianos. Compara ambos poemas.

    Amor empieza por desasosiego,
    solicitud, ardores y desvelos;
    crece con riesgos, lances y recelos;
    susténtase de llantos y de ruego.

5   Doctrínanle tibiezas y despego,
    conserva el ser entre engañosos velos,
    hasta que con agravios o con celos
    apaga con sus lágrimas su fuego.

    Su principio, su medio y fin es este:
10 ¿pues por qué, Alcino, sientes el desvío
    de Celia, que otro tiempo bien te quiso?
    ¿Qué razón hay de que dolor te cueste?
    Pues no te engañó amor, Alcino mío,
    sino que llegó el término preciso.

                        Sor Juana Inés de la Cruz.

    Estaba un bello día, dormido el Niño-Amor.
    A su lado está el fuego que incendia corazones.
    Mientras que varias Ninfas, con voto de pureza,
    pasaron por allí. La mano virginal

5   de la más bella virgen, tomó la dulce llama,
    que a legiones de almas había calentado,
    y así, el suave jastial del ardiente deseo,
    fue tomado del sueño por la casta doncella.

    Luego apagó la antorcha, en una fuente fría,
10 que del fuego de Amor, tomó calor perpetuo,
    convertida en un baño que alivia a los enfermos.
    Esclavo de mi amada, llegué para curarme,
    y aprendí sólo esto: Que el fuego del Amor,
    aunque calienta el agua, no enfría el corazón.

                        William Shakespeare.

7. Frente a los moldes ideales anteriores, hay una corriente que recoge el pesimismo barroco, antipetrarquista, reflejada en retratos degradantes de la figura femenina o en poemas xenófobos. El poeta judío Daniel Leví de Barrios representa en Holanda esta faceta. Observa estas características en este romance burlesco:

Al casamiento de un ciego y de una muda

    Inés se ha casado a ciegas,
    Dios se lo perdone, amén,
    pues admite por marido
    a quien no la puede ver.
5   Recíbelo con mal rostro,
    tan fija en su mala tez
    que con ponerse así muda,
    no muda de parecer.
    Mujer callada le han dado,
10 prudente debe ser,
    pues, por no oírlo, jamás
    tiene palabras con él.
    Dicen que ciega por ella,
    mas la halla con tal desdén
15 que uno quiere sin mirar
    y otro mira sin querer.
    Él casa, y se encierra en casa,
    mas digan, ¿qué puede hacer?,
    si aun para ir a la cama,
20 ella no le dice: "ve".
    Dícenle algunos, "por más
    que la vista tu amor fiel,
    no has de poder alabarle
    que viste desnudez".
25 Él no vio lo que ella calla,
    tanto que forzada es
    a deber lo que ha de hablar,
    y a no hablar lo que ha de ver.
    Ni ella le habla, ni él la mira,
30 y así con esta esquivez
    dejan de ser entendidos,
    por no dejarse entender.
    Con el tacto la enamora,
    tan hecho a tentar a Inés
35 que siempre a oscuras por ella
    andar a tiento lo ven.
    Tan fuera está de sentido
    que sintiendo no poder
    poner en ella los ojos,
40 pone las manos tal vez.
    Sin duda que perdió el habla,
    que es mucho para mujer,
    porque no ve que la entiende
    quien no entiende que la ve.

Guía de lectura
El rey Lear

1. Autor

William Shakespeare es una referencia clave en la historia del teatro europeo. Su producción dramática, una de las más representativas del Renacimiento inglés, contribuye al nacimiento del teatro moderno. Pero es en la tragedia donde el autor alcanza su maestría: parte, naturalmente, de los modelos clásicos, sobre todo de Séneca, y libre de su significado religioso, recupera de ella la impotencia del hombre para dominar su destino. Esta ideología básica es la que encarnan sus héroes, que, como en la tragedia griega, son personajes de alto rango social, cuyo sufrimiento sirve, innecesariamente, para expiar una culpa, pues el final es un trágico destino.

2. Argumento

A estos postulados responde *El rey Lear* (1605), cuyo error ha sido el de poner a prueba el afecto de sus tres hijas. Juzgando solo por las apariencias, desencadena una serie de conflictos que se resuelven de forma trágica. El rey Lear, tras haber repartido su reino entre dos de sus hijas que han fingido amarle más y haber puesto la condición de que fuera hospedado durante un mes por cada una de ellas, ha sido, sin embargo, expulsado en medio de una tormenta de la casa de su hija Gonerila. Sólo algunos fieles al rey (el Conde de Kent y Edgardo, el hijo legítimo del Conde de Gloucester) intentarán devolver el reino a su antiguo propietario. Para ello tendrán que enfrentarse con el bando contrario, el de las hijas desleales: Regania y Gonerila. Al final, la ambición de las estas dos hermanas acaba desatando la tragedia: a Gloucester le arrancan los ojos, Cordelia muere en brazos de su padre, Regania es envenenada por Gonerila y esta se suicida. Edmundo, el hijo bastardo de Gloucester, muere en duelo con Edgardo y el Conde de Cornualles es asesinado. Tras la muerte del rey Lear, el reino queda en manos del duque de Albania, de Edgardo y del duque de Kent.

3. Estructura

La *Historia del rey Lear* (1605) editada en cuarto (cuatro hojas por folio) está dividida en 24 escenas, que en la *Tragedia del rey Lear* (1623) editada en folio (dos hojas por folio) pasaron a estructurarse en cinco actos de 5, 2, 5, 6 y 3 escenas respectivamente. Los discursos de los personajes están en pentámetros yámbicos de verso blanco, los diálogos en prosa y las canciones y los parlamentos del bufón en trímetros o tetrámetros.

La **estructura** externa en cinco actos responde a una madurada simetría. Los actos I y II encierran un planteamiento rápido (desacierto e injusticia de Lear al repartir sus reinos) y las primeras vicisitudes (Lear es rechazado por sus dos hijas elegidas). El acto III constituye un clímax con la locura de Lear y la ceguera de Gloucester al arrancarle los ojos el Duque de Cornualles. Los actos IV y V forman un bloque de desenlace.

La escena VI se estructura en dos partes: una introductoria, breve, donde las palabras de los personajes (Gloucester y Kent) nos muestran cómo se va a desarrollar la escena en un espacio interior, que se define con un deíctico (aquí = la cabaña) y por oposición a un espacio exterior mencionado en el texto (la naturaleza adversa). Además, estos personajes anticipan el contenido de la escena: la locura. El desarrollo de este aspecto tiene una triple proyección: Edgardo = la locura fingida; Lear = al cuerdo enloquecido; el bufón = la cordura del loco. Este desarrollo domina la segunda parte de la escena.

4. Temática

La obra desarrolla una vieja leyenda céltica que, a través de crónicas literarias, era familiar al público. El **tema principal** que configura la historia de Lear es el de la ingratitud filial, llevada a términos de odio y de maldad. Este tema se enriquece con una red de temas secundarios que dan a la tragedia todo su alcance, y que se organizan en una serie de contraposiciones paralelas: 1) Fidelidad frente a ingratitud. 2) Amor frente a odio como dos supremas fuerzas contendientes, pero el odio parece más fuerte y triunfa: de ahí la tragedia (tragedia del desamor). 3) Lucidez frente a locura: la locura de Lear o de Gloucester bien podrían ser además, en un plano simbólico, las dos manifestaciones máximas del comportamiento de ambos. Pero estos conseguirán la lucidez ante las fronteras de la muerte.

Todos estos aspectos temáticos confluyen, en un nivel superior, en otro tema más grave, moral y filosófico: la oposición entre el Bien y el Mal.

5. Personajes

Se reparten en dos grupos bien precisos, los puros y los malvados: el mundo del amor o de la fidelidad, y el mundo del odio o de la ingratitud. En el grupo de Lear (**acción principal**), la fiel Cordelia y el buen duque de Kent se oponen a Regania y Gonerila. El marido de aquella, el duque de Cornualles, secunda sus malvados planes, contrarrestado por el duque de Albania, esposo de la segunda, cuya compasión lo inclinará hacia Lear. Y en el grupo de Gloucester (**acción secundaria**), Edgardo se opone a Edmundo. Por su parte, el bufón analiza los acontecimientos desde fuera.

6. Estilo

En *El rey Lear*, Shakespeare se vale de una asombrosa **variedad de registros lingüísticos**: desde el más culto al familiar, pasando por los exabruptos más crudos. Sin embargo, la nota dominante es la intensidad. Junto a ello, hay que destacar la libertad de la imaginación creadora del autor en las réplicas de los locos, cuyos despropósitos producen una impresión extrañamente vecina a la del lenguaje surrealista.

7. Significado

El Rey Lear es una meditación sobre temas filosóficos que entrelaza los argumentos de los personajes principales y secundarios. La figura del rey como mantenedor del orden y de la armonía social es fundamental. En el momento que esta figura se derriba, toda la sociedad se viene abajo.

Locura y ceguera son dos de los motivos dominantes en la obra. El Rey Lear llega a la locura que tradicionalmente se emparejaba con la ira; pero está ciego porque no ve el verdadero amor de Cordelia. Las imágenes que predominan en la obra son las asociadas al sufrimiento físico: azotes, vejaciones, torturas, privaciones físicas, sensaciones de frío.

El simbolismo principal aparece en la gran tormenta que establece el punto de inflexión de la obra. Antes de la tormenta, aunque debilitado, el Rey todavía mantenía su posición y su cordura y Gloucester era el señor del lugar. Tras la tormenta, El Rey ha perdido la razón y Gloucester la vista. Ambos vagan como figuras errantes, acompañados de sus fieles Kent y Edgardo hacia Dover donde tendrá lugar la escena final de la obra.

La escena está focalizada en la figura del rey Lear, en su locura, de modo que los demás personajes conforman una especie de coro que vale para mostrarnos la desesperanza del héroe, su soledad. Estos son los dos elementos básicos con los que Shakespeare construye sus tragedias. Pero también, con la oscilación de límites entre la locura y la cordura, el autor destaca lo absurdo de la vida humana, la imposibilidad del hombre para alcanzar su verdad y la insuficiencia de la razón.

Antología

La educación fue una de las preocupaciones de los ensayistas del Siglo de Oro. **Tomás Moro** en su *Utopía* intenta crear una ordenación político-social perfecta.

Los utópicos se maravillan de que haya hombres a quienes atraiga el dudoso resplandor de cualquier brillante o piedra preciosa, cuando los resplandores del sol o de las estrellas se nos ofrecen gratuitamente, y de la insensatez de los mortales complaciéndose en llevar un vestido de seda o de lana, puesto que la lana con que se confeccionó, por fina que fuera, la llevó antes una oveja, sin que por ello dejara de ser oveja.

Se asombraban igualmente de que el oro, por naturaleza tan inútil, sea en el mundo tan apreciado; de que el hombre que le atribuyó semejante valor para su provecho sea menos apreciado que el mismo oro, hasta el extremo de que hay quien, con menos inteligencia que un tronco o que un necio, tiene en esclavitud a un gran número de hombres de bien e inteligentes, únicamente porque dispone de mayor cantidad de oro. [...]

John Milton en *Paraíso perdido* narra que Eva, tras probar la manzana, se la lleva a Adán para que también la pruebe. Adán le reprochará su desobediencia, pero come la fruta porque su amor por Eva hace que quiera acompañarla en su suerte. Al saber Dios la caída en el pecado de desobediencia, envía al arcángel Miguel para que les comunique su expulsión del paraíso y el futuro y destino de la humanidad:

Del costado de Miguel pendía, como un resplandeciente zodiaco, la espada, terror de Satanás, y en su mano llevaba una lanza. Adán le hizo una profunda reverencia; Miguel, en su regio continente, no se inclinó, sino que explicó desde luego su venida, de esta manera: -Adán, ante la orden suprema de los cielos, es superfluo todo preámbulo; bástete saber que han sido escuchados tus ruegos y que la muerte que debías sufrir, según la sentencia, en el momento mismo de tu falta, se verá privada de apoderarse de ti durante los muchos días que se te conceden para que puedas arrepentirte y resarcir por medio de buenas obras un acto culpable. Entonces será posible que, aplacado tu Señor, te redima completamente de las avaras reclamaciones de la muerte. Pero no permite que habites por más tiempo este paraíso; he venido para hacerte salir de él y enviarte fuera de este jardín a labrar la tierra de la que fuiste sacado y el suelo que más te conviene.

Para **Erasmo de Rotterdam** el elemento clave para el mantenimiento de la paz es el príncipe, futuro rey, a quien dedica su obra *Educación del príncipe cristiano*. Y para conseguirlo, Erasmo, en un plan educativo de corte monárquico, propone los siguientes medios didácticos: conocimiento de los límites e instituciones del país; amor a la tierra que gobierna y a los seres humanos que la habitan [...], cultivo de las virtudes de clemencia, prudencia, integridad, templanza, sobriedad, desvelo, amabilidad, dulzura, tacto en las innovaciones y reformas, etc.:

Aun cuando los autores antiguos dividieron el sistema de gobernación de la república en dos artes, a saber: de la paz y de la guerra, el primero y principal cuidado en la formación del príncipe debe ahincarse en aquellas razones que atañen a regir sabiamente los tiempos de paz y deben poner su empeño más intenso en que jamás sean necesarias las ásperas obligaciones de la guerra.

Por su parte, **Nicolás Maquiavelo** en *El Príncipe* habla así sobre la clemencia y la severidad, y si vale más ser temido que amado:

Un tal príncipe no debe, sin embargo, creer con ligereza en el mal de que se le avisa, sino que debe siempre obrar con gravedad suma y sin él mismo atemorizarse. Su obligación es proceder moderadamente, con prudencia y aun con humanidad, sin que mucha confianza le haga confiado, y mucha desconfianza le convierta en un hombre insufrible. Y aquí se presenta la cuestión de saber si vale más ser temido que amado. Respondo que convendría ser una y otra cosa juntamente, pero que, dada la dificultad de este juego simultáneo, y la necesidad de carecer de uno o de otro de ambos beneficios, el partido más seguro es ser temido antes que amado.

Hablando in genere, puede decirse que los hombres son ingratos, volubles, disimulados, huidores de peligros y ansiosos de ganancias. Mientras les hacemos bien y necesitan de nosotros, nos ofrecen sangre, caudal, vida e hijos, pero se rebelan cuando ya no les somos útiles. El príncipe que ha confiado en ellos, se halla destituido de todos los apoyos preparatorios, y decae, pues las amistades que se adquieren, no con la nobleza y la grandeza de alma, sino con el dinero, no son de provecho alguno en los tiempos difíciles y penosos, por mucho que se las haya merecido.

El rey Lear

ACTO III. ESCENA VI

Cuarto en una granja

(Entran los condes de KENT y de GLOUCESTER, LEAR, el BUFÓN y EDGARDO)

EL CONDE DE GLOUCESTER.– Mejor está uno aquí, que en la llanura; felicitaos de estar bajo techado. Procuraré añadir alguna mayor comodidad a vuestro albergue. Vuelvo en seguida. (Sale.)

EL CONDE DE KENT.– Toda la fuerza de su razón ha sucumbido; no atiende sino a su impaciencia. ¡Recompense el cielo su bondad!

EDGARDO.– Frateretto me llama, y dice que Nerón está pescando con caña en el lago de las tinieblas. Orad, inocentes, y guardaos del maligno espíritu.

EL BUFÓN.– Dime tío: un loco ¿es noble o plebeyo?

LEAR.– Es un rey, un rey.

EL BUFÓN.– No tal, es un plebeyo; porque loco es el plebeyo que ennoblece a su hija y la ve colocada ante su padre.

LEAR.– ¡Ah! ¡Si tuviese a mis órdenes un ejército armado de espadas candentes para caer sobre ellas, silbando como serpientes!

EDGARDO.– El maligno espíritu me muerde la espalda.

EL BUFÓN.– Insensato quien fía en la mansedumbre de un lobo domesticado, en la grupa de un caballo, en la amistad de un joven y en el juramento de una cortesana.

LEAR.– Así será; voy a congregarles al momento.

(A Edgardo.) Ven, siéntate aquí, sabio juez. (Al bufón.) Y tú, cuerdo consejero, siéntate acá. ¡Bravo! ¡Raposos míos!

EDGARDO.– Contemplad su facha y su turbio mirar. ¿Necesitas espectadores para tu pleito, madama? «Ven, Betty, desde la otra orilla del río, a mi lado».

EL BUFÓN.– «Su lancha hace aguas, y no decide por qué no quiere venir».

EDGARDO.– El maligno espíritu asedia los oídos del pobre Tom con acento de ruiseñor. Hopdance, desde el fondo de mi estómago, me pide a voz en grito dos arenques blancos. No graznes más, ángel negro; no tengo manjares para ti.

EL CONDE DE KENT.– (A Lear.) ¿Os encontráis bien aquí, señor? Desechad estos extraños desvaríos; ¿queréis sentaros en estos almohadones?

LEAR.– Veamos antes su proceso. Traigan los testigos. (A Edgardo.) Tú, magistrado, ocupa tu sitio; (al bufón) y tú, colega suyo, uncido al yugo de la equidad, siéntate a su lado. (A Kent.) Vos formáis parte del tribunal, sentaos también.

EDGARDO.– Procedamos con arreglo a justicia. ¿Duermes o velas, gentil pastor? Tu rebaño pace en los trigos. ¡Uf, el gato está borracho!

LEAR.– Comparezca primero la mayor, Goneril. Afirmo, bajo juramento, ante tan honrada asamblea, que la avisada expulsó al rey su padre, a puntapiés.

EL BUFÓN.– Adelante, señora: ¿es vuestro nombre Goneril?

LEAR.– No puede negarlo.

EL BUFÓN.– Perdonad; os tomaba por un escabel.

LEAR.– Mirad, aquí llega otra, cuyos ojos huraños denuncian el temple de su corazón. Detenedla: armas, armas, espada, llamas. La corrupción se ha infiltrado en ésta. ¿Por qué la dejaste huir, pícaro juez?

EDGARDO.– Guarde Dios tus cinco sentidos naturales.

EL CONDE DE KENT.– ¡Clementes cielos! ¿Dónde está, señor, aquella paciencia de que tanto alardeabais?

EDGARDO.– (Aparte.) El interés que me inspiran sus males empieza a arrancarme lágrimas que denunciarán mi disfraz.

LEAR.– Oye, escucha cómo ladran en pos de mí los perrillos y la jauría entera, Tray, Blanch, Sweetheart.

EDGARDO.– Tom les hará frente. Atrás mastín, lebrel, galgo, podenco larga cola; Tom os hará gemir y llorar. Al ver mi arrojo todos saltan y huyen.

LEAR.– ¡Ea! que disequen a Regan: veamos de qué elementos se formaba su corazón. ¿Hay algo en la naturaleza que pueda volver tan duros esos corazones? (A Edgardo.) Señor, os alisto en el número de mis cien caballeros, aunque no me agrada mucho la forma de vuestro traje. Me diréis tal vez que es la moda de Persia; no importa, mudadlo.

EL CONDE DE KENT.– Ahora, mi buen señor, acostaos y reposad un momento.

LEAR.– ¡Silencio, silencio! ¡Cerrad las cortinas! Sí, sí, iremos a cenar cuando amanezca. Sí, sí.

6 Ilustración y Prerromanticismo

Edad Moderna

- Texto inicial y actividades previas
1. La Ilustración
2. El Prerromanticismo
- Actividades finales de recapitulación
- Guía de lectura: *Zadig o el destino*
- Antología

En el siguiente fragmento de *Los viajes de Gulliver*, Johnathan Swift pone de relieve una visión crítica y lúcida de la sociedad. A petición del rey de Broddignag (tierra de los gigantes), Gulliver informa al rey sobre el lugar al que pertenece. La reacción del monarca no necesita comentario:

[El rey] se asombró grandemente cuando le hice la reseña histórica de nuestros asuntos durante el último siglo, e hizo protestas de que aquello era sólo un montón de conjuras, rebeliones, asesinatos, matanzas, revoluciones y destierros, justamente los efectos peores que pueden producir la avaricia, la parcialidad, la hipocresía, la perfidia, la crueldad, la ira, la locura, el odio, la envidia, la concupiscencia, la malicia y la ambición. En otra audiencia recapituló Su Majestad con gran trabajo todo lo que yo le había referido; comparó las preguntas que me hiciera con las respuestas que yo le había dado, y luego, tomándome en sus manos y acariciándome con suavidad, dio curso a las siguientes palabras, que no olvidaré nunca, como tampoco el modo en que las pronunció: «Mi pequeño amigo Grildrig: habéis hecho de vuestro país el más admirable panegírico. Habéis probado claramente que la ignorancia, la pereza y el odio son los ingredientes apropiados para formar un legislador; que quienes mejor explican, interpretan y aplican las leyes son aquellos cuyos intereses y habilidades residen en pervertirlas, confundirlas y eludirlas. Descubro entre vosotros algunos contornos de una institución que en su origen pudo haber sido tolerable; pero están casi borrados, y el resto, por completo manchado y tachado por corrupciones. De nada de lo que habéis dicho resulta que entre vosotros sea precisa perfección ninguna para aspirar a posición ninguna; ni mucho que los hombres sean ennoblecidos en atención a sus virtudes, ni que los sacerdotes asciendan por su piedad y sus estudios, ni los soldados por su comportamiento y su valor, ni los jueces por su integridad, ni los senadores por el amor a su patria, ni los consejeros por su sabiduría. En cuanto a vos -continuó el rey-, que habéis dedicado la mayor parte de vuestra vida a viajar, quiero creer que hasta el presente os hayáis librado de muchos de los vicios de vuestro país. Pero por lo que he podido colegir de vuestro relato y de las respuestas que con gran esfuerzo os he arrancado y sacado, no puedo por menos de deducir que el conjunto de vuestros semejantes es la raza de odiosos bichillos más perniciosa que la Naturaleza haya nunca permitido que se arrastre por la superficie de la tierra.»

Jonathan Swift: *Los viajes de Gulliver.*

Actividades previas

A. Una de las características de la Ilustración es la crítica social. Indica qué estamentos sociales se cuestionan en el fragmento.
B. ¿Qué recurso utiliza el escritor dublinés para que su crítica se haga sin despertar las sospechas de la censura?
C. El rey utiliza la palabra *panegírico* para resumir la descripción que Gulliver lleva a cabo acerca de la sociedad inglesa. ¿Por qué el monarca aplica este término a una descripción claramente negativa?

NÚCLEO III: Edad Moderna

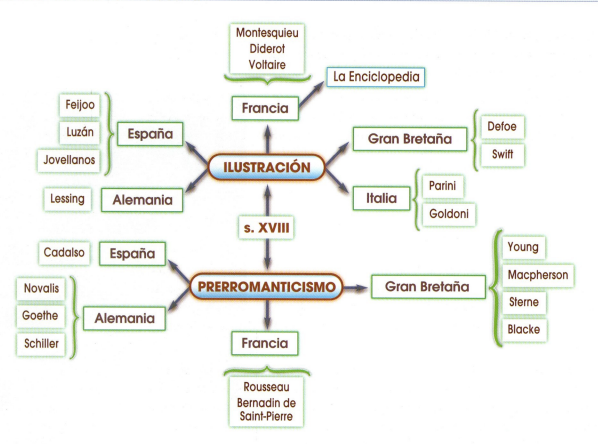

La literatura de este período se caracteriza ante todo por ser una literatura que trata de divulgar e imponer un nuevo ideal humanístico llamado **Ilustración**.

Sin embargo, antes de terminar el siglo se produce una reacción contra el racionalismo ilustrado que había postergado la imaginación y los sentimientos. Una nueva corriente literaria estaba paulatinamente abriéndose paso: el Romanticismo que en su primera fase de gestación llamaremos **Prerromanticismo**.

1. La Ilustración

A finales del siglo XVII, se observaban en toda Europa signos inequívocos del agotamiento de los valores y principios del Clasicismo y del Barroco. Esa crisis social, intelectual y moral, que suscitó la necesidad de buscar nuevas formas de expresión, encontró una salida en la Ilustración, movimiento en el que se interrelacionan estrechamente la filosofía y la literatura, y que se caracteriza por la creencia en la razón como medio para resolver todos los problemas del ser humano. Se trata, por consiguiente, de una corriente humanista, optimista, laica y preocupada por educar a la ciudadanía.

Los ilustrados confían en la razón como motor del progreso y medio para alcanzar la felicidad; creen en el empirismo, es decir, en la observación y experiencia sensible como garantía del conocimiento verdadero, y rechazan el principio de autoridad. Además reivindican la libertad de expresión en todos los ámbitos, el espíritu crítico, el derecho a la felicidad y la autonomía individual.

Conocer y saber

EL SIGLO DE LAS LUCES
No es casualidad que todos los movimientos ilustrados europeos del siglo XVIII compartan la misma raíz léxica (luz) en su denominación: *Les Lumières, die Aufklärung, the Enlightenment, l'Illuminismo, as Luzes*. La diosa razón era esa luz que disiparía las nubes de la ignorancia e iluminaría el oscurantismo de los prejuicios y supersticiones.

Asimismo, se defiende la tolerancia en materia política y religiosa (se da por sentado que la virtud moral del hombre es independiente de sus creencias religiosas) y, por último, se condena la tortura y la esclavitud.

Se trata, pues, de cambios tan profundos que no se ha dudado en definir el siglo XVIII como el *Siglo del Despotismo ilustrado*•, de la *Ilustración*, de la *Filosofía*, de la *Razón*, de las *Luces* e incluso de la *Revolución Francesa*.

1.1. La Ilustración en Francia

1.1.1. La *Enciclopedia*

En 1747 el editor francés André Le Breton encarga a Diderot y Jean Le Rond d'Alembert la elaboración editorial de la *Encyclopédie*. Los editores reunieron un vasto capital y entre 1751 y 1772 la obra se fue completando con participaciones de escritores como Voltaire, Montesquieu, Jean-Jacques Rousseau y Adam Smith.

Además de ser una obra de carácter didáctico y científico-técnico, mantiene en sus páginas una posición contra todo lo dogmático. Para burlar la censura, los ilustrados recurrieron a una serie de argucias tales como la insinuación de ideas avanzadas, la yuxtaposición de dos teorías contrapuestas (dejando al lector la responsabilidad de elegir la buena), la exposición de una opinión en una entrada que, aparentemente, no le corresponde (así, por ejemplo, el rechazo del absolutismo no viene expuesto en la entrada *Absolutismo*, sino en el artículo titulado *Autoridad política*, escrito por Diderot). Si a todo ello añadimos el uso de una ironía sutil, de veladas aseveraciones y falsos elogios, se entiende que la *Enciclopedia* cosechara un enorme éxito entre un público entendido que disfrutaba viendo, primero, lo fácil que era burlarse de la censura y, luego, cómo era posible encontrar, con un poco de astucia, el auténtico mensaje de los enciclopedistas.

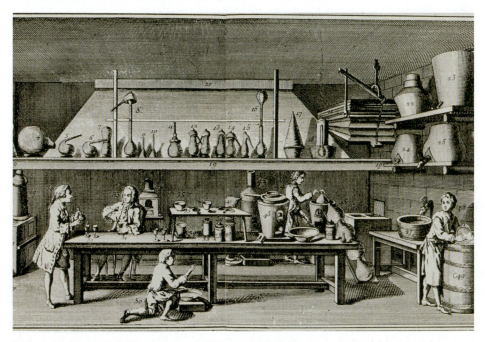

Laboratorio farmacéutico en el siglo XVIII. Ilustración de la *Enciclopedia*.

Vocabulario

Despotismo ilustrado: Régimen político de la Ilustración caracterizado por la orientación reformista e incluso progresista de las monarquías absolutas. Lejos de cualquier fundamento democrático, los déspotas ilustrados tienen como fin la felicidad y el bienestar de la ciudadanía sin contar con ella: «todo para el pueblo pero sin el pueblo».

ENCICLOPEDIA

El objeto de una Enciclopedia es reunir los conocimientos humanos dispersos por toda la superficie de la tierra; exponer el sistema general a los hombres con quienes vivimos y transmitirlo a los hombres que vendrán después de nosotros, a fin de que los trabajos de los siglos pasados no hayan sido inútiles para los siglos siguientes y que nuestros nietos, siendo cada vez más cultos, sean al mismo tiempo más virtuosos y más felices y que no muramos sin haber merecido pertenecer al género humano

Denis Diderot: *Enciclopedia*.

NÚCLEO III: Edad Moderna

La *Enciclopedia* tuvo una gran repercusión en toda Europa. En el contexto galo, la influencia de la *Enciclopedia* fue doble; por un lado, amparándose en el irrefutable progreso científico experimentado en el siglo XVIII, contribuyó a despertar en el público el interés por la ciencia, a desarrollar su espíritu crítico y a tener una visión optimista sobre el futuro de la humanidad; por otro lado, al promocionar la libertad, al denunciar los abusos de las instituciones sociales y políticas, preparó a dicha sociedad para los grandes cambios de la Revolución Francesa, que estalló tan sólo diecisiete años después de la publicación de la *Enciclopedia*.

1.1.2. Montesquieu

Pese a que su actividad literaria se desarrolla en la primera mitad del siglo XVIII, los escritos de este ensayista han de colocarse junto a los que sentaron definitivamente las bases de la Ilustración en Francia y en Europa.

Basándose en la ineptitud de las instituciones, señala con tono satírico y no exento de humor, los principales defectos de la sociedad francesa a través de sus ***Cartas persas*** (1721): la correspondencia que dos persas, Rica y Usbek, refugiados en Francia intercambian con amigos de su país y entre ellos mismos. A través de la mirada de estos extranjeros, Montesquieu realiza una «crítica demoledora» de las instituciones galas.

Como filósofo su obra más importante es ***El espíritu de las leyes***, donde define metódicamente la naturaleza y los principios de los distintos tipos de gobierno: el republicano, el monárquico y el tiránico, y todo ello sin esconder su preferencia por el sistema parlamentario inglés contrario a que el poder esté en mano de una sola persona. Es precisamente a raíz de esta observación cuando Montesquieu justifica la separación entre los tres poderes: el legislativo, el ejecutivo y el judicial. Su moderna teoría del Estado propugna la soberanía popular, los derechos del hombre y la necesidad de constituciones escritas.

Biografía

MONTESQUIEU (1689-1755)

Se considera a Charles Louis de Sécondat, barón de Montesquieu, como el primer teórico moderno de la ciencia política. Antes de ejercer de abogado y de desempeñar un cargo en el Parlamento de Burdeos, recorrió, como la mayoría de los ilustrados decimonónicos, media Europa, lo que le permitió estudiar y relativizar las instituciones así como las leyes de los países por donde pasaba. El resultado de esta experiencia quedó recogido en sus *Cartas persas*.

Intertextualidad

CARTAS MARRUECAS

José de Cadalso aplica en sus *Cartas marruecas* la fórmula de Montesquieu a nuestro país, si bien el estilo personal y el énfasis en la crítica de los principales defectos de la sociedad española difieren de los del autor francés.

Actividad

1. Comenta las palabras del filósofo Immanuel Kant sobre la Ilustración:

   La Ilustración es la salida del Hombre de su autoculpable minoría de edad. La minoría de edad significa la incapacidad de servirse de su propio entendimiento sin la guía de otro. Uno mismo es el culpable de esta minoría de edad cuando la causa de ella no reside en la carencia de entendimiento, sino en la falta de decisión y valor para servirse por sí mismo de él sin la guía de otro. ¡Sapere aude! (atrévete a saber) ¡Ten valor para servirte de tu propio entendimiento! He aquí el lema de la Ilustración.

   Immanuel Kant

Actividad

2. La crítica a la Monarquía en *Las cartas persas* es tan evidente que fueron prohibidas nada más publicarse. ¿Cuáles son los dos graves defectos de esta forma de gobierno que expone Montesquieu en el siguiente fragmento de sus *Cartas persas*?

> El rey de Francia es el príncipe más poderoso de Europa. No tiene minas de oro como su vecino el rey de España, pero tiene más riquezas que él, porque las saca de la vanidad de sus súbditos, todavía más inagotable que las minas. Ha acometido y sostenido grandes guerras sin más fondos que la venta de títulos de honor y, por un prodigio del orgullo humano, sus tropas siempre han resultado pagadas, sus plazas aprovisionadas y
> 5 sus flotas equipadas.
>
> Este rey es un gran mago: ejerce su imperio incluso sobre el espíritu de sus súbditos y les hace pensar como quiere. Si no tiene más que un millón de escudos en su tesoro y necesita dos, no tiene más que persuadirles de que un escudo vale dos y le creen. Si tiene que mantener una guerra difícil pero carece de dinero, le basta meterles en la cabeza que un trozo de papel vale dinero y en seguida se convencen. Es tal la fuerza y el poder sobre la mente de su gente, que les hace creer que les cura de toda suerte de males con sólo tocarles.
>
> Montesquieu: *Cartas persas*.

1.1.3. Diderot

Denis Diderot (1713-1784) es el prototipo del filósofo ilustrado polígrafo, es decir, caracterizado por escribir sobre una gran variedad de temas. En 1747 el librero Le Breton le ofreció la dirección de la ***Enciclopedia***, empresa a la que iba a dedicarse en cuerpo y alma durante más de veinte años.

En el teatro, Diderot creó un nuevo género: el ***drama filosófico*** (o **comedia seria**) de clara tendencia moralizante como es fácil de comprobar en ***El hijo natural*** (1757) y ***El padre de familia*** (1758), obra en la que denuncia la hipocresía social de su tiempo.

Con respecto a su pensamiento ilustrado, cabe destacar tres etapas a las que pertenecen las siguientes obras:

- ***Los pensamientos filosóficos*** (1747) donde demuestra que la ciencia experimental confirma la existencia de un Ser con una inteligencia infinitamente superior.
- ***Carta a los ciegos para el uso de los que ven*** (1749) en la que afirma que el hombre es una simple casualidad de la evolución de la materia.
- ***El Sueño de d'Alembert*** (1769). Este libro preconiza una moral que sirve de marco al desarrollo armonioso y equilibrado de la naturaleza humana.

También cultivó la novela. En ***La religiosa*** (1760) narra el calvario moral de una joven de buena familia quien, sin tener vocación, se ve obligada a entrar en un convento por imposición paterna y por fidelidad a una absurda costumbre social.

Siempre en la línea intimista, escribió sus dos obras maestras: ***El sobrino de Rameau*** (1762) y ***Jacques el fatalista*** (1773), ambas en forma de diálogo. En la primera, utiliza el estilo de la mayéutica para abordar cuestiones tan delicadas como los fundamentos de la educación y de la moral. En la segunda, emplea el mismo recurso para tratar el tema de la libertad del hombre, siguiendo el modelo de la novela picaresca.

Conocer y saber

LA PARADOJA DEL COMEDIANTE

Uno de los libros que mejor refleja la modernidad de Diderot es *La paradoja del comediante*. Se trata de una sugerente reflexión estética a partir del arte actoral. Diderot defiende el componente convencional, técnico, de las artes y lo personifica en el actor, cuya eficacia a la hora de representar un papel no depende de su identificación con el personaje sino de la técnica teatral que debe poseer. Frente al naturalismo de la interpretación, la ilusión de realidad.

NÚCLEO III: Edad Moderna

François Voltaire.

1.1.4. Voltaire

El denominador común que vertebra toda la obra de Voltaire (1694-1778) se resume en tres palabras: razón, tolerancia y libertad, lo que hace de Voltaire el primer intelectual comprometido, uno de los más críticos e incisivos del siglo. Su pensamiento se refleja con un elegante estilo en sus tragedias, comedias, cuentos, poemas, panfletos, tratados filosóficos, libros de historia y artículos para la *Enciclopedia*:

- *Cartas filosóficas* (inicialmente *Cartas inglesas*, 1733) en las que, con el pretexto de describir los distintos aspectos de la vida en Inglaterra, aprovechó para criticar a sus compatriotas parisinos.

- *Zadig o el destino* (1748), *Micromegas* (1752) y *Cándido o el optimismo* (1759) son tres cuentos filosóficos –género literario innovado por Voltaire– en los que la mordacidad, ironía y espíritu chispeante del escritor parisino animan los innumerables episodios de cada cuento. En *Zadig*, Voltaire plantea el tema del destino y la búsqueda de la felicidad por parte del ser humano. En *Micromegas*, relativiza el papel del ser humano en el universo. En *Cándido*, ataca la doctrina optimista de Leibniz según la cual el mundo, gobernado por la Providencia, es «el mejor de los mundos posibles». Voltaire ridiculiza al filósofo alemán demostrando que la realidad daba claramente muestras de lo contrario. Para ello, se limitó a describir, mediante una sucesión de rocambolescas aventuras, la desgraciada vida del inocente protagonista del cuento que, no por pura casualidad, se llama Cándido.

- *El diccionario filosófico* (1764) denuncia los comportamientos supersticiosos heredados de la religión. A cambio de estas infundadas creencias, propone el culto al Ser Supremo, ese «dios geómetro» creador del universo.

- *El siglo de Luis XIV* (1768) inaugura un nuevo método histórico fundado en la documentación, objetividad y visión sintética. Siente una especial admiración por Luis XIV, el rey que, rodeado de artistas, científicos y escritores puso en práctica con casi un siglo de antelación la teoría del despotismo ilustrado.

- Dentro del género teatral escribió *Zaïre* (1732) y *Mahomet* (1742).

- En verso compuso la epopeya titulada *La Henriade* (1723).

La comida de los filósofos (1773), grabado de Jean Huber. Se representa a Voltaire con la mano levantada junto a otros filósofos.

Conocer y saber

LA COMEDIA DEL XVIII

Eclipsados en cierto modo por los grandes dramaturgos del siglo anterior, dos son las figuras destacables de la comedia francesa del XVIII: Pierre de Marivaux (1688-1763) y Pierre Caron de Beaumarchais (1732-1799). La revalorización actual del primero se debe a la elegante ligereza de sus ingeniosos enredos (*El juego del amor y del azar*, *Las falsas confidencias*). Beaumarchais, por su parte, es el autor de dos conocidas obras satíricas de ambiente español: *El barbero de Sevilla* y *Las bodas de Fígaro*.

Actividad

Cunegunda, paseándose un día por los alrededores del castillo, vio entre las matas, en un bosquecito que llamaban el parque, al doctor Pangloss que daba una lección de física experimental a la doncella de su madre, morenita muy graciosa y muy dócil. Como la señorita Cunegunda tenía gran disposición para las ciencias, ob-
5 *servó sin pestañear las reiteradas experiencias de que era testigo; vio con claridad la razón suficiente del doctor, sus efectos y sus causas, y regresó agitada, pensativa, deseosa de aprender, figurándose que bien podría ser ella la razón suficiente de Cándido, quien podría también ser la suya.*

Encontró a Cándido de vuelta al castillo, y enrojeció; Cándido también enrojeció. Lo saludó Cunegunda con voz trémula, y contestó Cándido sin saber lo que decía. Al día siguiente, después de comer, al levantarse de la mesa, se encontraron detrás de un biombo; Cunegunda dejó caer su pañuelo, Cándido lo recogió; ella le tomó inocentemente
10 *la mano y el joven besó inocentemente la mano de la señorita con singular vivacidad, sensibilidad y gracia; sus bocas se encontraron, sus ojos se inflamaron, sus rodillas temblaron, sus manos se extraviaron. En esto estaban cuando acertó a pasar junto al biombo el señor barón de Thunder-ten-tronckh, y reparando en tal causa y tal efecto, echó a Cándido del castillo a patadas en el trasero. Cunegunda se desvaneció; cuando volvió en sí, la señora baronesa la abofeteó; y todo fue consternación en el más hermoso y agradable de los castillos posibles.*

Voltaire: *Cándido.*

3. ¿A qué filósofo representa el doctor Pangloss, tutor del protagonista, el cual afirma repetidamente a lo largo de la obra que «todo sucede para bien» y que vive en «el mejor de los mundos posibles»? ¿Crees que Cándido, su discípulo, podría opinar igual tras la expulsión del castillo?

1.2. La Ilustración en Alemania: Lessing

La persona que encarna mejor las ideas de la Ilustración en Alemania es el poeta, pensador, dramaturgo y crítico literario **Ephraím Lessing** (1729-1781).

Si se considera **Minna de Bernhelm** (1767) como un clásico alemán de la tragedia burguesa, **Nathan el Sabio** es, por su parte, un drama de claro enfoque ideológico destinado a privilegiar el papel de la tolerancia, muy especialmente en el terreno religioso. Su rechazo a imitar a los dramaturgos clásicos franceses así como sus esfuerzos para promocionar el teatro griego y a Shakespeare indican un cambio de mentalidad que preparó, en definitiva, el terreno a las teorías románticas en Alemania.

1.3. La Ilustración en Gran Bretaña: Defoe y Swift

Daniel Defoe (1660-731) llegó a la fama gracias a su novela de aventuras, *Robinson Crusoe* (1719), basada en un hecho real. Tuvo un enorme éxito popular ya que, aparte de los numerosos datos biográficos utilizados por el autor para dar más realismo al relato, encarnaba el sentido práctico del pueblo británico que, de inmediato, se identificó con el protagonista de la novela, Robinson Crusoe, que tras naufragar en una isla perdida y expuesto a todo tipo de adversidades, había conseguido sobrevivir gracias a su inteligencia y tenacidad. Por otra parte, Defoe, al demostrar el triunfo del hombre sobre la naturaleza, daba una visión optimista y esperanzadora del ser humano. Otras novelas suyas son *Capitán Singleton*, *Memorias de un caballero*, *Moll Flanders* o *Lady Roxana*.

Jonathan Swift (1667-1745) es el autor de *Los viajes de Gulliver* (1726), una dura sátira social encubierta y en la que se ponen en evidencia los abusos y las incoherencias del sistema sociopolítico inglés, carente en muchos aspectos de racionalidad y, a veces, del más elemental sentido común. Swift denuncia irónicamente la estupidez humana recurriendo a ejemplos de lo más absurdo como en el caso de los dos reyes que se declaran la guerra por discrepar sobre la manera de comerse los huevos pasados por agua.

Argumento de *los viajes de Gulliver*

Gulliver naufraga en Lilliput, una tierra habitada por hombres diminutos. Sus costumbres y preocupaciones guardan un sospechoso parecido con los ingleses de su tiempo. Swift aprovecha el cambio de perspectiva de Gulliver para relativizar dichas preocupaciones. La segunda parte, en cambio, sitúa a Gulliver en un reino de gigantes, Brobdingnag, con lo que se invierte el punto de vista y se extraen nuevas enseñanzas. La tercera transcurre en Laputa, Barnibarbi, Luggnagg y Glubbdubdrib, lugares que le sirven a Swift para satirizar a la sociedad británica y, por extensión, a toda la humanidad. En la última parte, se describe el país de los houyhnhnms, unos caballos virtuosos e inteligentes que cohabitan con los yahoos, unos animales primitivos que reflejan la esencia depravada del hombre. Al final, Gulliver vuelve a Inglaterra contra su voluntad.

1.4. La Ilustración en Italia: Parini y Goldoni

Toda la obra poética de **Parini** (1729-1799) está marcada por una honda preocupación por el cambio moral en la conciencia de los italianos. El poeta lombardo estaba convencido de que la regeneración moral había de ser previa a la regeneración política. Ello explica que tanto en su extenso poema *El día* –compuesto por *La mañana* (1763), *El mediodía* (1765) y *El atardecer y La noche* (1801)–, como en *Odas* (1795), Parini haya siempre preconizado una existencia simple, honrada y en completa armonía con la naturaleza y la razón.

Mezzetin, de Antoine Watteu.

Carlo Goldoni (1707-1793) sintió desde muy joven una irresistible atracción por el teatro. Gracias a sus aportaciones, la dramaturgia italiana dio un giro completo: el escritor veneciano consiguió nada menos que romper, en las artes dramáticas, una tradición de más de dos siglos, es decir, logró transformar la famosa *commedia dell arte* –que tanto había inspirado a Molière– en una **comedia de caracteres**. A partir de la intervención de Goldoni, se puede afirmar que las improvisaciones y los personajes fijos identificables por su indumentaria tradicional de la *commedia dell arte* desaparecieron para siempre. Si su primera comedia, *Los dos gemelos*, carece todavía de espontaneidad, hay que reconocer, sin embargo, que con el tiempo el dramaturgo italiano fue dotando a sus personajes de mayor riqueza psicológica, como ocurre, por ejemplo, en *La posadera* (1753). En *El abanico* (1765) logra una sutil comicidad fruto del contraste entre los diferentes comportamientos sociales.

2. El Prerromanticismo

El Romanticismo, como la mayoría de las corrientes literarias, no surgió de un modo repentino, sin relación alguna con la corriente que lo había precedido. Muy al contrario, todas las corrientes literarias necesitan, antes de imponerse, un período de adaptación. En la etapa literaria que nos interesa, esta transición se vino gestando en el último cuarto del siglo XVIII con obras europeas donde se iba fraguando una nueva visión de la vida así como una nueva sensibilidad. Es el caso de Rousseau en Francia, de Schiller y Goethe en Alemania, y de Richardson en Gran Bretaña. Estos escritores se caracterizarán por las siguientes tendencias prerrománticas:

- Primacía de la imaginación y de las emociones frente a la racionalidad.
- Predilección por temas relacionados con el amor, la melancolía y la fatalidad del destino.
- Tendencia a la soledad e introversión; nostalgia por el pasado.
- Elogio del estado natural, de la vida en contacto directo con la naturaleza frente al modo de vida urbano.
- Creencia en la bondad natural del hombre.
- Rechazo de todo tipo de imposición formal, especialmente de las reglas que encorsetan los géneros literarios (clasicismo francés).

2.1. Prerromanticismo en Francia

2.1.1. Rousseau

La aparición de **Jean-Jacques Rousseau** en el escenario literario de la Ilustración supuso un cambio radical en la manera de pensar y de vivir de aquel entonces. Contrariamente a los demás pensadores del Siglo de las Luces, estaba convencido de que la felicidad del ser humano no dependía del progreso de la ciencia, que corrompe las costumbres, sino de su capacidad de vivir en armonía con la naturaleza. Se trataba, pues, de un punto de vista revolucionario ya que Rousseau estaba afirmando con rotundidad la superioridad del estado natural al estado social urbano.

Podemos resumir el pensamiento de Rousseau en tres puntos: 1) los hombres nacen libres, iguales, buenos y felices. 2) Pero la sociedad moderna los corrompe. 3) Por consiguiente, lo que hay que cambiar, no es al hombre, sino a la sociedad.

Para desarrollar estas ideas Rousseau, a petición de Diderot, escribió en 1761 el *Discurso sobre el origen de la desigualdad entre los hombres* en el que proponía un nuevo orden social basado en un equilibrio entre los valores de la naturaleza y las exigencias del mundo moderno.

En 1762 publicó *El contrato social*, donde exponía los fundamentos legítimos de la sociedad tal y como él mismo los veía, es decir, a través de un convenio mediante el cual, a cambio de abandonar su libertad personal, el individuo recibía de la sociedad una garantía de libertad e igualdad avalada por un conjunto de leyes civiles. Aquel mismo año, publicó *Emilio o de la educación* (1762), donde desarrollaba su programa educativo conforme a los mandatos de la naturaleza, es decir, de forma progresiva y sin imposiciones.

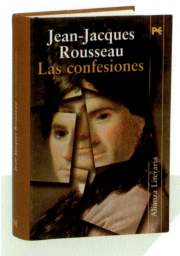

LAS CONFESIONES DE ROUSSEAU

El Prerromanticismo rescató aquellas facetas artísticas que escapaban del dominio de lo racional: la emoción, el sentimiento, la intuición, el símbolo. La literatura se vuelca cada vez más hacia la expresión de los sentimientos y del mundo interior. El mejor reflejo de este cambio de signo literario son *Las confesiones* de Rousseau: *Concibo una empresa que nunca tuvo ejemplo y cuya ejecución no tendrá imitador. Quiero mostrar a mis semejantes un hombre en toda la verdad de la naturaleza; y este hombre soy yo.*

NÚCLEO III: Edad Moderna

Biografía

ROUSSEAU (1712-1778)

Jean-Jacques Rousseau nació en Ginebra. En 1762 publica el *Emilio*, obra por la que se dicta auto de prisión contra él, por este motivo se refugia en Inglaterra, pero acosado por algunos ideólogos regresa a Francia. Se establece en París en 1770 como copista de música hasta que acepta la hospitalidad del marqués de Girardin, en cuya residencia muere.

Vocabulario

Sturm und Drang: desarrollado durante la segunda mitad del siglo XVIII. Sucede y se opone a la ilustración alemana y precede al Romanticismo. El nombre proviene de una pieza teatral de Friedrich Maximilian Klinger, *Sturm und Drang*, 'ímpetu y tempestad'.

En cuanto a su amor por la naturaleza, éste ha quedado reflejado en ***Julia o la nueva Eloísa*** (1761), novela idílica que transcurre en su tierra natal, Suiza, en un paisaje encantador y grandioso, que idealiza aún más si cabe las ventajas de vivir en un medio rural.

La influencia de Rousseau no solamente fue considerable en el siglo XVIII, sino que perdura todavía hasta nuestros días como en el caso concreto de la pedagogía. En literatura, al poner de moda la libre expresión de los sentimientos íntimos y una profunda admiración por la naturaleza, anunciaba ya la corriente romántica de la que era el más relevante precursor en Francia. En política, muchas de las ideas teóricas expresadas en el *Contrato social* calaron tanto en el público que los revolucionarios galos no dudaron en reproducirlas en la ***Declaración de los Derechos del hombre y del ciudadano*** de 1789.

2.1.2. Bernardin de Saint-Pierre

La obra de Bernardin de Saint-Pierre (1737-1814) entronca con la de Jean-Jacques Rousseau, su amigo íntimo. El amor por la naturaleza así como sus numerosos viajes por los países tropicales del Índico le llevaron a describir en sus novelas la vida idílica de personas sencillas e inocentes pero cuyos amores suelen tener un trágico desenlace. Dadas estas características, se le considera como el precursor de la corriente romántica llamada «exótica», de la que ***Pablo y Virginia*** es la mejor muestra.

2.2. Prerromanticismo en Alemania

Con el advenimiento del movimiento ***Sturm und Drang***, en clara oposición al racionalismo ilustrado, el romanticismo alemán se afianza gracias a figuras tan destacadas como las de Goethe y Schiller.

Mañana de Pascua (1835), de Caspar David Friedrich.

2.2.1. Novalis

Sin duda alguna el mayor representante de esta primera generación de prerrománticos es Friedrich von Hardenberg (1772-1801), más conocido por su seudónimo **Novalis**.

Posiblemente su obra más importante es la novela póstuma e incompleta *Enrique de Ofterdingen* (1802), que, como quería Schlegel, contiene una «auténtica manifestación de toda la vida espiritual de un individuo genial», pues junto a los diálogos y relatos secundarios aparece una sugestiva colección de notas, entre filosóficas y líricas, que había reunido Novalis con vistas a la elaboración de un tratado de sabiduría universal.

Llevó a la poesía fuera de los cauces clásicos que utilizaron otros poetas coetáneos. Es el caso del poema *Himnos a la noche* (1797-1800), inspirado en la muerte de su amada de 15 años, Sophie von Kühn. Se trata de una rapsodia en prosa rítmica que se alterna con versos sin rima en la que se exalta la noche como símbolo del Romanticismo.

2.2.2. Goethe

Por la perfección y la elegancia de su obra se considera a Goethe un clásico consagrado. Es uno de los primeros escritores en abrir la puerta al Romanticismo, cuyo valor más celebrado no es la herencia clásica, sino la libertad de pensamiento, la pasión y la novedad de los temas.

Entre sus obras primerizas se encuentran una comedia en verso de un acto, *El capricho del enamorado* (1767), y una tragedia en verso, *Los cómplices* (1768).

Biografía

GOETHE (1749-1832)

Goethe nació el 28 de agosto de 1749 en Frankfurt. Estudió Derecho en la Universidad de Leipzig; allí empezó a interesarse por la literatura y la pintura y conoció las obras dramáticas de sus contemporáneos. La influencia de estos autores y su enamoramiento de la hija de un comerciante de vinos en cuya taberna solía cenar se reflejan en su primera producción. Goethe enfermó en Leipzig y volvió a Frankfurt, donde durante la convalecencia estudió astrología, alquimia y ocultismo. A través de la influencia de una amiga de su madre, Goethe se introdujo en el misticismo religioso. Entre 1770 y 1771 va a Estrasburgo para continuar su carrera de Derecho; además profundiza en los estudios de música, arte, anatomía y química. Aquí Goethe hizo dos amistades de crucial importancia para sus obras literarias. Una fue la de Friederike Brion, que le inspiró la mayoría de sus personajes femeninos. La otra amistad fue la del filósofo Johann Gottfried von Herder. Por influencia de este, Goethe se convirtió en un escéptico sobre el clasicismo francés que prevalecía en la Alemania de la época. Herder enseñó también a Goethe a apreciar las obras de Shakespeare, en las que las unidades clásicas se sustituyen por el placer de la expresión directa de las emociones; y a darse cuenta del valor de la poesía popular alemana y de la arquitectura gótica alemana como fuentes de inspiración para su literatura.

Influenciado por Herder, Goethe, después de graduarse en Derecho, volvió a Frankfurt para ejercer de abogado. Murió en Weimar, el 22 de marzo de 1832.

NÚCLEO III: Edad Moderna

Conocer y saber

CONVERSACIONES CON GOETHE

El escritor Johann Peter Eckermann vivió al lado de Goethe los últimos diez años de su vida. Fruto de esta amistad y de su fascinación por el personaje es el libro testimonial *Conversaciones con Goethe* (1836-1948). En él, gracias a la naturalidad que da el trato diario, podemos apreciar de cerca la figura de Goethe: sus viajes, su vasta cultura, su pensamiento, sus opiniones acerca del arte y de la vida.

La tragedia *Götz von Berlichingen* (1773), inspirada en Shakespeare, es una adaptación de la historia de un caballero alemán que se hizo bandido en el siglo XVI. El éxito de las acciones del bandido es considerado por Goethe como una revuelta popular nacional alemana contra la autoridad del emperador y la Iglesia en la primera mitad del siglo XVI. *Götz von Berlichingen* tuvo enormes repercusiones en la historia literaria alemana. Junto al manifiesto *Sobre el estilo y el arte alemán* (1773), al que contribuyeron Goethe y Herder, aquel drama inauguró en el teatro el movimiento literario *Sturm und Drang*. Al año siguiente, como resultado de un desdichado incidente amoroso con Charlotte Buff, prometida de uno de sus amigos, Goethe escribió la romántica y trágica historia *Las desventuras del joven Werther* (1774). Esta obra fue la primera novela epistolar representativa de la literatura alemana moderna y se convirtió en el modelo de muchísimas narraciones. Tuvo un enorme éxito y una profunda influencia en las nuevas generaciones que, a raíz de la sentida descripción del desencanto amoroso del protagonista, vieron en el suicidio la salida a sus desengaños amorosos.

Argumento de *Las desventuras del joven Werther*

A través de cartas Werther explica a su mejor amigo Wilhelm todos los hechos que vive desde su traslado a Wahlheim, un tranquilo y apacible pueblo, donde conoce a Charlotte, de la cual queda profundamente enamorado. Aunque ella ya esté prometida con un joven llamado Albert, no pierde la fe en creer que ella siente lo mismo por él y acude a menudo a visitarla y a pasear con ella en escenas idílicas, hogareñas y campestres. Cuando el prometido de Lotte regresa, Werther se da cuenta de que es un hombre honrado y amable, complicando así sus agitados sentimientos. La situación para el joven cada vez es peor, así que guiado por los consejos de su confidente Wilhelm decide alejarse de Charlotte y abandona el pueblo para trabajar en la ciudad como secretario del embajador. Pero las malas relaciones con este, unidas al odioso comportamiento de la alta sociedad, lo conducen a la renuncia de su cargo. Regresa de nuevo a la aldea de Wahlheim, pero en el pueblo han cambiado muchas cosas y se ha convertido en un lugar insoportable. El carácter de Werther se va trastornando cada vez más. Charlotte, profundamente entristecida por la situación que está pasando Werther, decide distanciarse de él. El joven la visita por última vez y, antes del rechazo, consigue abrazarla y besarla. Aquella misma noche, Werther se suicida de un tiro en la cabeza.

Dos hombres pescando en un lago (s. XIX), de Turner.

En el año 1775 regresó a Weimar donde comenzó a esbozar algunas de sus obras más famosas, como es el caso de *Ifigenia en Tauris* (1787) y los **dramas de carácter:** *Egmont* y *Fausto*, que luego sometería a cambios como resultado del siguiente acontecimiento importante de su vida: su estancia en Italia desde 1786 hasta 1788. El dato es relevante, pues esta estancia en Roma le permitió conocer y asimilar el equilibrio clásico grecolatino. A partir de entonces, su obra dejó de ser marcadamente romántica.

Los años de aprendizaje de Wilhelm Meister (1796) se convirtió en un modelo para toda la novela alemana posterior. En 1798 continúa con el idilio épico en verso *Hermann y Dorothea* (1798).

El período desde 1805 hasta su muerte en Weimar, el 22 de marzo de 1832, fue para Goethe muy productivo. Escribió las novelas *Las afinidades electivas* (1809) y *Los años de formación de Wilhelm Meister* (1821); un relato de su viaje por Italia, *Viajes italianos* (1816); *Poesía y verdad*, su autobiografía (4 volúmenes, 1811-1833); una colección de magníficos poemas, *Diván de Oriente y Occidente* (1819), que intentan la unión del Este y el Oeste; y, finalmente, la segunda parte de su poema dramático *Fausto* (publicado póstumamente en 1832).

Argumento de *Fausto*

En la primera parte de *Fausto*, Mefistófeles (el diablo) hace un pacto con Dios: dice que puede corromper a Fausto, un sabio que recurre a la magia para alcanzar la sabiduría que nos da el conocimiento. Fausto hace un trato con Mefistófeles: este hará todo lo que Fausto desee a cambio de su alma. Fausto conoce a Margarita, se siente atraído por ella y pide ayuda a Mefistófeles para seducirla. El diablo lleva a Margarita a los brazos de Fausto. Valentín, el hermano de Margarita, pide explicaciones por la deshonra de su hermana. Fausto se bate en duelo, mata a Valentín y abandona a su amada. Margarita ha quedado embarazada y va a la cárcel acusada de haber ahogado a su hijo ilegítimo. Fausto intenta salvarla de la pena de muerte liberándola de la prisión. Pide ayuda de nuevo al diablo, pero Margarita se niega a escapar y muere invocando la salvación divina. Así termina la primera parte del *Fausto*, que adquiere en la segunda un carácter más simbólico y filosófico, con numerosas alusiones al mundo clásico. En ella, Mefistófeles y Fausto siguen sus aventuras, primero en la corte del emperador de Alemania y luego en Grecia, donde se enamora de Helena de Troya, con la que tiene un hijo. Tras múltiples peripecias Fausto muere, pero un coro de ángeles se interpone para salvar su alma.

> ## Intertextualidad
> ### El mito de Fausto
> Uno de los mitos más perdurables que ha dado la literatura, junto al Quijote o al don Juan, ha sido el de Fausto. Este arquetipo intemporal representa la insuficiencia del conocimiento para alcanzar la verdad y la plenitud, la consiguiente insatisfacción del hombre, la enorme distancia que media entre la vida y la filosofía. Goethe se limitó a actualizar de forma magistral una leyenda medieval que ya había inspirado al dramaturgo inglés Marlowe una de sus obras. Fausto cobrará nueva vida en autores como Byron, Pessoa, Thomas Mann, Bulgákov, Sartre y tantos otros.

Fantasía sobre Fausto (1866), de Fortuny.

NÚCLEO III: Edad Moderna

Conocer y saber

EL DRAMA

La palabra drama, que en griego significa 'acción', [...] designa un género determinado que tiene, como la tragedia, un conflicto efectivo y doloroso; pero no lo sitúa en un plano ideal, sino en el mundo de la realidad, con personajes menos grandiosos que los héroes trágicos y más cercanos a la humanidad corriente. [...] En la forma, hay especial complacencia en pisotear las reglas; se mezclan lo trágico y lo cómico, a veces también la prosa y el verso, y no se hace el menor caso de las tres unidades.

Rafael Lapesa: *Introducción a los estudios literarios*.

2.2.3. Schiller

Amigo de Goethe, Friedrich Schiller comenzó su carrera literaria en el movimiento *Sturm und Drang*. Goethe se caracterizó por el sometimiento de la imaginación a la realidad experimental; Schiller, por su parte, posee una conciencia creadora más intimista, prefiere la expresión de los sentimientos personales; es, en definitiva, menos épico y más lírico.

De la época del *Sturn und Drang*, caracterizada por el valor de la libertad, destacan las obras de teatro **Los bandidos** (1781) y **Don Carlos** (1788). Luego, y bajo la influencia de Goethe, se orientó hacia el clasicismo griego, más sosegado, lleno de sentimientos delicados, como se puede apreciar en **Oda a la alegría** (1785), en una serie de baladas: **El guante**, **El buceador**, **La grulla de Hibisco** (1797) y en el poema titulado **La canción de la campana** (1799).

Su dramaturgia tiene un propósito formativo ya que Schiller concibe el teatro como un instrumento de educación liberadora de la humanidad, algo parecido a los objetivos que perseguía Diderot en sus dramas. Las principales obras teatrales escritas con este planteamiento son **Wallenstein** (1799) y **Guillermo Tell** (1804), **Turandot** y **Demetrius** (inacabada). En Historia, destacan dos obras importantes: **María Estuardo** (1800) y **La doncella de Orleans** (1801) y en los ensayos, es preciso citar **De la poesía ingenua y sentimental** (1795) y **Cartas sobre la educación estética del hombre** (1795).

Música y Literatura

SCHILLER

El mundo de la música clásica se ha inspirado varias veces en la obra de Schiller. Así, Beethoven adaptó la *Oda a la alegría* para su *Novena sinfonía*:

Alegría, bella hija de los dioses.

hija de Eliseo;

penetramos, ardientes de embriaguez en tu santuario;

¡oh, celestes!

Tus encantos, atan de nuevo lo que la moda ha dividido rigurosamente;

Todos los hombres se tornan hermanos,

allí donde se cierne tan dulce ala.

[...]

Por otra parte, Verdi, Rossini y Puccini compusieron las óperas *Don Carlos*, *Guillermo Tell* y *Turandot*, respectivamente, basadas en las obras homónimas del autor.

2.3. Prerromanticismo en Gran Bretaña

2.3.1. Young y Macpherson

Edward Young (1683-1765) con su elegía **Pensamientos nocturnos** o **Las noches** (1742), probablemente escrito a raíz de la muerte de su hija, inició el género de «poesía sepulcral», caracterizado por una profunda melancolía y de la que Cadalso fue fiel continuador en España (**Noches lúgubres**, 1790). Introduce así en la poesía europea el tema de la noche y el día.

El poeta escocés **James Macpherson** (1736-1796) es autor de los poemas *Fingal y Temora*, que atribuyó a su heterónimo• Ossián, un supuesto poeta celta de los siglos II-III (*Poemas de Ossián*, 1765). La invención de Macpherson consiguió poner de moda el gusto por la meditación entre ruinas medievales y los paisajes tétricos.

2.3.2. Sterne

Laurence Sterne (1713-1768) fue un clérigo anglicano que publicó con gran éxito una novela titulada *Vida y opiniones del caballero Tristram Shandy*. Este éxito inicial se consolidó definitivamente en 1760, con la publicación del segundo tomo de las supuestas memorias de Tristram Shandy, formada por nueve tomos.

Las novelas de Sterne, redactadas con un estilo muy alejado de las convenciones narrativas en vigor, se caracterizan por continuas digresiones, saltos temporales, juegos de palabras, tipografía y un humor singular, que anticipan la novela moderna.

2.3.3. Blake

William Blake (1757-1827) fue grabador y poeta, ilustró sus libros y algunos de John Milton. Su poesía de visionario místico se opone a la corriente ilustrada y se acomoda al marco de las tendencias románticas, anteponiendo la imaginación a la razón ya que, según él, la belleza no procede de la naturaleza, sino de las visiones interiores. Con doce años escribió *Esbozos poéticos* (1873). En sus *Libros proféticos* encontramos una mitología personal muy enigmática. Sus obras más relevantes es **Cantos de inocencia** (1789) y **Cantos de experiencia** (1794), que pretenden mostrar «los dos aspectos opuestos del alma humana». Por un lado, los *Cantos de inocencia* se inspiran en la inocencia infantil, el candor, la sencillez y el amor. Por otro lado, los *Cantos de experiencia*, muestran la contaminación del espíritu a causa del egoísmo, la violencia, la miseria social y el vacío espiritual.

Vocabulario

Heterónimo: nombre empleado por ciertos literatos para designar al autor ficticio (y personaje) de una obra.

LA NOVELA GÓTICA

El Prerromanticismo abrió la puerta a la fantasía y al irracionalismo, cuyo cauce de expresión literaria fue la novela gótica o de terror. Estas novelas se caracterizan por la temática truculenta o melodramática y por la ambientación nocturna, fúnebre o exótica: *El castillo de Otranto* de Horace Walpole, *Vathek* de William Beckford, *El monje* de M. G. Lewis y, la más famosa, *Frankenstein* de Mary Shelley.

Actividad

4. Interpreta los símbolos y comenta los rasgos prerrománticos de los siguientes poemas de Blake pertenecientes a sus *Cantos de inocencia* y *Cantos de experiencia*, respectivamente.

El niñito encontrado

El niñito perdido en el pantano solitario,
guiado por la luz errante,
empezó a llorar; pero Dios, siempre cercano,
apareció como su padre, vestido de blanco.

5 *Besó al chiquillo y tomándole la mano*
lo condujo hasta su madre,
que pálida de pena, por el solitario valle,
llorando a su hijito buscaba.

La rosa enferma

Estás enferma, ¡oh rosa!
El gusano invisible,
que vuela, por la noche,
en el aullar del viento,

5 *tu lecho descubrió*
de alegría escarlata,
y su amor sombrío y secreto
consume tu vida.

Actividades

1. Comenta las siguientes sentencias de Voltaire:
   - *Escribo para actuar.*
   - *Azar es una palabra vacía de sentido, nada puede existir sin causa.*
   - *Proclamo en voz alta la libertad de pensamiento y muera el que no piense como yo.*
   - *No comparto lo que dices, pero defenderé hasta la muerte tu derecho a decirlo.*
   - *Si no existiera Dios habría que inventarlo.*
   - *La mejor venganza que podamos tomarnos contra la gente que nos odia es ser feliz.*
   - *La superstición es a la religión lo que la astrología es a la astronomía, la hija loca de una madre cuerda.*
   - *La ignorancia afirma o niega rotundamente; la ciencia duda.*

2. Comenta las siguientes sentencias de Rousseau:
   - *Todas las pasiones son buenas mientras uno es dueño de ellas, y todas son malas cuando nos esclavizan.*
   - *Si quitáis de los corazones el amor a lo bello, quitaréis todo el encanto de vivir.*
   - *La paciencia es amarga, pero sus frutos son dulces.*
   - *Un hombre honrado no encontrará jamás una amiga mejor que su esposa.*
   - *La cobardía es la enfermedad que más aqueja a nuestra época*

3. Copia y completa en tu cuaderno el cuadro resumen sobre la literatura del siglo XVIII.

Literatura del siglo XVIII			
Ilustración			
País	Autor	Género	Obra
Francia		Novela epistolar	
		Ensayo	*El espíritu de las leyes*
			El hijo natural, El padre de familia
		Pensamiento ilustrado (ensayos)	*Los pensamientos filosóficos, Carta a los ciegos para el uso de los que ven, El sueño de d'Alembert*
		Novela	
			El sobrino de Rameau, Jacques el fatalista
	Voltaire	Novela epistolar	
			Zaling o el destino, Micromegas, Cándido o el optimismo
		Ensayo	
		Historia	*El siglo de Luis XVI*
			Zaïre, Mahomet
		Epopeya	
Alemania		Tragedia burguesa	*Minna de Bernhelm*
		Drama ideológico	*Nathan el Sabio*
Gran Bretaña	Defoe	Novela	
	Swift	Novela	
Italia	Parini		*El Día, Odas*
		Comedia	*Los dos gemelos, La posadera, El abanico*

de recapitulación

Prerromanticismo			
País	Autor	Género	Obra
Francia	Rousseau	Ideológicas	Discurso sobre el origen de la desigualdad entre los hombres, El contrato social, Emilio o de la educación
		Novela	
	Bernardin de Saint-Pierre	Novela	
Alemania		Novela	Enrique de Ofterdingen
		Poesía	Himnos a la noche
		Comedia en verso	El capricho del enamorado
		Tragedia en verso	
			Götz von Berlichingen
		Manifiesto	Sobre el estilo y el arte alemán
		Novela epistolar	
			Ifigenia en Tauris
		Drama de carácter	Egmont, Fausto
			Los años de aprendizaje de Wilhelm Meister, Hermann y Dorotea, Las afinidades electivas, Los años de formación de Wilhelm Meister, Viajes italianos
		Autobiografía	
		Poesía	Diván de Oriente y Occidente
	Schiller	Teatro	Los bandidos, Don Carlos
		Poesía	Oda a la alegría, El guante, El buceador, La grulla de hibisco, La canción de la campana
		Teatro	Wallenstein, Guillermo Tell, Turandot, Demetrius
		Historia	María Stuartdo, La doncella de Orleans
		Ensayo	De la poesía ingenua y sentimental, Cartas sobre la educación estética del hombre
Gran Bretaña	Young	Elegía	
		Poesía	Poemas de Ossián
	Sterne		Vida y opiniones del caballero Tristram Shandy
	Blake	Poesía	

4. ¿Cuáles son las características de la Ilustración? ¿Cúal es el género predominante?

5. ¿Qué es la *Enciclopedia* y quiénes fueron los enciclopedistas?

6. Define el Prerromanticismo y señala sus características.

Guía de lectura
Zadig

Tanto los tratados históricos de Voltaire como sus ensayos contra la superstición, la intolerancia y el fanatismo son indisociables de sus relatos filosóficos. Si en *Cándido* se centra en la sátira del mundo europeo, en *Zadig* encontramos los llamados cuentos orientales, subgénero muy grato en la Francia del momento desde que Galland tradujera *Las mil y una noches* entre 1704 y 1717. El ropaje exótico le sirve a Voltaire para disfrazar sus invectivas sociales.

1. Autor

François-Marie Arouet, más conocido por el seudónimo de Voltaire, nació en París en 1694. Sus escritos satíricos en contra del Regente fueron motivos de varios encarcelamientos y destierros. Viajó a Holanda, Inglaterra y hasta Prusia donde le reclamaba el rey ilustrado Federico II, deseoso de disfrutar de «las luces» del filósofo parisino. Tras pasar sus últimos años en el castillo de Ferney, en la frontera franco-suiza, se trasladó a París donde, ya muy mayor, conoció la gloria literaria. Su cuerpo descansa en el Panteón, junto a los grandes hombres de Francia.

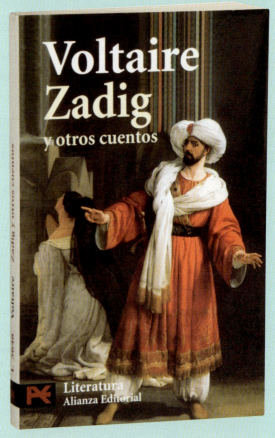

2. Fecha

Se publicó por primera vez en julio de 1747, en Ámsterdam, con el título de *Memnon*. Unos meses más tarde, después de leerlo en Sceau, en casa de la condesa du Maine, Voltaire le dio el título definitivo: *Zadig o el destino*, en 1748.

3. Género

Zadig o el destino pertenece al cuento filosófico, el género literario que mejor se presta al espíritu del siglo XVIII. Sigue el planteamiento de los cuentos orientales compuestos por una serie de relatos cortos, atractivos, llenos de humor, picantes a veces, siempre con una finalidad aleccionadora y una ironía chispeante.

4. Tema

En *Zadig*, Voltaire plantea el tema del destino y la búsqueda de la felicidad por parte del ser humano. Por más que la vida esté llena de desilusiones y fracasos, al final, con la experiencia adquirida, se llega a la felicidad.

5. Argumento

El protagonista, humilde ciudadano de Babilonia, consigue llegar a los más altos cargos políticos, primer ministro, gracias a su inteligencia y sagacidad, y también por el amor que siente por él la reina Astarté. El rey, celoso, lo destierra y Zadig termina siendo esclavo en Egipto. Su eficiencia en el trabajo hace que su nuevo dueño le devuelva la libertad. Es entonces cuando, de camino hacia Babilonia, vuelve a encontrarse con Astarté, convertida en esclava. La libera y, tras una serie de increíbles desventuras, consigue devolver a su amada el trono de Persia, se casa con ella y, de este modo, se convierte en rey consorte.

6. Estructura

Es una recopilación de cuentos relativamente cortos cuya unidad viene dada por la presencia del mismo protagonista a lo largo de todos los episodios. Como es una demostración de una tesis, la articulación, como en *Cándido*, sigue siempre el mismo esquema:

1ª Fase: Inicio de una vida simple y normal que deja presagiar un futuro halagador: *El tuerto, Las narices, El perro y el caballo, El envidioso, El ministro.*

2ª Fase: Período de grandes tribulaciones con pequeñas alegrías que sirven de aprendizaje y de formación: *Disputas y audiencias, Los celos, La mujer aporreada, La esclavitud, La hoguera, La cena, Las citas, Los ojos azules, El bandolero.*

3º Fase: Últimas tribulaciones antes de disfrutar, por fin, de una felicidad definitiva: *El pescador, El basilisco, Las justas, El ermitaño, Las adivinanzas.*

7. Finalidad educativa

Se trata de una crítica social y religiosa de la que nadie se libra: las mujeres son veleidosas; los hombres, necios; los jueces, corruptos; los cortesanos, intrigantes; los príncipes, engreídos; los sacerdotes, fanáticos, etc. La lección final es que la sabiduría y la felicidad están en saber aceptar el destino, bueno o malo, que nos ha tocado vivir.

8. Los elementos autobiográficos en *Zadig*

Existe un evidente paralelismo entre Zadig y Voltaire. Ambos son de extracción social humilde, son menospreciados y rechazados por la realeza; son sabios e inteligentes, y ambos, en un sistema de despotismo ilustrado bien entendido, habrían sido llamados a asumir altos cargos (Zadig lo consigue pero durante un tiempo más bien breve). Voltaire llegó a decir que si hubiese nacido en el siglo de Luis XIV, habría sido, por sus "luces", su primer ministro.

9. El éxito de *Zadig* hoy

Tuvo gran aceptación entre el público porque era una obra que formaba parte del combate de la Ilustración, es decir, entraba de lleno en la actualidad. A pesar de lo artificioso que puedan parecer sus argumentos, mantiene aun hoy la chispeante y socarrona crítica que, junto a su elegante fluidez narrativa realzan un estilo simple y natural.

Antología

Voltaire

Zadig

La esclavitud

Llegado a su tribu, Setoc comenzó por pedir quinientas onzas de plata a un hebreo al que se las había prestado en presencia de dos testigos; pero aquellos dos testigos habían muerto y el hebreo se quedaba con el dinero de Setoc porque éste no tenía pruebas del préstamo. Setoc confió su problema a Zadig, que se había convertido en su consejero.

– ¿En qué lugar prestasteis vuestras quinientas onzas de plata a ese infiel? –preguntó Zadig.

– En una inmensa piedra que hay junto al monte Orbe – respondió Setoc.

– ¿Qué carácter tiene vuestro deudor?

– El de un bribón –respondió el amo.

– No, yo os pregunto si es un hombre burlón o flemático, avisado o imprudente.

– De todos los malos pagadores, es el más burlón y avisado que conozco.

– Pues bien –concluyó Zadig–, permitidme que yo defienda vuestra causa ante el juez.

En efecto, el tribunal citó a las dos partes para la mañana siguiente. Y habló así Zadig ante el tribunal:

– Almohada Almohada del trono de equidad, vengo a pedir a este hombre, en nombre de mi amo, quinientas onzas de plata, que no quiere devolverle.

– ¿Tenéis testigos? –preguntó el juez

– No, están muertos, pero hay una gran piedra sobre la que fue contado el dinero: y, si place a Vuestra Grandeza ordenar que se vaya a buscar la piedra, espero que ella nos dará testimonio del trato. Entretanto, nosotros nos quedaremos aquí a la espera de que Setoc, mi amo, vaya a buscarla y la traiga.

– De acuerdo – respondió el juez. Y se puso a despachar otros pleitos.

Cuando habían pasado ya algunas horas y se acercaba el final de la audiencia, dijo el juez a Zadig:

– Y bien, ¿todavía no ha llegado vuestra piedra?

Zadig guardó silencio, pero el hebreo, riéndose, respondió:

– Ni llegará. Vuestra Grandeza se quedará aquí hasta mañana y la piedra no habrá llegado: está a más de diez kilómetros de aquí y se necesitarían dos docenas de hombres sólo para moverla.

– Pues bien –exclamó Zadig–, ya os había dicho que la piedra os daría testimonio del trato. Puesto que este hombre sabe dónde está y cuáles son sus características, está confesando que sobre ella fue contado el dinero.

El hebreo, desconcertado, pronto fue obligado a confesar. Y el juez ordenó que fuese atado a la piedra, sin comer ni beber, hasta que hubiese devuelto todas las onzas, lo cual se apresuró a hacer el hebreo.

Así, el esclavo Zadig y la piedra ganaron gran predicamento en Arabia.

Goethe

Para muchos románticos la salida al desamor es el suicidio. En el fragmento de *Las desventuras del joven Werther* (1774) que ofrecemos comprobamos cómo Werther se despide de Carlota y cómo deja entrever el trágico desenlace de su amor imposible.

Carta de despedida de Werther a Carlota

¡Oh, Carlota!, ¿qué hay en el mundo que no traiga a mi memoria tu recuerdo? ¿No estás en cuanto me rodea? ¿No te he robado codicioso como un niño, mil objetos insignificantes que habías santificado con sólo tocarlos?

Tu retrato, este retrato querido, te lo doy suplicándote que lo conserves. He estampado en él mil millones de besos, y lo he saludado mil veces al entrar en mi habitación y al salir de ella. Dejo una carta escrita para tu padre, rogándole que proteja mi cadáver. Al final del cementerio, en la parte que da al campo, hay dos tilos, a cuya sombra deseo reposar. Esto puede hacer tu padre por su amigo, y tengo la seguridad de que lo hará. Pídeselo tú también. Carlota. No pretendo que los piadosos cristianos dejen depositar el cuerpo de un desgraciado cerca de sus cuerpos. Deseo que mi sepultura esté a orillas de un camino o en un valle solitario, para que, cuando el sacerdote o el levita pasen junto a ella, eleven sus brazos al cielo, bendiciéndome, y para que el samaritano la riegue con sus lágrimas. Carlota, no tiemblo al tomar el cáliz terrible y frío que me dará la embriaguez de la muerte. Tú me lo has presentado, y no vacilo. Así van a cumplirse todas las esperanzas y todos los deseos de mi vida, todos, sí, todos.

Sereno y tranquilo voy a llamar a la puerta de bronce del sepulcro. ¡Ah, si me hubiese cabido en suerte morir sacrificándome por ti! Con alegría con entusiasmo hubiera abandonado este mundo, seguro de que mi muerte afianzaba tu reposo y la felicidad de toda tu vida. Pero, ¡ay!, sólo algunos seres privilegiados logran dar su sangre por los que aman y ofrecerse en holocausto Para centuplicar los goces de sus preciosas existencias. Carlota, deseo que me entierren con el traje que tengo puesto, porque tú lo has bendecido al tocarlo. La misma petición hago a tu padre. Prohíbo que me registren los bolsillos. Llevo en uno aquel lazo de cinta color de rosa que tenías en el pecho el primer da que te vi rodeada de tus niños... ¡Oh! Abrázalos mil veces y cuéntales el infortunio de su desdichado amigo. ¡Cuánto los quiero! Aún los veo agruparse en torno mío. ¡Ay, cuánto te he amado desde el momento en que te vi! Desde ese momento comprendí que llenarías toda mi vida... Haz que entierren el lazo conmigo... Me lo diste el día de mi cumpleaños, y lo he conservado como sagrada reliquia. ¡Ah!, nunca sospeché que aquel principio tan agradable me condujese a este fin. Ten calma, te lo ruego; no te desesperes... Están cargadas... Oigo las doce... ¡Sea lo que ha de ser! Carlota..., Carlota... ¡Adiós, adiós!

Blake

El siguiente poema es un canto de experiencia, poema emblemático de Blake en el que el tigre simboliza la dualidad: la belleza fatal y aterradora.

El Tigre

¡Tigre! ¡Tigre! fuego que ardes
en los bosques de la noche,
¿qué mano inmortal, qué ojo
pudo idear tu terrible simetría?

¿En qué distantes abismos, en qué cielos,
ardió el fuego de tus ojos?
¿Con qué alas osó elevarse?
¿Y qué mano osó apoderarse de ese fuego?

¿Y qué hombro y qué arte
podrían retorcer la nervadura de tu corazón
Y cuando tu corazón comenzó a latir
¿qué formidable mano, qué formidables pies?

¿Qué martillo, qué cadena?
¿En qué horno se forjó tu cerebro?
¿En qué yunque? ¿Qué osadas garras
ciñeron su terror mortal?

Cuando las estrellas arrojaron sus lanzas,
y bañaron los cielos con sus lágrimas,
¿sonrió al contemplar su obra?
¿Quien hizo al cordero fue quien te hizo?

¡Tigre! ¡Tigre!, fuego que ardes
en los bosques de la noche,
¿qué mano inmortal, qué ojo
pudo idear tu terrible simetría?

IV. De la Edad Moderna a la Edad Contemporánea

Siglo XIX

En este bloque estudiaremos el paso de la literatura de la Edad Moderna a la literatura de la Edad Contemporánea: su comienzo, desarrollo y consolidación a lo largo del siglo XIX, cuyo final constituye el preludio de las grandes innovaciones que tendrán su fructífera eclosión a principios del siglo XX.

Los autores, en una evolución cada vez más distanciada del Clasicismo predecesor, reflejarán en sus obras gran libertad personal y creadora, sus actitudes ante los cambios sociales (marcados por las revoluciones industriales y el progreso científico y técnico) e ideológicos (con sus derivados enfrentamientos y revoluciones políticas) y las consiguientes superaciones de las etapas conforme estas se vayan agotando.

En virtud de ello, consideramos dentro del bloque tres grandes movimientos literarios que se irán solapando en su devenir, pero con claras épocas de predominio de uno sobre el resto de los movimientos, corrientes o tendencias:

- El **Romanticismo**, como exaltación de la **sensibilidad individual**, manifestada en una expresión lírica **radical** y una **ruptura** con el racionalismo y las **normas literarias clásicas** dominantes en todos los géneros, a fin de dar cauce artístico a las **pasiones personales** y **estéticas**.

- El **Realismo**, que fija su atención en el **entorno** antes observado con un exagerado idealismo por los románticos pero ahora tamizado por una **concepción de la vida** basada en los **progresos materiales** y **utilitarios** de las ciencias experimentales, a cuyo reflejo servirán los procedimientos y técnicas de escritura. Su expresión más extrema configura el **Naturalismo**.

- Cuando ese **positivismo** entra en **crisis** por la **superación** de sus propios presupuestos, el artista busca su «verdad» en unos mundos diferentes al romántico y al realista. Surgen, entonces, durante este período de **Posromanticismo** y de actitudes **decadentes**, la indagación de la **interioridad**, la contemplación de **aspectos misteriosos y ocultos** expresados mediante imágenes y **símbolos**, la consideración del **arte** como **verdad** y **belleza supremas** o, en fin, la huida de la realidad empírica a través de la creación de **universos de exotismo**, **aventura**, **fantasía**…

Aunque en las sucesivas etapas se cultivan los **distintos géneros**, los frutos literarios principales de cada momento son diversos (en su identidad y en cantidad), por la lógica adecuación a los específicos planteamientos ideológicos y literarios de cada época. Así, en términos generales, del aproximado **equilibrio** entre la poesía y la narrativa en el **Romanticismo** se pasa al predominio de la **narrativa** en el **Realismo** y **Naturalismo**, y al de los **movimientos innovadores poéticos** de **final de siglo**.

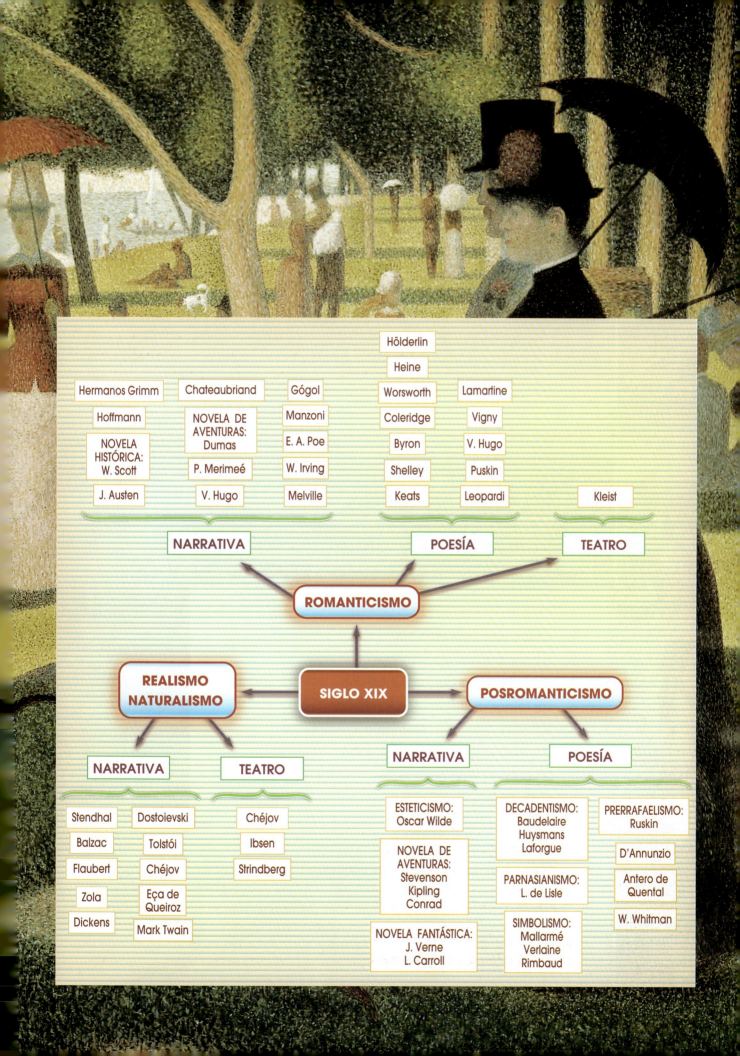

7

El Romanticismo

De la Edad Moderna a la Edad Contemporánea

- Texto inicial y actividades previas
1. La sociedad del siglo XIX
2. El concepto de «Romántico»
3. Características del Romanticismo
4. Los temas de inspiración romántica
5. El Romanticismo en Alemania
6. El Romanticismo en Gran Bretaña
7. El Romanticismo en Francia
8. El Romanticismo en Rusia
9. El Romanticismo en Italia
10. El Romanticismo en los Estados Unidos
11. El Romanticismo en Hispanoamérica
- Actividades finales de recapitulación
- Guía de lectura: *Carmen*
- Antología

Texto inicial

Don José, al darse cuenta de que Carmen ha dejado de amarlo y que mantiene un idilio con el apuesto picador Lucas, intenta mantener viva una relación amorosa que ya ha terminado. Viendo que Carmen no accede a sus súplicas y amenazas, la mata con la navaja del Tuerto, el marido de Carmen, al que don José se había encargado previamente de eliminar para no tener que compartirla con nadie. Ésta es la descripción del dramático desenlace:

Se quitó la mantilla, la dejó caer a sus pies y quedó inmóvil, apoyada una mano en la cadera y mirándome fijamente.

— *Quieres matarme, lo veo* —dijo—: *está escrito; pero no me harás ceder.*

5 — *Te lo ruego* —imploré—, *sé razonable. ¡Escúchame! Olvido todo el pasado. Sin embargo, y tú lo sabes, por ti me he perdido; por ti me he convertido en un ladrón y un asesino. ¡Carmen, Carmen mía! Déjame salvarte y salvarme contigo.*

— *José* —contestó— *me pides lo imposible. Ya no te quiero;*
10 *tú aún me quieres y por eso quieres matarme. Yo todavía podría contarte alguna mentira pero no me tomaré ese trabajo. Todo ha acabado entre nosotros. Como eres mi rom[1], tienes derecho a matar a tu romi[2]. Pero Carmen siempre será libre. Calli[3] ha nacido, calli morirá.*

15 — *¿Quieres entonces a Lucas?*

— *Sí, le he querido, como a ti, un instante, quizá menos que a ti. Ahora he dejado de quererte y me aborrezco por haberte amado.*

Me eché a sus pies, le cogí las manos y las bañé con mis lá-
20 *grimas. Le recordé los momentos de felicidad que juntos habíamos pasado. Le ofrecí seguir siendo bandido para complacerla. Todo, señor, todo; ¡se lo ofrecí todo con tal de que siguiera queriéndome!*

Ella volvió a decirme:

25 — *Seguir queriéndote es imposible. Y vivir contigo, no quiero.*

La rabia me cegaba. Saqué la navaja. Hubiera querido que se asustara y me suplicara piedad; pero aquella mujer era un demonio.

— *¡Por última vez* —grité—, *quédate conmigo!*

30 — *¡No, no y no!* —*dijo dando patadas al suelo.*

Y acto seguido, se sacó del dedo el anillo que le había regalado yo y lo arrojó en un matorral.

Entonces la apuñalé dos veces. Era la navaja del Tuerto que yo había cogido cuando se rompió la mía. Cayó al se-
35 *gundo golpe sin gritar. Aún me parece ver sus grandes ojos negros mirándome fijamente; luego se enturbiaron y se cerraron. Permanecí anonadado durante una hora delante, después me acordé que Carmen me había dicho muchas veces que le gustaría ser sepultada en un bosque. Cavé una*
40 *fosa con mi navaja y allí la deposité. Tardé un buen rato en encontrar el anillo. Lo puse en la fosa a su lado con una crucecita. Tal vez no debería haberlo hecho. A continuación me subí a caballo, galopé hasta Córdoba y en el primer cuerpo de guardia me entregué.*

Prosper Mérimée: *Carmen*.

Vocabulario

Se trata de términos pertenecientes a la lengua de los gitanos (Calé): [1,2]**rom** / **romi**: esposo / esposa; [3]**Calli**: perteneciente a la etnia gitana.

Actividades previas

A. El amor-pasión es uno de los temas predilectos del Romanticismo. ¿Podrías indicar cuál es el sentimiento real que lleva a don José a matar a su amante? Se tiene también la impresión de que los dos protagonistas de la novela no pueden escapar a sus respectivos destinos, que son víctimas de la fatalidad. Busca en el texto la frase de Carmen y la de don José que corroboran este planteamiento.

B. La predilección de los escritores románticos por personajes temperamentales, fuera de lo común e, incluso, por determinados marginados, es patente en este extracto de Carmen. ¿Qué concepto positivo representan los gitanos para los románticos y que Carmen encarna magistralmente? Busca en el texto la frase que ilustra esta convicción.

C. La clave de la novela *Carmen* está en el epígrafe situado al principio del relato. Busca el libro en la biblioteca y localiza la cita de Páladas, verás que la novela se articula en torno a dos caracteres propios de la mujer concebida por los clásicos grecorromanos. ¿A qué clichés femeninos se refieren Mérimée y Páladas en ese epígrafe?

NÚCLEO IV: De la Edad Moderna a la Edad Contemporánea

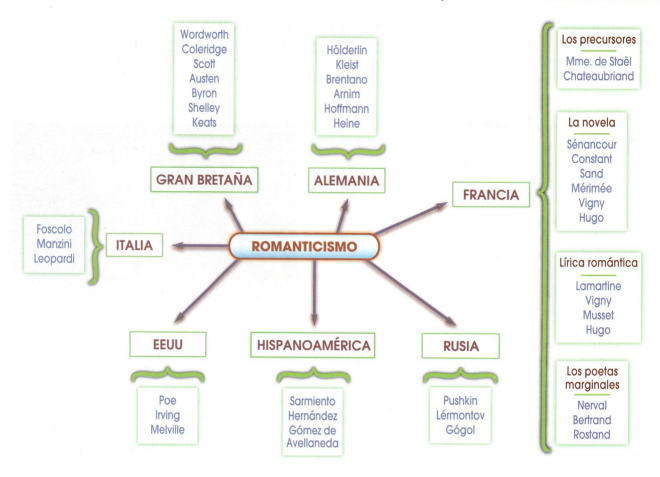

La matanza de Quíos (1824), de Delacroix.

El **Romanticismo** nace en Inglaterra y Alemania, se nutre de las ideas de Jean-Jacques Rousseau en Francia y alcanza en Europa y América durante la primera mitad del siglo XIX su mayor desarrollo y esplendor. Es un movimiento que antepone la **sensibilidad individual** al principio de la razón universal, tan celebrado durante la **Ilustración**. Se trata, en definitiva, de una nueva corriente sociocultural e ideológica caracterizada por la exaltación del sentimiento, la sed de infinito y el análisis meticuloso de las angustias personales.

El siglo XIX se presenta como un siglo complejo y prolífico en sus manifestaciones artísticas. No es de extrañar, pues, que en el campo de las letras tres importantes movimientos literarios —el **Romanticismo**, el Realismo y el Posromanticismo— se sucedan ininterrumpidamente en una misma centuria. El más importante, por su duración y abundante producción literaria, es, sin lugar a dudas, el **Romanticismo**.

Tema 7. El Romanticismo

1. La sociedad del siglo XIX

El siglo XIX queda marcado por la revolución industrial. Los cambios experimentados en este largo período se deben en parte a los avances científicos, cuyas consecuencias sociales no son siempre positivas; así, por ejemplo, surge un nuevo estamento social, el proletariado, que al reclamar sus derechos protagoniza importantes sucesos históricos y sirve de marco referencial a numerosas novelas (Hugo, Dickens, Dumas...).

El dinero se convierte en casi la única preocupación de la burguesía. La prensa, gracias a la libertad de expresión –ya exigida en tiempos de la **Ilustración**– experimenta un prodigioso desarrollo como medio de comunicación popular. Hasta el punto de que numerosas novelas se editan por «entregas» (en cada tirada se publica un capítulo o parte de un capítulo); así se publicaron, por ejemplo, los primeros relatos de terror de Edgar Allan Poe (1832) y *Los tres mosqueteros* de Alexandre Dumas (1844). Incluso el estatus de los escritores participa de estos cambios: la mayoría de ellos escribe para vivir; ser escritor se ha convertido ahora en un oficio.

2. El concepto de «Romántico»

El **Romanticismo** reflejará con fidelidad los profundos cambios de la situación sociocultural que ha hecho posible su nacimiento. El término romántico procede del término francés *romanesque* (exaltado, sentimental, soñador, dado a lo ideal o fantástico). Se utilizó por primera vez en el siglo XVIII para referirse a las novelas de caballerías, a sus complicadas aventuras heroicas y galantes. Luego ampliaría su extensión semántica para designar una nueva inspiración literaria que privilegiaba temas medievales y de inspiración cristiana; finalmente, a partir del segundo cuarto del siglo XIX, pasó a definir una actitud renovadora, dominada por un subjetivismo absoluto, libre de ataduras al pasado. El resultado de esta evolución, tanto en la literatura como en las artes plásticas, se traduce en una tendencia a describir la naturaleza en su estado más agreste y a expresar abiertamente los sentimientos más íntimos.

> *Ser romántico es dar a lo cotidiano un sentido elevado, a lo conocido el prestigio de lo que se desconoce, a lo finito el esplendor de lo infinito.*
>
> Novalis

Lluvia, vapor y velocidad (1844), de William Turner.

3. Características del Romanticismo

El Romanticismo, como fenómeno literario, consiste en una especial actitud frente a la vida, es una nueva visión del mundo y de la realidad. Sus principales características –muchas de ellas ya figuran en el tema dedicado al **Prerromanticismo**– son las siguientes:

■ Ruptura con el clasicismo

A diferencia del Clasicismo que buscaba la armonía entre el hombre y la naturaleza, el **Romanticismo** expresa un malestar, un estado de insatisfacción por parte del ser humano en busca de un ideal que no encuentra en esta tierra. Esta situación psicológica se traduce en:

- Un deseo de evasión en el espacio y en el tiempo.
- Una tendencia a recrearse en un estado permanente de tristeza y melancolía.
- Una tendencia a aislarse y a considerarse como víctima de la fatalidad.

■ Exaltación del «yo»

El sentimiento de fatalidad no significa forzosamente pasividad. El deseo de escapar a una situación de angustia puede desembocar en acciones que transformen ese mundo en el que uno no se encuentra a gusto. Esto explica por qué el **Romanticismo** enaltece la energía de la pasión.

NÚCLEO IV: De la Edad Moderna a la Edad Contempóranea

Arte y Literatura

EL SUICIDIO ROMÁNTICO

El idealismo extremo que se buscaba en todo el Romanticismo encontraba con frecuencia un violento choque con la realidad miserable y materialista, lo que causaba que el romántico acabara con su propia vida mediante el suicidio. La mayoría de los románticos murieron jóvenes.

En el cuadro de Leonardo Alenza *Sátira del suicidio por amor* (1830) se representa a un hombre viejo que intenta suicidarse con una pistola ante la presencia de una mujer vieja, fea y huesuda a la que implora sus favores. La escena se rodea de una serie de objetos: espada, libros, frascos de cristal. Al fondo un mausoleo con una lechuza.

Así el héroe romántico puede pasar de un estado melancólico apático a un estado de rebeldía que le hace capaz de las más grandes hazañas. De este modo se explican otros rasgos románticos:

- La pasión aparece como una fuente de energía (Lord Byron). Los criterios morales de la conducta humana no son, ahora, la razón y la religión, sino los impulsos naturales (herencia de Rousseau).

- Los personajes de fuerte temperamento, indómitos, apasionados, marginales (gitanos, bandoleros, piratas) suelen ser los protagonistas de sus obras.

- Los problemas de su tiempo les llevan a tomar una actitud comprometida, a erigirse en guía de los demás: W. Irving se alista en el ejército americano en 1812 para luchar contra Gran Bretaña; Lord Byron interviene en 1823 en la guerra de Independencia de Grecia; Lamartine y V. Hugo toman parte en la Revolución de 1848.

- La insatisfacción vital les lleva a huir de lo real para refugiarse en lo imaginativo (el pasado medieval, los países exóticos…) y, en algunos casos, a recurrir al suicidio (Mariano José de Larra, Kleist y el célebre personaje de Goethe, Werther).

▪ Un nuevo concepto del individuo

La exaltación del «yo» tiene, como consecuencia inmediata, distinguir al individuo frente a la colectividad o al anonimato, el anteponer la libertad individual a la norma general. El **Romanticismo** aparece, pues, como un cambio radical de mentalidad y de hábitos sociales.

Con respecto a la creación literaria, el denominador común de todos los escritores románticos es la fe en la subjetividad como genuina expresión de autenticidad, sinceridad y como reflejo de su experiencia vital.

Intertextualidad

EL SENTIMIENTO DE LA ANGUSTIA VITAL

La manifestación de la «angustia vital» no es un fenómeno propio del siglo XIX; la encontramos ya en Platón («El hombre nace para morir»). En literatura se manifiesta en todos los siglos con mayor o menor intensidad: está presente de un modo indirecto en el Renacimiento con el consabido *carpe diem*. En el siglo XIX todos los románticos la vuelven a poner de moda a través de expresiones como «el mal del siglo» o «el *spleen*». El siglo XX se encargará de darle una dimensión más trágica, si cabe aún, con la corriente existencialista (Kierkegaard, Unamuno, Kafka, Camus, Sastre, Green…).

4. Los temas de inspiración romántica

Al contrario de la estética clásica, limitada a modelos estáticos, la corriente romántica tiende a abrir nuevos horizontes, a describir aspectos de un mundo desconocido. Esta nueva visión descansa básicamente sobre cuatro enfoques:

■ **El referente espacial**

Se trata de una original aproximación a la naturaleza mediante descripciones de paisajes novedosos, lejanos, cuya finalidad es romper con la monotonía de la vida diaria. Este anhelo de cambio de horizonte se traduce en:

- La búsqueda de escenarios grandiosos, lúgubres y nocturnos. Predominan, pues, descripciones de mares embravecidos, cascadas espectaculares, estremecedores precipicios, ruinas melancólicas, cementerios tétricos y bañados por la fría luz de la luna, etc.

- La fascinación por los países lejanos: Oriente (Byron), el Nuevo Mundo (Chateaubriand), Oceanía (Melville), los países nórdicos (Mme. de Staël), los países mediterráneos (Mérimée, Irving, Lamartine). Todos estos lugares, por su carácter pintoresco (el famoso «color local»), ofrecen el marco ideal para reflejar el estado anímico de los personajes románticos.

■ **El referente temporal**

Se nota una clara predilección por los primeros siglos de la Era cristiana y por la Edad Media. El gusto por la historia se reaviva (Walter Scott, V. Hugo, A. Dumas).

■ **El intimismo lírico**

El **Romanticismo** privilegia ahora, y muy en especial en poesía, un estado de exaltación, un desahogo sentimental de carácter intimista causados por una exacerbación pasional, por una angustia vital relacionada con el paso del tiempo, la soledad, la muerte y, a veces, con los sentimientos religiosos. En el marco del **Romanticismo**, el entusiasmo puede suceder al abatimiento y viceversa.

■ **El nacionalismo**

La vuelta al pasado nacional responde a la necesidad de volver a las fuentes, es decir, a las raíces en busca de una identidad perdida. Las tradiciones populares con su más genuino folclore regional se convierten en una exitosa fuente de inspiración.

Viajero ante un mar de niebla (1818), de Caspar David Friedrich.

Grecia expirante sobre las ruinas de Missolongi (1826), de Delacroix.

Se representa la defensa de Missolongui el 22 de abril de 1825 en la que el pueblo griego eligió morir junto con sus mujeres e hijos antes que rendirse a los turcos.

NÚCLEO IV: De la Edad Moderna a la Edad Contemporánea

5. El Romanticismo en Alemania

El Romanticismo no podía tener la misma intensidad en países tan distintos como la Francia de la Revolución o de las guerras napoleónicas, la fragmentada Alemania o la Italia dividida en pequeños estados. Incluso dentro de un mismo país se dieron tendencias encontradas. A diferencia del Neoclasicismo o del Renacimiento, el Romanticismo se inicia como un proyecto. No en vano la primera vez que se habla en la historia del arte de «manifiesto» es en el período romántico.

Casi toda la crítica está de acuerdo en que los principios filosóficos del Romanticismo se encuentran en las **ideas de Emmanuel Kant**, si bien este está más cerca del Clasicismo que del Romanticismo al renunciar a la felicidad basada en el sentimiento.

A finales del siglo XVIII y principios del XIX aparecen las filosofías de Hegel y de Schopenhauer. Los dos hicieron la crítica del Romanticismo y del Clasicismo: la de Hegel positiva, negativa la de Schopenhauer. El caso es que, en contra de lo que cabría esperar, Alemania, el país en donde se gestan los principios del Romanticismo, tuvo más pensadores que artistas. No obstante, dedicaremos algunas líneas a hablar de los más destacados escritores románticos alemanes.

En la estela de Novalis, Goethe y Schiller, que hemos estudiado en el **Prerromanticismo**, es preciso destacar ahora a Hölderlin, Kleist, Hoffmann y Heine.

5.1. Hölderlin

Hoy en día, el máximo poeta alemán del Romanticismo es **Friedrich Hölderlin**. Vivió de 1770 a 1843, aunque los últimos cuarenta años de su vida se desenvuelven entre la locura y la poesía. Son célebres sus odas «Heidelberg», «Desciende», «Hermoso sol», «El Neckar» y «La patria». La dicha infantil, tema central de la lírica romántica, lo recoge Hölderin en su magistral oda «Cuando yo era niño».

Son más importantes sus elegías, entre ellas la titulada «Al éter», que es una invocación a la luminosidad celeste como símbolo del ideal romántico. También es famosa la llamada «Quejas de Menón por Diotima», lamento del enamorado por la amada muerta y el consuelo de encontrarla en el cielo.

Quizá lo mejor de la lírica hölderliana se encuentre en amplios fragmentos de los parlamentos de Empédocles en su tragedia lírica *La muerte de Empédocles* (1799). Mas la pieza suprema de Hölderlin es *El archipiélago*, que es la evocación de una Grecia ideal como símbolo central de su anhelo lírico.

5.2. Kleist

Heinrich von Kleist (1777-1811) es el autor de la prosa alemana más atractiva para nuestro tiempo. En sus obras, la alucinación y el sueño son elementos esenciales, como en *Catalinita de Heilbrönn* (1810). Posiblemente *El jarrón roto* (1806) sea la mejor y más graciosa comedia alemana del siglo XIX.

Biografía

HÖLDERLIN

Estudió teología en la universidad de Tubinga, donde trabó amistad con Schiller y Hegel, pero no siguió la carrera eclesiástica. Tras salir del seminario, Schiller le prestó ayuda, primero publicando un fragmento del *Hiperión* en su revista *Thalia* y luego, colocándolo de preceptor en la casa del banquero Gontard, en Frankfurt. Allí es donde quedó subyugado por la belleza de Susette, la esposa de Gontard. Se enamoró de ella y, a raíz de ese idilio, Susette (con el nombre de Diotima) se convirtió en fuente de inspiración tanto de sus poemas como de la novela espistolar *Hiperión*. Al conocer la traición de Susette, su marido echó a Hölderlin de su casa. A partir de ese momento, Hölderlin empezó a manifestar los primeros síntomas de una enfermedad mental que fue aumentando hasta su muerte, ocurrida en 1843.

También son famosos sus relatos como **La marquesa de O.** (1805), en el que la ira de una dama se transforma en amor cuando descubre que quien la ha dejado encinta es su salvador y bienhechor. Otros relatos interesantes son *El duelo*, *El terremoto de Chile*, *El noviazgo en Santo Domingo*…

Sin embargo, sus textos más actuales son *Sobre la gradual puesta a punto de los pensamientos en el habla* (1810) y *Sobre el teatro de marionetas*, del mismo año. En el primero, trata de demostrar que el pensar sólo existe encarnado en el lenguaje. Incluso su obra dramática más famosa, **El príncipe de Homburg** (1811), tiene su clímax en un elemento lingüístico: un condenado a muerte quiere escribir una carta para salvarse contando en ella lo que no es verdad, pero en el momento de ponerse a escribir parece que la propia carta se resiste a que se escriba la mentira, de manera que este hombre acaba por confesar en ella su culpabilidad.

5.3. Hoffmann

Esta vuelta a la raíz popular, a los cuentos folclóricos, produjo un aburguesamiento del Romanticismo alemán que recibió el nombre de *Biedermeier*. No obstante, hay algunas figuras en el mundo literario alemán de este momento que sobresalen por encima de la mediocridad del *Biedermeier*. Entre estas figuras está la de **Ernst Theodor Amadeus Hoffmann** (1776-1822), compositor y escritor de origen prusiano. Su mundo literario resulta muy peculiar, pues en él nada tiene forma propia, y las cosas y los seres pierden su identidad para transformarse en otros entes en virtud de una misteriosa y vaga suerte de magia.

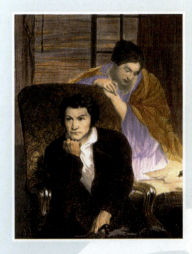

Hoffmann fue, además de escritor, músico en su juventud, lo que explica que muchas de sus obras inspiraran a grandes compositores: Offenbach (la ópera *Los cuentos de Hoffmann*); Léo Delibes (el ballet *Coppelia*); Tchaikovsky (el *Cascanueces*) o Robert Schumann (*Kreisleriana*, una obra para piano inspirada en el personaje del Kappelmeister Kreisler).

Su primer grupo importante de narraciones y esbozos satíricos son sus **Cuadros fantásticos a la manera de Callot** (1814-1815), entre los que destacan *Don Juan*, *La olla de oro* y la *serie kreisleriana*, donde el protagonista, el director de orquesta Kreisler, es presentado como el doble del propio autor. Este último tema, obsesivo en Hoffmann, se encuentra en las narraciones *El elixir del diablo* (1816), *El doble* y *El pequeño Zach*. También reflejó el lado oscuro de la vida en su colección de narraciones *Relatos nocturnos* (1817).

En cuanto a sus novelas, destaca la de carácter policíaco *La señorita de Scudéry* (1819), en la que un joyero se vuelve asesino para recuperar sus joyas. Su influencia se deja sentir en escritores tan importantes como Baudelaire, Poe o Kafka.

5.4. Heine

Heinrich Heine (1797-1856) representa la rebeldía contra el aburguesamiento, el ya mencionado *Biedermeier*, de la poesía romántica alemana. En 1826 publica un libro de viajes, *Viaje por el Harz*, que le serviría para hacer una edición en cuatro volúmenes: son sus famosos **Cuadros de viajes** (1831). En ellos, con un gran lirismo, desencadena una mordaz sátira contra personas e instituciones universitarias. Al año siguiente aumenta su fama con su **Libro de canciones** (1827), que llegó a tener trece ediciones en vida de Heine. Inspirada en los *lieder* alemanes, sirvió de base a obras de Schumann, Schubert y Brahms.

NÚCLEO IV: De la Edad Moderna a la Edad Contempóranea

> **Pon en mi pecho, niña...**
>
> Pon en mi pecho, niña, pon tu mano.
> ¿No sientes dentro lúgubre inquietud?
> Es que en el alma llevo un artesano
> que se pasa clavando mi ataúd.
>
> Trabaja sin descanso todo el día;
> y en la noche trabaja sin cesar;
> que acabes pronto, maestro, mi alma ansía,
> y me dejes en calma descansar.
>
> Heinrich Heine

Producto de su viaje por Italia fue la publicación de *Italia* (1828), libro lleno también de críticas a personalidades alemanas. Está claro que su sátira hiriente le atrajo la animadversión de sus compatriotas, y en 1831 se trasladó a París, donde viviría hasta su muerte en 1856. Allí se relacionó con los principales escritores franceses (Balzac, Hugo, Musset...) y, además de ser una especie de mediador entre las culturas alemana y francesa, siguió escribiendo obras de carácter crítico como *La escuela romántica* (1835) o *Alemania, un cuento de invierno* (1844). Un año antes había publicado un libro en verso contra la poesía política que entonces estaba en boga en Alemania titulado *Atta Troll, un sueño de una noche de verano* (1847). En su lecho de enfermo escribió el *Romancero* (1851) y en 1869 se publicó su obra póstuma *Últimos poemas*.

5.5. Otros autores

A principios del siglo XIX alemán, se inicia un período en el que predomina un culto extremado de la lírica popular. En efecto, en 1805 aparece *El cuerno maravilloso (o de la abundancia) del muchacho*, una colección de poesías de carácter tradicional reunidas y reelaboradas por Clemens Brentano y Achim von Arnim.

Brentano (1778-1842) se había dado a conocer ya en 1801 con una novela, *Godwi* (1801), y luego tuvo bastante éxito con numerosos cuentos mágicos y popularistas (la línea dominante en Alemania en aquel momento), que se publicaron póstumamente con otras poesías suyas. Posiblemente su mejor aportación fue difundir en Alemania la forma española del romance.

Respecto a **Arnim** (1781-1831), su breve novela *Isabel de Egipto o El primer amor del emperador Carlos V* (1812), tuvo mucho éxito en España y enlaza con los cuentos mágicos por su acumulación de elementos fantásticos: mandrágoras, transformaciones, hechizos, bebedizos, etc.

En la línea de Brentano y de Arnim, es preciso recordar a los hermanos **Grimm**, ambos profesores universitarios, más conocidos por sus cuentos que por sus trabajos de investigación.

La primera edición de los cuentos populares titulada ***Cuentos para la infancia y el hogar*** ("Blancanieves", "La Cenicienta", "Hänsel y Gretel", "Juan sin miedo"...) se remonta a 1812. Se trata de una recopilación de relatos transmitidos por tradición oral. Muchos de ellos hunden sus raíces en la Edad Media. Estas historias breves que en un primer momento iban dirigidas a un público adulto (la dureza de algunas descripciones hería la sensibilidad del lector: en "Hänsel y Gretel", por ejemplo, la madre abandona a sus hijos en el bosque), cosecharon un tímido éxito editorial. Teniendo en cuenta este dato y bajo una fuerte presión social, los hermanos Grimm decidieron, en la edición de 1825, no solo suavizar determinados detalles y el rudo carácter de algunos personajes, sino también adornar los relatos con sugestivas ilustraciones. El éxito fue entonces rotundo e inmediato. La última edición, la de 1857, conocida con el título de *Cuentos de hadas de los hermanos Grimm*, es la que todavía sigue deleitando a los niños de hoy.

Conocer y saber

LOS HERMANOS GRIMM

– La antología de cuentos de hadas de los hermanos Grimm consta de 210 relatos.

– La colección ha sido traducida a más de 160 idiomas.

– Los ejemplares manuscritos de *Cuentos para la infancia y el hogar* propiedad de la biblioteca de la Universidad de Kassel fueron incluidos en el Programa Memoria del Mundo de la UNESCO en 2005.

– Los hermanos Grimm publicaron también una selección comentada de romances españoles titulada *Silva de romances viejos*.

6. El Romanticismo en Gran Bretaña

Ya nos hemos referido a las diferencias entre los movimientos románticos en los diversos países europeos. En Inglaterra, las condiciones de vida de la clase obrera justificará la aparición de una serie de escritores comprometidos con los pobres y con las ideas revolucionarias. En un mundo burgués, las voces disonantes de estos poetas son proscritas, lo que les impulsará a abominar del mundo y de los hombres. Su forma de rebeldía se asoció con el nombre de Satán, el ángel caído, de ahí el sobrenombre de **poetas satánicos**. No obstante, existe también una vena burguesa dentro de esta literatura representada por **los poetas de los lagos o «lakistas»**.

El Romanticismo en Inglaterra se puede decir que parte de la publicación en 1798 de un libro anónimo titulado *Baladas líricas*. En su interior aparecía una «Advertencia» que daba cuenta de que los cuatro primeros poemas eran de un poeta llamado Coleridge y el resto era obra de otro poeta llamado Wordsworth. La primera parte era sobrenatural y romántica y la segunda era realista, pues se basaba en el habla de la gente corriente.

6.1. Wordsworth

William Wordsworth (1770-1850) viajó en su juventud por los Alpes y publicó en 1793 una colección de versos sobre sus andanzas por aquellos parajes, *Esbozos descriptivos*, que causaron la admiración de su amigo Coleridge. Con él y con otros amigos se estableció en la región de los lagos, en el noroeste de Inglaterra, en Cumberland.

En 1800 se reeditaron las *Baladas líricas*, con un prefacio ampliado de Wordsworth en el que exponía sus ideas estéticas: el tema básico de la poesía es para él la Naturaleza; primero, como fondo de acciones y diálogos; después, como vehículo de expresión de las inquietudes y sentimientos del alma humana. La creación poética no es experiencia ni sentimiento, sino **«emoción recordada en tranquilidad»**. La emoción contenida en un poema no es la que tuvo el poeta, sino otra posterior producida por la contemplación del tiempo transcurrido y por la admiración ante el modo de actuar del alma humana y de la memoria. La búsqueda de la universalidad de la poesía lleva a Wordsworth a democratizar el lenguaje: hablar como la gente común, no como se hablaba en los salones. Ello implicaba, naturalmente, reducir la distancia entre la poesía y la prosa.

Wordsworth evolucionó luego hacia un tipo de **poesía filosófica y moral** representada por su obra inédita *El recluso*, una ambicioso proyecto de poema absoluto que abarcara lo humano y lo divino, y *El preludio*, publicado de forma póstuma pero que junto con algunos de sus sonetos («Creí ver las gradas de un trono...» o «El mundo es demasiado para nosotros...») es quizás lo mejor de su poesía.

Si en verdad tu luz procede del Cielo

*Si en verdad tu luz procede del Cielo,
entonces, a la medida de esta luz celeste,
brilla, Poeta, en tu aposento y sé dichoso.
Las estrellas que excelsas hace su tamaño*
5 *y arrojan desde el cénit su fulgor
(aunque solo media tierra pudiera
                [contemplarlas,
aunque solo media esfera conociera su
                [esplendor)
no son de origen más divino
ni de esencia más pura que la que arde*
10 *como humilde hoguera en la cumbre
de una oscura montaña; o que esas que
                [parecen
colgar, como parpadeantes lámparas de
                [invierno,
entre las ramas de los árboles desnudos;
todas son inmortales vástagos de un Señor.*
15 *Así, a la medida de esta luz regalada,
brilla, Poeta, en tu aposento y sé dichoso.*

William Wordsworth: *Baladas líricas.*

Noche estrellada (1889), de Van Gogh.

Actividades

1. ¿Qué concepción del mundo expone Wordsworth? ¿En qué sentido es romántica?

2. Indica la función que Wordsworth asigna al poeta.

6.2. Coleridge

Samuel Taylor Coleridge (1772-1834), el gran amigo de Wordsworth, pasó poco a poco de la creación poética a la reflexión sobre la poesía. De ahí que hoy sea más recordado como crítico que como poeta. Esta vocación crítica se acentuó cuando, con su amigo, visitó Alemania y entró en contacto con la filosofía de Kant.

En cualquier caso, su larguísimo poema «**Balada del viejo marino**», incluido en las *Baladas líricas* (1817), llegó a ser el principal manifiesto del Romanticismo inglés gracias al carácter narrativo, sobrenatural, sombrío de la balada tradicional. Su poesía es un preludio de lo que luego será el Surrealismo, sobre todo en el poema de 1802 «Desánimo: una oda» y el poema «**Kubla Khan**» (1816), que es un quejumbroso análisis de sentimientos al más puro estilo romántico.

La actividad lírica de Coleridge decae y en 1817 aparece su *Biografía literaria* (1817). Su vocación fue poner en claro algunos principios de la poesía: la intraducibilidad, el sentido realista de la imaginación poética y la aptitud de todo tema y objeto para convertirse en poesía.

Argumento de la *Balada del viejo marino*

Un viejo marino retiene a un joven que va camino de una boda y le cuenta su historia: una maldición recayó sobre el barco del viejo marino por haber matado un albatros. Mueren todos los marineros menos el viejo marino, que consigue romper la maldición al compadecerse de las criaturas de Dios. Para expiar su culpa recorrerá el mundo enseñando el amor a todos los seres.

Samuel Taylor Coleridge.

6.3. Scott

Walter Scott (1771-1832) empezó como poeta y publicó colecciones de baladas, *Juglaría de la frontera escocesa* (1802-1803), y largas leyendas como *El canto del último ministril* (1805) y *La dama del lago* (1810). En 1814 empieza Scott a dedicarse a la producción de novelas de corte histórico con el ciclo Waverly. De esas novelas, las que más se difundieron internacionalmente fueron *Rob Roy* (1818) e *Ivanhoe* (1820).

Más profundo es el Scott que novela la historia de Escocia en *Antigua mortalidad* (1816) y en *El corazón de los Midlothians* (1818). Con estas publicaciones, no solo creó la **novela histórica moderna** sino que divulgó también la cultura y literatura escocesas.

6.4. Austen

Jane Austen (1775-1817), séptima hija de un matrimonio perteneciente a la burguesía agraria acomodada, recibió una sólida educación que ella misma completó de manera autodidacta. Debido a su pasión por la lectura de novelas, se familiarizó muy pronto con los grandes autores de la literatura inglesa de su tiempo: W. Scott, S. Richardson y H. Fielding.

Sir Walter Scott.

Algunas obras de Walter Scott se han convertido en libretos de óperas famosas: *La dama del lago* (1819) de Rossini, *Elisabetta al castello di Kenilworth* (1829) o *Lucia di Lammermoor* (1834) de Donizetti.

Su obra novelística, caracterizada por una pícara ironía no exenta de humor, tiene como telón de fondo la sociedad rural georgiana que conocía en profundidad, como lo demuestran las detalladas descripciones del paisaje y de los protagonistas de sus novelas. El resultado de esta penetrante observación es un rico mosaico de tipos representativos de la naturaleza humana tanto en sus grandezas como en sus miserias.

Las principales novelas de Jane Austen, publicadas casi todas bastante tiempo después de haber sido escritas, son *Sentido y sensibilidad* (1811), *Orgullo y prejuicio* (1813), **Mansfield Park** (1814), *Emma* (1815), *La abadía de Northanger* (1818) y *Persuasión* (1818). El éxito de estas novelas en la actualidad se mide por el gran número de adaptaciones cinematográficas de las que han sido objeto.

6.5. Byron

En cuanto a los «poetas satánicos», **Lord Byron** (1788-1824), alias literario de George Gordon, es el ejemplo del poeta rebelde ante la sociedad e, incluso, ante la divinidad. Byron es un clásico que vivió una vida romántica. De hecho atacó a los «lakistas» y a Keats por desviarse de las normas de Dryden y de Pope (los clásicos del XVIII).

Su primera obra, *Horas de ocio* (1807), tuvo muy mala acogida y Byron reaccionó escribiendo una sátira contra los que la rechazaron: *Bardos ingleses y recensores escoceses* (1809). A medias entre el libro de viajes y las confesiones personales está **La peregrinación de Childe Harold** (1812-1818), largo poema que consta de cuatro cantos y que es fruto de su viaje por Europa (visita varias veces España). Mención aparte merecen *El corsario* (1814), novela escrita en verso, y el drama *Manfred* (1817), que cosecharon gran éxito nada más publicarse.

El poema más conocido de Byron es **Don Juan** (1819-1822), muy distinto al tradicional don Juan literario. Frente a los grandes poemas metafísicos como «Caín» (1821), fuente del satanismo de Byron, también encontramos poemas de humor y de burla de lo sagrado como «La visión del juicio», del mismo año. Sus poemas de argumento exótico en los que aparece el tema de la exaltación de la libertad y del individuo sobre la sociedad tuvieron una gran influencia en Europa, especialmente en Alphonse de Lamartine, Victor Hugo, Alfred de Musset y Adam Mickiewicz.

Lord Byron.

Actividades

Canto XIV

Me he rodeado de este mundo y apenas
De ese otro; quiero decir, el de clero,
Que sobre mi cabeza ha ordenado que retumben sus truenos
En piadosos libelos que nunca han sido pocos.
5 *Y, sin embargo, no puedo evitar escribir cada semana,*
Cansar a mis lectores, no atraer a uno nuevo.
Escribía de joven porque me rebosaba al alma,
Ahora porque siento que ya está casi seca.

Lord Byron: *Don Juan.*

3. Caracteriza al personaje del poema.
4. Señala los elementos románticos.
5. Documéntate y escribe una breve biografía de Byron.

6.6. Shelley

Percy Bysshe Shelley (1792-1822) trata de expresar su visión del mundo a través de símbolos reales y del amor humano, pero fracasa cuando su poema quiere ser una alegoría del universo. Así ocurre en su epopeya lírico-simbólica *La revuelta del Islam* (1818). Sus mejores logros los conseguirá a través de la manifestación de su experiencia en contacto con la Naturaleza y de sus vivencias sentimentales. Como ejemplo de ello, tenemos uno de los más logrados poemas de Shelley, **«Mont Blanc»**. Del mismo tipo son los *Versos escritos en las colinas Euganeas*.

La eternidad, que fluye cual la savia de las rosas,
pasa a través del alma y arrastra el oleaje
del universo en ondas tristes y luminosas,
que copian la nostalgia de su eterno viaje;

5 *y van hasta la fuente secreta donde brota*
el pensamiento humano, sonoro de delicia,
¡oh manantial sin dueño que apenas una gota
desborda dulcemente si el aire le acaricia!

Como el murmullo leve del arroyo de plata
10 *se silencia en el bosque salvaje, en la alta sierra,*
que asorda, poderosa, la vasta catarata,
y el viento en el hayedo que al corazón aterra;

así se apaga el leve fluir de la conciencia
humana, cuando, llena de soledad, escala
15 *la cima donde junta la nieve su inocencia*
y delira entre rosas el agua que resbala.
[…]

Percy B. Shelley: «Mont Blanc».

En 1820 escribió el drama lírico **Prometeo desatado**, que es el manifiesto de su rebelión contra el Cielo y al que añadió un poema titulado «Oda al Cielo», especie de alegoría fantasmagórica inferior a su otra oda más profunda, «Oda al viento del Oeste», en la que Shelley quiere evadirse con su amada hacia una unión idílica que nos recuerda la Rima LII de Bécquer.

Finalmente, hemos de señalar como una de las obras más hermosas de Shelley la elegía a la muerte de su amigo John Keats, **«Adonais»**. En ella canta con patetismo la ausencia de su amigo *Adonais* y al mismo tiempo se eleva a una interpretación trascendente de la muerte.

Actividades

Queda la música de las voces que mueren
vibrando en la memoria.
Viven los aromas de enfermas violetas
en los sentidos que despierta su dulzura.
5 *Cubren los pétalos de las rosas muertas*
el lecho de la amada.
Y así tus pensamientos, cuando te hayas ido,
el amor mismo mecerán en sueños.

Percy B. Shelley: «Si mueren dulces voces».

6. Analiza el sentido del poema a partir de los paralelismos y las antítesis.

7. Señala los elementos románticos del poema.

8. Localiza y comenta la elegía escrita por Shelley a la muerte de Keats.

6.7. Keats

John Keats (1795-1821) es el poeta inglés por antonomasia. Keats pone **la Belleza como ideal intrínseco de la poesía**. Pero su esteticismo tendrá siempre algún valor moral y no será indiferente a los problemas del ser humano. Sus poemas arrancan casi siempre de sus lecturas, no de sus vivencias.

Si hemos dicho que Keats es el poeta inglés por antonomasia, es porque nos hace pensar en Shakespeare por su gracia casi humorística y por saber extraer el máximo jugo a las palabras haciendo poesía del mismo hecho de poetizar. El año glorioso de Keats es 1819, y aunque ya en 1818 había escrito el *Endymion* y, posteriormente, en 1820, escribiría grandes poemas como «Lamia», «Isabela» y «La víspera de Santa Inés», éstos no superan a los sonetos escritos ese año de 1819. El gran Keats es el de los sonetos, entre los que destacan «A mis hermanos», «La flor y la hoja» y «Al sueño».

La misma grandeza destilan sus odas, sobre todo la **«Oda sobre un ánfora (o una urna) griega»**, que trata del poder que tiene el arte para inmortalizar al poeta. Casi a la misma altura que la anterior está la oda «Al otoño», que es una de las cumbres de la lírica contemplativa. Son también famosas sus odas «Al ruiseñor», **«Sobre la melancolía»** y «A Psique». Posiblemente estas odas muestren el esteticismo, la hondura y el agnosticismo de Keats, cuya obra es sinónimo de armonía.

John Keats.

Actividades

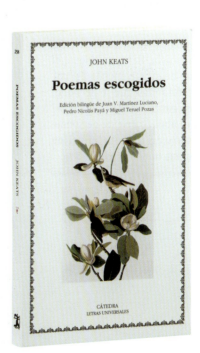

Oda a una urna griega

[...]

¡Oh forma ática! Hermosa compostura
De hombres y doncellas en mármol cincelados,
Guarnecidos de ramas y de maleza hollada.
Tú, figura silenciosa, atormentas
5 *Nuestra alma como lo hace la eternidad: ¡fría Pastoral!*
Y cuando la vejez devaste esta generación,
Tú quedarás entre otros dolores
Distintos de los nuestros, amiga del hombre a quien dirás:
«La belleza es la verdad y la verdad belleza». Eso es todo
10 *Y no otra cosa necesitáis saber sobre la tierra.*

John Keats: *Lamia, Isabela, la víspera de Santa Inés y otros poemas.*

9. Comenta el significado de «la belleza es la verdad y la verdad belleza».

10. Busca la elegía de Keats escrita por Shelley y resume las virtudes señaladas del poeta.

7. El Romanticismo en Francia

7.1. Los precursores

Si en un principio el Romanticismo francés tiene un sesgo antirrevolucionario, en 1830 se torna liberal. Solo más adelante se tiñe de esteticismo y malditismo.

Los verdaderos introductores del Romanticismo en Francia son **Madame de Staël** y el vizconde de **Chateaubriand**. Germaine Necker (1776-1817), baronesa de **Staël-Holstein**, siempre fue fiel al espíritu liberal. Su primera obra, *De la literatura considerada en sus relaciones con las instituciones sociales* (1800), abre en Francia la vía del exotismo y del mítico pasado medieval, con sus trovadores legendarios y sus historias de amor y de guerra. Su deseo de universalidad le lleva a Alemania y en 1810 termina su gran obra, ***De Alemania*** (publicada en 1814), que hace llegar el Romanticismo a los clásicos franceses, pues no sólo populariza en Francia las ideas de Kant, Fichte y Schelling, sino que establece los principios estéticos y morales que luego serían el fundamento del Romanticismo francés.

La nueva realidad literaria que trajo Madame de Staël a Francia tuvo como primer cultivador excepcional a **François-René de Chateaubriand** (1768-1848), que comenzó siendo ilustrado, como lo demuestra su *Ensayo sobre las revoluciones* escrito en Londres en 1797, pues en esta obra ataca al cristianismo en la forma racionalista que habían usado Voltaire, Rousseau y otros. Pero cuando regresa a Francia cambia de actitud y escribe *El genio del cristianismo* (1802). En él defiende el cristianismo como profundización del sentimiento humano. De todas formas, el libro tiene la ambigüedad propia de las obras románticas, pues las dos novelas que en él se insertan, *Atala* (1801) y *René* (1802), no son nada edificantes.

Chateaubriand, después de intervenir de forma activa en la política de su tiempo, escribe su magna obra ***Memorias de ultratumba*** (1836), que será publicada después de su muerte y que da la verdadera medida de su compleja y ambigua personalidad. Finalmente, en 1844 sale a la venta la obra que más aceptación tiene hoy, *Vida de Rancé*, en la cual aparecen las principales preocupaciones religiosas de la última etapa de su vida.

7.2 La novela

El auge que la novela va a tener en Francia a lo largo de la segunda mitad del siglo XIX no se explicaría sin el resurgir narrativo del Romanticismo francés. Se trata de una narrativa alejada de las truculencias y la pedagogía de las narraciones alemanas (Goethe, Arnim, Brentano, etc.), y muy cerca de la línea psicológica instaurada por Walter Scott.

La primera de estas novelas es ***Oberman*** (1804), de **Étienne-Pierre de Senancour** (1770-1840), que sitúa la acción en los románticos montes y lagos suizos, y es un monólogo epistolar que recuerda a Rousseau por su reflexión sobre el enigma de la vida.

Chateaubriand.

Argumentos de *Atala* y *René*

Atala es una joven india que está enamorada pero no puede perder su virginidad porque su madre la ha consagrado a Dios, de forma que acaba suicidándose para no faltar a su promesa.

La segunda obra cuenta la vida del protagonista, René, su origen, el porqué de su melancolía así como la fatalidad que le persigue; será en cierto modo el comportamiento abúlico de este personaje el símbolo del tedio metafísico de los poetas románticos.

Profundiza aún más en la introspección psicológica la novela de **Benjamin Constant** (1767-1830) *Adolfo* (1816). Con un argumento mínimo recoge la evolución psicológica de un joven que nos hace pensar en los más logrados libros de Stendhal y Flaubert.

Como enlace entre la novela romántica y la realista está la obra de **George Sand** –seudónimo de Aurora Dupin– (1804-1876). Sus novelas más conocidas son *Indiana* (1832), *Lelia* (1833) y la más famosa de todas, *La charca del diablo* (1846).

También cabe destacar por su popularidad la obra de **Alejandro Dumas** padre (1802-1870). Además de su drama *Anthony* (1831), son inolvidables dos de sus célebres novelas de aventuras: *Los tres mosqueteros* (1844) y *El Conde de Monte-Cristo* (1845).

Prosper Mérimée (1803-1870) siempre será recordado por su *Colomba* (1840), historia de una venganza urdida por una guapa e implacable joven corsa y, sobre todo, por *Carmen* (1845), la trágica historia de la hermosa gitana andaluza que tanto ha inspirado a músicos y directores de cine.

Las novelas de **Alfred de Vigny**, autor que veremos más en detalle en el apartado de la lírica, tienen todo un trasfondo histórico. En *Cinq-Mars* (1826) se ciñe a la vida del Cardenal de Retz para demostrar la importancia de la nobleza en el sistema monárquico; en *Stello* (1832) describe la incomprensión social del poeta y en *Servidumbre y grandeza militares* (1835), la desilusión de los militares después de la epopeya napoleónica.

En el marco de la novela romántica, sobresale **Victor Hugo**. En *El último día de un condenado* (1829) hace una dura crítica de la justicia francesa de su tiempo; En *Nuestra-Señora de París* (1831), ambientada en la Edad Media, resucita un pasado tenebroso en el que los parias de la capital gala (es decir, la célebre "corte de los milagros" donde actúan la gitana Esmeralda y el jorobado Cuasimodo) son los principales protagonistas de la intriga.

En 1841, ya académico y par de Francia, empieza Victor Hugo a trabajar en la voluminosa novela *Los miserables*, que se publicará en 1862 y que sigue la línea de Dumas y de Balzac. *Los miserables* es una obra de enredos, aventuras y amores cuyo trasfondo revolucionario sirve de marco histórico al relato. Mención aparte merece, no obstante, el tratamiento compasivo que demuestra con respecto al pueblo llano y, en particular, a la niñez desheredada (es el caso de Cosette y de Gavroche).

George Sand

Tras separarse de su marido, el Barón Casimir Dudevant, llevó una vida bastante agitada. Fue la primera mujer en vestirse en público con indumentaria masculina. Sus relaciones amorosas con Alfred de Musset, Jules Sandeau, Prosper Mérimée y Frédéric Chopin escandalizaron a la sociedad parisina. Su idilio con el pianista Chopin en la isla de Mallorca, en 1838, le inspiró el libro titulado *Un invierno en Mallorca*.

Biografía

- *Donde el conocimiento sólo está en un hombre, se impone la monarquía. Donde está en un grupo de hombres, debe dejar su sitio a la aristocracia. Y cuando todos tienen acceso a las luces del saber, es que ha llegado el tiempo de la democracia.*
- *Abrir una escuela es cerrar una cárcel.*

Victor Hugo

NÚCLEO IV: De la Edad Moderna a la Edad Contempóranea

Actividades

Fantina, la madre de Cosette, al no poder ocuparse de su hija de tres años, se ve obligada a confiarla a los Thenardier, unos posaderos sin escrúpulos. Nada más irse la madre de la niña, los Thenarnier maltratan a la pobre Cosette, que no tarda mucho, a pesar de su corta edad, en convertirse en la fregona de la casa.

Cosette

Algunas naturalezas no pueden amar a alguien sin odiar a otro. La Thenardier amaba apasionadamente a sus hijas, lo cual fue causa de que detestara a la forastera. Es triste pensar que el amor de una madre tenga aspectos
5 *tan terribles. Por poco que se preocupara de la niña, siempre le parecía que algo le quitaba a sus hijas, hasta el aire que respiraban, y no pasaba día sin que la golpeara cruelmente. Siendo la Thenardier mala con Cosette, Eponina y Azelma lo fueron también. Las niñas a esa edad*
10 *no son más que imitadoras de su madre.*

Y así pasó un año, y después otro. Mientras tanto, Thenardier supo por no sé qué oscuros medios que la niña era probablemente bastarda, y que su madre no podía confesarlo. Entonces exigió quince francos al mes, di-
15 *ciendo que la niña crecía y comía mucho y amenazó con echarla a la calle.*

De año en año la niña crecía y su miseria también. Cuando era pequeña, fue la que se llevaba los golpes y reprimendas que no recibían las otras dos. Desde que empezó
20 *a desarrollarse un poco, incluso antes de que cumpliera cinco años, se convirtió en la criada de la casa. A los cinco años, se dirá, eso es inverosímil. ¡Ah! Pero es cierto. El padecimiento social empieza a cualquier edad. Obligaron a Cosette a hacer las compras, barrer las habitaciones, el patio, la calle, fregar la vajilla, y hasta acarrear fardos. Los Thenardier se creyeron autorizados para proceder de es-*
25 *te modo por cuanto la madre de la niña empezó a no pagar en forma regular. Si Fantina hubiera vuelto a Montfermeil al cabo de esos tres años, no habría reconocido a su hija. Cosette, tan linda y fresca cuando llegó, estaba ahora flaca y fea. No le quedaban más que sus hermosos ojos que causaban lástima, porque, siendo muy grandes, parecía que en ellos se veía mayor cantidad de tristeza. Daba lástima verla en el invierno, tiritando bajo los viejos harapos de percal agujereados, barrer la calle antes de apuntar el día, con una enorme escoba en sus manos amoratadas, y*
30 *una lágrima en sus ojos. En el barrio la llamaban la Alondra. El pueblo, que gusta de las imágenes, se complacía en dar este nombre a aquel pequeño ser, no más grande que un pájaro, que temblaba, se asustaba y tiritaba, despierto el primero en la casa y en la aldea, siempre el primero en la calle o en el campo antes del alba. Sólo que esta pobre alondra no cantaba nunca.*

Victor Hugo: *Los Miserables.*

11. En este extracto de *Los miserables* se aprecia una de las cualidades humanas que contribuyó a consolidar la fama de Victor Hugo como literato comprometido con la sociedad, especialmente con los estamentos más humildes. ¿Dentro de este marco, podrías indicar los recursos utilizados por Hugo para concienciar a sus lectores de las injusticias sociales?

12. Vuelve a leer el texto de Victor Hugo e intenta establecer la lista de los malos tratos (físicos y morales) a los que los Thenardier someten a Cosette.

13. La gente del pueblo solía referirse a «Cosette» con el apodo de «Alondra». Busca en el diccionario esta palabra e intenta explicar el porqué de este mote.

7.3 Lírica romántica francesa

En cuanto a la lírica, 1820 marca el arranque de la poesía romántica gala a raíz de la publicación de las primeras *Meditaciones poéticas* de **Alphonse de Lamartine** (1790-1869).

La poesía de Lamartine es innovadora respecto de la sequedad de la lírica anterior a él, sobre todo porque los elementos de la vida de cualquier persona son motivos para una expresión sentimental melancólica. En 1828 publica Lamartine *Nuevas meditaciones* en un tono parecido al libro anterior. Es poeta religioso y filosófico en ***Armonías poéticas y religiosas*** (1830), y en 1836 escribe el poema narrativo *Jocelyn*, que es un intento de exponer su concepto del mundo y de la vida.

Otro gran poeta romántico francés es **Alfred de Vigny** (1797-1863). Comenzó su producción lírica en 1822 con una colección de versos, *Poemas antiguos y modernos*, si bien esta no es su única aportación a la lírica, ya que en 1864 (un año después de su muerte) se publicaron los versos de *Los destinos*, a los que se añadió un cuaderno de notas, ***Diario de un poeta***. Sin Vigny no podemos pensar en Baudelaire o en Mallarmé, pues su arte poética es la que heredarán los simbolistas. Es el poeta que se exige perfección artística para que sus versos resistan el paso del tiempo.

Si Vigny es un poeta más de nuestro siglo que del XIX, no ocurre así con **Alfred de Musset** (1810-1875), que siempre será recordado como poeta romántico por su confesión sentimental y por el torrente desbocado de palabras al expresar sus emociones. Musset publicó dos colecciones líricas, *Primeras poesías* (1835) y **Nuevas poesías** (hasta 1852). El segundo volumen es el más recordado, ya que en él encontramos *Las noches* (1835-37). Son cuatro (la de mayo, diciembre, agosto y octubre). En esas cuatro «Noches», Musset intenta mitigar su dolor (George Sand le había traicionado en Venecia) y averiguar cuál es la relación existente entre el sufrimiento y la creación poética.

Si no vinieran después Baudelaire, Mallarmé o Verlaine, podríamos decir que **Victor Hugo** (1802-1885) es el escritor francés más importante del periodo. Desde luego su hegemonía sobre la literatura francesa duró casi tres cuartos de siglo y, si bien ahora algunos de sus poemas pudieran parecer algo desfasados, su poesía intimista, sentida y conmovedora, fascinante en algunos momentos, sigue teniendo aún validez y atractivo.

Victor Hugo es romántico en la acepción más literaria del término. Como autor dramático escribe en 1827 –con solo veinticinco años– ***Cromwell***, cuyo prefacio le convierte en abanderado del movimiento

Victor Hugo.

NÚCLEO IV: De la Edad Moderna a la Edad Contempóranea

romántico y, en 1830, *Hernani*, que certifica el triunfo definitivo del drama romántico. Como autor lírico, empieza a publicar en 1822 *Odas y poesías diversas*, y en 1824, las *Nuevas odas*, antesala de sus largos y grandiosos poemas. Cinco años más tarde, ofrece al público el libro de poesía titulado *Las orientales* y, en 1831, *Las hojas de otoño*, en el que lo personal se mezcla con lo nacional.

La revolución de 1848 y el golpe de estado del futuro Napoleón III, cambian la vida de Hugo, quien a partir de ese momento pone su pluma al servicio de los valores republicanos en general y de la democracia en particular; esta valiente actitud le obliga, no obstante, a exiliarse. De esa militancia política en contra del emperador golpista surge el poemario *Los castigos* (1853). Tres años más tarde termina sus dos grandes obras cósmico-teológicas: *Las contemplaciones* y *La leyenda de los siglos*. Esta última quedó incompleta y es un esbozo de toda la historia de la humanidad en el que destacan dos bellísimos poemas: «**Dios**» y «**La visión de Dante**».

7.3.1. Los poetas marginales

Respecto de los poetas marginales, posiblemente sean los que más influencia han ejercido sobre las corrientes de la literatura finisecular. Entre ellos está **Gérard de Nerval** (1808-1855), que es el precursor de los llamados «poetas malditos», de los simbolistas e, incluso, de los surrealistas. Sus ensoñaciones turbadoras y sus misteriosas expresiones (fuente de inspiración del Surrealismo) las encontramos en los espléndidos y, al mismo tiempo, desesperados sonetos de *Las quimeras* (1854).

Gran importancia tiene para la posteridad el librito titulado *Gaspard de la nuit* (1842) de **Aloysius Bertrand** (1807-1841), pues inicia con él un género que será profusamente cultivado por los surrealistas: el **poema en prosa**. Grandes poetas finiseculares como Rimbaud y Mallarmé, que a su vez son precursores del Surrealismo, serán maestros en este género

acuñado por Bertrand. Se dice que esta prosa poética de Bertrand es surrealista, no en el sentido de la escritura automática, sino en el de la sugestión imaginativa de las descripciones, en el misterioso encanto de las historias contadas, en los pequeños fragmentos pictóricos encabezados por una cita que anuncia, no sin cierto velo de misterio, la breve historia que viene después.

No podría faltar aquí una mínima alusión al Romanticismo «rezagado». En efecto, cuando ya está triunfando el teatro naturalista de Ibsen y se anuncia el simbolismo dramático de Maeterlinck y Claudel, se produce una vuelta atrás en el gusto del público francés, el cual aclama con verdadero entusiasmo el drama romántico de **Edmond Rostand** *Cyrano de Bergerac* (1894).

8. El Romanticismo en Rusia

Si el poeta inglés por antonomasia es Keats; el español, Bécquer, y el alemán, Hölderlin, no cabe duda de que el poeta ruso es **Alexander S. Pushkin** (1799-1837), quien acabó con las tradicionales corrientes literarias rusas anteriores a él.

Se sirvió de largos poemas narrativos para tratar el tema heroico con aire burlesco en *Ruslán y Luzmila* (1820); la libertad en *El prisionero del Cáucaso* (1821) y *Los gitanos* (1827); la épica heroica en *Poltava* (1829) y la leyenda tradicional en varias obras como *El conde Nulin* (1825), *La princesa dormida* o *El gallo de oro* (1838).

Una de sus obras más importantes es la novela en verso *Eugenio Oneguin* (1825-32), que nos recuerda por su tono irónico y metaliterario el *Don Juan* de Byron. Hoy el lector europeo prefiere su novela a su obra en verso, porque de sus novelas arranca la mejor narrativa rusa de finales del siglo XIX y principios del XX. Entre estas novelas están los cinco *Cuentos de Bielkin* (1831): *El pistoletazo*, *La nevasca* (ofrecemos un fragmento en **Antología de lecturas**), *El fabricante de ataúdes*, *El jefe de postas* y *La señorita campesina*, que inician un realismo lírico teñido de emoción romántica en un estilo sencillo que influirá en el cuento corto de Chéjov; mientras que *La hija del capitán* (1836) es el modelo de novela legendaria y realista que incluye aventuras, amores, desafíos y

---

*Yo soy el tenebroso, el viudo, el inconsolado,
el príncipe de Aquitania de la torre abolida;
mi única estrella ha muerto, y mi laúd constelado
lleva el sol negro de la Melancolía.*

[...]

Gérard de Nerval: *Las quimeras*.

combates y que será el precedente de las grandes novelas del realismo ruso. Es también autor de un célebre drama histórico *Boris Godunov* (1825).

Mijaíl Yúrievich Lérmontov (1814-1841) es el autor de una obra, *Un héroe de nuestro tiempo* (1839-40), que ha hecho que sea hoy un escritor presente en la literatura universal. En ella, mediante saltos temporales a la manera de las novelas contemporáneas, presenta al protagonista, Pechorín, como una síntesis «de todos los vicios de nuestra generación». Pechorín es, como todos los personajes románticos rusos, un hombre empeñado en querer cambiar el mundo y, al mismo tiempo, convencido de la inutilidad de su empresa, pues la sociedad no lo comprende.

En el género novelístico sobresale la figura del ucraniano **Nicolái Gógol** (1809-1852). Hay vida, desenfado y riqueza de lenguaje campesino en los relatos cortos de *Veladas en Dikanka* (1831); épica y lirismo en novelas cortas como *Taras Bulbas* (1835). El elemento fantástico rivaliza con el realismo naturalista en *Novelas cortas petersburguesas* (1835) y el deseo de reformas morales en Rusia está latente en *Las almas muertas* (1842). Su relato *El capote* (1835), sarcástico y naturalista, donde se narran las desgracias de un funcionario a quien le roban esa prenda que es su única aspiración, es considerado un precedente de la novela *Humillados y ofendidos* de Dostoievski.

Posiblemente el mérito de estos románticos rusos, y muy en especial de Gógol, consista en haber preparado el camino para la narrativa y el teatro rusos de la segunda mitad del siglo XIX.

Alexander Sergeevich Pushkin.

9. El Romanticismo en Italia

El espíritu nacionalista que trajo la revolución de 1830 llevó a Garibaldi a la insurrección en Saboya y al proceso de unidad nacional. La patria estaba negada al escritor italiano, que se sentía extranjero en su propio país, de ahí la obsesión del romántico italiano por la lucha patriótica y la abstracción que hace de esta lucha igualando la patria a la amada. Por eso, el artista italiano del movimiento patriótico es frío respecto del sentimiento intimista y abierto a lo que de revolucionario y populista tiene el Romanticismo.

El primer romántico italiano es **Ugo Foscolo** (1778-1827), que escribe una novela en la línea del Werther titulada *Últimas cartas de Jacopo Ortis* (1799), donde aparece ese doble ideal del romántico italiano: la amada y la patria. Del mismo tenor es su largo poema, *De los sepulcros* (1806), que preludia la mezcla de clasicismo y romanticismo nacionalista de Leopardi, Carducci y Gabriel D'Annunzio.

NÚCLEO IV: De la Edad Moderna a la Edad Contemporánea

La novela histórica tiene en el Romanticismo italiano una muestra importante: *Los novios*, de **Alessandro Manzoni** (1785-1873), un verdadero monumento en prosa del sentir nacional italiano. Este autor rechaza el patetismo romántico y recoge el espíritu clasicista que aspira a unir verdad y utilidad.

Giacomo Leopardi (1798-1837) es a Italia lo que Keats a Inglaterra, Hölderlin y Novalis a Alemania y Bécquer a España. Su poesía está llena de un angustiado deseo de lo inaccesible y de lo inalcanzable, de un tremendo miedo al hastío y de auténtico terror a lo que más tarde Baudelaire llamaría *spleen*.

En su **prosa**, sobre todo en su *Miscelánea de pensamientos* (1827), Leopardi nos descubre su pensamiento, en el que destaca su oposición a los románticos porque han llevado al extremo los principios racionales de la Ilustración despojándolos de ilusiones; pero esas ilusiones deben volver, de ahí que el espíritu de Leopardi sea esencialmente romántico.

En poesía, declara la vanidad de todo en sus treinta **Cantos** (1831). Los temas son muy variados: el de la resignación ante el hastío de la vida lo recoge en «A sí mismo»; el tema de la infinitud, en «El infinito»; el de la desesperanza y la soledad del poeta, en «El gorrión»; el de la soledad y el amor, en «La vida solitaria»; el del amor, en «El pensamiento dominante»; el de la vejez, en «La puesta de luna» y, finalmente, el «Canto nocturno de un pastor errante de Asia», en el que el tema de la luna sirve de base a una reflexión sobre el sentido de la vida.

Giacomo Leopardi.

El infinito

Siempre cara me fue esta yerma loma
y esta maleza, la que tanta parte
del último horizonte ver impide.
Sentado aquí, contemplo interminables
5 espacios detrás de ella, y sobrehumanos
silencios, y una calma profundísima
mi pensamiento finge; poco falta
para que el corazón se espante. Escucho
el viento susurrar entre estas ramas,
10 y comparando voy a aquel silencio
infinito, esta voz; y pienso entonces
en lo eterno, en las muertas estaciones
y en la presente, rumorosa. En esta
inmensidad se anega el pensamiento,
15 y el naufragar en este mar me es dulce.

Leopardi: *Cantos.*

Abadía en el robledal (1809), de Caspar David Friedrich.

Actividades

14. ¿Qué sentimiento expresa el poeta ante la naturaleza?
15. Compara este poema con la pintura de Caspar David Friedrich.

10. El Romanticismo en los Estados Unidos

La corriente romántica, nacida en Europa, no tardó mucho en cruzar el Atlántico y arraigar en el Nuevo Continente. En los Estados Unidos, en concreto, tres escritores, representantes de esta corriente literaria, brillan con luz propia. Nos referimos a Edgard Allan Poe, Washington Irving y Herman Melville.

10.1. Allan Poe

Edgar Allan Poe (1809-1849) nació en Boston. Muy pronto demostró una gran facilidad por la escritura, tanto en el periodismo como en el género poético y novelístico. Su mayor título dc gloria es haber llevado a la perfección el **cuento corto de carácter fantástico, policial y terrorífico**, cuyos temas más recurrentes suelen ser la muerte y la venganza. Tanta maestría demostró en este tipo de relato que la crítica lo considera hoy como el precursor de la novela policiaca. Su muerte, tras una vida errática, desordenada y mermada por el alcohol, tuvo lugar en extrañas circunstancias.

Como poeta, Poe es reconocido por *El cuervo y otros poemas*. En el género didáctico, los ensayos *Filosofía de la composición* (1846) y *Principio poético* (1850) exponen la teoría poética que se desarrollará más adelante en el Simbolismo y el Surrealismo en Francia. Por último, dentro de su faceta narrativa hay que destacar su novela *Las aventuras de Arthur Gordon Pym* (1838) y los cuentos de *Historias extraordinarias*, tan influyentes en la literatura policiaca posterior gracias al hallazgo del detective Auguste Dupin.

Biografía

EDGAR ALLAN POE

Nació en Boston en 1809, en una familia de actores. Tras la muerte de sus padres, fue acogido por la familia Allan (apellido que él mismo antepuso al suyo), que le proporcionó una sólida educación. Entró en la Academia de West Point de donde lo expulsaron al cabo de un año por indisciplina. A partir de ese momento llevó una vida errante, llena de desgracias y que poco a poco se fue convirtiendo en una pesadilla por culpa del alcohol y de las drogas. Se casó con su prima Virginia, de tan solo catorce años, quien murió seis años más tarde dejando totalmente desamparado a Poe. No obstante, gracias a la publicación de sus cuentos de terror consiguió rehacerse económicamente, pero fue tan solo un respiro. Desapareció misteriosamente durante algún tiempo hasta que su familia lo localizó en el hospital de Baltimore, donde murió el 7 de octubre de 1849 sin haber podido explicar su extraña desaparición.

NÚCLEO IV: De la Edad Moderna a la Edad Contempóranea

10.2. Irving

A **Washington Irving** (1783-1859), igual que a Poe, le atrajo muy pronto el periodismo, pero al final optó por estudiar Derecho. La pasión por los viajes lo llevó en varias ocasiones a visitar Europa. A raíz de su nombramiento de embajador de los EEUU en Madrid, se instaló en la capital de España. Su larga estancia en la Villa, le permitió adquirir sólidos conocimientos sobre la historia y literatura españolas hasta el punto de convertirse, al igual que Prosper Mérimée, en uno de los más importantes hispanistas del siglo XIX. El resultado de esta experiencia investigadora quedó plasmado en la publicación de una serie de libros de corte histórico: *Historia de la vida y viajes de Cristóbal Colón* (1828), *Crónicas de la toma de Granada* (1829) y, cómo no, los célebres **Cuentos de la Alhambra** (1832), donde recoge las leyendas vinculadas a la historia del Generalife y de la Alhambra.

Conocer y saber

LA RUTA DE WASHINGTON IRVING

Este escritor norteamericano llegó a España como diplomático (1826-1832) y vivió aquí los suficientes años como para sentirse fascinado por la cultura española. Imbuido del espíritu romántico, Irving recorrió las tierras andaluzas en busca del color local y del exotismo del pasado hispanomusulmán. Su viaje entre Sevilla y Granada haciendo escala en los diferentes pueblos del itinerario ha sido convertido en ruta cultural por la fundación El Legado Andalusí.

10.3. Melville

Existe un gran parecido entre **Herman Melville** (1819-1891) y Washington Irving; ambos eran neoyorquinos y ambos se dedicaron a viajar mucho. En el caso de Melville, la fuente de su inspiración procede precisamente de sus viajes tanto por las islas del Pacífico como por los Mares del Sur, en este último caso, a bordo de un ballenero. No es, pues, ninguna sorpresa constatar que sus novelas son el reflejo de sus experiencias como marinero. Sus primeras publicaciones: *Mardi* (1849), *Omoo* (1847), *Taipi, un edén caníbal* (1846) y *Redburn* (1849) –todas ellas relacionadas con el mar– le proporcionaron fama y éxito económico. En 1851 publicó su obra maestra, **Moby Dick**, que, contra todo pronóstico, no cosechó el éxito esperado. La misma suerte corrió la novela *Israel Potter* (1855). Fue preciso esperar hasta 1856, fecha en la que publica *Cuentos de Piazza*, para ver la fortuna sonreírle de nuevo.

En cuanto a su obra poética, *Aspectos de la guerra* (1866) y *Clarel* (1876), coincide con el período en el que trabajaba para ganarse la vida como inspector de aduana. Murió en 1891 en Nueva York, recién completada su última novela, *Billy Budd, marinero*.

11. El Romanticismo en Hispanoamérica

El Romanticismo llegó a Hispanoamérica bajo la influencia de Espronceda y Zorrilla. La reciente independencia de algunas colonias favoreció el resurgimiento de los valores nacionales como en el caso de dos argentinos, Faustino Sarmiento y José Hernández, y de la cubana Gertrudis Gómez de Avellaneda.

Domingo Faustino Sarmiento (1811-1888), político, periodista y ensayista, es conocido en el ámbito literario por su estudio sobre la vida social y política argentina, que expuso en su libro *Facundo o Civilización y Barbarie* (1845). En el ámbito educativo es de justicia señalar también su lucha por la igualdad educativa entre hombres y mujeres.

José Hernández (1834-1836), con una trayectoria literaria y política parecida a la de Sarmiento, plasmó su experiencia político-social de la Argentina "profunda" en dos libros escritos en versos: *El gaucho Martín Fierro* (1872) y *La vuelta de Martín Fierro* (1876). Ambos forman un poema épico a favor de la causa de los gauchos y se consideran como la obra cumbre de la literatura argentina.

En cuanto a **Gertrudis Gómez de Avellaneda** (1814-1873), se trasladó a España con su familia cuando ella contaba sólo veintidós años, de ahí que casi todas sus publicaciones se llevaron a cabo en territorio español. Triunfó en la lírica (*Poesías de la señorita Doña Gertrudis Gómez de Avellaneda*, 1841), en la prosa novelística con *Sab* (1841) –de claro sesgo abolicionista–, y en el teatro con *Munio Alfonso* (1844) y *Baltasar* (1854).

Gertrudis Gómez de Avellaneda.

Actividades

1. Tomando por referencia este cuadro, que no es sino una vista panorámica correspondiente al período romántico (muy en especial entre 1800 y 1850), aparecen, en la primera columna, los personajes más representativos de las artes con sus correspondientes obras; y, en la segunda, los escritores románticos más relevantes del mismo período, también con sus obras. A partir de las indicaciones proporcionadas con respecto a cada artista o autor, con la ayuda de una enciclopedia, de Internet o de los comentarios de este libro, indica en tu cuaderno a qué especialidad artística pertenecen las personas incluidas en la primera columna (M = música, E = escultura, P = pintura) y a qué género pertenecen las obras reseñadas en la segunda columna (P = poesía, N o C = novela o cuento, T = teatro, E = ensayo).

VISTA PANORÁMICA DEL PERIODO ROMÁNTICO. ARTE Y LITERATURA.

Obras artísticas y sus autores			Escritores románticos y sus obras		
Año	Autor	Obra	Año	Autor	Obra
			1799	Hölderin	La muerte de Empédocles
			1800	Wordsworth y Coleridge	Baladas líricas
				Mme de Staël	De la literatura considerada en sus relaciones con las instituciones sociales
1801	Goya	Maja desnuda	1801	Brentano	Godwi
				Chateaubriand	Atala
			1802	Chateaubriand	El genio del cristianismo
				Chateaubriand	René
			1804	Senancour	Oberman
			1806	Kleist	El jarrón roto
				Foscolo	De los sepulcros
1807	Beethoven	V Sinfonía			
	David	El sacro de Napoleón I			
1808	Percier y Fontaine	El arco de triunfo de París			
	Girodet	El entierro de Atala			
			1810	Scott	La dama del lago
			1811	Kleist	El príncipe de Homburg
				Austen	Sentido y sensibilidad
1810-23	Goya	Los desastres de la guerra		Arnim	Isabel de Egipto
			1812	Grimm (los)	Cuentos para la infancia y el hogar
				Byron	La peregrinación de Childe Harold
			1813	Austen	Orgullo y prejuicio
			1814	Mme de Staël	De Alemania
1914-28	Schubert	Lieder	1814-15	Hoffmann	Cuadros fantásticos a la manera de Callot
				Austen	Mansfield Park
			1815	Austen	Emma
1816	Rossini	El barbero de Sevilla	1816	Constant	Adolfo
	Hoffmann	Ondina			
			1817	Hoffmann	Relatos nocturnos
				Coleridge	Biografía literaria
			1818	Byron	Manfred
				Scott	Rob Roy
				Keats	Endymion
			1819-22	Byron	Don Juan
			1820	Lamartine	Meditaciones poéticas
				Scott	Ivanhoe
				Shelley	Prometeo desatado
1821	Constable	El carro de heno			
1822	Delacroix	La barca de Dante	1822	Vigny	Poemas antiguos y modernos
	Schubert	La sinfonía inacabada			

de recapitulación

Obras artísticas y sus autores		
Año	Autor	Obra
1824	Delacroix	La masacre de Scio
1826	Mendelsshon	El sueño de una noche de verano
1827	Ingres	La apoteosis de Homero
1828	Berlioz	La condenación de Fausto
1829	Rossini	Guillermo Tell
1830	Berlioz	Sinfonía fantástica
1831	Delacroix	La libertad guiando al pueblo
1833	Chopin	Nocturnas
1834	Schumann	Estudios Sinfónicos
1836	Meyerbeer	Les Huguenots
1837	Berlioz	Réquiem
1839	Chopin	Preludios
1839	Alenza	Suicidio romántico
1840-50	Litz	Rapsodias Húngaras
1844	Turner	Lluvia, vapor y velocidad
1845	Wagner	Tannhaüser
1846	Berlioz	La condena de Fausto
1849	Courbert	El entierro de Ornans
1850	Millet	El sembrador
1853	Madrazo F.	La condesa de Vilches

Escritores románticos y sus obras		
Año	Autor	Obra
1825	Pushkin	Boris Godunov
1825-32	Pushkin	Eugenio Oneguin
1827	Heine	El libro de las canciones
1827	Manzini	Los novios
1829	Hugo	Las orientales
1830	Lamartine	Armonías poéticas y religiosas
1830	Hugo	Hernani
1831	Hugo	Nuestra Señora de París
1831	Hugo	Las hojas de otoño
1831	Leopardi	Cantos
1831	Vigny	Stello
1831	Irving	Cuentos de la Alhambra
1835	Vigny	Servidumbre y grandezas militares
	Gógol	Taras Bulbas
1835-37	Musset	Las noches
1836	Chateaubriand	Memorias de ultratumba
1838	Poe	La narración de Arthur Gordon Pym
1839	Poe	Historias extraordinarias
1839-40	Lérmontov	Un héroe de nuestro tiempo
1840	Mérimée	Colomba
1841	G. Gómez de Avellaneda	Poesías de la señorita Dª Gertrudis Gómez de Avellaneda
1842	Gógol	Las almas muertas
1844	Dumas (padre)	Los tres mosqueteros
1845	Dumas (padre)	El conde de Monte-Cristo
1845	Mérimée	Carmen
1845	Sarmiento	Facundo o Civilización y Barbarie
1846	Sand	La charca del diablo
1851	Melville	Moby-Dick
1852	Musset	Nuevas poesías
1862	Hugo	Los miserables
1864	Vigny	Los destinos
1872	Hernández	El gaucho Martín Fierro
1894	Rostand	Cyrano de Bergerac

2. Indica dos autores de novelas o cuentos policíacos y las obras que asumen esta característica.

3. ¿Cuáles fueron los escritores que se inspiraron en personajes o países mediterráneos para sus novelas o relatos de corte romántico?

4. Determinados personajes de fuerte personalidad, incluso al margen de la sociedad como, por ejemplo, los gitanos (encarnaban un modo de vida independiente y siempre en contacto con la naturaleza), se convirtieron en los protagonistas de tres novelas románticas muy populares todavía hoy en día. ¿Podrías indicar estos tres escritores con las novelas que cumplen con estas características?

Guía de lectura
Carmen

Carmen es una obra literaria que ha desafiado el paso del tiempo. La fuerte personalidad de la protagonista no sólo ha conquistado a un músico de la talla de Bizet sino que ha seguido seduciendo a grandes directores de cine como Vicente Aranda, Carlos Saura, Charles Chaplin, Florián Rey, Cecil B. DeMille, Jean-Luc Godard…, por citar solo a los más conocidos. Todos han visto en la novela corta de Mérimée a una mujer seductora de hombres o bien a un hombre dispuesto a sacrificarlo todo por una mujer. En realidad la novela va mucho más allá de estas dos visiones simplistas, es el drama del amor sujeto a la condición humana.

1. Autor

Prosper Mérimée nació en París en 1803. Sus primeros escritos *Los españoles en Dinamarca* y *La Guzla* ya dejaban entrever una precoz admiración por un país que se sería más tarde su segunda patria: España. Visita por primera vez la Península en 1830 y se enamora de Andalucía. En Madrid conoce a la malagueña Manuela de Kirkpatrick et Grevigné, condesa de Montijo, que se convierte enseguida en su mejor amiga, confidente e inspiradora. A esta amistad le debemos, en efecto, la creación de *Carmen* y *La vida de Pedro I, rey de Castilla*, que le valió a Mérimée ser nombrado «Miembro correspondiente» de la Academia de la Historia de Madrid. Tan estrecha fue esta amistad con la condesa que Mérimée, a petición de esta última, aceptó a regañadientes que le nombraran Senador de Imperio para estar cerca de la hija de su amiga, Eugenia de Montijo, recién casada con Napoleón III. Hasta intentó, en 1870, tras la derrota militar del emperador en Sedán, que Eugenia fuese proclamada Regenta de Francia, pero fue inútil. Murió en Niza a los pocos meses; su última carta fue para la condesa de Montijo.

2. Fecha

El texto original se publicó el 1 de octubre de 1845 en la *Revue des Deux Mondes* y constaba sólo de tres capítulos. El capítulo IV fue añadido un año después, en 1846.

3. Género

Carmen pertenece a la novela corta, género literario que Mérimée, junto con Voltaire, llevó a la perfección gracias a un estilo sobrio y un realismo descriptivo no exento de una fina y socarrona ironía.

4. Tema

Carmen es el relato de una pasión arrebatadora y dramática. Don José, el protagonista y narrador, es un soldado que por amor a una gitana, Carmen, se convierte en desertor, ladrón, contrabandista y asesino. Cuando llega el desamor, en un arrebato de celos, el militar mata a la gitana que se había enamorado de otra persona.

5. Argumento

La novela arranca a partir de un dato autobiográfico. En 1830, de paso por Ronda, Mérimée tropieza con don José, un temible bandolero con el que traba una fugaz amistad. Unos pocos meses más tarde, tras enterarse de que el bandolero está detenido en Córdoba para ser ejecutado en público, decide ir a visitarle. Así es como don José le cuenta toda su vida, cómo por culpa de una guapa y atrevida gitana renuncia al ejército, se convierte en contrabandista y mata a García el Tuerto, el marido de Carmen, para no tener que compartirla. Al final, se ve obligado a matarla, pues esta se ha enamorado de otro hombre, el picador Lucas, y prefiere morir antes de seguir viviendo con su pareja a la que ha dejado de amar.

6. Estructura

Los tres primeros capítulos cuentan la vida de don José y, de rebote, la de Carmen. El primero relata el encuentro de Mérimée con el peligroso bandolero en la serranía de Ronda. El segundo cuenta cómo el viajero galo conoce a una joven gitana llamada Carmen y se entera de la detención de don José en la cárcel de Córdoba. El capítulo tercero corresponde a la confesión hecha al escritor galo por don José encarcelado y en vísperas de ser ejecutado en la plaza pública. El capítulo IV, una especie de apéndice de tan solo siete páginas, es un breve estudio lingüístico y etnológico sobre los gitanos en España.

7. Contexto y trascendencia

Es cierto que Mérimée estuvo en la serranía de Ronda, concretamente en Monda, donde quería ver el escenario de la decisiva batalla entre César y Pompeyo. Las numerosas citas en euskera que salpican la novela no son un simple elemento decorativo a modo de «color local», sino el testimonio del real conocimiento de este idioma (y también del caló) por parte de Mérimée, que lo había aprendido con la ayuda del costumbrista andaluz Serafín Estébanez Calderón, autor de *Escenas andaluzas*.

8. La vigencia de *Carmen* hoy

No solo la música y el cine han mantenido y mantienen vivo el recuerdo de Carmen como mito de la mujer española, concretamente andaluza, sino que las feministas francesas la consideran el símbolo de la mujer libre, la ejemplificación de lo que se llegó a llamar, a partir de 1950, el «amor libre».

Fotograma de la versión cinematográfica de *Carmen* (2003), de Vicente Aranda.

Antología

Sobre la melancolía de John Keats

En este poema Keats nos aconseja que abandonemos la melancolía y aprendamos a ver la belleza que hay en la rosa, en el arco iris o en las peonías. De camino nos invita a vivir con la Belleza y la Alegría, de manera que si nos sentimos melancólicos tras el deleite, nuestra alma gustará de tan dulce melancolía.

*¡Oh, no! No te dirijas al Leteo; ni tuerzas
acónito de duras raíces, por su jugo
venenoso; ni dejes que tu pálida frente
bese la belladona, el racimo encarnado
de Proserpina. No hagas con las bayas del tejo
un rosario; ni sea escarabajo o fúnebre
mariposa tu Psique; ni el búho, revestido
de plumón, el misterio comparta de tus cuitas:
pues traerán exceso de sueño, sombra a sombra,
y anegarán la angustia desvelada del alma.
Mas si Melancolía descendiera, de pronto,
desde el cielo, a manera de una llorosa nube,
que da vida a las flores cabizbajas y oculta
en sudario abrileño a la verde colina,
sacie entonces tu cuita la matutina rosa
o el iris del rompiente salado, en la ribera;
o en su riqueza, acaso, redondas peonías;
o si muestra tu amiga un enojo muy dulce,
toma su mano suave y deja que delire,
y en sus ojos sin par has de saciarte entonces.
Vive con la belleza -la Belleza que muere-
y la Alegría, siempre con la mano en los labios
para decir adiós; y junto al doloroso
Placer, que es ya veneno mientras la abeja liba;
¡ah!, y en el propio templo del Deleite, velada,
tiene Melancolía su altar señero, visto
sólo de quien, con lengua tenaz, quebrar supiere
uvas de la Alegría en su paladar fino:
su triste poderío bien gustará aquel alma,
y penderá entre aquellos trofeos nebulosos.*

El cuervo de Edgar Allan Poe

El cuervo es una de las más célebres composiciones poéticas de Poe. El narrador, inmerso en el dolor causado por la muerte de su amada, recibe la visita de un extraño cuervo que le contesta a todas sus preguntas con un invariable «nunca jamás». La tensión creada por esta misteriosa situación crea un suspense que invita al lector a llegar hasta el final del relato. Aquí, solo proponemos la primera parte del poema para fomentar su lectura completa.

*Una vez, en triste medianoche,
cuando cansado y mustio, examinaba
infolios raros de olvidada ciencia,
mientras cabeceaba adormecido,
oí de pronto que alguien golpeaba
a mi puerta, llamando suavemente.
«Es sin duda» -murmuré-, «un visitante».
«Sólo esto y nada más».*

…

*Me estremeció el crujir de las cortinas,
de púrpura y de seda, y un espanto
jamás sentido paralizó de pronto
mi corazón, y yo me repetía:
«Algún tardío visitante ruega
la entrada en la puerta de mi estancia.
En mi puerta golpea un visitante;*

Sólo esto y nada más.»

…

*Abrí entonces la puerta por completo;
tinieblas, nada más.
Volví a mi estancia, ardía mi alma entera.
Pronto se escuchó de nuevo la llamada
pero esta vez, más fuerte, más cercana.
«¿Será -dije- ese ruido en la ventana?»
Semejante misterio he de explorar,
calmado el corazón ese misterio
he de explorar, repito; En las tinieblas;*

el viento es, nada más.

*Abrí el postigo y con gentil revuelo,
entró entonces un cuervo majestuoso,
como en lo santos días del pasado.
No me hizo reverencia, ni siquiera
un minuto vaciló. Con prestancia
de Dama o Barón noble, se posó
en el dintel, sobre un busto de Palas.*

Allí quedó posado y nada más.

La nevasca de Pushkin

Considerado como uno de las más destacados escritores rusos, Pushkin nos ha dejado en esta corta novela los más importantes caracteres de la narrativa romántica: una prosa llena de lirismo, personajes que se burlan del amor para después amar intensamente, ambientes de tempestad y nieve en los que lo real se confunde con lo imaginario quedando sólo un vago recuerdo de lo vivido y, al fondo, el velo del misterio.

–A principios del año 1812 –dijo Burmín– fui a Vilna, donde se hallaba nuestro regimiento. Una noche llegamos tarde a la estación; di orden de enganchar los caballos con presteza; de pronto comenzó una terrible nevasca. El jefe de correos y los cocheros me aconsejaban esperase. Así lo hice; pero una impaciencia grandísima se apoderó de mí: parecía como si alguien me impulsara. Y en tanto la nevasca no cesaba. No pude aguantar más: di órdenes nuevamente para que enganchasen los caballos y partir con la tormenta misma. El cochero pensó acortar el viaje en unas tres verstas• atravesando el río. La ribera estaba nevada; el cochero pasó por el sitio que vuelve a unir con el camino, y así sucedió que nos hallamos en lugar desconocido. La tempestad no cesaba; vi una lucecita, y le mandé dirigirse hacia ella. Llegamos a una aldea; en la iglesia del lugar estaba la luz. Hallamos la puerta abierta y unos trineos; en el pórtico iba y venía gente.

–¡Por aquí! ¡Por aquí! –gritaron algunas voces.

–¡Por el amor de Dios! –me dijo uno–. La novia está desmayada, el cura no sabe qué hacer, estábamos dispuestos a marcharnos. Entra luego.

Silencioso, salté del trineo y penetré en la iglesia, alumbrada débilmente por dos o tres luces. Una joven estaba sentada en un banco, en el rincón oscuro de la iglesia; otra le frotaba las sienes.

–¡Gracias a Dios –dijo ésta– que ha podido usted venir! A poco más causa usted la muerte de mi señorita.

El cura viejecito se dirigió a mí preguntándome:

–¿Quiere usted que empecemos?

–Empiece, empiece, padrecito –respondí abstraído.

Levantaron a la joven. No me pareció mal... Fue una travesura incomprensible, imperdonable... de pie junto a ella, delante del púlpito, el cura se dio prisa; tres hombres y la chica estaban ocupados con ella. Nos casaron.

–Bésense –nos dijeron.

Mi esposa se volvió hacia mí, con el rostro pálido. Yo la hubiera besado con gusto..., pero ella exclamó:

–¡Ah, no es él, no es él! –y cayó sin sentido.

Los testigos me dirigieron sus miradas de asombro. Yo di la vuelta, salí de la iglesia sin oposición de ninguna especie, me lancé al trineo y grité:

–¡Vámonos!

–¡Dios mío! –exclamó María Gavrilovna–. ¿Y usted no sabe qué se hizo de su pobre mujer?

–No sé –replicó Burmín–. No sé cómo se llama la aldea donde me casé, ni sé de qué estación partí. En aquel tiempo daba tan poca importancia a un acto criminal, que al salir de la iglesia me dormí hasta el día siguiente, ya en la tercera estación. El criado que fue conmigo murió en la campaña, de modo que no tengo esperanza de encontrar a la mujer a quien di una broma cruel y que ahora está cruelmente vengada.

–¡Dios mío, Dios mío! –dijo María Gavrilovna, apretándole la mano–. ¡De modo que fue usted! ¿Y no me reconoce?

Burmín se puso pálido..., y se arrojó a sus pies.

Alejandro S. Pushkin: *La hija del capitán. La nevasca.*

Vocabulario

Versta: antigua unidad de longitud rusa, equivalente a 1 066,8 metros.

8 Realismo y Naturalismo

De la Edad Moderna a la Edad Contemporánea

- **Texto inicial y actividades previas**
1. El Realismo literario
2. La novela en Francia: Stendhal y Balzac, Flaubert. Zola y el Naturalismo
3. La novela en Inglaterra: Dickens
4. La novela en Rusia: Dostoievski, Tolstói
5. La novela en Portugal: Eça de Queiroz
6. La novela en los Estados Unidos: Mark Twain
7. El cuento y el teatro: Chéjov. Ibsen y Strindberg

- **Actividades finales de recapitulación**
- **Guía de lectura:** *Madame Bovary*
- **Antología**

El reflejo de la vida cotidiana en la novela realista del siglo XIX no se queda en mero documento literario por muy atractivo que resulte social y artísticamente. Muy al contrario, unas veces en paralelo al contexto ambiental y otras en contraste con las apariencias, los relatos acogen y esclarecen la vida interior de los personajes, sus alegrías y sus sufrimientos, sus decepciones y sus esperanzas; en suma, la completa dimensión de la vida humana.

Así lo podemos observar, por ejemplo, en este pasaje de *Madame Bovary*, novela de Gustave Flaubert. Charles Bovary va descubriendo cada día las cualidades de ama de casa de su mujer y protagonista de la obra, Emma. Pero en ella, decepcionada por la aburrida e insulsa existencia que lleva en el medio rural, comienzan a surgir serias dudas sobre la felicidad de su matrimonio y, en definitiva, una insatisfacción personal que progresivamente la irá empujando a una infortunada conducta.

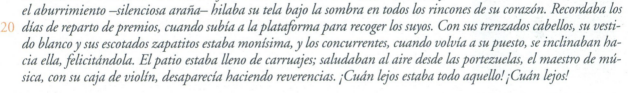

Emma comenzaba por mirar a su alrededor para ver si había cambiado algo desde su última visita. Todo estaba igual: los alhelíes y las digitales•, en su sitio; cubiertos de ortigas los gruesos peñascos, y a lo largo de las tres ventanas, con sus postigos siempre cerrados y pudriéndose en sus goznes enmohecidos, las cortinas de líquenes. Su
5 *pensamiento, sin norte al principio, vagaba al azar, como su galguilla, que iba y venía, ladrándole a las mariposas, cogiendo musarañas o mordisqueando amapolas al borde de los trigales. Luego, poco a poco, iban aclarándose sus ideas, y sentada en el césped, que levemente golpeaba con la contera de su sombrilla, se repetía:*

—¿Por qué me habré casado, Dios mío?

10 *Se preguntaba si por cualquier combinación del azar no le habría sido posible tropezarse con otro hombre, y procuraba imaginarse cuáles habrían sido aquellos no realizados acontecimientos, aquella otra vida, aquel marido que no conocía. Ningún marido, en efecto, se parecía al suyo. Hubiera podido ser guapo, ingenioso, distinguido, simpático, como lo eran sin duda los que se habían casado con sus*
15 *antiguas compañeras del convento. ¿Qué harían estas en aquel momento? En la ciudad, con el ruido de las calles, el abejorreo de los teatros y el esplendor de los bailes, llevarían una de esas existencias en las que el corazón se dilata y se despiertan los sentidos. Su vida, en cambio, era fría como desván con ventanuco al norte, y el aburrimiento —silenciosa araña— hilaba su tela bajo la sombra en todos los rincones de su corazón. Recordaba los*
20 *días de reparto de premios, cuando subía a la plataforma para recoger los suyos. Con sus trenzados cabellos, su vestido blanco y sus escotados zapatitos estaba monísima, y los concurrentes, cuando volvía a su puesto, se inclinaban hacia ella, felicitándola. El patio estaba lleno de carruajes; saludaban al aire desde las portezuelas, el maestro de música, con su caja de violín, desaparecía haciendo reverencias. ¡Cuán lejos estaba todo aquello! ¡Cuán lejos!*

G. Flaubert: *Madame Bovary*.

Vocabulario

Digitales: planta herbácea, cuyas hojas pueden ser usadas en medicina.

Actividades previas

A. El Realismo se caracteriza por la precisión en los detalles. Busca en el primer párrafo algunos de los rasgos descriptivos pertenecientes al entorno físico. ¿Qué función desempeñan respecto a la protagonista?

B. Insatisfecha con la existencia que lleva, Emma imagina otra vida posible y reflexiona sobre ella. ¿En torno a qué elementos lo hace y con qué actitud los enfoca? Fíjate en las expresiones interrogativas y exclamativas y comenta su situación dentro de la emotiva reflexión del personaje.

C. ¿Se refleja en el estilo el proceso de distanciamiento y acercamiento del narrador al interior de la protagonista, a sus pensamientos y palabras?

D. ¿Aprecias algunas huellas románticas en este fragmento narrativo? Y proyectándolo hacia hoy, ¿cómo entenderías la situación de la mujer en esa encrucijada de su vida? ¿Serías capaz de recrear algún pasaje significativo adaptado a la vida de una joven de hoy en situación semejante, incluyendo la descripción de su posible entorno y de sus reacciones?

NÚCLEO IV: De la Edad Moderna a la Edad Contemporánea

1. El Realismo literario

1.1. Del Romanticismo al Realismo

EL EVOLUCIONISMO

El **positivismo** basa las explicaciones de la realidad en la investigación de los hechos. La teoría de la evolución o **evolucionismo**, cuyas máximas aportaciones corresponden a Jean Lamarck (1748-1829) y Charles Darwin (1809-1882), surge en este contexto. El evolucionismo defiende la idea de la evolución como un proceso de selección natural en la que los seres mejor dotados para adaptarse al medio en el que habitan sobreviven a los más fuertes, lo que explica las mutaciones que las especies transmiten a los sucesores.

La **transición** del movimiento romántico al Realismo (segunda mitad del siglo XIX) sucede de un modo gradual, fruto de una evolución en la que se va rechazando el idealismo exagerado y se va fijando la mirada en el entorno que, por su parte, el propio Romanticismo había contribuido a exaltar, por ejemplo, con la descripción de escenas, ambientes, tipos, objetos y otros elementos costumbristas. Incluso hay un período (1830-1850) durante el cual ambos movimientos se solapan.

Una **sociedad** cada vez menos apasionada y más preocupada por el bienestar material, el confort y la tranquilidad política, acentúa la agonía del Romanticismo. Ahora, lo importante es establecer una paz social que asegure un futuro sin sorpresas, ser prácticos, respetar los principios morales tradicionales y aplicarse al trabajo para fomentar la riqueza general. Se trata de un **ideal burgués** siempre contrario a las exageraciones de todo tipo –incluidos, por supuesto, los excesos revolucionarios, como los de 1830 y 1848 en Francia– y tan vilipendiado por los románticos, que le reprochaban su despreocupación hacia las «cosas inmortales». Con semejante planteamiento el Romanticismo caducaba ante la pujanza de las ciencias experimentales, el progreso tecnológico y los inventos científicos de la Revolución Industrial, que reclamaba la atención de la literatura a la **vida** y la **realidad cotidianas**.

1.2. Contexto histórico y social

Estos avances, que desde Inglaterra fueron extendiéndose a las naciones más potentes de Europa, constituyen, en fin, la ofensiva del **maquinismo**, que favorece también la expansión de la **literatura** gracias a las grandes tiradas que permiten las nuevas técnicas de impresión y los grandes medios de transporte, abaratándose de esta manera los productos (entre ellos, uno muy típico: el **folletín**). Entre los miles de inventos que tales avances propulsaron se cuentan el teléfono, el telégrafo, la bombilla eléctrica, la máquina de vapor, el automóvil, la explotación del petróleo, las centrales eléctricas, las armas…

Este fuerte proceso de industrialización se apoya en doctrinas como las del liberalismo económico o **librecambismo**•, que propició y fomentó la acumulación de grandes capitales en manos de una **alta burguesía** muy poderosa, una «**aristocracia del dinero**» muy ostentosa en sus hábitos sociales. La nueva «nobleza» resulta más atractiva que la tradicional, pues no se rige por lazos de sangre sino económicos (la pequeña y mediana burguesía media puede ascender a ella desde peldaños sociales y económicos inferiores). El **proletariado**, en cambio, sufre unas condiciones de trabajo y de vida humillantes, deshumanizadas, que llevan al **obrero** a adquirir conciencia de clase, origen de tensiones y consiguientes estallidos revolucionarios.

En ese contexto se produce la Revolución de **1848**, año asimismo clave del movimiento obrero, por la publicación del *Manifiesto comunista*, de Marx y Engels, acta del nacimiento del **marxismo** y principal motor ideológico de las conquistas del proletariado, al que se unirán otras doctrinas como el **anarquismo**, las distintas manifestaciones del **socialismo**, del **sindicalismo** y de la lucha por el **sufragio universal**, e incluso las doctrinas sociales de la **Iglesia Católica**.

Por otra parte, la observación de la realidad a la luz de las nuevas conquistas de la **Ciencia** conduce a un pensamiento cuyos cimientos más destacados son la **fisiología** y la **psicología experimental**; el **positivismo** como teoría y método de análisis y explicación utilitaria de la realidad; el **evolucionismo**, que, nacido en el campo de la biología, se trasvasará luego a las demás ciencias, incluida la economía; y el **experimentalismo**, surgido en el ámbito de la fisiología.

El escritor no escapa al signo del pensamiento de su época y a la dinámica social de la industrialización. Buscando el sustento personal, escribe para periódicos y revistas (donde frecuentemente publica **novelas por entregas**), y en su tarea artística recrea, desde luego, el mundo singular que observa y del que forma parte.

Vocabulario

Librecambismo o liberalismo económico, con su famoso lema del «laissez faire, laissez passer» ('dejad hacer, dejad pasar'). La fórmula consistía en regirse, en el trabajo y en el comercio, por la ley de la oferta y la demanda, en busca –por parte del empresario– de los máximos beneficios y los mínimos salarios, permitiéndose la intervención del Estado tan sólo –antes de los movimientos obreros– en los casos extremos de la relación trabajadores-patronos.

El vagón de tercera, de Honoré Daumier.

1.3. Características del Realismo

En términos generales, el Realismo, que alcanza su apogeo entre los años 1850 y 1870, se caracteriza por el rechazo de principios románticos como la imaginación y lo confesional, y la defensa del reflejo natural, histórico y social de la realidad. Pero otras características, teñidas del **cientificismo**, el experimentalismo y el positivismo de la época, perfilan este movimiento:

- Los **escritores** escriben para el único **público** posible: **la burguesía**, a cuyo gusto se subordinan, aunque no sin rebeldía crítica y hasta desprecio en ocasiones.

- La **novela** muestra al hombre en su **dimensión sociológica**. De ahí la **temática**, que recoge las **inquietudes y transformaciones sociales**, así como la **ausencia de preocupación moral** en las conductas.

- A ello se debe la selección de **personajes** marcados por los problemas de la vida cotidiana, una especie de jungla donde pululan oportunistas, arribistas, especuladores, avaros, nuevos ricos, marginados, etc., en busca de un ascenso social que proporcione **poder** y **dinero**.

- Los **espacios** y **ambientes** en que se desenvuelven los protagonistas se apoyan en atentas **observaciones y documentaciones** del mundo real por parte de los autores.

- Ligado al afán de testimonio y denuncia predomina el **objetivismo narrativo**.

- Las **técnicas** o **procedimientos narrativos** son «veristas», realistas hasta el detallismo, en la captación de los lugares y ambientes, de los personajes y su forma de hablar.

Balzac, por Rodin.

2. La novela en Francia: Stendhal y Balzac, Flaubert. Zola y el Naturalismo

En el largo trayecto que va desde su inicio (1830) hasta su ocaso (1880) se pueden distinguir **tres etapas** en el Realismo francés. La primera corresponde al período inicial: **Stendhal** y **Balzac** son considerados (con algún otro, como Merimée) los **artífices de la transición** entre el Romanticismo y el Realismo. La segunda es el período de consolidación, con **Flaubert** como novelista más representativo. Y la tercera corresponde al **Naturalismo**, última fase radical del Realismo, cuyo portavoz incontestable es **Zola**.

2.1. Primera etapa. Stendhal y Balzac

Stendhal, seudónimo de Henri Beyle (1783-1842), nació en Grenoble (Francia), pero vivió mucho tiempo en Italia, su segunda patria, donde desempeñó las funciones de cónsul. Allí escribió *Sobre el amor* (1822), una **monografía psicológica** que le sería de gran ayuda para definir la personalidad de los protagonistas de sus dos obras maestras, ambas basadas en hechos reales: *Rojo y Negro* (1830), donde analiza con sutileza la sociedad de la Restauración dominada por la aristocracia y el clero, y *La Cartuja de Parma* (1839), en la que describe la situación política del Primer Imperio (el «napoleónico»).

Las novelas de Stendhal, escritas en un **estilo** voluntariamente **conciso**, son **fiel espejo de la sociedad** de su tiempo; y el **realismo psicológico** de los personajes descansa en un frío análisis de los mecanismos que rigen los sentimientos y los móviles secretos del alma de aquellos.

Después de haberle dado pruebas de su amor, Matilde de la Mole, entre orgullosa y altiva, rebelándose contra el poder inmenso que Julián ejerce sobre ella y a la vez temiéndole, se viene mostrando distante, orgullosa y altiva. El joven va a buscarla.

> *No habiendo encontrado al marqués, Julián se dirigió, más muerto que vivo, a la biblioteca, donde pensaba esperarle, y donde encontró a Matilde.*
>
> *Renunciamos a describir el dolor que experimentó al advertir la frialdad, el desdén que reflejó la cara de Matilde al verle entrar. Sólo diremos que Julián,*
> 5 *rendido al peso de su desventura, extraviado por la sorpresa, tuvo la debilidad de exclamar, con acentos de ternura infinita que brotaba del alma:*
>
> *—¿Pero es posible, Dios mío, que hayas dejado de amarme?*
>
> *—¡Me horroriza el solo pensamiento de haberme entregado al primer advenedizo! —contestó Matilde, llorando de rabia contra sí misma.*
>
> 10 *—¡Al primer advenedizo! —bramó Julián, abalanzándose como un loco sobre una espada vieja de la Edad Media, que se guardaba en la biblioteca como objeto curioso.*
>
> *Su dolor, inmenso a juicio suyo en el momento de dirigir la palabra a Matilde, se centuplicó al ver las lágrimas que la vergüenza arrancaba a los ojos de*
> 15 *aquella. Matarla habría sido para él la mayor de las dichas.*
>
> *Mas no bien consiguió, no sin dificultad, desenvainar la espada, Matilde, estremecida de gozo al sentir una emoción nueva, avanzó altiva hacia él. Sus lágrimas se habían secado.*
>
> *Surgió en la imaginación de Julián la imagen del marqués de la Mole, a quien*
> 20 *era deudor de tantos favores.*
>
> *—¿Y he de matar a su hija? —se dijo—. ¡Qué horror!*
>
> *Hizo ademán de arrojar la espada, mas ante el pensamiento de excitar la hilaridad de Matilde [...], recobró instantáneamente su sangre fría. Después [...] la envainó y volvió a colocar, con tranquilidad aparente, en el lugar de*
> 25 *donde la había tomado.*
>
> *Matilde contemplaba extasiada aquellos movimientos, que tuvieron un minuto largo de duración. La idea de que había estado a punto de morir a manos de su amante la transportaba a los más hermosos tiempos del siglo de Carlos IX y de Enrique III. Inmóvil como una estatua delante de Julián, fijaba en*
> 30 *él sus ojos, de los cuales había desaparecido ya el odio. Temiendo, sin embargo, ceder a una debilidad que la habría convertido en esclava del hombre con quien tan enérgica acababa de mostrarse, huyó.*
>
> *—¡Qué hermosa es, Dios mío! —murmuró Julián, viéndola correr—. ¡No hace cuatro días, ese ángel caía rendido en mis brazos!... ¡No volverán esos instan-*
> 35 *tes... y la culpa es mía! ¡Qué desgraciado me hace mi carácter!...*
>
> Stendhal: *Rojo y negro.*

Argumento de *Rojo y negro*

El protagonista, Julián Sorel, hijo de campesino, aprovecha su puesto de preceptor en la familia del señor de Rênal para conquistar a la esposa de este último. Dispuesto a demostrar que puede superar su condición de plebeyo impuesta por un destino injusto, seduce, ya instalado en París, a la altanera hija del marqués de La Mole, Matilde, que se queda embarazada. Enterada de los preparativos de la boda, la señora de Rênal se siente traicionada por su amante y lo denuncia. Indignado, Julián le dispara dos tiros sin llegar a matarla y por ello es condenado a la guillotina.

Actividades

1. ¿Cómo se muestran los caracteres de los dos personajes enfrentados? ¿Cómo son sus emociones? Señala algunos elementos lingüísticos que las descubren.

2. ¿Qué influencia parece tener la actitud de Matilde ante la reacción de Julián Sorel? ¿Cuál te parece el momento más detestable?

3. ¿De qué tacha Matilde a Julián? ¿Hay algún otro sentimiento que el del amor en Sorel?

NÚCLEO IV: De la Edad Moderna a la Edad Contemporánea

Detalle de un grabado de *Eugenia Grandet*.

Argumento de *Eugenia Grandet*

Esta obra forma parte de *Escenas de la vida provinciana*. Es el drama de la incomprensión originado por la codicia. Cuenta cómo la avaricia de carácter patológico en un padre, el señor Grandet, anula los sentimientos paternos e impide la felicidad de su hija, Eugenia, quien, tras haber descubierto el amor verdadero con su primo, se ve obligada a casarse, rica pero desilusionada, con un hombre mayor al que no ama.

Vocabulario

Luis: moneda de oro de la época.

Más conservador ideológicamente que Stendhal pero más progresista en lo artístico y más profundo en la captación social de la época, **Honoré de Balzac (1799-1850)** conserva del Romanticismo la visión imaginaria de la realidad y aporta el constante empeño en describir con minuciosidad las costumbres y los personajes de su tiempo. La **unidad de la obra literaria balzaquiana** (casi un centenar de títulos), impuesta por un marco común (como el de las cuarenta y seis novelas reunidas bajo el título de *La comedia humana*), se refuerza con la aparición de unos **mismos personajes en diferentes novelas** y por su construcción en torno a **tres ejes básicos**: *Estudios analíticos*, *Estudios filosóficos* y *Estudios de costumbres*. Para abarcar todas las **facetas de la vida social**, Balzac articula estos últimos en seis apartados, encabezados por el epígrafe «Escenas de» seguido del campo objeto del estudio: **la vida privada, la vida provinciana, la vida parisiense, la vida política, la vida militar** y **la vida rural**.

La importancia de Balzac en la literatura universal se debe tanto a la diversidad de los **tipos sociales** abordados como a la intensidad con que los analiza y los describe, con un **método** análogo al de los naturalistas que estudian a los seres humanos como si fueran especies zoológicas. Ese enfoque revela que se estaba preparando firmemente en Francia el triunfo de la corriente realista.

Entre sus muchas obras famosas, merecen destacarse *Eugenia Grandet* (1833), *Papá Goriot* (1835) y *Esplendor y miserias de las cortesanas* (1838-1847).

Para el señor Grandet, el hombre más rico y más avaro de Saumur, ha llegado el momento de entregar su alma a Dios, mas la proximidad de la muerte no altera en nada la personalidad del moribundo.

Por fin llegaron los días de agonía, durante los cuales la fuerte contextura del buen hombre luchó contra la muerte. El avaro quiso permanecer sentado en el rincón del fuego, delante de la puerta de su despacho; atraía hacia sí, arrugándolas, todas las mantas que su hija le ponía, diciéndole
5 *muchas veces a Nanón:*

—Aprieta, aprieta eso para que no me roben.

Cuando podía abrir los ojos, donde se había concentrado toda su vida, los volvía inmediatamente hacia la puerta del despacho, donde se amontonaban sus tesoros, preguntándole a su hija con un tono de voz que revelaba un gran pánico:

10 *—¿Están ahí?*

—Sí, padre mío.

—¡Vigílalo!... ¡Ponme oro delante!

Eugenia le colocaba algunos luises• sobre una mesa, y el avaro permanecía horas enteras con los ojos fijos en los luises, como el niño que, en el momen-
15 *to en que empieza a ver, contempla estúpidamente el mismo objeto y, como el niño, se le escapaba algunas veces una sonrisa penosa.*

—¡Esto me reanima! —solía decir Grandet, dejando aparecer en su rostro una expresión de beatitud.

Cuando el cura de la parroquia fue a administrarle los últimos sacramentos, los ojos del avaro, muertos aparentemente hacía ya algunas horas, se animaron al ver la cruz, los candelabros y la pila de plata, que miró fijamente, y su lobanillo se dilató por última vez. Cuando el sacerdote le aproximó a los labios el crucifijo de plata sobredorada para hacerle besar la imagen de Cristo, Grandet hizo un espantoso esfuerzo para cogerlo, y aquel último esfuerzo le costó la vida. El moribundo llamó a Eugenia, a quien no veía, a pesar de que estuviera a su lado arrodillada y de que le bañaba con lágrimas sus manos frías, diciéndole:

—Padre mío, bendígame...

—Ten mucho cuidado de todo. Me rendirás cuentas allá —dijo, demostrando con esta última palabra que el cristianismo debe ser la religión de los avaros.

H. de Balzac: *Eugenia Grandet*.

Actividades

4. ¿Cómo consigue Balzac describir la avaricia de Grandet sin caer en la caricatura? No obstante, ¿hay alguna ironía del narrador?

5. El humor no contradice el realismo de la descripción de los últimos momentos de Grandet en esta tierra, ¿de qué humor se trata y en qué consiste?

2.2. Segunda etapa. Flaubert

A **Gustave Flaubert** (1821-1880) se le considera el máximo representante del Realismo. Más allá de ofrecer a sus lectores «una descripción fotográfica de lo que describía», según pretendió, su realismo se caracteriza por tres rasgos fundamentales:

- La preocupación por una **sólida documentación**.

- La **impersonalidad de un narrador**.

- La búsqueda apasionada de la **belleza formal** mediante la perfección del estilo: sonoridad y colorido del lenguaje, el ritmo y la armonía de la prosa.

Su primera obra maestra, *Madame Bovary* (1856), retrata tanto su tiempo como su propia personalidad («Madame Bovary soy yo», dijo Flaubert), recreando la vida en toda su autenticidad, con una protagonista que se debate trágicamente entre la realidad y sus ilusiones y deseos, a menudo desmesurados. Con *Salambó* (1862) decide escribir una novela histórica en el marco de las guerras púnicas, con una exitosa evocación de aquella civilización brillante, aprehendida en su color original que, en determinados pasajes, tiene visos de documental. Y en *La educación sentimental* (1869) confronta experiencias afectivas y entorno político y social.

Argumento de *La educación sentimental*

En *La educación sentimental*, un estudiante de provincia, Frédéric Moreau, lleno de ilusiones románticas como Emma Bovary, se instala en París para realizar sus sueños. Sin embargo, el contacto con la triste realidad, junto con el inexorable paso del tiempo, da al traste con todos sus proyectos, incluida la conquista de la señora Arnoux, de la que se había enamorado siendo aún adolescente.

NÚCLEO IV: De la Edad Moderna a la Edad Contemporánea

2.3. Tercera etapa. El Naturalismo. Zola

En la concepción naturalista subyacen tendencias como el pensamiento científico del **positivismo** y la **sociología**, el **evolucionismo** de Darwin y el **experimentalismo científico** de Claude Bernard. Esta actitud explica muchos de los rasgos naturalistas: exactitud en la descripción de los hechos, insensibilidad ante ellos, activismo para modificar la realidad y tendencia a recrearse en lo morboso, feo, obsceno y vulgar, lo que ocasionó la censura por la crítica conservadora de los años sesenta (Flaubert y los Goncourt son juzgados por inmorales y Baudelaire severamente multado).

Sobre estos principios va conformándose la narrativa del Naturalismo, cuyas **características sustanciales** son las siguientes:

- La **novela** deja de ser un entretenimiento para convertirse en un **estudio científico** (social, psicológico, histórico) mediante el cual se pueda descubrir la «verdadera» realidad.

- Los **personajes** y sus **conductas** están condicionados por el ambiente o entorno social (determinismo social o fisiológico).

- Las **técnicas** pertinentes para la «disección» humana de esta novela «científica» parten de la observación de abundantes datos físicos, ambientales, sociales.

- Se practica la trascripción directa del **lenguaje hablado** como prueba de la procedencia social de los protagonistas.

- La **actitud narrativa** pretende ser **objetiva**, **impersonal**. El escritor no moraliza, aunque sí tiene un **propósito moral**: descubrir los vicios y lacras de la burguesía capitalista y mostrar las consecuencias de unas situaciones degradadas.

En conjunto, dos aspectos separan claramente el Naturalismo del Realismo: el **restar importancia a la perfección formal** y conceder prioridad a las **descripciones exageradamente realistas**, hasta el punto de caer a veces en la morbosidad.

El movimiento y la teoría naturalistas se gestaron en las tertulias que Zola organizaba regularmente en su casa de Médan, cerca de París, cuyos componentes, conocidos como el Grupo de Médan, no siempre participaron, como veremos, de las teorías nucleares de la corriente.

Los primeros autores en abonar el terreno de transición al Naturalismo son los hermanos **Edmond** (1822-1896) y **Jules Goncourt** (1830-1870), quienes conciben la novela como una rama de la historia contemporánea, de cuya realidad se extraen los personajes y sus historias. En un primer momento se circunscriben a «documentos humanos», a casos patológicos como en *Germinia Lacerteux* (1865), novela en la que narran la vida desafortunada de una criada enferma de tuberculosis. Sin embargo, los excesos del Naturalismo les desagradaban, por lo que, sin renunciar a su doctrina, prestaron especial atención a la elegancia formal, con un estilo original y expresivo, cuidadosamente elaborado, conocido hoy como «estilo artista».

Conocer y saber

EL CASO DREYFUSS

Zola intervino en el escandaloso *caso Dreyfus* (un oficial francés judío, condenado injusta y durísimamente por prejuicios sociales y raciales de sus compañeros) defendiendo al inculpado en el famoso artículo *Yo acuso* (1898), que provocó fuertes reacciones entre los partidarios y los contrarios al suceso. Este hecho derivó en la fuerte quiebra de la sociedad francesa a estas alturas de la III República.

Las espigadoras, de Jean-François Millet.

El Naturalismo en las letras es la vuelta a la naturaleza y al hombre, la observación directa, la anatomía pura, la aceptación y la representación de lo que existe.

Émile Zola: *El Naturalismo en el teatro.*

Zola es el creador y teorizador del Naturalismo literario. Si bien es cierto que sus primeras novelas (*Teresa Raquin*, 1867, y *Magdalena Férat*, 1868) contienen ya algunos elementos propios del Naturalismo, para observar la marca inequívoca del movimiento hay que esperar el ciclo de los *Rougon-Macquart*, elocuentemente subtitulado «Historia natural y social de una familia bajo el Segundo Imperio». En él aborda todos los **aspectos de la sociedad de la segunda mitad del siglo** XIX: los provincianos en *La fortuna de los Rougon* (1871), los financieros en *La codicia* (1872), los comerciantes en *El vientre de París* (1874), la Iglesia en *La falta del abate Mouret* (1875), el mundo de los alcohólicos en *La taberna* (1877), los advenedizos en *Nana* (1880), la burguesía en *Pot-Bouille* (1882), los mineros y las luchas obreras en *Germinal* (1885) y los campesinos en *La tierra* (1887).

Inspirado en el empirismo de la época (evolucionismo, genetismo, determinismo ambiental), Zola llega a dos conclusiones en su obra teórica ***La novela experimental***: a) la novela naturalista sustituye el estudio del hombre abstracto por el **estudio del hombre natural**, sometido a las leyes físico-químicas y determinado por la influencia de su medio social; y b) **el hombre no es libre de actuar**, su conducta está determinada por factores como la herencia genética, la educación y la clase social de donde procede.

Afortunadamente para la literatura, este enfoque fue sólo programático, pues Zola describió a sus contemporáneos de una manera veraz sin que su sensibilidad ni su imaginación quedasen neutralizadas por imperativos supuestamente «científicos».

El Grupo de Médan

En función de su personalidad y de su interpretación de la realidad, los contertulios de Médan escribieron novelas que se desviaban del canon doctrinal naturalista. Así, por ejemplo, **Alphonse Daudet** (1848-1897) destaca por su **sensibilidad y compasión hacia sus contemporános** (*El Nabab*, 1877).

ÉMILE ZOLA (1840-1902)

Nació en París, de padre italiano y madre francesa. Estudió Bachillerato (sin llegar a concluirlo) y luego se dedicó al periodismo en la capital francesa. Solidario con la clase obrera, militó en el socialismo. Parece ser que la lectura de *Germinia Lacerteux* de los hermanos Goncourt determinó su vocación de novelista. En 1870, inspirándose en *La comedia humana* de Balzac, decide escribir *Los Rougon-Macquart*, que consta de veinte títulos publicados entre 1871 y 1893. Contrariamente a lo que ocurrió con Balzac, el proyecto tuvo éxito, y Zola, al que le favoreció algún que otro escándalo, realizó con ello una muy provechosa operación financiera.

Biografía

Cartel homenaje a Maupassant, de C. Léandre.

Jules Vallès, en cambio, ofrece una **visión pesimista de la vida**, mostrando su preocupación social por los desheredados y su **rebeldía** frente a la familia, la sociedad o la política en *Los refractarios* (1866) y la trilogía titulada *Jacques Vingras* (1879-1886). Por su parte, **Joris-Karl Huysmans** (1848-1907) asegura la transición entre el Naturalismo y el **Espiritualismo**. En un primer momento se adhiere al credo naturalista, como se puede apreciar en *Las hermanas Vatard* (1879) y *En ménage* (1881). Pero a partir de *Contracorriente* (1884), se refugia en un idealismo que deriva hacia el ocultismo (*Allí*, 1891) e incluso hacia el misticismo (*Allá lejos*, 1891, *La catedral*, 1898).

El autor más interesante del Grupo es **Guy de Maupassant** (1850-1893), escritor encuadrado dentro de un Naturalismo de corte clásico por la **perfección expresiva**. Antes de adherirse al Grupo fue discípulo de Flaubert, quien le inició en la búsqueda de la originalidad, la crítica de los prejuicios burgueses y el arte literario, rasgos que ya muestra en *Bola de sebo*. Casi toda su obra, unas diez novelas y más de trescientos cuentos, con abundante material autobiográfico, rezuma **pesimismo** y **desesperación**. Describe, por ejemplo, una sociedad insolidaria, hipócrita, cobarde y sumida en la mezquindad en dos novelas importantes: *Una vida* (1883) y *Bel-Ami* (1885).

Argumento de *Bel-Ami*

Bel-Ami describe el ascenso de Georges Duroy en el mundo parisino del periodismo y del dinero, gracias al apoyo de una serie de mujeres influyentes que conquista y abandona con la misma facilidad tras haber conseguido dinero y poder. Cínico y sin escrúpulos, no duda en utilizar a su mujer para enriquecerse y obtener, por mediación del amante de esta última, la Legión de honor, lo que no le impide, a renglón seguido, divorciarse de ella por adulterio. Entonces, libre de toda atadura, se casa con la hija del director del diario donde trabaja para quedarse con la empresa.

En los **cuentos** describe de forma magistral con un **realismo simple**, una **ironía mordaz**, un sarcasmo demoledor y un humor socarrón la vida de los campesinos normandos (*Bola de sebo*, 1880; *Los cuentos de la becada*, 1883) y la angustia de los enfermos obsesionados por la idea de la muerte (*El miedo*, 1882; *El horla*, 1887).

3. La novela en Inglaterra: Dickens

En la Inglaterra de la Revolución Industrial la novela realista tiene su mejor representante en Charles Dickens (1812-1870), autor que conoció un **clamoroso éxito popular** ya con los divertidos *Papeles póstumos del club Pickwick* (1836-1837). Pero dos obras se han destacado sobre el resto de su producción: *Oliver Twist* (1838), donde denuncia la mísera vida del hampa y arremete contra las leyes de Pobres, tanto las tradicionales como las reformadas de 1834; y *David Copperfield* (1849), en la que los elementos sociales y autobiográficos se reflejan con buenas dosis de lirismo.

Biografía

CHARLES DICKENS

Dickens, de extracción social humilde (un padre burócrata, encarcelado por deudas; sus abuelos eran criados), tuvo una infancia triste, trabajó muy pronto como obrero manual y fue joven taquígrafo en el Parlamento, donde observó de cerca la actividad política. En su éxito se hacen realidad las posibilidades de la literatura con el desarrollo de la imprenta (entregas mensuales de más de 40 000 ejemplares) y el ascenso económico y social del escritor. En los desenlaces felices de sus novelas parece querer resarcirse de su propia infelicidad infantil.

Argumento de *Oliver Twist*

Oliver es un niño pobre criado en un orfanato tras la muerte de su madre en el parto. Pequeño y débil, es considerado problemático –debido a sus quejas de hambre y frío– por unos funcionarios crueles que provocan su abandono del centro y huida a Londres en busca de una mejor vida. Allí es víctima de ladrones callejeros que le obligan a cometer delitos. Acusado de robo por un anciano, acaba descubriéndose que es el pariente más cercano del muchacho. Finalmente, Oliver es adoptado por este anciano, a quien también heredará.

Con mordaz ironía y una soterrada ternura, Dickens traza la denuncia del crudo ambiente social en que el niño Oliver comienza a sufrir, a su temprana edad, los rigores de la vida, dando así, en los comienzos de la novela, el tono del relato.

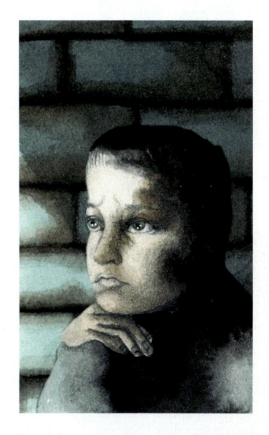

Después de haber cometido el imperdonable crimen de pedir doble ración, Oliver permaneció durante ocho días estrechamente encerrado en el calabozo donde le habían arrojado la misericordia y sabiduría del Consejo administrativo. Podría haberse ahorcado, haciendo honor a la predicción del profético señor del chaleco blanco, con sólo sujetar una de las puntas de su pañuelo a un clavo de la pared y suspenderse de la otra. Pero existía un obstáculo para la ejecución de este proyecto, y es que, por una orden expresa del Consejo, firmada, revisada y sellada por todos los individuos, se había prohibido a los pobres del hospicio el uso de pañuelos, por considerarlos un objeto de lujo inadmisible.

La tierna edad de Oliver era también otra dificultad, así es que se contentó con llorar amargamente durante días enteros. Al llegar las largas y tristes horas de la noche, se cubría los ojos con las manos para no ver la oscuridad, o se agazapaba en un rincón a fin de conciliar el sueño. Otras veces se despertaba sobresaltado y temblando y se pegaba a la fría y dura pared de su calabozo, como si buscase en ella una protectora contra las tinieblas y la soledad de que se veía rodeado.

Y no crean los enemigos del Sistema que durante su prisión se privó a Oliver de las ventajas del ejercicio, del placer de la sociedad, o de los consuelos de la religión. En cuanto a lo primero, como el tiempo era hermoso y frío, se le daba permiso para lavarse todas las mañanas con el agua de la fuente que había en un patio, en presencia del señor Bumble, quien, para impedir que se constipara, activaba en el chico la circulación de la sangre por medio de frecuentes bastonazos. Por lo que se refiere a la sociedad, le llevaban todos los días al refectorio de los niños, donde se le administraba un duro correctivo para el buen ejemplo y edificación de los demás. Finalmente, como consuelo religioso, le hacían entrar a patadas todas las noches en la sala, llegada la hora de rezar, y se le permitía oír la oración de sus compañeros, corregida y aumentada por el Consejo, en la que se recomendaba la virtud, la docilidad y la obediencia para preservarse de las faltas y vicios de Oliver Twist, que era un hijo de Satanás patrocinado por el diablo.

Dickens: *Oliver Twist.*

Actividades

6. ¿A qué peligros está sometido Oliver? ¿Cómo lo atenazaba el miedo?

7. Señala los castigos a que es sometido el niño y el modo irónico en que es presentado en cada caso. ¿Qué efecto causa en el lector esa narración desde la perspectiva irónica?

8. ¿Quiénes son los responsables de esta vida cruel y mezquina padecida ya desde la infancia, la edad más desvalida?

NÚCLEO IV: De la Edad Moderna a la Edad Contemporánea

En las obras de Dickens no se advierte –como en las novelas de Balzac, Flaubert, Maupassant– una valiente crítica contra el sistema opresor de la incipiente sociedad capitalista responsable en las grandes urbes de la aparición de un proletariado industrial. Dickens exalta los valores pequeñoburgueses entreverados de **sentimentalismo patriarcal** y **filantrópico**. Esta **actitud conservadora** con un deje de melodramatismo emocional tiene clara expresión en *Tiempos difíciles* (1854), novela en la que uno de los personajes, obrero de una fábrica, no se une a sus compañeros en huelga por solidaridad sentimental con su patrón.

Pero lo que nadie parece discutirle a Dickens es su maestría en las **minuciosas descripciones** de la vida real y en la precisión de los detalles, que avalan la autenticidad del contexto sociocultural de todas sus novelas (la niebla en *Casa desolada*, el ferrocarril en *Dombey e hijo*, la diligencia en *Pickwick*), así como su genio creador de **figuras humanas** inolvidables que, pese al paso de tiempo, siguen cautivando todavía el alma de los lectores sensibles.

En la estela de Dickens y dentro de la novela victoriana, sobresalen Thackeray, Trollope y las hermanas Brontë. **William Makepeace Thackeray** (1811-1863) es conocido por sus novelas *La feria de las vanidades* (1848) y *Henry Esmond* (1852), cuyo atractivo radica en una sabia mezcla de sentimentalismo y buen humor.

De **Anthony Trollope** (1815-1882) destaca, entre su copiosa producción, la serie de seis novelas de carácter clerical, titulada *Crónica de Barchester* (1857-1867), enmarcada en el mundo anglicano y con una ambientación claramente provinciana. La época victoriana queda retratada en su obra póstuma *Autobiografía* (1883).

Finalmente, la **hermanas Brontë** (Charlotte, 1816-1855; Emily, 1818-1848; y Anne, 1820-1849) cierran este ciclo. Hijas de un pastor anglicano, vivieron casi siempre solas en el campo, donde escribieron poemas y novelas de corte romántico pero con descripciones naturalistas. Entre las novelas más conocidas figuran: *Cumbres borrascosas* (1847), escrita por Charlotte y Emily; *Jane Eyre* (1847) y *El profesor* (1857), escritas por Charlotte; y, con menos éxito, *Agnes Grey* (1847), escrita por Anne.

4. La novela en Rusia: Dostoievski, Tolstói

El género novelesco, concebido en Rusia como instrumento de crítica social capaz de salvar la censura de un régimen despótico todavía vigente durante el siglo XIX, ofrece un carácter activista, pedagógico y hasta profético. Los rusos conservan el entusiasmo prerrevolucionario que tras 1848 en Francia e Inglaterra había decaído hasta llegar al desencanto social, también reflejado en la literatura. La novela rusa revitaliza ese panorama con un optimismo basado en la **concepción positiva del sentido de los sufrimientos y sacrificios humanos**. En consecuencia, las obras prestan su atención a los problemas sociales, convirtiéndose en **auténticos documentos de las condi-**

Intertextualidad

En los *Papeles póstumos del Club Pickwick* se han visto concomitancias con el *Quijote*; por ejemplo, en su arranque narrativo a partir de unos documentos copiados con sentido paródico (en este caso, de la novela inglesa del XVIII), el protagonismo de un hidalgo idealista, el contrapunto de un criado cuya figura supera a la del protagonista, la progresiva conformación de la personalidad de los personajes o las narraciones intercaladas con diversos estilos. Y en *Oliver Twist* se ha subrayado la continuidad de una trama clásica que remite a obras anteriores, como *Tom Jones* de Fielding, en torno al niño huérfano cuya legitimidad y herencia se acaban descubriendo.

ciones de vida del pueblo, con descripción de los valores de la Rusia tradicional encarnada en un campesinado miserable; y, en ese marco, reflejan la **psicología de personajes** dominados por pasiones, animados por grandes ideales y oprimidos por un medio social que no los comprende. Esta novela psicológica alcanza su madurez con Turgueniev y, sobre todo, con Dostoievski y Tolstói, escritores que han conferido a la literatura rusa del período comprendido entre 1850 y 1880 la categoría de «edad de oro».

Iván Turgueniev (1818-1883) contactó en París con los grandes escritores del momento (los Goncourt, Mérimée, Daudet, Zola, Maupassant, Flaubert). Y supo recrear con suma elegancia la **compenetración del hombre ruso** con el **paisaje o entorno**: «desnuda» la Rusia rural en los **breves relatos** de *Carnet de un cazador* (1852), analiza la sociedad contemporánea en su novela *Rudín* (1856), muestra su ideología liberal en *Nido de señores* (1859) y, en fin, presenta en la mayoría de sus novelas (*Padres e hijos*, 1862; *Humo*, 1867; *Tierras vírgenes*, 1877) el destino humano como una prueba dolorosa, en la que sus héroes, generalmente desgraciados en el amor, suelen acabar mal.

Fiódor Dostoievski (1821-1881) es el representante del **realismo psicológico**, con intensos **planteamientos morales** y una **preocupación religiosa** de carácter redentorista.

En 1846 publica su primera novela, *Pobres gentes*, que logra un éxito considerable. El favor del público se debió a la originalidad del **planteamiento moral y social** de la obra, pues en ella Dostoievski denunciaba el desequilibrio existente entre el anonimato social del individuo y la profunda calidad de su alma, destacando, además, «el valor supremo de la persona» dignificada por el sufrimiento.

Tras los duros avatares de su encarcelamiento, no sólo conocía la auténtica alma rusa por el contacto con los hombres del presidio, sino que había descubierto en la **religión** la única fuerza capaz de superar las desdichas humanas.

Fotograma de la adaptación cinematográfica de *Los hermanos Karamazov* (1958) dirigida por Richard Brooks.

El corazón de los hombres no es más que el campo de batalla en el que luchan Dios y el diablo.

F. Dostoievski: *Los hermanos Karamazov*.

Biografía

Dostoievski (1821-1881)

Sufrió una dura infancia y una adolescencia marcada por un padre autoritario y alcohólico. Tras la muerte de su madre, su padre moriría a manos de sus siervos. Estudió ingeniería y sirvió en el ejército hasta abandonarlo para dedicarse a la literatura. En 1846 es detenido y condenado a muerte por pertenecer a un círculo supuestamente subversivo. En el momento de ser pasado por las armas fue indultado y condenado a cuatro años de trabajos forzados. Esta farsa macabra no hizo sino empeorar el ya precario estado de salud del escritor, con ataques de epilepsia, cuyos primeros episodios había padecido de niño. El calvario duró en realidad diez años y Dostoievski los aprovechó para leer la *Biblia* y reflexionar sobre aspectos que hasta entonces habían sido meras especulaciones. Por otra parte, a lo largo de su vida, le acompañaron las dificultades económicas a pesar de su éxito literario.

NÚCLEO IV: De la Edad Moderna a la Edad Contemporánea

En este estado anímico Dostoievski reanudó su actividad literaria en San Petersburgo. Allí escribió sus principales y más conocidas novelas, casi todas con **planteamientos de tesis**. Así, *Humillados y ofendidos* (1861) es un intento de establecer una transición con *Pobres gentes*. Las *Memorias del subsuelo* (1864) es la denuncia de la soledad del hombre de la nueva civilización urbana y de lo absurdo del intelectualismo materialista; *Crimen y castigo* (1866) demuestra que la moral del amor supera la teoría del egoísmo racional; *El idiota* (1868) plantea problemas de carácter ético presentando a un personaje quijotesco; *Los demonios* (1871) deja bien sentado que el egoísmo y el ateísmo conducen a la inmoralidad y al despotismo; y, por último, *Los hermanos Karamazov* (1879-1880), su magna obra terminal, plantea la tesis de que, si el hombre deja de creer en Dios y en la inmortalidad del alma, no habrá posible regeneración moral.

Argumento de *Crimen y Castigo*

Crimen y Castigo describe, mediante un análisis psicológico penetrante, la evolución interna de un asesino, el pobre estudiante Raskólnikov, que mata a una vieja, a la que considera miserable, con el fin de salvar a su familia de la indigencia. Angustiado por la culpa hasta casi delatarse, recapacita, decide entregarse y cumple su castigo en Siberia.

Para **León Tolstói** (1828-1910), a diferencia de Dostoievski, el **elemento de redención del pueblo** no reside tanto en la religión como en **la instrucción**. Su realismo se basa en el análisis de las intenciones ocultas de los hombres con un planteamiento social en el que la educación conduce a la **felicidad terrestre**.

En 1853 escribe *Los cosacos* para expresar el sentimiento que le inspira **la naturaleza**, esa madre muy por encima de la cultura. Nueve años más tarde se casa y la felicidad que le aporta su esposa le permite entregarse plenamente a su vocación literaria. El fruto de esta armonía doméstica no se hace esperar: publica *Guerra y paz* (1864-1869), novela histórica que celebra la heroica gesta rusa contra el ejército de Napoleón y cuyos personajes son tomados de la realidad. Posee, además, un **mensaje moral**: no debemos imponer nuestra voluntad a los otros, y debemos aprender a aceptar con serenidad los contratiempos de la vida, incluida la muerte.

Anna Karenina (1873-1877) sigue con el mismo planteamiento: la civilización urbana está arruinando poco a poco a Rusia. Anna es víctima de la soledad, de la incomprensión de la sociedad que la rodea; no puede vivir sin amar con ilusión y es ese deseo el que la lleva al adulterio y finalmente al suicidio, entre un marido que no la entiende y el modo de vida artificial que imponen las grandes ciudades. Frente a la extensión y la fuerza épica de *Guerra y paz*, destaca en *Anna Karenina* una mayor **penetración psicológica** y una **descripción más fiel** de la realidad social rusa.

En *Resurrección* (1889) se describen los avatares de una joven que, tras ser seducida y abandonada por su amante, se ve obligada a prostituirse. Se trata de una **novela de tesis** en la que el escritor ruso expone, junto a su crítica a la hipocresía de la clase dominante, su credo filosófico-religioso: el «**tolstoísmo**» o doctrina de autoperfeccionamiento moral de carácter evangélico.

Biografía

Tolstói (1820-1910)

Padeció las contradicciones propias de quien pertenece a una clase noble y rica y, por otro lado, se preocupa de los más desvalidos. Asimismo, tuvo momentos de exaltación mística y otros en que fue excomulgado por su crítica a la Iglesia ortodoxa. Él mismo sintetizó alguna vez su compleja personalidad:

Soy el enfermo número uno de ese hospital de locos que es mi casa de Jasnaia Polaina. Temperamento sanguíneo. Categoría de los locos tranquilos. Mi locura consiste en creer que puedo cambiar la vida de los demás sólo con palabras. Síntomas generales: estoy descontento del actual régimen; desapruebo el mundo entero, exceptuándome a mí mismo; soy voluble e irritable, sin hacer caso nunca de quien me escucha.

Anna sigue viéndose con su amante, Vronski, pese a la exigencia de su marido de, al menos, no hacerlo en el domicilio familiar. Como ella no lo cumple, Karenina se lo reprocha en una tensa escena, donde se revelan aspectos muy interesantes de sus conductas.

Anna le dirigió una mirada extraña y temerosa.

—Ya sabe que le prohibí que recibiera aquí a su amante.

—Necesitaba verle para...

Anna se interrumpió, no sabiendo qué pretexto inventar.

5 *—No me interesan los motivos para los cuales una mujer casada necesita ver a su amante.*

—Sólo quería... —prosiguió Anna, enrojeciendo.

Pero la brusquedad de su marido la enardeció, devolviéndole su osadía.

10 *—¿Le parece, acaso, una proeza ofenderme? —le preguntó.*

—Se puede ofender a un hombre honrado, o a una mujer honrada; pero decir a un ladrón que es un ladrón, es simplemente la constatation d'un fait•.

—No le hubiera creído a usted capaz de esa nueva for-
15 *ma de crueldad.*

—¿Llama usted cruel al marido que da libertad a la mujer concediéndole un techo y un nombre honrados, con la sola condición de respetar las apariencias sociales? ¿Es eso cruel?

20 *—Si lo quiere usted saber, le diré que es peor. Es una villanía —exclamó Anna, en un arrebato de ira.*

Y levantándose, se dispuso a salir.

—¡No! —gritó él, con su voz aguda, que ahora era aún más penetrante, a causa de su irritación.

25 *Y la cogió por el brazo con sus largos dedos, con tanta fuerza, que dejó marcadas en la piel de Anna las huellas de la pulsera, al obligarla a sentarse.*

—¡Una villanía! ¿No emplearía usted mejor esa palabra aplicándola a quien abandona al marido y al hijo
30 *por el amante y sigue comiendo el pan del marido?*

Anna bajó la cabeza. No sólo no dijo lo que había dicho el día anterior a su amante, o sea, que él era su marido y que su esposo estaba de más, sino que ni siquiera lo meditó.

35 *Abrumada por la justeza de esas palabras, respondió, en tono resignado:*

—No puede usted juzgar mi situación más severamente de lo que yo misma la juzgo. Pero, ¿por qué dice usted eso?

40 *—¿Por qué se lo digo? —continuó él, exaltado—. Para que sepa que, no habiendo cumplido usted mi exigencia de que guardase las apariencias, tomaré mis medidas para poner fin a esta situación.*

Tolstói: *Anna Karenina.*

Vocabulario

La constatation d'un fait: en francés, 'la constatación de un hecho'.

● Actividades

9. ¿Cuál es la actitud de Karenina respecto a los acontecimientos? ¿Qué le preocupa fundamentalmente? ¿En qué podría llevar razón y cómo la pierde?

10. ¿Cómo actúa Anna? ¿Qué la mueve? ¿Algo le impide actuar de otra manera?

11. Compara la situación de la protagonista con un contexto actual, considerando también la clase social a la que pertenece.

NÚCLEO IV: De la Edad Moderna a la Edad Contemporánea

5. La novela en Portugal: Eça de Queiroz

La transición entre el Romanticismo y el Realismo en la literatura portuguesa se atisba en un libro de viajes y una novela rural del escritor romántico **Camilo Castelo Branco** (1825-1890), así como en la ambientación costumbrista e idílica de las novelas aldeanas de **Julio Díniz** (1839-1871).

Donde la novela alcanza su identidad realista es en la obra de **José María Eça de Queiroz** (1845-1890), considerado el creador y maestro de la novela moderna en Portugal y el de mayor universalidad.

En su visión de la vida, Eça de Queiroz combina los **datos realistas**, humorísticos y críticos, con penetrantes **análisis psicológicos** de los personajes. Su primera novela, *El crimen del padre Amaro* (1875), en torno a las funestas consecuencias del celibato y al fanatismo religioso ambientada en una sociedad satírica y amargamente retratada, causó escándalo al ser recibida como un ataque anticlerical.

Literariamente se declara discípulo directo de Flaubert, sobre todo en su segunda novela, *El primo Basilio* (1878), cuyo tema emparenta con *Madame Bovary*. No obstante, el portugués supera al francés en el **estilo**, más **libre y cálido** que el de la frase rítmica controlada y fría de éste; y en un mayor **objetivismo**, al abstenerse el narrador de intervenir –opinando, calificando, comentando– en la historia, pese a la dureza de la crítica que se desprende de la novela y que el autor declaradamente pretendió. En la obra destaca la vigorosa caracterización psicológica de los personajes.

En otras novelas, Eça de Queiroz sigue componiendo con crudeza crítica el **friso de la vida lusitana**, alrededor de diferentes temas y tramas: la degeneración de la alta burguesía y el incesto en *Los Maias* (1888) o la decadencia de la aristocracia rural en *La ilustre casa de Ramires* (1897), donde propugnaba una regeneración al modo del 98 español, al igual que en su obra póstuma, *La ciudad y las sierras* (1901), visión nostálgica del campo portugués. Asimismo escribió **relatos breves**, una docena de los cuales aparecerían recogidos en el volumen de *Cuentos* publicado en 1902.

Argumento de *El primo Basilio*

La protagonista, Luisa, lectora de novelas románticas y casada con Jorge, ingeniero que viaja por temporadas, vuelve a los amores de su primo Basilio, antiguo novio de juventud, que ha regresado triunfante y seductor de Brasil. Juliana, su criada, que odia a Luisa, la extorsiona con unas cartas comprometedoras de Basilio; eso le permite desenvolverse en la casa con aires de privilegio, lo que extraña al marido. En una actitud cobarde, Basilio se va a París. Aunque Luisa intenta recuperar la vida familiar, el lector sospecha que en el fondo ella habría sido feliz saliendo de la rutina de su vida y conquistando la libertad con la que intenta realizarse como mujer. Pagará por ello, pues, aunque la criada –que antes ha sido acusada de ladrona de las cartas por el mismo Jorge– fallece y su marido la perdonaría, Luisa enferma de fiebre nerviosa y finalmente también muere.

Biografía

EÇA DE QUEIROZ

Nació en una época de convulsiones políticas y sociales. Estudió Leyes en Coimbra, donde fue miembro de la conocida como «generación de Coimbra», que en 1866 forjó los cimientos del realismo portugués, cuyos postulados defendería, junto a la función social del arte, en 1871 durante su participación en unas «Conferencias del Casino» de Lisboa. Entró en la vida política, donde llegó a ser nombrado gobernador, y luego en la carrera diplomática. Ejerció como cónsul en La Habana, Inglaterra y París, ciudad en la que moriría. La literatura y la cercanía al poder parece que fueron restándole ardor combativo en su ideología progresista. Sin embargo, en la distancia y la vida cosmopolita de sus destinos fraguó su mejor estilo narrativo y su visión más crítica de la vida social portuguesa.

Tema 8. Realismo y Naturalismo

Intertextualidad

LA MUJER EN LA LITERATURA REALISTA Y NATURALISTA

Anna Karenina se identifica con Emma Bovary en el problema moral e incluso en muchos rasgos de su personalidad y de su conducta (como también con Nora, de *Casa de muñecas*, y la protagonista de *La señorita Julia*). Está muy cerca de ellas la protagonista de *La Regenta* de Clarín, Ana Ozores, quien en un agobiante ambiente provinciano se debate de manera similar entre la insatisfacción afectiva y la seducción amorosa de dos personajes que se la disputan. Otros personajes femeninos de la literatura realista española protagonizan el tema sustancial del amor y su experiencia en ámbitos y con modos diversos. Por ejemplo, en *Fortunata y Jacinta*, de Pérez Galdós, las mujeres encarnan dos formas distintas de la figura femenina, en ambientes asimismo opuestos; mientras que, por el contrario, *Pepita Jiménez*, de Juan Valera, aunque desarrollada en el medio rural, idealiza a la mujer en una propuesta original de realismo con un perfil de idealismo clasicista.

6. La novela en los Estados Unidos: Mark Twain

La brillante trayectoria de la novela estadounidense en este siglo (E. A. **Poe**, N. **Hawthorne** y H. **Melville**) alcanza su cumbre con la obra realista de **Mark Twain** (1835-1910).

Mark Twain vive en una **América en expansión** económica, industrial y territorial (en el horizonte aparece como tierra de promisión el Oeste). Es el momento de la emancipación de los esclavos y nace, a costa de la vieja aristocracia colonial, una clase media de propietarios.

Entre todas sus obras, dos han merecido especiales elogios críticos: *Las aventuras de Tom Sawyer* (1876) y *Las aventuras de Huckleberry Finn* (1885), ambas protagonizadas por dos muchachos amigos, prototipos de **jóvenes** en el **medio social** antes descrito, llenas de vicisitudes y de gozosa **ironía**, en buena parte procedentes de experiencias autobiográficas, personales o cercanas. Y han sido estimadas como **epopeyas** de los pioneros del Oeste Medio americano, en la **frontera de la civilización**, de la colonización con sus incipientes y míseras ciudades y sus personajes de conducta elemental. En ese territorio **se confrontan** los **mundos** de la infancia y de los adultos, de la civilización y la región salvaje, de la inocencia y del mal; a la vez que es el ámbito donde también se produce una **armonía** entre seres de heterogénea condición.

La primera alcanzó mucho éxito entre los jóvenes; la segunda ha sido valorada como una de las obras maestras de la literatura universal y su protagonista elevado en ocasiones a la altura de los grandes mitos literarios (Fausto, don Quijote, Hamlet), aunque al principio fuese también estimada más como obra juvenil, cuyo humorismo entretenía al público de todas las edades.

Mark Twain escribió otras narraciones en las que daba continuidad al Tom Sawyer aventurero (1878) pero en distintos ámbitos y quehaceres (como detective, en el extranjero). Otras obras acentuaban los efectos

Argumento de *Las aventuras de Huckleberry Finn*

En este libro se narran las vicisitudes de un chaval marginado que, huérfano de madre e hijo de un borracho, había sido recogido por personas caritativas. El padre, seducido por el dinero de la renta de un tesoro (hallado por Huck al final de *Tom Sawyer*), lo rapta para obtener un rescate. El chico logra con habilidad escapar y emprende con el negro Jim (personaje también de la novela anterior, muy amigo de los dos muchachos, esclavo de una de las mujeres que protegían a Huck y amenazado de ser vendido públicamente) una huida hacia el Sur por el Mississippi durante la que viven inquietantes aventuras, siempre protegiendo al esclavo. Escapando de dos impostores, Jim, confundido con otro negro fugitivo, es finalmente apresado, y Huck es confundido con otro al que esperan y que resultará ser Tom Sawyer. Fracasado un romántico plan de fuga de este para liberar a Jim y reconocido él mismo por una parienta, Tom descubre que Jim ha sido liberado en el testamento por su propietaria que ha fallecido; y Jim tranquiliza a Huck respecto a los temores por su padre, confesándole que lo vio muerto durante la aventura de la cabaña flotante, en su escapada por el Gran Río.

NÚCLEO IV: De la Edad Moderna a la Edad Contemporánea

Biografía

Mark Twain

Samuel Langhorne Clemens, que adoptó el seudónimo de Mark Twain (en homenaje a los pilotos de barcos del río: «marca dos» sondas o brazas, la medida técnica del calado mínimo para la navegación fluvial), nació y se crió a orillas del Mississippi, en el estado esclavista de Missouri. Ejerció oficios diversos: aprendiz de imprenta y tipógrafo, periodista, escritor de relatos de viajes, aventurero de fortuna, soldado del Sur en la Guerra de Secesión, comerciante de madera, buscador de plata en minas de Nevada y de oro en California, corresponsal en Hawai, Europa y Tierra Santa. Casado en 1870 con la hija de un adinerado progresista que contribuyó a la liberación de muchos esclavos, se establece al año siguiente en el noreste (Connecticut), donde aparte de alguna fracasada empresa comercial, contacta con los escritores de Nueva Inglaterra, cuyo influjo recibe; es activo en su lucha contra el capitalismo y progresivamente reconocido como gran escritor. Su pesimismo y humor negro le llevaron al final de su vida a crear un Club de Almuerzo que denominaron «La Condenada Raza Humana».

humorísticos y pesimistas, buceando en la historia, como *Un yanqui en la corte del rey Arturo* (1889); criticaban la actualidad como en *La edad dorada* (1896); o, en fin, se sumían en un radical pesimismo, como en *El hombre que corrompió a Hadleyburg* (1900).

Otros autores también trataron los temas candentes de la sociedad. Así ocurre con el de la negritud y el esclavismo, desde *La cabaña del tío Tom* (1852) de **Harriet Beecher-Stowe** (1811-1896) a los cuentos en torno a la figura del Tío Remus, de **Joel Chandler Harris**, basados en mitos y leyendas africanos y escritos en el inglés de los afroamericanos. Otros relatos se centran en las aventuras del Oeste, como los de **Bret Harte** (1836-1902), o en la Guerra Civil, como *La insignia roja del valor* (1895), de **Stephen Crane** (1871-1900). Y, ya iniciado el siglo XX, cabe destacar la inconclusa trilogía *El trigo* (1902 y 1903) de **Frank Norris**, al modo naturalista de Zola, con conductas y ambientes sórdidos en torno al cultivo y las implicaciones económicas en el comercio de ese cereal; o *La llamada de la selva* (1903), narraciones sobre el Oeste lejano y sobre Alaska de **Jack London**.

En su huida por el Mississippi buscando la ciudad de Cairo, en la confluencia con el Ohio, donde venderían la balsa en que navegan y embarcarían en un vapor para subir por este último río hasta alcanzar los estados libres, le asaltan a Huck dudas de conciencia sobre su conducta respecto al negro esclavo y amigo Jim.

Así era, y no lograba justificar mis actos de ningún modo. Aquí estaba lo que me dolía. La conciencia va y me dice:

—¿Qué mal te había hecho la pobre miss Watson para ver cómo su negro tomaba las de Villadiego ante tus propias narices, y tú sin decir esta boca es mía?
5 *¿Qué te hizo esa pobre anciana que fuiste capaz de tratarla tan mezquinamente? Mira ¡pero si incluso intentó enseñarte a leer en tu libro, y enseñarte buenos modales, y probó ser buena contigo de todas las maneras que se le ocurrían! Eso es lo que te ha hecho.* [...]

Jim no dejaba de hablar en voz alta, mientras yo lo hacía para mis adentros. Decía que lo primero que iba a hacer en un Estado abolicionista sería ahorrar dinero y no gastar un solo centavo, y cuando tuviera reunido suficiente dinero iría y compraría a su mujer, que era propiedad de unos granjeros que estaban cerca de donde vivía miss Watson, y luego él y su esposa trabajarían para comprar a sus dos hijos, y si el dueño de estos se negaba a venderlos, irían a buscar un abolicionista para que los robase.

Oírle decir todo aquello me dejaba casi helado. Nunca antes en toda su vida se habría atrevido a hablar de aquella manera. Había que ver de qué modo cambiaba en el mismo instante en que creía estar a un paso de ser libre. Todo concordaba con el antiguo dicho, según el cual «le das una mano a un negro y él se tomará todo el brazo». Pensé que aquello era el resultado de no haberme detenido a pensar antes. Junto a mí estaba el negro que podría decirse que había ayudado a fugarse, y que con todo el descaro del mundo me decía que pensaba robar a sus hijos, unos hijos que eran propiedad de un hombre al que yo ni siquiera conocía, un hombre que jamás me había causado el menor daño.

Me daba pena oír a Jim hablar de aquella forma, ya que al hacerlo caía muy bajo ante mis ojos. La conciencia se puso a azuzarme con más fuerza que nunca, hasta que por fin le dije:

—Déjame tranquilo…, aún no es demasiado tarde. Remaré hacia la orilla en cuanto vea una luz y lo contaré todo.

Inmediatamente me sentí tranquilizado, feliz y ligero como una pluma. Todas mis preocupaciones se desvanecieron. Me puse a buscar una posible luz en la orilla, aguzando la vista al máximo y, al mismo tiempo, canturreando en voz baja. Al poco se vio una. Jim exclamó:

—'Tamos a salvo, Huck, 'tamos a salvo. Levántate y muévete, que aquello es el bendito Cairo por fin. Sé que lo es, seguro.

Yo le digo:

—Iré a echar un vistazo en la canoa, Jim. Podría ser otro lugar, ¿sabes?

Pegó un bote y preparó la canoa, y puso su vieja chaqueta en el fondo para que me sentara encima, y me dio el remo, y al partir me dice:

—Pronto cantaré de gozo y diré: «Esto se lo debo todo a Huck. Soy libre, y nunca habría podido serlo si Huck no me hubiera ayudado. Huck me ha dado la libertá». Jim nunca se olvidará de ti, Huck. Eres el mejor amigo que jamás ha tenío Jim, y eres el único amigo que el viejo Jim tié ahora.

Yo sudaba a mares a fuerza de darle al remo para llegar cuanto antes a la orilla y contarlo todo; pero cuando él dijo esto, me dio la sensación de que me desinflaba, y seguí remando, sólo que ahora despacio, y sin estar seguro de si me alegraba o no de haber emprendido la travesía hacia la orilla.

Mark Twain: *Las aventuras de Huckleberry Finn.*

● Actividades

12. ¿Qué tema se trata en este fragmento? ¿Desde qué posiciones?

13. Describe la conducta del negro Jim: ¿qué le mueve?, ¿cómo se manifiesta? ¿Añade algo la transcripción fonética de su habla?

14. ¿Entre qué pensamientos se debate Huck? ¿Cuál predomina más en él? Señala los instantes más significativos.

15. ¿Cómo era la situación de los negros según se desprende de este fragmento? Confróntala con lo que sepas de la actual en la sociedad norteamericana.

NÚCLEO IV: De la Edad Moderna a la Edad Contemporánea

Fotograma de *Germinal* (1993), de Claude Berri.

El relato realista en el cine

El atractivo de las historias contadas –con sus grandes frescos humanos y sociales y la compleja profundidad de sus personajes individuales–, han merecido la atención de la mejor cinematografía y de series televisivas. Así, se han realizado adaptaciones fílmicas de, entre otras muchas novelas, *Rojo y negro*, *Madame Bovary*, *Naná*, *Germinal*, *Oliver Twist*, *David Copperfield*, *Cumbres borrascosas*, *Crimen y castigo*, *Los hermanos Karamazov*, *Guerra y paz*, *Anna Karenina*, *El crimen del padre Amaro*, *El primo Basilio*, *Las aventuras de Tom Sawyer*, *Las aventuras de Hucklberry Finn*; así como de las piezas teatrales *La gaviota*, *El tío Vania*, *Casa de muñecas* y *La señorita Julia*.

7. El cuento y el teatro: Chéjov, Ibsen y Strindberg

7. 1. Antón Chéjov

Argumentos de relatos de Chéjov

Entre los relatos más destacados figuran:

Vanka (1884), donde un angustiado chiquillo aprendiz de zapatero rememora, desde la ciudad, la etapa feliz del pueblo, y pide a su abuelo que vaya a rescatarlo en una carta que, se sospecha, nunca recibirá el anciano;

El pabellón n.º 6 (1892), en el que el médico director del manicomio traba amistad con uno de los pacientes y acaba internado en la misma sala que él;

La dama del perrito (1899), un relato del amor entre un hombre, sumido en el tedio y la monotonía, y una mujer, infeliz y melancólica, que, en lugar de discurrir por la vía del simple adulterio se transforma en una poética historia amorosa; o su última narración,

La novia (1903), cuya protagonista es una muchacha que, después de muchas dudas y aconsejada por su amigo, va a estudiar a la ciudad, vuelve al terminar los exámenes y encuentra que su amigo ha muerto, comprendiendo entonces que su vida en la ciudad ha sido inútil.

Como hemos visto, muchos de los escritores simultanean la escritura de novelas con la de relatos cortos, terreno en el que se consiguen excelentes frutos narrativos. Particularmente sucede a partir de Nathaniel Hawthorne, a quien E. A. Poe ve como iniciador del cuento moderno, cuyos ingredientes constructivos son seleccionados y vertebrados en función del efecto único o sencillo final. Pues bien, incluso respecto a esta modernidad ofrecen una sorprendente progresión los relatos de Chéjov. Le habían precedido, no obstante, otros narradores dignos de resaltar, como **Vladímir Korolenko** (1853-1921) y **Vsiévolod Mijáilovich Garshin** (1855-1888).

En línea con los grandes narradores del siglo XIX, los relatos de **Chéjov** (1860-1904) han sido considerados como «enciclopedia de la vida rusa» de finales de siglo. El autor se aleja del costumbrismo tradicional para criticar la **falsedad de las vidas** de sus personajes, seres corrientes sometidos a destinos mediocres. De manera que el **vivir** y la propia **incomprensión de los personajes** hacia el mundo en que viven se constituyen en **temas nucleares** de su obra, tratados frecuentemente con **humor**. Elige para su desarrollo una técnica basada en el **minimalismo formal** y en la **profundización poética** hacia el interior de sus criaturas, **en detrimento de la acción externa**. Así, elabora sus relatos, de extensión variable (de dos a cincuenta páginas) y a veces apenas esbozados, con una «**construcción**» carente de principio, final e intriga. El **estilo**, caracterizado por la precisión y la economía lingüística, le lleva a enfocar los pequeños detalles descriptivos y narrativos que remiten a elementos más amplios hasta conseguir los **máximos efectos de sugestión**. Chéjov es un maestro de la captación **crítica**, **intensa**, **pesimista** pero con gran **sensibilidad humana**, de la tragedia y la mezquindad de las pequeñeces de la vida cotidiana.

Tema 8. Realismo y Naturalismo

● Actividades

En el hospital que dirige, Andrei Efímych dialoga con Iván Dmítrich, un joven internado por manía persecutoria pero con unas «enormes ganas de vivir» y una clarividente inteligencia, a quien pretende convencer de una filosofía de la vida que este rechaza contundentemente, pues las enseñanzas de «los estoicos, a los que usted quiere imitar [...] no son prácticas ni aptas para la vida», como el mismo médico experimentará en carne propia.

En una palabra, usted no ha visto la vida, de ella no sabe absolutamente nada y conoce la realidad sólo en la teoría. Desprecia usted el sufrimiento y no se asombra ante nada por una razón muy simple: vanidad de vanidades, externo e in-
5 *terno desprecio a la vida, a los sufrimientos, a la muerte, comprensión, auténtica felicidad; todo eso es filosofía, la más acorde al tumbón ruso. Ve usted, por ejemplo, cómo un mujik* está pegando a su mujer. ¿Para qué meterse? Que le pegue, igual se morirán los dos tarde o temprano, y el que*
10 *pega, con los golpes denigra no a aquel que pega, sino a sí mismo. Es estúpido emborracharse, no está bien, pero si bebo moriré y si no bebo también. Viene a verle una mujer, le duelen los dientes... Bueno, ¿y qué? El dolor es una representación del dolor y además sin enfermedades no se puede vivir en este mundo; todos nos hemos de morir, y por eso, mujer, vete, vete por ahí, no me*
15 *molestes en mis meditaciones, no interrumpas mis tragos de vodka. Un joven le pide consejo, qué hacer, cómo vivir; antes de contestar, otro se lo pensaría, pero con usted la respuesta ya está hecha: aspira a la comprensión, muchacho, o a la auténtica felicidad. ¿Y qué es esta fantástica «auténtica felicidad»? No hay respuesta, claro. Nos tienen aquí entre rejas, nos dejan pudrirnos, nos martirizan, y sin embargo todo esto es maravilloso y*
20 *razonable, porque entre este pabellón y un cuarto cálido y confortable no hay diferencia alguna. Una filosofía cómoda: no hay nada que hacer, la conciencia limpia y además te sientes como un sabio... Pues no, mi querido caballero, esto no es filosofía, no es pensamiento, ni amplitud de miras, sino pereza, faquirismo y sopor lelo... ¡Sí! –nuevamente se irritó Iván Dmítrich–. Desprecia usted el sufrimiento, ya, pues yo estoy seguro de que si se*
25 *coge un dedo con la puerta se pondría a chillar como un energúmeno.*

Chéjov: *El pabellón nº 6.*

Mujik: campesino, en lenguaje coloquial de la época zarista. Tienen estos campesinos su origen en los siervos a quienes en 1861, con la libertad, se les concedió una parcela para su cultivo.

16. ¿Qué concepciones contrapone Ivan Dmítrich en su argumentación? ¿Cuál es la que él defiende? ¿Con qué razones argumenta a favor y en contra?

17. ¿En qué aspectos concretos sustenta su razonamiento?

18. Las palabras del personaje destilan un continuo sarcasmo: ¿en qué reside ese tipo de ironía?

19. Escribe unas líneas sobre tu visión personal respecto a la vida teniendo en cuenta las argumentaciones del texto.

Tras unos intentos fracasados (como en la novela), Chéjov consiguió también el éxito teatral. Sus piezas breves, excepto una, proceden de adaptaciones de relatos propios, como *El oso*, *La boda*, *La petición de mano*, etc. Pero su **creación dramática** más original tiene lugar durante los últimos años de su vida, animado por Constantin Stanilavski, director del Teatro del Arte de Moscú, quien le estrenó *La gaviota* (1898), antes fallida en San Petersburgo (1895), con tal éxito que le alentó a escribir las siguientes: *El tío Vania* (1899), *Las tres hermanas* (1902) y *El jardín de los cerezos* (1904), asimismo escenificadas en aquel teatro. Stanilavski realizó el montaje de estos dramas según sus teorías del «método», pero el patetismo que les confirió no fue del agrado de Chéjov.

Argumento de *La gaviota*

El joven Konstantin busca la gloria literaria y con ella el amor de Nina, una bella chica que vive feliz a orillas de un lago. Para lograrlo monta en su casa de campo una obra propia que fracasa por las impertinentes intervenciones de su madre, Irene. Tras este fracaso, Nina, que también aspira al éxito artístico, se aleja de Konstantin, marchándose con Trigori, un literato reconocido y amigo de su madre, el cual la seduce y finalmente la abandona. Nina vuelve todavía enamorada de Trigorin; Konstantin no la acepta y desconfiando de sus propias capacidades artísticas acaba suicidándose. Más allá de una simple historia de amor, la obra proyecta otros significados. La gaviota como símbolo: Konstantin mata una real en el lago y Trigorin lo hará moralmente con Nina, que quiere volar en la vida y el arte; el joven, soñador pero débil, sucumbe a las dificultades, en tanto Nina les hace frente y podrá reemprender el vuelo.

El teatro de Chéjov continúa la línea de creación dramática de Ibsen y Strindberg, conjugando el drama burgués europeo con los aspectos simbolistas de aquellos predecesores y maestros. Muchos de los **rasgos característicos** de sus relatos se transfieren a la dramaturgia. Así, por ejemplo, la **falta de acción** y por tanto de conflicto, que suele estar fuera de la escena; los **personajes** evolucionan anímicamente a través de **la palabra**; y esta es **sencilla**, en correspondencia con los **temas**. En ellos se muestra la **rutinaria vida cotidiana** a la que los personajes vulgares se resignan, añorando un futuro mejor en su mediocridad silenciosa, con sus grandes sueños fracasados, impotentes ante un mundo nuevo cuyos valores los marginan y los sumen en la melancolía, el desaliento y el hastío. Una existencia en la que el tiempo transcurre sin relieve, ocupado en triviales conversaciones, disputas y avenencias mientras subyacen los verdaderos dramas humanos y sociales en medio de problemas económicos. En tal ámbito, paradójicamente, el **ser «pequeño»** se transforma en **héroe** y **la belleza** ocupa un lugar preeminente. En suma, tanto la obra narrativa como la dramática de Chéjov preludian aspectos innovadores luego desarrollados en la literatura del siglo XX.

Biografía

Antón Pávlovich Chéjov

Nieto de un siervo emancipado y enfrentado a un padre comerciante y fanático religioso, vivió una desagradable infancia que le llevó al agnosticismo. Despreciaba la mezquina vida provinciana. Realiza sus estudios de Medicina entre 1880 y 1884, año en que se le manifiesta una tuberculosis. Son años de agitación política y de represión por el asesinato del zar Alejandro II (1881). Empieza a escribir en publicaciones periódicas como medio de subsistencia y ayuda a su familia, lo que explica en parte la concisión característica de su estilo. Medicina y literatura constituirán para él durante toda su vida pasiones complementarias y enriquecedoras. Mantuvo siempre su independencia de criterio, que le llevó, por ejemplo, a la crítica de las colonias penitenciarias de la isla Sajalín o a la renuncia a la Academia Rusa (1892) en respuesta a la expulsión de Gorki. En este mismo año se implica en luchas sociales a pesar de sus prolongados internamientos por los problemas de salud. Tras una vida sentimental frustrante por estar enamorado de una mujer casada, conoce a una actriz con la que contrae matrimonio en 1901. Pocos años después muere en un balneario de Alemania.

7.2. Ibsen y Strindberg

En un sentido amplio, las bases del teatro contemporáneo se cimentaron en las últimas décadas del siglo XIX. En el comienzo de la nueva sensibilidad dramática se solapan las tradiciones arraigadas y un rupturismo incipiente. A grandes rasgos, el siglo XIX se caracteriza por la vigencia del drama romántico, el melodrama y la comedia de costumbres. El modelo más recurrente es el que establece el teatro francés, especialmente **Eugène Scribe** (1791-1861), un maestro en la elaboración de peripecias que llegan al límite antes de su desenlace. El propio autor acuñaría un término para definir su teatro, la *piéce bien faite* (en el ámbito anglosajón se hablará de *well-made play*), que ha pasado a denominar a las obras que más fidedignamente siguen el patrón aristotélico del drama.

El primer aldabonazo del cambio se produce con los **postulados realistas y naturalistas**. En 1881 Zola publica *El naturalismo en el teatro*, donde critica el convencionalismo del medio en que se desenvuelven los actores: los objetos pintados, el maquillaje, el vestuario ampuloso de los actores y actrices y el tono grandilocuente y excesivamente declamatorio. Además critica el vedetismo de las grandes figuras como Sarah Bernhardt y aboga por mentalizar a los actores de que la representación es un acto colectivo. Sin embargo, Zola quiso hacer una simple extrapolación del realismo de la novela al teatro sin tener en cuenta la idiosincrasia del lenguaje teatral.

Este enfoque del teatro se extiende por el resto de Europa, pero sobre todo en la Europa nórdica, donde el Naturalismo enraíza en dos dramaturgos señeros: Henrik Ibsen y August Strindberg.

El noruego **Henrik Ibsen** (1828-1906) se inicia muy joven en el teatro con un drama histórico de ambientación romántica y escrito en verso (*Catilina*, 1856), muy alejado de su producción más significativa.

Ibsen abandona finalmente el verso y adopta una forma más realista. Tras el fracaso de *Emperador y Galileo* (1873), que se basa en la vida de Juliano el Apóstata, el dramaturgo localiza sus obras posteriores en la Noruega contemporánea. Esta nueva etapa se caracteriza por el carácter crítico de sus obras; la trama reside en un conflicto moral provocado por las circunstancias sociales imperantes. Su teatro de este período se funda en **dos principios**: la **verdad** y la **libertad**. Merecen destacarse *Los pilares de la sociedad* (1877), *Casa de muñecas* (1879), *Espectros* (1881), *Un enemigo del pueblo* (1882) y *El pato salvaje* (1884). Aunque cada una de ellas cuestionó el *statu quo* de la sociedad noruega y, por ende, de la europea, sin duda *Casa de muñecas* fue una de las que causaron mayor escándalo y configura un prototipo de personaje femenino, Nora Helmer, a la altura de otros como Anna Karenina o Emma Bovary. El planteamiento básico de este drama queda reflejado en unas *Notas para la tragedia actual* que Ibsen escribió en 1878:

> *Una mujer no puede ser auténticamente ella misma en la sociedad actual, que es una sociedad exclusivamente masculina, con leyes escritas por los hombres, con fiscales y jueces que condenan la conducta de la mujer desde un punto de vista masculino.*

IBSEN

Ibsen sufrió una fuerte crisis espiritual y padeció problemas económicos, que se solventaron con una suscripción popular y un subsidio del estado. Agobiado por el clima moral de su país, se traslada con su familia primero a Roma en 1864 y posteriormente a Alemania. En Italia publica los dos primeros dramas importantes: *Brand* (1866) y *Peer Gynt* (1868), poemas dialogados con temas extraídos del patrimonio histórico y legendario noruego más aptos para ser leídos que representados. En 1891 volvió a instalarse definitivamente en Noruega.

NÚCLEO IV: De la Edad Moderna a la Edad Contemporánea

Argumento de *Casa de muñecas*

Nora comete un tremendo error al falsificar la firma de su padre para conseguir un préstamo con el que llevarse a su marido enfermo a Italia. Cuando el prestamista ve peligrar su puesto en el banco que dirige el marido de Nora, la amenaza con descubrir el secreto. La Nora infantil e indefensa del primer acto da paso a una mujer dubitativa: por un lado, temerosa de afrontar la realidad y, por otro, dispuesta a poner a prueba a su marido contándole la verdad. A lo largo de la obra asistimos a una transmutación del personaje femenino que espera comprensión por parte de su marido y que al final recibe una reprimenda severísima y una dosis mayor de paternalismo. Cuando Helmer le indica que a partir de ahora «seré tu voluntad y tu conciencia» rompe en pedazos la esperanza que tenía Nora en una solución digna del problema. Su reacción es un portazo y un adiós a su pasado y a su presente.

En los **últimos años** de su vida, Ibsen abandona las cuestiones sociales y se aleja de la fidelidad naturalista para embarcarse en obras que prestan más atención a **aspectos individualistas y psicológicos** con un **trasfondo simbolista**: *La dama del mar* (1888), *Hedda Gabler* (1890) y *Solness el arquitecto* (1892). En suma, el teatro de Ibsen se caracteriza por la **sabia administración del *pathos*** dramático (o cualidad de la obra teatral que suscita emoción –piedad, ternura o lástima– en el espectador), la **construcción de los enfrentamientos en la cumbre** y la **ampliación del lenguaje** dramático.

El dramaturgo sueco **August Strindberg** (1849-1912) fue también un gran polemista y mantuvo tensas relaciones con su país, que en más de una ocasión le llevaron al exilio.

Sus primeras obras –*A Roma* (1870), *Maese Olof* (1872)– reflejan la influencia de Ibsen y Kierkegaard. Luego, tras el quiebro de sus ideas socialistas, Strindberg configura dos términos que desarrollará en algunas obras: «la lucha de cerebros» y «el asesinato psíquico». En esa etapa turbulenta de su vida publica sus dramas naturalistas: *El padre* (1887), *Acreedores* (1888) y *La señorita Julia* (1888), obra esta última que la censura llegó a prohibir por la escabrosidad del tema, donde juegan su papel relevante los instintos. El propio autor etiquetó este drama de «tragedia naturalista» y escribió un prólogo bastante revelador en el que se le ve plenamente consciente del hecho de estar ensayando algo nuevo.

Strindberg enumera los **cambios** que se producen en su teatro: la aparición de **personajes violentos y desgarrados** acordes con la época histórica en la que viven; el rechazo **del modelo de diálogo francés simétrico** y el uso de **intercambios irregulares** tal y como se producen en la realidad; la **supresión de la división en actos** porque los entreactos perturban la capacidad de sugestión del autor; uso de **monólogos, pantomimas y ballet** en las transiciones; **decorados asimétricos**, recortados y escuetos inspirados en la pintura impresionista y la **complejidad del punto de vista**, pues sostiene que las acciones no responden a motivaciones simples.

Biografía

STRINDBERG

Un padre severo y una madre muy religiosa acentuaron su hipersensibilidad. En 1883 abandona Suecia durante seis años; viaja por Francia, Suiza, Alemania e Italia. La publicación de *Esposos* (1884), un conjunto de relatos donde critica la hipocresía de la burguesía, le acarrea un proceso por una serie de párrafos blasfemos. A partir de entonces Strindberg culpará al movimiento feminista de todos sus males. Sus ideales socialistas dan paso a una notable influencia de Nietzsche y a un interés creciente por la sugestión y el hipnotismo. Poco a poco la vida personal de Strindberg se va enturbiando; los sucesivos fracasos matrimoniales, la manía persecutoria y las crisis religiosas lo abocan a un período de soledad que vivió en París, adonde llega en 1894, y que llamó «Crisis del Infierno», una huida patética de hotel en hotel. Se enfrasca en los estudios místicos, se acerca al catolicismo y luego al budismo. Enfermo de cáncer, muere reconocido multitudinariamente por las clases populares.

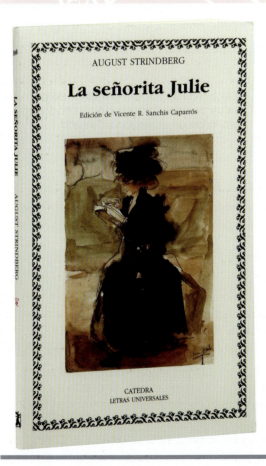

Argumento de *La señorita Julia*

En la noche de San Juan, mientras el pueblo se desborda en alegría, una aristócrata, la condesita Julia, seduce y se entrega al criado de su padre. Este, que a la vuelta del conde adopta una actitud servil, la chantajea para conseguir sus fines materiales hasta el punto de que se disponen a huir juntos, pese a sus sentimientos encontrados respecto al joven. Un incidente le descubre a ella la naturaleza ruin del criado. Enfrentada a las consecuencias de su desliz, no puede soportarlo y se suicida.

La época de crisis queda reflejada en *Camino de Damasco* (1898-1901) y da inicio a una etapa teatral muy interesante en la que Strindberg prefigura el **teatro surrealista** y el **expresionista**. Destacan *El sueño* (1902), donde el inconsciente liberado se adueña de la escena, y las llamadas piezas de cámara: *Tempestad, Casa quemada, El pelícano* y *Las sonatas de los espectros*, con decorados simplificados para estimular la imaginación del espectador y con juegos en la iluminación. Estas obras las representaría el autor en su propio teatro, el Intim Teatern.

Actividades

1. Copia y completa en tu cuaderno el cuadro resumen sobre la literatura realista y naturalista con los autores y obras más representativas.

\multicolumn{5}{c}{Realismo y Naturalismo}				
Género	Nación	Autor	Obra	Síntesis
Novela	Francia	Stendhal	Rojo y Negro	
	Francia			En la avaricia ilimitada del padre de la protagonista se refleja la seducción que despierta el dinero en la época.
	Francia	Flaubert		
		Zola		Creador y máximo exponente del Naturalismo.
		Maupassant	Bel-Ami	
	Inglaterra			La explotación social y el mundo de los más desfavorecidos aparecen encarnados en la historia de un protagonista infantil.
		Hemanas Brontë	Cumbres Borrascosas	
		Dostoievski	Crimen y castigo	
	Rusia	Tolstói		
		Eça de Queiroz	El crimen del padre Amaro	
	Estados Unidos		Huckleberry Finn	
Cuento	Rusia		El pabellón nº 6	
Teatro	Noruega	Ibsen		
		Strindberg		La situación social y moral de la mujer en la época, con sus fatales consecuencias, se revela a través de los amores de una joven aristócrata seducida y extorsionada por su criado.
	Rusia		La gaviota	

de recapitulación

2. Traza un esquema de los rasgos fundamentales del Realismo literario.
3. Confronta las anteriores características con sus equivalentes del Naturalismo, señalando las diferencias.
4. Extrae los principales elementos caracterizadores del Realismo en cada país.
5. Haz un repaso de los autores que han escrito relatos breves y destaca las novedades que se producen.
6. La problemática de la mujer a la que nos hemos referido en el desarrollo de la unidad se muestra a veces en términos bastante cercanos entre diversas obras, como ocurre con este fragmento de *La Regenta*, que puede confrontarse con el propuesto inicialmente de *Madame Bovary*. Compara el siguiente texto de *La Regenta* con lo que has leído sobre otras mujeres protagonistas y coméntalo.

> *Estaba Ana sola en el comedor. Sobre la mesa quedaban la cafetera de estaño, la taza y la copa en que había tomado café y anís don Víctor, que ya estaba en el Casino jugando al ajedrez. Sobre el platillo de la taza yacía medio puro apagado cuya ceniza formaba repugnante amasijo impregnado del café frío derramado. Todo esto miraba la Regenta con pena, como si fuesen ruinas de un mundo. La insignificancia*
> 5 *de aquellos objetos que contemplaba le partía el alma; se le figuraba que eran símbolo del universo, que era así, ceniza, frialdad, un cigarro abandonado por el hastío de un fumador. Además, pensaba en el marido incapaz de fumar un puro entero y de querer por entero a una mujer. Ella era también como aquel cigarro, una cosa que no había servido para uno y que ya no podía servir para otro.*
>
> *Todas estas locuras las pensaba, sin querer, con mucha formalidad. Las campanas comenzaron a sonar*
> 10 *con la terrible promesa de no callarse en toda la tarde ni en toda la noche. Ana se estremeció. Aquellos martillazos estaban destinados a ella; aquella maldad impune, irresponsable, mecánica del bronce repercutiendo con tenacidad irritante, sin por qué ni para qué, sólo por la razón universal de molestar, creíala descargada sobre su cabeza.*
>
> [...]
>
> 15 *Aquel olor singular de la catedral, que no se parecía a ningún otro, olor fresco y de una voluptuosidad íntima, le llegaba al alma, le parecía música sorda que penetraba en el corazón sin pasar por los oídos.*
>
> *«¡Ay si renaciera la fe! ¡Si ella pudiese llorar como una Magdalena a los pies de Jesús!»*
>
> *Y por la vez primera, después de tanto tiempo, sintió dentro de la cabeza aquel estallido que le parecía siempre voz sobrenatural, sintió en sus entrañas aquella ascensión de la ternura que subía hasta la garganta y*
> 20 *producía un amago de estrangulación deliciosa... Salieron lágrimas a los ojos, y sin pensar más, Ana entró en la capilla oscura donde tantas veces el Magistral le había hablado del cielo y del amor de las almas.*
>
> *«¿Quién la había traído allí? No lo sabía. Iba a confesar con cualquiera y sin saber cómo se encontraba a dos pasos del confesonario de aquel hermano mayor del alma, a quien había calumniado el mundo por culpa de ella y a quien ella misma, aconsejada por los sofismas de la pasión grosera que le habría tenido ciega, había*
> 25 *calumniado también pensando que aquel cariño del sacerdote era amor brutal, amor como el de Álvaro, el infame, cuando tal vez era puro afecto que ella no había comprendido por culpa de la propia torpeza».*

Leopoldo Alas «Clarín»: *La Regenta*.

Guía de lectura
Madame Bovary

1. Autor y fecha

Exceptuando dos viajes a Oriente, Gustave Flaubert llevó una vida monótona en su casa de campo de Normandía. A raíz de una enfermedad de tipo nervioso (epilepsia), decidió dedicarse por entero a la literatura. Por las exigencias que como escritor se imponía, no extraña que tardara una media de cuatro a cinco años en escribir una novela. Iniciada en el otoño de 1851, Flaubert entregaba el manuscrito de *Madame Bovary* a su editor en la primavera de 1856.

2. Género

No solo destaca por ser la novela representativa por excelencia del Realismo sino que ha sido considerada, como hace Vargas Llosa, la primera novela moderna, porque en ella se da el nacimiento del antihéroe, la elevación de las «vidas ordinarias» al nivel de la epopeya y la firme voluntad formal y estilística. En esta, junto a las técnicas objetivas, alcanza un definitivo desarrollo el estilo indirecto libre para, mediante el filtro de la voz narradora, transmitir la interioridad de los personajes.

3. Argumento

Flaubert no se inventó el argumento de la novela; parece ser que fueron sus amigos Maxime Du Camp y Louis Bouillet quienes le comentaron un suceso aparecido en la prensa. Hay también reminiscencias de *La fisiología del matrimonio* de Balzac y de *La educación sentimental* del propio Flaubert. En realidad, todos estos elementos no son más que el punto de partida y el marco referencial de la novela; todo lo demás, la psicología de los personajes y la trama de la narrativa, es pura creación literaria. La novela cuenta la vida de una joven que, recién casada y todavía con la cabeza llena de ilusiones juveniles, no consigue hallar la felicidad junto a su marido, un modesto médico de pueblo, aburrido y sin ambiciones. Decepcionada, trata de buscar esa felicidad en una serie de aventuras sentimentales que son una sucesión ininterrumpida de fracasos a cuál más grande. Y finalmente, desesperada por las deudas contraídas en lujosos gastos sin que lo sepa su marido y sin que sus amantes sean capaces de ayudarle, se suicida.

4. Tema

La temática que se desprende de esa peripecia vital es la de la lucha, conducida sin freno por la protagonista, entre la realidad objetiva y la ilusión o el deseo subjetivos, alimentados éstos por el romanticismo de sus lecturas; el enfrentamiento entre el entorno atosigante y el espacio liberador femenino representados por la oposición campo / ciudad; y, como consecuencia de los actos y de las actitudes, el problema de la moralidad y la verdad en la vida y en la literatura.

5. Estructura

La novela está dividida en tres partes.

La primera parte consta de nueve capítulos y es un estudio psicológico de los dos principales personajes: Charles Bovary, un joven rústico, introvertido, sin ambición, y Emma Rouault, joven inteligente y con una buena educación pero con una idea fantasiosa del amor fraguada en la lectura de novelas románticas. Ya instalado el matrimonio en un pequeño pueblo, son invitados a un baile donde a Emma, decepcionada de la vida conyugal y del insulso transcurrir de los días en el campo, se le descubre un mundo nuevo, de luces, alegría y belleza, que pone más de relieve la mezquindad de su vida. Tanto se resiente su estado anímico que es preciso cambiar de aires, a un pueblecito más grande, para que la salud de Emma, embarazada, se recupere. Se consuma el primer paso en la angustiosa búsqueda vital de la protagonista.

La segunda parte, la más extensa -consta de quince capítulos-, describe la evolución psicológica de Emma y una «vuelta de tuerca» en su conducta con la primera infidelidad. Aunque al principio la vida es prometedora en Yonville, Emma, tras nacer la hija, empieza a aborrecer a su marido y a sentirse cada vez más atraída por el jovial y apuesto León, quien, ante las vacilaciones de la señora Bovary, decidirá irse a París. Entonces es cuando Rodolfo, soltero, mujeriego y dueño de un castillo próximo a Yonville, conoce a Emma y consigue seducirla. Al cabo de unos meses, Rodolfo se cansa de ella. La mujer, algo arrepentida, inicia una reconciliación con su marido que dura muy poco. Emma pretende huir con Rodolfo, pero él le notifica su intención de romper y Emma enferma de gravedad. Tras reponerse, asiste, invitada por su marido, a una obra de teatro en Rouen, en el transcurso de la cual vuelve a ver a León. Las expectativas de la acción así se intensifican.

La tercera parte, de once capítulos, narra el apasionado idilio entre Emma y León, el posterior desengaño amoroso de la protagonista y, culminando los acontecimientos, su muerte por envenenamiento. Para poder entrevistarse frecuentemente con su amante, Emma se endeuda con el señor Lhereux, usurero prestamista, que, conocedor de la relación, la presiona. La situación es insostenible para la joven, que, además de sufrir un nuevo fracaso sentimental, ha arruinado a su familia y la reputación de su marido. Tampoco Rodolfo la ayuda económicamente. Desesperada, Emma roba arsénico en la farmacia de Homais y se quita la vida, con una horrorosa agonía. Charles ha de hacer frente a las deudas y encargarse de la educación de su hija, cuyo cariño es insuficiente para sacarlo del abatimiento. Una mañana, la pequeña Berta lo encuentra muerto sentado en el banco del jardín. El drama se ha consumado.

6. Contexto y trascendencia

A los pocos días de la publicación de *Madame Bovary*, Flaubert fue procesado por ofensa a la moral, al considerar la censura que el autor había escrito una apología del libertinaje contando las infidelidades de una mujer casada. Este pequeño escándalo publicitario contribuyó a que la novela se agotara enseguida y fuese considerada como demostración del ideal estético realista. Llama hoy la atención el hecho de que, al cabo de más de un siglo, esta novela siga siendo una de las preferidas por el público en general. No es solo por tratarse de la mejor ilustración del movimiento realista francés. Hay una razón, sintetizadora de muchas otras, que explica tan notable privilegio: Flaubert, además de reflejar en *Madame Bovary* su tiempo y su propia personalidad, ha logrado recrear la vida misma en toda su autenticidad con una protagonista que busca la felicidad como cualquier ser humano; una vida que, por llevarse hasta el límite, acaba trágicamente, como la de Anna Karenina de Tolstói o la señorita Julia de Strindberg. ¿Acaso no somos todos nosotros víctimas de nuestro destino?

Fotograma de una versión cinematográfica de *Madame Bovary*.

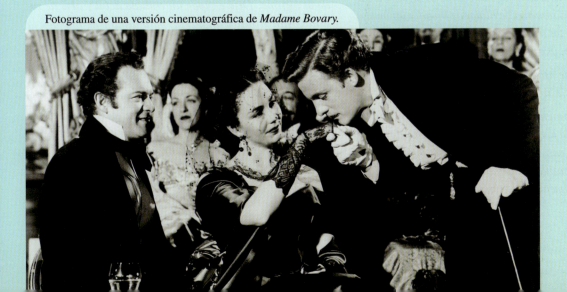

Antología

El Naturalismo ofrece con detalle tanto los datos descriptivos bellos, positivos, deslumbrantes, como los negativos, soeces o más crudos de la realidad humana. Como ejemplo, confróntense estos dos fragmentos de *Naná*, significativos del estilo y del sentido de la obra, en los que la protagonista aparece, al principio del relato, en todo su admirado esplendor, y al final, en toda su ruina carnal, estragada por la enfermedad (viruela contraída por contagio) y la muerte.

Un estremecimiento recorrió la sala. Naná estaba desnuda; desnuda, sí, con una tranquila audacia, segura de la omnipotencia de su carne. Una sencilla gasa la envolvía; sus hombros redondos, su seno de amazona, sus anchas caderas, que se movían en voluptuoso balanceo, sus muslos de rubia gruesa, todo su cuerpo se adivinaba, se veía bajo el transparente vestido, blanco como la espuma. Era Venus saliendo de las ondas, sin más velo que sus cabellos. Y cuando levantaba los brazos, se vislumbraban a la luz de la batería, los dorados pelos de sus sobacos. No hubo aplausos. Nadie reía. Los rostros de los hombres, serios, se estiraban hacia delante, con la nariz adelgazada, la boca irritada, seca, sin saliva. Parecía como si por la sala hubiese pasado un viento muy tenue, cargado de una sorda amenaza. De repente, en la niña bonachona se erguía la mujer, alarmante, aportando el arrebato de locura de su sexo, descubriendo lo desconocido del deseo. Naná sonreía siempre, pero con una sonrisa de devorahombres.

[…]

Al salir cerró la puerta. Naná quedaba sola, boca arriba, a la claridad de la bujía. Era un osario, un montón de humores y de sangre, una paletada de carne putrefacta, arrojada allí sobre un colchón. Las pústulas habían invadido toda la cara, tocándose unas con otras; y marchitas, hundidas, con su agrisado aspecto de lodo, parecían ya un enmohecimiento de la tierra sobre aquella papilla informe, donde ya no existían rasgos. Un ojo, el izquierdo, había desaparecido completamente en el hervor de la purulencia; el otro, medio abierto, se hundía como un agujero negro y corrompido. La nariz supuraba aún. Toda una costra rojiza partía de una mejilla e invadía la boca, estirándola en una sonrisa abominable. Y sobre aquella máscara horrible y grotesca de la nada, los cabellos, los hermosos cabellos, conservando los reflejos del sol, corrían como chorros de oro. Venus se descomponía. Parecía que el virus recogido por ella en el arroyo de las calles, sobre las carroñas toleradas, ese fermento con que había emponzoñado a un pueblo, acaba de subírsele al rostro y lo había podrido.

Zola: *Naná*.

En este famoso pasaje del asesinato de la vieja por Raskólnikov se nos transmite la emoción con que los propios personajes viven la escena, a través de los detalles físicos y psicológicos así como del estilo sincopado de los que se vale el autor.

Tratando de desatar el paquete, se había acercado a la ventana en busca de luz (todas las ventanas estaban entornadas, a pesar del calor sofocante) y, despreocupándose un momento de Raskólnikov, le volvió la espalda. Él se desabrochó el abrigo y soltó el hacha del nudo corredizo, pero sin sacarla del todo, limitándose a sostenerla con la mano derecha a través de la tela. Una inmensa debilidad le invadía los brazos: a cada momento los sentía más pesados, como si fueran de plomo. De pronto, la cabeza comenzó a darle vueltas.

-¡Vaya manera de atar un paquete! -protestó la vieja, al tiempo que parecía ir a volverse hacia Raskólnikov.

No había un momento que perder. Sacó el hacha de debajo del abrigo, la alzó con las dos manos y, blandamente, maquinalmente casi, la dejó caer del revés sobre la cabeza de la vieja. Cuando caía el hacha, las fuerzas que parecían haberle abandonado renacieron en él.

La vieja, como de costumbre, iba destocada. Y como de costumbre, sus cabellos blanquecinos, escasos y untados de aceite, estaban recogidos en forma de colas de ratón y sujetos en la nuca con un trozo de peine de asta.

El golpe cayó exactamente en la nuca, por la poca estatura de la víctima. Dejó escapar un chillido débil y cayó de rodillas. Aún le quedaron fuerzas para llevarse las manos a la cabeza. En una de ellas, todavía sujetaba la «prenda». Raskólnikov, ya con todas sus fuerzas, la golpeó por segunda y tercera vez, también con el revés del hacha y en la misma nuca. Manó la sangre a borbotones y el cuerpo se desplomó de bruces contra el suelo. Cuando caía, él se echó atrás; en seguida, se inclinó sobre su rostro: estaba muerta. Sus ojos, desencajados, parecían ir a salírsele de las órbitas; las convulsiones de la agonía habían dejado en su rostro una mueca deforme.

Dostoievski: *Crimen y castigo*.

Nora es la dulce esposa del abogado Torvald Helmer. El matrimonio pasa por apuros económicos y ella decide solventar la situación pidiendo un crédito con la firma falsificada de su padre. Cuando Torvald descubre sus maniobras monta en cólera. Es el inicio del fin.

Helmer.– Oh, piensas y hablas como una niña irrazonable.

Nora.– Puede que sí. Pero tú ni piensas ni hablas como el hombre al que puedo unirme. En cuanto terminó tu alarma... no por la amenaza sobre mí, sino por el riesgo que corrías, y cuando el peligro había pasado... ha sido para ti como si no hubiera ocurrido absolutamente nada. Volví a ser, igual que antes, tu pequeña alondra, la muñeca, que ahora en adelante debería tratarse con mayor cuidado, ya que es tan delicada y frágil. (*Se levanta.*) Torvald... en aquel momento comprendí que había vivido ocho años con un extraño del que había tenido tres hijos... ¡Oh, no soporto el pensar en ello! Me dan ganas de golpearme hasta hacerme trizas.

Helmer (*sordamente*).– Ya veo, ya veo. La verdad es que se ha abierto un abismo entre nosotros... ¿Pero, Nora, no podríamos salvarlo?

Nora.– Tal como soy ahora, no soy una esposa para ti.

Helmer.– Puedo convertirme en otro.

Nora.– Quizá... si te quitan la muñeca.

Helmer.– ¡Separarme... separarme de ti! No, no, Nora, no puedo hacerme a esa idea.

Nora (*saliendo por la derecha*).– Razón de más para acabar. (*Vuelve con el abrigo y un maletín, que coloca en la silla junto a la mesa.*)

Helmer.– ¡Nora, Nora, no esta noche! Espera a mañana.

Nora (*poniéndose el abrigo*).– No puedo pasar la noche en casa de un extraño.

Helmer.– ¿Pero no podemos vivir como hermanos?...

Nora (*atándose el sombrero*).– Bien sabes que no duraría mucho... (*Se envuelve en el chal*) Adiós, Torvald. No quiero ver a los niños. Sé que están en mejores manos que las mías. En la situación en que me encuentro ahora, no significo nada para ellos. [...]

Helmer.– ¿Puedo escribirte, Nora?

Nora.– No... nunca. No lo hagas.

Helmer.– Oh, pero podré enviarte...

Nora.– Nada, nada.

Helmer.– ... ayudarte, si tienes necesidad.

Nora.– Te digo que no. No admito nada de extraños.

Helmer.– ¡Nora!... ¿no seré ya más que un extraño para ti?

Nora (*toma el maletín*).– Oh, Torvald, tendría que producirse el mayor milagro...

Helmer.– ¡Dime cuál es!

Nora.– Tendríamos que cambiar los dos de forma que... Oh, Torvald, ya no creo en milagros.

Helmer.– Pero yo quiero creer. ¡Dímelo! ¿Cambiar de forma que...?

Nora.– Que nuestra vida en común se convirtiera en un matrimonio. Adiós. (*Sale al vestíbulo*)

Helmer (*se deja caer en un sillón junto a la puerta y se cubre la cara con las manos*).– ¡Nora, Nora! (*Mira en torno y se levanta.*) Nadie. Se ha ido. (*La esperanza renace en él.*) ¡El mayor milagro! (*Se oye abajo el ruido de una puerta que se cierra.*)

Ibsen: *Casa de muñecas.*

9. Posromanticismo

De la Edad Moderna a la Edad Contemporánea

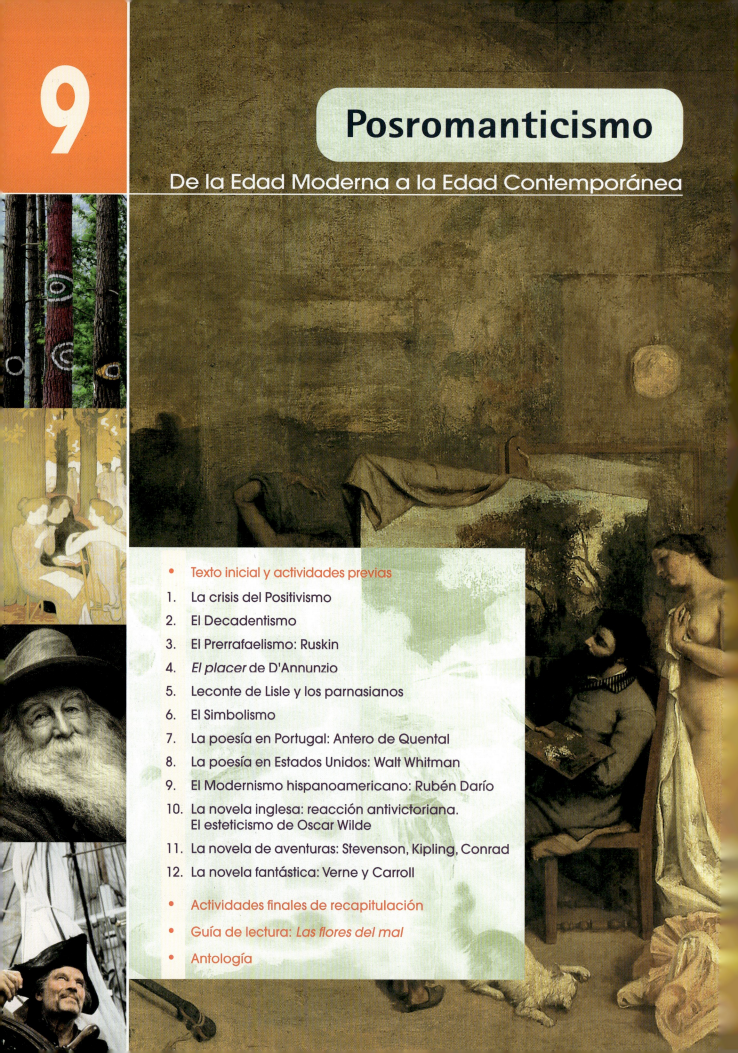

- Texto inicial y actividades previas
1. La crisis del Positivismo
2. El Decadentismo
3. El Prerrafaelismo: Ruskin
4. *El placer* de D'Annunzio
5. Leconte de Lisle y los parnasianos
6. El Simbolismo
7. La poesía en Portugal: Antero de Quental
8. La poesía en Estados Unidos: Walt Whitman
9. El Modernismo hispanoamericano: Rubén Darío
10. La novela inglesa: reacción antivictoriana. El esteticismo de Oscar Wilde
11. La novela de aventuras: Stevenson, Kipling, Conrad
12. La novela fantástica: Verne y Carroll

- Actividades finales de recapitulación
- Guía de lectura: *Las flores del mal*
- Antología

Texto inicial

La poesía finisecular indaga en las relaciones entre las cosas y los misterios que éstas ocultan, al mismo tiempo que ofrece una visión mística de la Naturaleza. Esa poesía es la que nos ofrece aquí Charles Baudelaire.

Correspondencias

Es la Naturaleza templo, de cuyas basas
Suben, de tiempo en tiempo, unas confusas voces,
Pasa, a través de bosques de símbolos, el hombre,
Al cual éstos observan con familiar mirada.

5 Como difusos ecos que, lejanos, se funden
En una tenebrosa y profunda unidad,
Como la claridad, como la noche, vasta,
Se responden perfumes, sonidos y colores.

Hay perfumes tan frescos como un cuerpo de niño,
10 Dulces como el oboe, verdes como praderas.
Y hay otros corrompidos, triunfantes, saturados,

Con perfiles inciertos de cosas inasibles,
Como el almizcle, el ámbar, el incienso, el benjuí,
Que cantan los transportes del alma y los sentidos.

Charles Baudelaire: *Las flores del mal.*

Vocabulario

Basa: pieza inferior de una columna.
Oboe: instrumento musical de viento, hecho de madera, con desembocadura en forma de cono y lengüeta doble.
Inasible: que no se puede agarrar.
Almizcle: sustancia muy olorosa que produce un animal, llamado almizclero y se usa en perfumería.
Ámbar: resina fósil de color amarillo oscuro muy apreciada para fabricar diversos objetos.
Benjuí: bálsamo aromático procedente de un árbol tropical.

Actividades previas

A. Señala los elementos que invitan a una interpretación mística de la naturaleza, símbolo de una realidad espiritual.
B. ¿De dónde proviene la dificultad de interpretar estos símbolos?
C. ¿De qué forma pueden las correspondencias reflejarnos la condición humana?
D. ¿Qué relación existe entre las correspondencias de los dos cuartetos?
E. ¿Pueden aplicarse las diferentes sensaciones a las impresiones morales?

NÚCLEO IV: De la Edad Moderna a la Edad Contemporánea

1. La crisis del Positivismo

A finales del siglo XIX (alrededor de 1880), tras un largo período de racionalismo positivista que, según hemos visto, se manifestó a través del Realismo y del Naturalismo, el mundo literario nuevamente regresó «del polo clásico científico al poético-romántico».

Este **cambio de orientación literaria** tiene una de sus raíces en un teósofo sueco, **Enmanuel Swedenborg** (1688-1772), cuyo misticismo poético, síntesis de corrientes ocultistas, fue una suerte de sucedáneo de lo religioso. Sus tesis llegaron a América e influyeron fuertemente en E. A. Poe, iniciador de una tendencia que dará origen a un movimiento poético americano paralelo al Simbolismo europeo.

Lo que Swedenborg vino a decir es que el mundo natural es un obstáculo para llegar a lo divino, pero al mismo tiempo ofrece al hombre, sobre todo al poeta, una **infinidad de símbolos** que le permiten acceder al infinito, a lo misterioso, al Absoluto. La dualidad de nuestro espíritu y de nuestros sentidos permite al poeta **integrar lo humano con lo divino**. Y, adelantándose a Freud, cree que los estados irracionales (el sueño es uno de ellos) son una intervención de lo divino y una premonición de lo infinito.

...pasa, a través de bosques [de símbolos, al cual estos observan con [familiar mirada...
Ch. Baudelaire: «Correspondencias».

Posteriormente, un filósofo alemán, **Arthur Schopenhauer** (1788-1860), en una de sus más importantes obras, *El mundo como voluntad y representación* (1819), prepararía también el cambio de la poesía de lo clásico a lo romántico. Para Schopenhauer **el hombre se ve obligado a desear continuamente**. Toda la vida del hombre se resume en su voluntad de **perseguir metas que nunca alcanzará**: de ahí el profundo pesimismo de su filosofía. **Sólo el arte libera** y mitiga el dolor del vivir.

Así pues, el pensamiento de Swedenborg y las ideas de Schopenhauer colaboraron en la decadencia del pensamiento racionalista del siglo XIX e introdujeron la duda, la inseguridad y el pesimismo en un mundo que se consideraba totalmente controlado y explicado por la razón. Más tarde, **Sören Kierkegaärd** (1813-1855) y **Friedrich Nietzsche** (1844-1900) contribuirían a acentuar esta crisis de la razón y potenciarían el nacimiento de la nueva concepción de la poesía en el último tercio del siglo XIX.

2. El Decadentismo

2.1. Los precursores: Poe y Baudelaire

Se puede decir que la actitud del hombre ante la dualidad realidad/absoluto pensada por Swedenborg vendría a llamarse, pasado el tiempo, **actitud decadente**. Y uno de los precursores de ella, como hemos dicho, fue **Edgard Allan Poe** (1809-1849).

Para Poe, **el objetivo principal del arte es la belleza «supernal»**, esto es, la belleza suprema, celestial. Tal belleza se reviste de tintes románticos al ser considerada como un objeto vago, impreciso, sugestivo y extraño que el instinto inmortal del hombre persigue constantemente.

La obra de Poe fue traducida al francés por **Charles Baudelaire** (1821-1867), quien entendió y asumió aquel concepto de belleza, según el cual la **poesía** y la **música** permiten al ser humano vislumbrar la **verdad suprema**. Sin embargo, fue amargo para Poe comprobar que esa hermosura suprema es un insondable misterio que jamás llegará a alcanzar el hombre. Por esta razón Baudelaire consideró «**decadente**» a Poe, porque estuvo siempre en el abismo entre lo visible y lo invisible, entre lo humano y lo divino, entre la vida y la muerte.

Baudelaire, en el «Prefacio» a las *Nuevas historias extraordinarias* de E. Allan Poe, dice: «Es admirable ese instinto inmortal de la belleza que nos hace considerar la tierra y sus espectáculos como una visión, una correspondencia del cielo». Las **correspondencias entre el Cielo y la Tierra** constituyen el asunto del primer poema de *Las flores del mal* (1857), el libro de poemas en que Baudelaire trató de recordar la «tragedia del ser humano». (Véase el poema del texto inicial.)

Charles Baudelaire se constituye de este modo en precursor del Simbolismo por dos rasgos fundamentales de su poesía:

- sus poemas transmiten el significado mediante **símbolos**.

- las palabras, al igual que la música, pueden sugerir **más de un nivel de imágenes**, como las notas musicales estructuradas, y crean, más que la descripción de una sensación, la sensación misma.

Charles Baudelaire.

Pero también Baudelaire es el arquetipo de «poeta decadente», aunque él se tuviera más por un «dandy». Su mayor **obsesión** será sondear el **abismo** de Poe, es decir, la etérea frontera entre lo visible y lo invisible, entre el consciente y el inconsciente, entre lo humano y lo divino, y, por tanto, el único manantial de novedad para el poeta, cansado de todas las demás experiencias.

El problema poético más importante para Baudelaire fue saber hasta dónde cabe penetrar en esa frontera y luego regresar para escribir la experiencia, aunque ese viaje de ida y vuelta tenga muchos peligros. Pues, en fin, los decadentes coquetearán con la muerte y explorarán los dominios plutónicos de **lo morboso y lo letal**.

Baudelaire, considerado el más grande poeta del siglo XIX y uno de los poetas de más decisiva influencia de la historia de la literatura, comunicó a la posteridad sus dos grandes preferencias literarias: Poe y Wagner. Poe por su **decadencia** y Wagner porque le descubrió nuevas combinaciones para la comunicación artística. Las vidas de Poe y Baudelaire, quien también recibirá influencia del Parnasianismo, muestran hasta qué punto coquetean con la muerte. Así, el Decadentismo se convierte en una actitud que va a estar presente en los poetas de finales del siglo XIX, coincidiendo con el Simbolismo, y principios del XX.

NÚCLEO IV: De la Edad Moderna a la Edad Contemporánea

Actividades

En este poema amoroso, Baudelaire se aproxima a esos dominios de inquietud:

Póstumo remordimiento

Cuando, por fin, reposes, mi bella tenebrosa,
al fondo de un panteón todo de negro mármol,
y cuando ya no tengas por alcoba y morada
sino una hueca fosa, una lluviosa cueva;

5 *cuando la losa oprima tu pecho estremecido*
y esos flancos pulidos por tu encanto indolente,
y al corazón impida el deseo y el latido
y a tus pies proseguir su aventurera senda,

la tumba, confidente de mi sueño infinito
10 *(porque la tumba siempre comprenderá al poeta),*
en esas largas noches de desterrado sueño,

te dirá: «¿De qué os sirve, cortesana imperfecta,
no haber reconocido lo que los muertos lloran?».
Y te roerá el gusano como un remordimiento.

1. Baudelaire es un poeta del amor. ¿Se puede decir aquí que se trata de amor sensual?
2. ¿Por qué crees que la tumba es confidente de los sueños del poeta?
3. ¿Qué produce en el poeta el encanto físico de la mujer amada?
4. ¿Qué no ha reconocido la mujer amada?

2.2. Tipología del héroe decadente: Huysmans

El **Decadentismo**, según lo intuyeron Poe y Baudelaire, es **una actitud ante la vida** y no tanto una estética. Surgió en estos autores a causa de la sensación que ambos tenían de vivir en un mundo cuya historia estaba llegando a su fin y que se sentía en franca decadencia. Por ello, acudieron a la confusión de sensaciones a través de la **sinestesia**, es decir, a la percepción de un sentido a través de otro, y a la **indefinición de la música**. Y, en cuanto a los **temas**, esa actitud les lleva a **transgredir la moral**, a complacerse en **lo morboso y lo letal** o a aspirar a una **aristocracia** tanto material como espiritual.

El Decadentismo supone, principalmente, una diferente concepción del artista, que pasa a ocupar un lugar privilegiado en el conjunto de los hombres, basado en el **sentimiento de superioridad** que cree poseer respecto de las emociones del resto de los mortales e, incluso, en los numerosos escándalos que provoca.

Esta misma actitud lleva a los decadentes a **rechazar a la sociedad burguesa** que ha originado este mundo terminal y, aunque sea paradójico, a tener ciertos puntos comunes con el anarquismo, pues, al tiempo que desaprueban la moral burguesa, conciben la **utopía de un mundo mejor**.

No obstante, a pesar de estas coincidencias, el Decadentismo no significó otra cosa que una elitista concepción del artista que preconizaba un **arte de minorías y para minorías**. Dos son las figuras que representan esta actitud tanto en su obra y como en su propia vida. La primera es Huysmans y la segunda Jules Laforgue.

En 1884, el francés **Joris-Karl Huysmans** (1848-1907), a través del protagonista de su novela *Contracorriente*, retrata el **prototipo de héroe decadente**: anticapitalista, excéntrico por anticonvencional, idealista y refinado hasta la caricatura, defensor de lo artificial frente a la imperfecta naturaleza, del sueño frente a la vulgar realidad.

La importancia de Huysmans radica, pues, en haber diagnosticado la enfermedad decadente en sus primeras obras. En las obras siguientes preparó la eclosión del Simbolismo al descubrirnos a sus grandes precursores: Mallarmé, Verlaine... Y en sus últimos escritos, enlaza con otra tendencia de fin de siglo: el Prerrafaelismo, idea estética que desarrollamos más adelante.

Argumento de *Contracorriente*

La obra relata la difícil experiencia de Jean Floressas des Esseintes de retirarse del mundo y vivir conforme le dictan sus ideas, es decir, al revés o a contrapelo de los demás. Si los hombres viven experiencias y luego las recuerdan en el aislamiento, Des Esseintes evocará esas experiencias sin salir de su casa.

En este fragmento se repasan las lecturas que hace el joven Des Esseintes y que no le aportan más que hastío, ya que sólo ve en esos libros vagos remedos del arte de Poe o de Baudelaire.

Des Esseintes dejó otra vez en la mesa La siesta del fauno *y hojeó otro librito que había hecho imprimir para su uso: una antología del poema en prosa, una capillita erigida bajo la advocación de Baudelaire y abierta sobre el*
5 *atrio de sus poemas.*

Esta antología comprendía una selección del Gaspard de la nuit, *obra fantástica de Aloysius Bertrand, que ha transmitido los procedimientos de Leonardo a la prosa y con sus óxidos metálicos ha pintado cuadritos cuyos vivos colores se*
10 *tornasolan cual los de los esmaltes lúcidos. Des Esseintes había agregado el* Vox populi *de Villiers, un trabajo soberbiamente repujado en un estilo de oro, a la manera de Leconte de Lisle y de Flaubert, y algunos extractos de ese delicado* Libro de jade•, *cuyo exótico perfume de chinsang y de té se mezcla con la olorosa frescura del*
15 *agua que rumorea bajo un claro de luna a lo largo del libro.*

Vocabulario

Jade: piedra muy dura, blanquecina o verdosa, con manchas rojas o moradas, muy apreciada en joyería.

Quintaesencia: lo más depurado, intenso y concentrado.

En esta recopilación se habían recogido los poemas salvados de revistas muertas: «El demonio de la analogía», «La pipa», «El pobre niño pálido», «El espectáculo interrumpido», «El fenómeno futuro», y sobre todo, «Endechas de otoño y escalofrío de invierno», que eran obras maestras de Mallarmé...

20 *Cuando hubo cerrado su antología, Des Esseintes se dijo que su biblioteca, interrumpida en este último libro, no aumentaría probablemente nunca más.*

En efecto, la decadencia de una literatura irreparablemente atacada en su organismo, debilitada por la edad de las ideas, agotada por los excesos de la sintaxis, sensible solamente a las curiosidades que enfebrecen a los enfermos,
25 *y sin embargo, apremiada para expresarlo todo, encarnizada en querer reparar todas las omisiones de gozo y en legar los más sutiles recuerdos de dolor, en su lecho de muerte se había encarnado en Mallarmé de la manera más consumada y más exquisita.*

Eran, llevadas a su última expresión, las quintaesencias• de Baudelaire y de
30 *Poe; eran sus finas y poderosas sustancias destiladas aún y despidiendo nuevos tufillos, nuevas embriagueces.*

Huysmans: *Contracorriente.*

• Actividades

5. ¿Qué representan para Des Esseintes los libros de su biblioteca simbolista?

6. Aquí habla de decadencia, pero ¿tal decadencia es el estado ideal de toda expresión artística?

7. ¿Ama y odia a la vez Des Esseintes a los simbolistas? ¿Por qué?

2.3. Un escritor decadente: Laforgue

> **Velada de abril**
>
> *Deben ser las doce. Las doce menos cinco. Todos duermen.*
> *Cada uno corta su flor en el verde jardín de los sueños,*
> *Y yo, cansado de sentir mis viejos remordimientos sin cesar,*
> *Retuerzo mi corazón para que se agote en doradas rimas.*
> *Pero he aquí que al soñar viene hasta mí un acorde,*
> *Una canción tonta de antaño, y sin ruido te levantas,*
> *Oh minueto cada vez más alegre, unas breves horas,*
> *Cuando yo era sencillo y puro, y dulce, y aún creyente.*
> *Mas he dejado mi pluma. Y registro mi vida*
> *De inocencia y de amor desflorada para siempre,*
> *Y sobre mi página, acodado, me quedo largo tiempo*
> *Perdido en el porqué de las cosas de la tierra,*
> *Escuchando vagamente en la noche solitaria*
> *El impuro rodar de un viejo coche retrasado*
>
> Jules Laforgue

Un gran poeta, **Jules Laforgue** (1860-1887), se encargó de ilustrar el espíritu decadente no sólo con su obra, sino con su propia vida. Laforgue siempre fue un hombre tímido y solitario que sintió el pesimismo de Schopenhauer y trató de descifrar todos los dolores del mundo y la muerte de la tierra (*El sollozo de la tierra*). Sin embargo, al contrario de Des Esseintes (el héroe de Huysmans), **aspira a vivir en un mundo que no esté constituido por representaciones imaginarias** y trata de abandonar su soledad para buscar el amor.

A manifestar los **silencios** que sufre en presencia de las mujeres de las que se siente enamorado está dedicada una de sus más importantes obras: *Los lamentos*. Estos poemas son declaraciones amorosas que ha reprimido o callado ante la mujer. Sólo se aproxima a ella en sueños, como en el «Lamento de la buena difunta».

En «La imitación de nuestra señora la Luna» escribe **madrigales apasionados**, pero en ellos observamos el despego y neutralidad propios del que no quiere engañarse con lo que dice.

Lo más interesante de Laforgue es que combina todos los rasgos del Decadentismo (pesimismo, rebeldía, desolación) con una **moral de asceta bromista y melancólico** que se expresa con una lengua revuelta tomada de **todos los estratos** (desde la jerga hasta los neologismos). Eliot supo apreciar en él la ironía de su respuesta melancólica y hasta histriónica al callejón sin salida del Decadentismo.

Muchos de estos rasgos de la actitud decadente contagiarían las demás tendencias de este periodo finisecular, sobre todo a algunos poetas cuya obra está llena de símbolos, de erotismo y de nostalgia por el misterio medieval.

3. El Prerrafaelismo: Ruskin

Aunque repartida por toda su obra, la **teoría estética** del inglés **John Ruskin** (1819-1900) se encuentra fundamentalmente en su obra *Pintores modernos*, escrita entre 1843 y 1856. Ruskin se constituye en el portavoz del Prerrafaelismo por su **lucha contra el Clasicismo**, contra el canon de la belleza establecido por Rafael Sanzio, el pintor renacentista. Para Ruskin, esta belleza es un puro formalismo y la rutina superficial de una práctica artística con que la burguesía de la época quiere presentar la prueba de su respetabilidad, de su moral puritana, de sus altos ideales y de su sentido poético.

El Prerrafaelismo se va a distinguir precisamente por rasgos contrarios a esta estética puritana. En primer lugar, es un **movimiento estético idealista, moralista y erótico**. Según Ruskin, la Naturaleza habla al hombre por medio de **símbolos** y el artista (no sólo el poeta) interpreta ese lenguaje y crea obras en las que trata de reproducir tal naturaleza evocadora, siempre desde el supuesto de que **hombre y Naturaleza** son obra de Dios.

Ruskin fue el primero en interpretar la **decadencia del arte** y del gusto como signo de una crisis general de la cultura, de manera que el único medio para despertar el sentido de la belleza en los hombres es cambiar las condiciones de sus vidas. El arte es una cuestión pública y, por ello, el que sea cultivado por todos constituye una de las más importantes tareas del Estado, puesto que no se trata de un privilegio de los artistas, de los entendidos o de las personas educadas, sino que forma parte del patrimonio y de la herencia de la humanidad. Ante estas ideas podríamos pensar que Ruskin fue un apóstol del socialismo y de la democracia, pero no fue así, pues su reformismo tiene unos límites: el **quietismo estético** y la **renuncia a toda violencia**.

Conocer y saber

LA HERMANDAD PRERRAFAELITA

Frente al materialismo de la época y al academicismo del arte oficial, un conjunto de artistas (J. E. Millais, Holman Hunt, Dante Gabriel Rosseti) fundaron la Hermandad Prerrafaelita (P.G.R.), cuyo órgano de expresión fue la revista *The Germ*. Bajo la tutela de John Ruskin, este movimiento más pictórico que literario reivindicó el idealismo y la sencillez del arte anterior a Rafael. Estos artistas volvían sus ojos a la Inglaterra preindustrial y llenaron sus cuadros y poemas de lánguidas figuras simbólicas y medievalizantes.

4. *El placer* de D'Annunzio

El Placer es la primera de sus tres *Novelas de la Rosa*. La rosa alude al placer, tema común y explícito de las tres novelas en las que sobresalen el decadentismo y la voluptuosidad. El protagonista de la novela, el conde Andrea Sperelli, poeta de refinada sensibilidad, es una especie de ideal soñado por el propio D'Annunzio. Así querría ser él mismo: conde, elegante, rodeado de lujo y vacilante entre el estudio científico y la condena moral.

La vacilación de D'Annunzio entre **sensualidad y ética** se refleja en la obra y su valor reside en el sentido amargo que en ella adquiere la voluptuosidad. De esta novela procede la moda de ennoblecer personajes, ambientes y paisajes con repetidas referencias a cuadros famosos, moda que imperó en toda Europa a principios de nuestro siglo.

Su mayor defecto, la **negación de la narratividad**, se convierte en virtud: aunque el lirismo corte el hilo del relato, logra imponer un ritmo muy próximo a los refinamientos poético-hedonistas.

Puede que lo más importante sea que con esta novela se produce una corriente importantísima de la **novela sensualista y voluptuosa** que va a influir poderosamente en los poetas europeos de principios de nuestro siglo y en las tendencias más destacadas, como Parnasianismo y Modernismo.

Biografía

D´ANNUNZIO

De la misma manera que Oscar Wilde, el italiano Gabriel D'Annunzio (1863-1938) trató de convertir su vida en una obra de arte, si bien su esteticismo tuvo mucho de pose y teatralidad. En nombre de la Belleza, vivió de forma intensa y novelesca. Luchó como piloto en la Primera Guerra Mundial y abanderó el movimiento nacionalista que luego derivaría en el fascismo. Había alcanzado cierta notoriedad con su primer libro de poemas (*Primo vere*) en 1879. Ya en él se fijan el contenido sensualista y la asimilación del Decadentismo europeo como rasgos fundamentales de toda su obra. Y en otro poemario, *Canto nuevo* (1882), incluye el otro rasgo de su producción: una tendencia naturalista llena de preocupaciones éticas y sociales. Por lo demás, el hedonismo y la sensualidad decadentista constituyen el fondo y la forma de su producción novelística: *El placer* (1889), *Triunfo de la muerte* (1894), como en su poesía: *La Quimera* (1890), *Poema paradisíaco* (1893).

5. Leconte de Lisle y los parnasianos

Entre 1860 y 1866 se constituyó en Francia el grupo de los **poetas parnasianos** que reaccionan **contra el romanticismo sentimental** de Alfredo de Musset, se declaran admiradores de Teófilo Gautier, convertido ya en el principal propulsor del arte por el arte, y reconocen como su maestro a **Leconte de Lisle** (1818-1894).

Lisle pretende la **impersonalidad de la poesía** frente a las confidencias románticas. En el soneto «Montreurs» (1862) hace una réplica a Musset y rehúsa dar a la «plebe carnicera» su «corazón ensangrentado».

Busca la **unión del arte con la ciencia**: el arte y la ciencia durante mucho tiempo separadas porque buscaban esfuerzos de la inteligencia que eran divergentes, deben tender a unirse estrechamente, más aún, deben confundirse. Asigna al arte la **misión** más alta: realizar **la Belleza**. En cierto modo coincide con el maestro del Simbolismo, Stéphane Mallarmé, por su insistencia en la necesidad de «sanear» la lengua poética dándole «formas más límpidas y precisas». Su culto al arte recuerda al de Gautier, de forma que llega a decir que el arte es un «lujo intelectual» reservado a una elite, es independiente de la verdad, de la utilidad y de la moral, y sólo tiene un objeto: lo Bello.

Esta **mística de la Belleza** que hace del arte el **fin supremo de la actividad intelectual** será común a todos los jóvenes parnasianos. Lisle se guía por una **documentación minuciosa**, controla lúcidamente su inspiración y revisa sus versos hasta que tiene la sensación de haber logrado una **elaboración perfecta**. Su memoria visual era tan extremadamente fiel que reproduce las formas, las líneas, los colores, con gran perfección. Su arte es el del pintor o del escultor que reproduce contornos firmes y netos.

Los parnasianos aprenden este amor por la **perfección formal** y, aunque tachados de ser impasibles ante los problemas del hombre, su poesía serena, equilibrada, con líneas puras y esculturales es capaz de eternizar las **grandes emociones** del ser humano y los **profundos pensamientos filosóficos**.

6. El Simbolismo

A pesar de los puntos comunes entre parnasianos y simbolistas, el Simbolismo es, en principio, una **reacción contra el formalismo parnasiano**.

En realidad, el Simbolismo es la única corriente poética y literaria en la que convergen las ya estudiadas **actitudes decadentistas** y **prerrafaelistas**. Por tanto, la **literatura finisecular** es **simbolista** y sus más remotos antecedentes ya se han citado: Swedenborg, Poe, Baudelaire... Los autores fundamentales son los franceses Mallarmé, Verlaine y Rimbaud, aunque este último lo es en menor medida. Mallarmé es el teórico del movimiento, mientras que Verlaine es el poeta al que hay que seguir en la práctica poética simbolista; respecto de Rimbaud, el tardío conocimiento que se tuvo de sus teorías poéticas hizo que fuese más un precursor del Surrealismo que un simbolista.

6.1. Mallarmé

Stéphane Mallarmé (1842-1898), como su maestro Baudelaire, tiene una actitud decadente que define como «un estado del espíritu del poeta hechizado por la crueldad del tiempo y la inminencia de la muerte». Él es el principal responsable del nacimiento del **Simbolismo**. Este movimiento le debe a Mallarmé su **espíritu decadente heredado de Baudelaire**, pues expresa como nadie el aburrimiento que ni los placeres de la carne ni los de la inteligencia pueden disminuir.

Mediodía

Rey del estío, espárcese Mediodía en la llanura,
En argentadas ondas del cielo azul cayendo.
Todo se calla. El aire abrasador fulgura;
Envuelta en ígneo manto la tierra está durmiendo.

La extensión es inmensa, y en los campos no hay sombra,
Donde bebió el rebaño secóse el cauce undoso;
La lejana floresta, que su término asombra,
Duerme allá, abajo, inmóvil en pesado reposo.
[...]

Leconte de Lisle

> *El azul*
>
> [...]
> ¡En vano! El azul triunfa, y le oigo que canta
> En las campanas. Mi alma, se hace voz para ya
> No darnos miedo con su victoria malvada,
> ¡Y del vivo metal sale en azules ángelus!
>
> Da vueltas en la bruma, antiguo y atraviesa
> Tu nativa agonía como una espada cierta;
> ¿Dónde huir en la inútil y perversa revuelta?
> Estoy obsesionado. ¡El azul!¡El azul!
> ¡El azul! ¡El azul!
>
> Stéphane Mallarmé

Stéphane Mallarmé.

También, como a Baudelaire, le preocupa el **abismo** que está simbolizado en dos poemas de su primera época: *Las ventanas* y *El Azul*. Esta palabra, **azul**, combina los significados de «azul» y «cielo», y llegará a convertirse en uno de los símbolos fundamentales del movimiento simbolista.

Para Mallarmé el **símbolo** es lo opuesto a la representación del objeto; símbolo es para él **lo sugerido**, porque lo sugerido se abre a múltiples significados, tiene un sentido órfico. *Órfico* viene de Orfeo, esto es, del que es a la vez músico y poeta, por tanto, el núcleo de la forma poética es la **interrelación** entre el poder de la **música** y el de las **palabras**.

Precisamente en la música coinciden Mallarmé y Verlaine, aunque con las diferencias que más adelante se verán.

6.2. Verlaine

Paul Verlaine (1844-1896) fue un poeta tremendamente prolífico que influyó en los poetas de finales del siglo XIX y de principios del XX.

En *Romanzas sin palabras* el estímulo del paisaje exterior suministra los motivos para expresar el sentimiento interior. Pero el descubrimiento del mundo interior del poeta no es directo, como en el Romanticismo, se hace de forma velada tras el juego metafórico, pues Verlaine coincide también con Mallarmé en el **arte de la sugerencia**. El estado anímico debe ser sugerido a través del paisaje y evocado de forma sutil, porque las emociones agridulces son más sutiles que las agrias o dulces.

También en esta obra crea ya los principales **símbolos** de la escuela: cielos, nubes, luna, viento, nieve, grajos, lluvia, llanura..., a los que acompañarán **adjetivos sugeridores** y poco específicos: gris, pálido, incierto, blanco, plácido, profundo, huidizo, blando... y **verbos que expresan melancolía**: llorar, sollozar, temblar, suspirar, huir...

NÚCLEO IV: De la Edad Moderna a la Edad Contemporánea

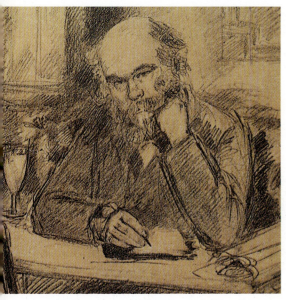

Verlaine en el café Francisco I, de Berthold Mahn.

En su «Arte poética» introduce el otro elemento común con Mallarmé: **la música**; si bien los dos difieren entre sí y, a su vez, de Baudelaire. Para éste la música de la poesía radica en la sonoridad de las palabras; para Mallarmé la poesía es música en sí. Sin embargo, para Verlaine, lo que provoca emociones como la música no son las palabras aisladas, sino las combinaciones especiales de palabras. El concepto musical de la poesía que prevaleció en los simbolistas fue el más sencillo de Verlaine, tanto en Francia como en España y en Europa Central.

Otra aportación importante de Verlaine es la introducción en la poesía del **temblor de lo efímero**. Esta palabra viene a significar para Verlaine el pensamiento refinado del hombre de delicados sentimientos, muy civilizado y capaz de intensas voluptuosidades: Bradomín, Dorian Gray, Des Esseintes y el poeta Jules Laforgue podrían ser ejemplos de ello.

• Actividades

Desde que Edgard Allan Poe habló de la «indefinición de la música», los poetas de finales del siglo XIX, posiblemente por herencia del Romanticismo, reniegan de la rima y sólo ven poesía en las palabras que se combinan armónicamente. El poema que sigue podría considerarse como el manifiesto de los poetas simbolistas, donde Verlaine establece el principio fundamental: «la música antes que todo sea».

Arte poética

La música antes que todo sea,
y el Impar vago para ello busca,
el Impar libre por el espacio,
sin que le manche cosa ninguna.

5 *No es necesario que tus palabras*
con minuciosa propiedad luzcan:
son aún más gratos los versos grises
que a lo Indeciso lo Exacto juntan;

son ojos grandes detrás de velos,
10 *son temblorosos soles que alumbran,*
son en un cielo de otoño tibio
azul enjambre de estrellas puras.

Así buscamos el matiz débil,
¡siempre matices! ¡El color nunca!
15 *¡Oh! ¡El matiz sólo desposar logra*
sueños con sueños y alma con música.

¡Lejos, muy lejos, Chiste asesino,
ingenio fútil• y risa impura,
todo ese ajo de ruin cocina
20 *el que los ojos del Azul nublan.*

¡A la elocuencia retuerce el cuello!
Continuamente, con mano ruda
ten a la rima bien dominada;
¡cómo te arrastra si te descuidas!

25 *¿Quién de la Rima dirá los males?*
¿Qué niño sordo, qué negra estúpida
forjó este dije• de baratillo
que suena a hueco cuando se usa?

¡Música empero, música siempre!
30 *Sea tu canto cosa que suba*
desde tu alma que de otros cielos
y otros amores camina en busca.

Tu canto sea la profecía
que va extendiendo la brisa húmeda
35 *por la mañana sobre los campos...*
Y el resto es todo literatura.

Paul Verlaine: *Antaño y ayer.*

Vocabulario

Fútil: de poca importancia
Dije: joya pequeña que suele llevarse colgando del cuello.

8. ¿Cuál es el tema esencial del poema? ¿Qué desea Verlaine? ¿Qué rechaza en la poesía?
9. Señala la importancia de la distinción que establece Verlaine entre poesía y literatura.
10. ¿Qué valor tiene la música para la poesía, según Verlaine?
11. Señala cómo ha sabido Verlaine ilustrar los preceptos del Simbolismo con ejemplos.

6.3. Rimbaud

La figura de **Arthur Rimbaud** (1854-1891) es un mito literario por su singular y obsesiva concepción de la **poesía** como medio de cambiar la vida, en definitiva, como **proyecto vital**.

Rimbaud prácticamente abandona la poesía a los diecinueve años, edad a la que, influenciado por Baudelaire, ya ha escrito sus primeras composiciones y *Una temporada en el infierno*. En aquéllas muestra una **actitud** a veces **sarcástica**, incluso respecto a su obra juvenil; otras **cínica**, sobre aspectos de su propia vida de chico rebelde, de los ancianos o de otras escenas cotidianas; y, con frecuencia, de **dureza crítica** hacia valores como los del patriotismo, la religión o los de varios acontecimientos históricos de su país. Entre ellas destaca «El barco ebrio» (1871), poema de una peripecia descrita en primera persona que es símbolo de su propia vida a la deriva, en busca alucinante de su propia libertad. En **lo formal** dominan esta etapa el sentido plástico, el ritmo verbal, el lenguaje de la cancioncilla popular y un «largo, inmenso y razonado arreglo de todos los sentidos» que, a su parecer, llevan al poeta a convertirse en vidente.

Actitud alucinante que también rige sus textos de poesía y de prosa en *Una temporada en el infierno* (1873), publicados por una editorial belga a solicitud de Verlaine y especie de **autobiografía moral**, **alegórica e iracunda** de sus vivencias con éste, en la cual propone la ruptura con la moral tradicional y reivindica otra en la línea provocadora de su postura vital. Extraordinario texto literario pero hermético, difícil de desentrañar en ocasiones, que anuncia los nuevos modos que caracterizarán sus *Iluminaciones*.

Iluminaciones, editado por Verlaine en 1886, cuando Rimbaud vivía en África y probablemente nunca lo supiera, es un libro excelente y aún más complejo, tanto por su **tono delirante**, aunque más sereno, como por su **originalidad formal**. Acoge (además de algún conocido poema, como el *Soneto de las vocales* en el que

Biografía

RIMBAUD

Nacido en Charleville (departamento de las Árdenas, Francia) en el seno de una familia de clase media rural y educado por una madre severa (su padre, militar, los abandonó cuando él tenía siete años), dio desde muy temprano muestras de su rebeldía, huyendo varias veces de su hogar y vagabundeando por París, y de su brillantez intelectual. Desde muy joven llevó una vida desordenada, visible en su propia indumentaria. Y fue artista precoz, componiendo poemas desde los diez a los veinte años, con la maestría que muestra en «El barco ebrio», escrito a los dieciséis. Conocidas sus composiciones por Verlaine, éste le invita a vivir con él, iniciándose entre ambos una relación sentimental tormentosa (de alcohol, drogas y violencia) que escandalizó a la selecta clase literaria parisina y acabó con Verlaine en una cárcel belga por haber disparado a Rimbaud. Tras una vida de penurias, viajes y aventuras laborales y económicas (como marino y desertor, empleado, consejero real, traficante de armas y esclavos, comerciante de oro, caucho y marfil, etc.) por muy distantes lugares de Europa, Asia y África (aquí llegó a hacer una pequeña fortuna), regresa enfermo a Francia, muere al poco tiempo entre dolores en el Hospital de Marsella (donde le habían amputado una pierna), sin haber él publicado ninguno de sus versos y sin interesarse por el eco que su obra estaba despertando.

relaciona cada una con un color) textos en prosa, muchos de ellos breves, que han sido destacados como auténticos **poemas en prosa** por su ritmo interno y su sonoridad, así como algunas composiciones en donde apunta el **verso libre** (de los primeros en francés) u **otros rasgos de renovación poética** como las alucinaciones de los sueños, el automatismo expresivo del Surrealismo, las imágenes enigmáticas, la ausencia de anécdota, la sugestión mágica de las palabras al margen del sentido lógico, etc. En suma, una libertad de creación revulsiva que preludia la revolución de la poesía contemporánea.

Actividades

El barco ebrio

Una tarde, surcando los ríos impasibles,
me sentí de repente libre de sirgadores:
pieles roja salvajes, entre gritos terribles,
los clavaban, desnudos, en postes de colores.

5 Colgando de mis flancos las sirgas• como riendas,
con mi vientre repleto de trigo y algodón,
los ríos me llevaron por sus líquidas sendas,
y agité, como cola de delfín, mi timón. [...]

La tempestad bendijo mi despertar marino;
10 diez noches, como un corcho, bailé sin descansar;
mi cubierta lavaron, de las manchas de vino
y de los secos vómitos, las olas al saltar. [...]

Vi las calmas siniestras, las voraces resacas;
vi los cielos preñados, ansiosos de abortar,
15 cuyos vientres revientan, cual gigantes sus tracas...
Flechas incandescentes que el cielo clava al mar. [...]

En aguas transparentes he visto extraños peces
–de oro, de turquesa, de fuego y de cristal–;
los vientos inefables• me llevaron a veces
20 por praderas de espuma e islotes de coral. [...]

Soy ahora un casco roto de imposible carena•,
que vieran con desprecio en astillero y dique,
con mi cala repleta de agua sucia y arena,
pecio• desmantelado a punto de irse a pique.

25 Soy, sin embargo, el mismo que rasgaba las brumas
espesas como un muro de los males australes.
El mismo que, escupido por salivas de espumas,
saltó con los delfines, jugó con los narvales•.

El que en las noches súbitas de imprevistos tornados
30 galopaba escoltado de hipocampos• veloces,
pasando como un rayo en zigzags alocados
entre trombas marinas y vórtices• feroces.

Ahora tiembla mi quilla cuando a cincuenta leguas
presiente los bramidos del Maelström• furioso,
35 y, ansioso de descansos, mendigador de treguas,
añoro un manso río de curso sinuoso.

Todo lo he visto ya: los cielos delirantes,
con millones de pájaros –Futuras Energías–;
los verdes archipiélagos; los témpanos flotantes;
40 las rocas submarinas, terror de los vigías.

A. Rimbaud: «El barco ebrio».

Vocabulario

Sirgas: maroma o cuerda gruesa que sirve para tirar, desde la orilla, de las redes, de las embarcaciones o para otros usos.

Inefables: difícil de expresar con palabras.

Carena: parte sumergida del casco de un barco.

Pecio: pedazo, fragmento, resto de una nave naufragada.

Narvales: cetáceo de enormes dimensiones, con un incisivo que puede medir cerca de 3 metros.

Hipocampos: o caballito de mar, pez de pequeñas dimensiones, cuya cabeza recuerda a la del caballo.

Vórtices: torbellino, remolino, movimiento en espiral.

Maelström: corriente con remolinos que forman embudo, en las costas de Noruega.

12. ¿Entre qué experiencias ha transcurrido la trayectoria del barco?

13. Establece las relaciones posibles con el significado de su vida que proyecta el «yo poético».

14. Destaca las expresiones más significativas con que se alude a las experiencias mencionadas.

6.4. El Simbolismo francés y su proyección europea

En 1886, **Jean Moréas** publicó el **manifiesto** del Simbolismo. Lo esencial de la estética simbolista es que las cosas son símbolos de las leyes y misterios sobrehumanos, y sólo el poeta es capaz de desvelarlos a través de las apariencias terrenas.

El más fiel al Simbolismo, entre los poetas de lengua francesa, fue el belga **Émile Verhaeren**. No se dejó influir en su inspiración por el hermetismo de Mallarmé ni por su idealismo trascendental. Su estilo es, por el contrario, directo, amplio e impetuoso. Si mezcla desde sus primeros poemarios el **símbolo** con sus **visiones realistas**, ello responde a un gusto propio y no a un procedimiento aprendido. Las dos obras más simbolistas de Verhaeren son *Los desastres* (1888) y *Los candelabros negros* (1890). En ellas, reconocemos la riqueza de imaginación más fuerte de la poesía francesa desde Victor Hugo.

El **teatro simbolista** tiene dos impulsores principales: **Maurice Maeterlinck** en l890 y **Paul Claudel** después de 1900.

El modelo de este teatro es el personaje del drama de Auguste Villiers de l'Isle-Adam *El castillo* de *Axel*. Axel es, como Des Esseintes en la novela de Huysmans, como Dorian Gray en la de Wilde o como Bradomín en las *Sonatas* de Valle-Inclán, un personaje en el que se concentran la mayor parte de las preocupaciones del hombre de fin de siglo.

Dos años después de la obra de Villiers escribe Maeterlinck su obra más simbólica, *Peleas y Melisenda,* en la que trata de expresar el aterrador misterio de la vida y la angustia profunda del alma por medio de unos personajes que deambulan por un mundo inmaterial y en cuya alma nace una lírica llena de sensibilidad, de temblor y de terror cuando se sumergen en las tenebrosas profundidades de la vida y de su propia naturaleza.

En el período que va desde 1890 a 1900 el **Simbolismo** se une al **Decadentismo** y es el momento en que llegan a Francia una serie de jóvenes escritores extranjeros que van a unirse al movimiento simbolista y lo propagarán por todo el mundo occidental. De Inglaterra llegan **Arthur Symons**, **William B. Yeats** y **Edmund Gosse**. Este último y Symons son los que introducen el Simbolismo en Inglaterra. De España llegan **Manuel** y **Antonio Machado**. **Gabriele D'Annunzio** llega de Italia y permanece en París quince años. **Rubén Darío** llega de Hispanoamérica en 1892 y más adelante veremos todo lo que su poesía debe al Simbolismo.

Si en 1886 estamos en el apogeo del Simbolismo, después de 1900 casi ninguno de los autores simbolistas son fieles al movimiento y, desanimados por su pureza y su abstracción, vuelven sus ojos a lo real, a las cosas por ellas mismas, no por su misterioso simbolismo de leyes eternas. Sin embargo, la semilla sembrada por este movimiento, sobre todo en poesía, hará brotar la **literatura modernista** en **España** e **Hispanoamérica** y será el punto de arranque de los **vanguardismos europeos**.

Las musas, de Maurice Denis.

7. La poesía en Portugal: Antero de Quental

De forma simultánea al movimiento realista, surge en Portugal una poesía de muy alta calidad, de raigambre romántica pero con un tono reflexivo y un acento social, que, reivindicando apasionadamente la libertad y la justicia, muestra una concepción pesimista del mundo. El núcleo, germen de una **nueva escuela literaria portuguesa**, radica en la denominada «**Generación de Coimbra**» y particularmente en el grupo «Los vencidos de la vida», que en la universidad de esa ciudad lusa planteó una enardecida polémica (conocida como la «Cuestión Coimbra») contra representantes de la generación precedente, dieciochesca y romántica.

Además de Eça de Queiroz (estudiado en la anterior unidad), destacan en esa generación **João de Deus Ramos** (1830-1896), **Teófilo Braga** (1843-1924) y **Antero de Quental** (1842-1891), considerado el mejor poeta del siglo XIX en su país.

La obra de Quental refleja en la **temática** su atormentada personalidad, su ardor combativo, su pesimismo y su actitud resignada. Y, **en lo formal**, se caracterizan por la riqueza y precisión del léxico, la fuerza de las imágenes y la claridad de estilo, combinando el lirismo con una perfección también constructiva que se muestra fundamentalmente en los **sonetos** como forma de dotar de orden externo a su vacío y a su flujo reflexivo interiores.

Su poesía no alcanza la variedad simbólica y la calidad estética de la de Baudelaire, pero coincide con él en el **discurso meditativo** que conduce, sin postergar los ideales de libertad, justicia y moralidad, por senderos **líricos** «hacia abismos de **tiniebla y nihilismo**».

Entre sus **obras poéticas** resaltan el poema *Beatrice* (1863); las *Odes modernas* (1865), representativas de su fe en el progreso y de sus actitudes sociales del momento; y, en especial, los *Sonetos completos* (recopilados en 1886 y luego en 1890), que en cinco etapas sucesivas descubren la vida interior del autor lusitano. Entre sus escritos en **prosa**, dotados asimismo de una clara voluntad de estilo pulcro, elegante y al mismo tiempo brioso, merecen citarse el texto que promovió el debate en Coimbra, en torno al *Buen sentido, buen gusto* (1865); y la conferencia de 1871 en Lisboa sobre las *Causas de la decadencia de los pueblos peninsulares* (1871).

Biografía

Antero de Quental

Nacido en Ponta Delgada, de la isla de San Miguel en las Azores, y educado en la religiosidad tradicional, cursó sus estudios universitarios de Derecho en Lisboa y Coimbra, donde coincidió con otros jóvenes que constituyeron la «Generación de Coimbra». Influenciado por el socialismo utópico, allí defendió (1865-1866) la misión social de la poesía con tal ardor que llegó a batirse en duelo con un contrincante. Luego, inmerso ya en cuestiones políticas, participó en las Conferencias Democráticas del Casino de Lisboa 1871), suspendidas finalmente por el presidente del Consejo de Ministros, a quien Quental le dirigió una dura carta de protesta. Al año siguiente fue candidato socialista en las elecciones generales. La herencia de su padre le permite, desde 1873, vivir holgadamente, pero una crisis, derivada de su padecimiento de tuberculosis que ni los más famosos médicos especialistas logran curar, le sumen en una constante amargura. Aunque se retira a una vida tranquila, todavía volverá a presidir la fallida Liga Patriótica del Norte, reaccionando a un ultimátum británico a Portugal. Tras este fracaso y cada vez más aquejado por la depresión, regresa a su lugar natal, donde acaba suicidándose.

8. La poesía en Estados Unidos: Walt Whitman

La poesía estadounidense del siglo XIX tiene notables representantes, entre los que destacan **William Cullen Bryant** (1794-1878), **Henry Wadsworth Longfellow** (1807-1882) y **John Greenleaf Whittier** (1807-1892).

Pero el más innovador y considerado como el creador de la poesía moderna estadounidense es **Walt Whitman** (1819-1892), hombre insatisfecho e inseguro y al mismo tiempo ególatra, formado en la admiración y lectura de los clásicos griegos, de la *Biblia*, Dante, Cervantes, Shakespeare y Goethe. Y con una decisiva atracción por la naturaleza.

Sobre todos sus escritos (entre los que se halla una temprana novela, *Franklin Evans*, de 1842; y un estimable libro en prosa, *Una cartilla americana*), descuella el poemario *Hojas de hierba* (1855), recibido con escándalo tanto por los temas, particularmente los relacionados con la sexualidad, como por los atrevimientos formales. No le arredraron las críticas, hasta el punto de que fue publicando el libro en sucesivas ediciones corregidas y aumentadas hasta el mismo año de su muerte.

Hojas de hierba resulta una **profética interpretación del nuevo «ideal americano»**. En sus páginas, Whitman canta el **gozo de la vida**, con sus sufrimientos y sus ilusiones, **del hombre** que persigue el amor, la felicidad y la libertad en plenitud, como **centro del universo**, incluso al margen de Dios y en contacto determinante con la naturaleza. Ahí encontramos la exaltación de la individualidad, del cuerpo o del sexo, así como de la tierra americana, de su vasta geografía, de sus variadas gentes y sus paisajes, urbanos y rurales, de su fauna y su flora, de la épica lucha del ser humano contra el medio.

Aspectos innovadores que son más acusados aún en el **lenguaje poético**, cuyo código **amalgama** la retórica grandilocuente o el más culto y refinado con el periodístico, el léxico extranjero, las audaces imágenes sexuales, el habla popular, coloquial, de las clases media y baja o incluso el «argot» marginal, razones por la que se tachó a veces de inmoral, procaz y grosero. Todo ello sustentado en una **escritura de verso libre**, sin rigidez métrica, acorde con el espíritu libre que pretende transmitir: un verso largo, desprovisto de rima y con ritmo interior, al modo de los versículos bíblicos, con abundancia de enumeraciones, a medio camino de la prosa y el verso.

En definitiva, por su ambición literaria, su contenido y su revolución formal, *Hojas de hierba* ha sido estimado como el mejor poema del siglo XIX, un «**poema total**». Y su autor, poeta de convicciones democráticas y declaradamente heredero de las ideas revolucionarias francesa y norteamericana, como **inspirador de valores** tales como la libertad, la fraternidad y la esperanza, constitutivos de su legado poético.

WALT WHITMAN

La importancia e influencia de Whitman alcanza a escritores de muchas generaciones y países. El poeta León Felipe tradujo el *Canto a mí mismo*. También Rubén Darío le dedicó un poema, «Walt Whitman», en su primer gran libro, *Azul*; y García Lorca, una «Oda a Walt Whitman» (de 1933).

NÚCLEO IV: De la Edad Moderna a la Edad Contemporánea

He aquí unos fragmentos del *Canto a mí mismo*:

¿Qué es esto?, me dijo un niño mostrándome un puñado de hierba.
¿Qué podía yo responderle?
Yo no sé lo que es la hierba tampoco.
5 Tal vez es la bandera de mi amor, tejida con la sustancia verde de la esperanza. [...]
Pienso también que la hierba es un niño,
el recién nacido del mundo vegetal.
¿O es un jeroglífico uniforme cuyo significado es nacer en
10 todas partes:
en las zonas pequeñas,
y en las grandes,
entre los negros
y los blancos,
15 para darse a todos
y recibir a todos?
[...]
Yo soy Walt Whitman...
Un cosmos. ¡Miradme!
20 El hijo de Manhattan.
Turbulento, fuerte y sensual;
como, bebo y engendro...
no soy sentimental.
Ni por encima ni separado de nadie,
25 ni orgulloso ni humilde.
[...]
De mi garganta salen voces largo tiempo calladas,
voces de largas generaciones de prisiones y de esclavos,
voces de ciclos de preparación y crecimiento,
30 voces de desesperados y de enfermos,
voces de ladrones y enanos,
voces de cuerdas que conectan las estrellas,
voces de matrices y de gérmenes paternos... [...]
De mi garganta salen voces olvidadas:
35 voces de sexo y de lujuria,
voces veladas que yo desgarro,
voces indecentes que yo clarifico y transfiguro...
[...]
Y, ¿qué es tocar, qué es sentir otro cuerpo?
40 Es entrar tembloroso en una nueva identidad.
Llamas y éter precipitándose por mis venas.
[...]
Creo que la tierra húmeda será un día luz y amor,
Que el cuerpo del hombre y de la mujer
45 Son el compendio de todos los compendios,
Que el amor que los une es una cumbre y una flor
Y que de ese amor omnífico han de multiplicarse hasta el infinito
Y hasta que todos y cada uno no sean más que una fuen-
50 te de alegría común.
[...]

Creo que una hoja de hierba es tan perfecta como la jornada sideral de las estrellas,
y una hormiga,
55 un grano de arena
y los huevos del abadejo
son perfectos también.
El sapo es una obra maestra de Dios
y las zarzamoras podrían adornar los salones de la gloria.
60 El tendón más pequeño de mis manos avergüenza a toda la maquinaria moderna,
una vaca paciendo con la cabeza doblada supera en belleza a todas las estatuas,
Y un ratón es milagro suficiente para convertir a seis tri-
65 llones de infieles.
[...]
Yo oigo y veo a Dios en todas las cosas, pero no lo comprendo,
Como no comprendo que haya nadie más admirable que yo.

Walt Whitman: *Hojas de hierba*.

Actividades

15. En esta muestra antológica, ¿qué temas fundamentales trata Whitman?

16. ¿Cuál es el significado de la hierba? Señala los versos y las expresiones en que lo manifiesta.

17. ¿Cómo se define el «yo poético» que canta? ¿Qué sentido tienen sus palabras?

18. ¿De quiénes se convierte en portavoz el poeta? Señala las diferentes dimensiones de esos seres y la cualidad que los unifica.

19. ¿Cómo trata el tema sexual? ¿Y el de la perfección de las criaturas?

9. El Modernismo hispanoamericano: Rubén Darío

El Modernismo, más que una escuela, es una época, y como tal su influjo se deja notar en todos los campos de la vida, no solo en el ámbito literario. Dos grandes rasgos lo caracterizan: la **expansión individual** y el **cosmopolitismo**, pues en él **convergen** todos los movimientos del posromanticismo: Simbolismo, Parnasianismo, Esteticismo, etc. Aunque todos los rasgos principales de estas tendencias confluyen en el Modernismo, podemos sintetizar los más sobresalientes respecto de la forma y de los temas.

En lo formal podríamos distinguir las siguientes **características**:

- **Adjetivación emocional.** La adjetivación recurre a todos los campos semánticos sensoriales y artísticos (la música, la pintura, etc.) para comunicar la emoción estética.
- **Plurivalencia semántica.** El arte de la sugerencia se logra mediante la polisemia y la connotación.
- **Sinestesia.** Consiste en atribuir cualidades o sensaciones a sentidos a los que no les corresponden.
- **Exotismo lingüístico.** Es frecuente hallar en todos los autores modernistas una variada gama de vocablos de las más diversas fuentes.
- **Metáfora.** Es variadísimo el campo metafórico modernista.
- **Palabras musicales y esdrújulas.** La selección léxica depende de su valor musical y rítmico.

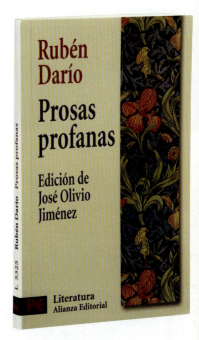

En cuanto a los **temas**, el Modernismo sigue los propios de las tendencias de las que se nutre. En breve síntesis serían los siguientes:

- **Vuelta a la naturaleza.**
- **Tendencia a la mística.** El Modernismo fue también un movimiento espiritual muy profundo que ya había sido anunciado por los prerrafaelistas y delineado y afirmado por la reacción de simbolistas y decadentes contra el cientifismo dogmático.
- **Cosmopolitismo/nacionalismo.** Los escritores hispanoamericanos tienen un inusitado interés por conocer la cultura europea; sin embargo, poco a poco pasan del desarraigo patrio a captar la vida y el ambiente de los pueblos de América, a traducir sus inquietudes, sus ideales y sus esperanzas. En realidad tal cosmopolitismo no fue sino una búsqueda de la afirmación de lo propio a través de lo universal.
- **Erotismo.** Es un tema muy cultivado entre los poetas de final de siglo, como hemos señalado en ocasiones anteriores.
- **Mitos.** Son constantes en las obras de estos escritores por su alto valor simbólico y legendario. El movimiento modernista nació en Hispanoamérica. Sus iniciadores son el cubano **José Martí** y el mejicano **Manuel Gutiérrez Nájera**. El primero parte en la tradición hispánica (Campoamor, Rosalía de Castro, Bécquer...) y combina renovación poética con entusiasmo revolucionario. El segundo se hace eco de las corrientes finiseculares de la poesía francesa. Ambos parten, además, de la temática indígena. Por tanto, una primera nota del Modernismo hispanoamericano es la de su **sincretismo**, la fusión en literatura de lo francés, lo español y lo indígena.

NÚCLEO IV: De la Edad Moderna a la Edad Contemporánea

Rubén Darío.

El Modernismo en la poesía

Se ha dicho que el Modernismo fue un tránsito para los poetas españoles, que eligieron después caminos propios; también, que España y sus modernistas fueron a la zaga de los hispanoamericanos. Lo cierto es que la huella modernista caló tan hondo en un principio que hasta los más contrarios, como Unamuno, dejan entrever en ciertos momentos de su obra la impronta de esta escuela. Ello no hubiera sido posible sin un elemento esencial en la época: las revistas (*Helios, La España Moderna, Alma española, Vida Nueva*).

Pero si a Martí y Gutiérrez Nájera se les valora como iniciadores, el verdadero embajador del Modernismo en Europa es Rubén Darío, y su influencia en los jóvenes escritores españoles de los años noventa fue enorme.

Rubén Darío, en efecto, puede ser llamado con mayor propiedad el portavoz de su época, porque supo integrar perfectamente todas las corrientes de la poesía europea e hispánica. Aunque la mayoría de los críticos habla del Simbolismo y Parnasianismo de la poesía de Rubén Darío, todas las actitudes finiseculares están presentes también en su obra: decadentismo, erotismo, esoterismo, mística...

Tras unos libros en que recogía los poemas de juventud, como *Abrojos* (1887) o *Primeras notas* (1888), aparece su primer libro importante, *Azul...* (1888), donde se registra ya la **nueva sensibilidad estética**: el **azul** es el símbolo de simbolistas y decadentes para referirse al cielo que, a su vez, es el lugar de los misterios y en donde se vislumbra el absoluto, la divina realidad que el poeta busca fuera de la amarga realidad terrena. *Azul* es el **manifiesto del Modernismo**, pues tanto en su prosa inicial como en los poemas que forman la segunda parte encontramos la **renovación formal** que Darío aporta a la poesía hispánica partiendo de los **presupuestos estéticos** aprendidos de los movimientos europeos y de los primeros modernistas hispanoamericanos, como los mencionados Martí y Gutiérrez Nájera o el colombiano José Asunción Silva, sin olvidar a sus mas inmediatos predecesores españoles como Núñez de Arce, Campoamor y, sobre todo, Gustavo Adolfo Bécquer.

En 1896 publica *Prosas profanas*, original desde el propio título (el término *prosas* se relaciona con himnos cantados en misas solemnes y con poesías religiosas, como la de Berceo) y deslumbrante por sus **innovaciones lingüísticas y métricas** sin llegar al verso libre. Continúa Rubén aquí con la línea de **evasión aristocrática** de la realidad y retoma las **inquietudes sociales** de poemas anteriores. Está abierto al arte en sus diferentes realizaciones (poesía, pintura, música...), aunque cuestiona el concepto (como hace con los del placer, el amor, la vida, el tiempo, la muerte o la religión). Y así **realza lo trivial** bajo el **prisma estético**; cultiva de forma destacada el **tema del placer erótico**, donde la **imagen femenina** adquiere curiosas formas de la naturaleza (paloma, mar, colina, tigre...); y trata **temas españoles**, aunque sin aplicarlos a la situación histórica, que sí aparecerán en su siguiente obra.

El paso hacia lo ético lo encontramos en su tercera gran obra: *Cantos de vida y esperanza*, en cuyo «Prefacio» anuncia su voluntad de abandonar la elitista «torre de marfil» y de tratar **asuntos más humanos y políticos**. Cultiva entonces **los temas más trascendentes** de su poesía.

10. La novela inglesa: reacción antivictoriana. El esteticismo de Oscar Wilde

En la unidad anterior habíamos visto las reacciones críticas al conservadurismo moralizador de la sociedad dominante durante el extenso reinado de Victoria I de Inglaterra (1837-1901). Con Oscar Wilde asistimos a esa rebeldía desde un **nuevo horizonte** dominado por la **estética**, el **ingenio** y la **experiencia vital**.

Oscar Wilde fue discípulo de John Ruskin, partidario de una fusión de la tradición hedonista con la cristiana y defensor de una religión del arte y de la belleza. Su vida y su obra están íntimamente ligadas, pues uno de sus personajes más universales, Dorian Gray, representa en gran medida la vida que llevó Wilde, llena de intrigas y escándalos.

En realidad, Oscar Wilde fue **un buscador constante de nuevas formas de expresión** y vivió siempre consumido por la tensión de tal búsqueda; de ahí que atribuyera mucha mayor entidad a lo imaginario que a lo real. Sin duda, una de sus obras fundamentales es *El retrato de Dorian Gray,* en la cual se percibe perfectamente la influencia del Huysmans de *Contracorriente*.

Esta obra, publicada en 1891, sintetiza un gran número de tendencias de finales de siglo. Dorian Gray es el símbolo de la belleza que tanto se idolatra en el período finisecular. En él confluyen las **corrientes hedonistas y decadentistas**. La **originalidad** en el planteamiento de un **tema** presente en toda la historia literaria (la juventud eterna) se combina con la **originalidad formal**: narración, descripción y diálogo son ejemplos de búsquedas de nuevas formas de expresión que implican una infinidad de sugerencias y enseñanzas literarias.

Oscar Wilde

Oscar Wilde fue también autor de numerosos relatos así como un destacado dramaturgo y poeta. Su obra maestra teatral, *La importancia de llamarse Ernesto* (1895), es un exponente de su crítica a la hipócrita moral dominante en la época, de su característico humor y del ingenio en los juegos de palabras. Entre sus versos sobresalen el poema *La balada de la cárcel de Reading* (1900), donde estuvo preso, en torno a un condenado a la horca; y su carta *De profundis* (1905), dirigida a lord Alfred Douglas, por cuyas acusaciones de haber corrompido a su hijo el poeta sufrió cárcel y condena a dos años de trabajos forzados.

Argumento de *El retrato de Dorian Gray*

El joven Dorian Gray es un joven apuesto que valora la belleza y los placeres de la vida por encima de todo. Su amigo el pintor Basil Hallvard realiza un retrato en el que Gray aparece en la plenitud de la vida, lo que suscita en este el deseo de permanecer joven eternamente. Una suerte de pacto diabólico permite a Gray mantenerse joven a costa del cuadro, puesto que es el retrato el que va mostrando los estragos de la edad y, sobre todo, la degeneración de su vida disoluta. Gray junto a su amigo Lord Henry se lanza a una loca carrera por apurar la vida a cualquier precio: abandona a su amante, Sibila, que se suicida, y mata a su amigo Basil. Mientras tanto, el retrato va mostrando el rostro malvado del protagonista. Gray, incapaz de soportar aquel espejo delator, acaba con su vida. El cuadro recobra entonces su originaria factura y Gray yace muerto en el suelo con el rostro deforme e irreconocible.

Fotograma de la versión cinematográfica de *El retrato de Dorian Gray* (1945), de Albert Lewin.

NÚCLEO IV: De la Edad Moderna a la Edad Contemporánea

Actividades

– [...] Y la belleza [dice Lord Henry] es un tipo de talento..., es superior, de hecho, al talento, puesto que no precisa explicación. Forma parte de las verdades del mundo, como la luz del sol, o la primavera, o el reflejo en las aguas oscuras de esa concha plateada que llamamos luna. Es algo que no puede cuestionarse. Tiene su propio derecho de soberanía. Convierte en príncipes a aquellos que la poseen. ¿Sonríe? ¡Ah! Cuando la haya perdido no sonreirá.... A veces se dice que la belleza es superficial. Quizá lo sea. Pero al menos no es tan superficial como el pensamiento. Para mí, la belleza es la maravilla de las maravillas. Sólo los poco profundos no juzgan por las apariencias. El verdadero misterio del mundo es lo visible, no lo invisible... [...] Dispone usted de pocos años para poder vivir verdaderamente, perfectamente y plenamente. Cuando pierda la juventud, perderá también la belleza, y entonces descubrirá repentinamente que ya no le quedan triunfos, o tendrá que contentarse con triunfos vulgares, y el recuerdo de su pasado los hará aun más amargos que las derrotas.

[...]

– [Dorian Gray se dirige a Sibila que, descentrada emocionalmente por su amor a él, ha fracasado en su actuación teatral] Sí –exclamó–, has matado mi amor. Antes me exaltabas la imaginación. Ahora ni siquiera me inspiras curiosidad. Sencillamente no me produces ningún efecto. Te amaba porque eras maravillosa, porque tenías talento e inteligencia, porque encarnabas los sueños de los grandes poetas y dabas forma y sustancia a las sombras del arte. Lo has echado todo a perder. Eres simple y necia. ¡Dios mío, qué estúpido he sido al amarte! ¡Qué loco estaba! Ya no significas nada para mí. [...] ¡Has destruido el romance de mi vida! [...] Sin tu arte, no eres nada.

[...]

Cada vez se iba enamorando más de su belleza; cada vez sentía un interés mayor por la corrupción de su alma. Examinaba con un cuidado minucioso, y a veces con un deleite monstruoso y terrible, las espantosas líneas que surcaban la frente arrugada, o rodeaban la boca gruesa y sensual, intentando decidir qué era más horrible, la huella del pecado o la huella de la edad. Ponía sus manos blancas junto a las manos hinchadas y toscas del cuadro y sonreía. Parodiaba el cuerpo deforme y las extremidades fláccidas.

[...]

Al llegar a su casa se encontró con su criado esperándole despierto. Le mandó que se acostara y se tumbó en el sofá de la biblioteca, pensando en algunas de las cosas que le había dicho Lord Henry.

¿Sería verdad que uno no puede cambiar nunca? Anheló con fuerza la pureza inmaculada de su adolescencia..., aquella adolescencia de rosas blancas, como decía Lord Henry. Sabía que se había mancillado, corrompido su mente causando horror a su imaginación; que había ejercido una influencia perniciosa en los demás y disfrutado haciéndolo, y que, de las vidas que se habían cruzado con la suya, había hecho caer en desgracia a las más puras y prometedoras. Pero ¿era irreparable? ¿No había la más mínima esperanza?

¡Ah! ¡En qué monstruoso momento de orgullo y pasión había rogado que el retrato cargara con la lacra de sus días, para así conservar el inmaculado esplendor de la eterna juventud! Todo su fracaso se debía a aquello. Hubiera sido una suerte que cada pecado de su vida hubiera traído consigo un castigo seguro y rápido. En el castigo hay una purificación. La oración de un hombre a un dios justo no debería ser «Perdónanos nuestros pecados», sino «Castíganos por nuestras iniquidades•».

Oscar Wilde: *El retrato de Dorian Gray.*

20. ¿Qué valores presiden los argumentos de Lord Henry y Dorian Gray?
21. ¿Qué es capaz de hacer Dorian Gray para alcanzar su propósito?
22. ¿Analiza Dorian Gray su propia conducta? ¿Qué conclusiones saca?

Vocabulario

Iniquidades: maldades, graves injusticias.

11. Novela de aventuras: Stevenson, Kipling, Conrad

En algunas ocasiones, el disgusto y la difícil relación del escritor con la sociedad victoriana de valores conservadores marcados por el buen gusto y la doble moral, le hacen buscar derroteros imaginativos en los relatos de aventura, de huida a horizontes lejanos e inusuales. De los creadores de estos mundos de ficción, entre los que también merecen citarse **Arthur Conan Doyle** (creador del investigador universalmente más famoso, Sherlock Holmes, y de su compañero y ayudante, el doctor Watson) y **Herbert G. Welles** (autor de novelas célebres como *El hombre invisible*, de 1897, o *La guerra de los mundos*, de 1898), brillan con luz propia **Stevenson, Kipling** y **Conrad**.

11.1. Stevenson

Robert Louis Stevenson (1850-1894) es autor, entre otras muchas novelas, de dos clásicos universales de esta narrativa: *La isla del tesoro* (1883) y *El extraño caso del Dr. Jekyll y Mr. Hyde* (1886).

La isla del tesoro, primero editada por entregas en una revista y luego en volumen, y curiosamente escrita atendiendo a las indicaciones (protagonista infantil y ausencia de mujeres en la trama) de un muchacho de la familia al que se la destinaba, tuvo un éxito inmediato entre niños y adultos. El relato posee una **estructura** bien articulada, con peripecias que se salen de la aventura principal para volver pronto a reintegrarse al tronco nuclear de la acción, a lo largo de la cual los **personajes** van configurando su identidad y al que se incorporan elementos exóticos y pintorescos hallazgos como el del papagayo de John Silver. El **lenguaje** destaca por su minuciosidad, que no entorpece el atractivo ritmo de la novela ni el halo legendario de sus personajes, por su elegancia, sobriedad y precisión, dentro de un tono alegre narrativo. Todo lo cual ha llevado a la admiración de Stevenson como un exquisito **artista de la palabra** y de *La isla del tesoro* como un eslabón de la tradición anglosajona de la **literatura de aventuras marineras**, entre Defoe y Melville por un lado, y Conrad y Jack London por otro.

En cambio, con *El extraño caso del Dr. Jekyll y Mr. Hyde* Stevenson cambia de registro imaginativo para componer una fábula en torno al **Bien** y al **Mal** encarnado en la **doble personalidad** del protagonista. El relato cautiva por los excelentes momentos de **tensión y dramatismo** de la acción, con algunas escenas de terror, como aquélla en la que el Dr. Jekyll contempla su mano convertida en la mano peluda de Mr. Hyde, que hacen de esta novela una de las mejores del género (a la altura de otras de Poe y Defoe), incorporando **elementos diversos**: ciencia ficción, diabólicos, policíacos, novela gótica*, etc. Igualmente, por su esencial temática, ha sido interpretada como una **alegoría de la sociedad victoriana** con su bifronte e hipócrita personalidad de apariencia respetable y abominable interioridad; a la vez que como precursora de teorías desarrolladas posteriormente por el psicoanálisis. En conjunto, como toda la obra de Stevenson, muestra un perfecto **equilibrio** entre la **realidad** y la **fantasía**.

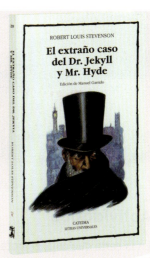

Biografía

STEVENSON

Nacido en Edimburgo (Escocia) en el seno de una familia burguesa, vivió una infancia feliz en la que, debido a la débil salud de su madre, no realizó estudios ni aprendió a leer hasta los 8 años. De adolescente, acompañó frecuentemente a su padre, ingeniero, en los viajes profesionales por Europa. Luego ingresó en la Universidad, donde se licenciaría en Derecho, carrera que nunca ejerció dada su atracción por la literatura. De naturaleza enfermiza, padeció pronto los síntomas de la tuberculosis. En uno de sus viajes, de los que extraía numeroso material literario, conoció en Francia a una norteamericana con quien poco después, tras divorciarse ésta, se casaría. Por su resquebrajada salud, que le llevó a pasar períodos de cura en los principales sanatorios europeos y algunas estancias en Nueva York y San Francisco, decidió buscar refugio con toda la familia en los mares del Sur. Se estableció en la isla de Samoa, donde tomó partido por los aborígenes frente a la colonización alemana y donde a los cuatro años murió de una hemorragia cerebral.

Vocabulario

Novela gótica: narración centrada en aspectos terroríficos y misteriosos, con presencia de seres monstruosos, fantasmas, vampiros, hombres-lobo, etc., y protagonizadas por personajes siniestros.

NÚCLEO IV: De la Edad Moderna a la Edad Contemporánea

Argumento de *El extraño caso del Dr. Jekyll y Mr. Hyde*

El Dr. Jekyll ha sido un hombre preocupado por el dualismo del alma humana que alberga el bien y el mal dentro de una misma personalidad. Buscando controlar ambas facetas, inventa un brebaje mediante el que puede anular la parte buena de su ser convirtiéndose en su otro yo, un individuo malvado y físicamente deforme y repugnante, Mr. Hyde; y, volviéndolo a tomar, puede regresar a su anterior persona. Pero, en una ocasión, durante el experimento, el ser maléfico ha asesinado a un noble con el que se ha tropezado por casualidad. Además, cada vez se siente más arrastrado, sin tomar la pócima incluso, a la segunda identidad y más imposibilitado para volver a la primera, por lo que, al no tener suficiente poción y temiendo ser condenado por su crimen, se ha suicidado bajo la identidad de Hyde.

Actividades

En la carta que deja, el protagonista reflexiona sobre el origen y la naturaleza de la dualidad que ha experimentado.

Fue, pues, la exageración de mis aspiraciones y no la magnitud de mis faltas lo que me hizo como era y separó en mi interior, más de lo que es común en la mayoría, las dos provincias del bien y del mal que componen la doble naturaleza del hombre. En mi caso, reflexioné profunda y repetidamente sobre esa dura ley de vida que constituye el meollo mismo de la religión y representa uno de los manantiales más abundantes de sufrimiento.

Pero a pesar de mi profunda dualidad, no era en sentido alguno hipócrita. [...] Cada día, y con ayuda de los dos aspectos de mi inteligencia, el moral y el intelectual, me acercaba más a esa verdad cuyo descubrimiento parcial me ha llevado a este terrible naufragio y que consiste en que el hombre no es sólo uno, sino dos. Y digo dos porque mis conocimientos no han ido más allá de este punto. [...]

Vi que las dos naturalezas que contenía mi conciencia podía decirse que eran a la vez mías porque yo era radicalmente las dos, y desde muy temprana fecha, aun antes de que mis descubrimientos científicos comenzaran a sugerir la más remota posibilidad de tal milagro, me dediqué a pensar con placer, como quien acaricia un sueño, en la separación de esos dos elementos. Si cada uno, me decía, pudiera alojarse en una identidad distinta, la vida quedaría despojada de lo que ahora me resultaba inaguantable. El ruin podía seguir su camino libre de las aspiraciones y remordimientos de su hermano más estricto. El justo, por su parte, podría avanzar fuerte y seguro por el camino de la perfección complaciéndose en las buenas obras y sin estar expuesto a las desgracias que podía propiciarle ese pérfido desconocido que llevaba dentro. Era una maldición para la humanidad que esas dos ramas opuestas agonizantes de la conciencia, que esos dos gemelos enemigos lucharan sin descanso. [...]

El lado malo de mi naturaleza, al que yo había otorgado el poder de aniquilar temporalmente al otro, era menos desarrollado que el lado bueno, al que acababa de desplazar. Ello era natural, dado que en el curso de mi vida, que después de todo había sido casi en su totalidad una vida dedicada al esfuerzo, a la virtud y a la renunciación, lo había ejercitado y agotado mucho menos. Por esa razón, pensé, Edward Hyde era mucho más bajo, delgado y joven que Henry Jekyll. Del mismo modo que el bien brillaba en el semblante del uno, el mal estaba claramente en el rostro del otro. Ese mal (que aún debo considerar el aspecto mortal del hombre) había dejado en ese cuerpo una huella de deformidad y degeneración. Y, sin embargo, cuando vi reflejado ese ídolo en la luna del espejo, no sentí repugnancia, sino más bien una enorme alegría. Ese también era yo. Me pareció natural y humano. A mis ojos era una imagen más fiel de mi espíritu, más directa y sencilla que aquel continente imperfecto y dividido que hasta entonces había acostumbrado a llamar mío. Y en eso no me equivocaba. He observado que cuando revestía la apariencia de Edward Hyde nadie podía acercarse a mí sin experimentar un visible estremecimiento de la carne. Esto se debe, supongo, a que todos los seres humanos con que nos tropezamos son una mezcla de bien y mal, y Edward Hyde, único entre los hombres del mundo, era solamente mal.

R.L. Stevenson: *El extraño caso del Dr. Jekyll y Mr. Hyde.*

23. ¿Qué lleva al doctor Jekyll a experimentar con el brebaje? ¿Lo impulsa simplemente el deseo de una experiencia nueva?

24. ¿Cómo son los elementos que componen la dualidad expresada en el texto y cómo se encarnaron en el protagonista?

25. ¿Podrías desarrollar, basándote en algún hecho actual publicado en los medios de comunicación, una historia mediante la que reflexionar sobre la suposición de Jekyll acerca de que «todos los seres humanos con que tropezamos son una mezcla de bien y de mal»?

11.2. Kipling

Rudyard Kipling (1865-1936) es considerado el máximo **exponente literario del imperialismo británico**. Educado en la tradición inglesa y con un toque de esteticismo, siempre defendió esa causa atendiendo a los supuestos **valores civilizadores del colonialismo** (basados sustancialmente en la disciplina y otras virtudes viriles) en territorios atrasados, como el suyo natal, **la India**. Éste se constituyó en centro fundamental de su creación literaria.

Kipling escribió poesía, relatos breves, cuentos infantiles, novela y numerosos artículos sobre los acontecimientos vividos hasta el final de sus días. Entre sus poemas se ha hecho famoso el titulado «If» (véase la antología), en torno a las virtudes del ser hombre en plenitud, con sabiduría, dominio y energía. Pero de toda su obra es *El libro de la selva* (1894) la más sobresaliente. Se trata de un conjunto de relatos breves, de los que ocho conforman la historia protagonizada por Mowgli, el niño «lobezno», aunque todos se relacionan con la Selva de Seonee como espacio de las historias.

El libro expresa, como su obra en general, las mencionadas ideas a favor del colonialismo y de sus virtudes civilizadoras. En tal sentido es transparente el significado de los **símbolos**, que hacen de la historia un relato en que se cruza el **apólogo** de raigambre clásica (donde los animales hablan y cantan himnos, en tanto que el niño parece otro animal, más desvalido que cualquiera, por inadaptado) con la **novela de aventuras** orlada del **mundo poético** de la literatura y el mundo coloniales con toda su magia y misterio.

> **LA ESVÁSTICA HINDÚ**
>
> La esvástica (con el dibujo hacia la izquierda o hacia la derecha) que muchos libros de Kipling llevan en sus cubiertas no tiene relación con el movimiento nazi (ya la había usado con anterioridad a la subida de este movimiento al poder), sino que proviene de la tradición india, en la que significa buena suerte y bienestar.

> **KIPLING**
>
> Nació en Bombay, hijo de un oficial británico en la India colonial con dotes de escultor. Pronto fue enviado a estudiar a Inglaterra. A los diecisiete años vuelve a la India, donde comenzará a escribir poemas y relatos breves en varios periódicos. Tras unos viajes por países del remoto Oriente y América del Norte, regresa a Londres y obtiene el éxito cuando a partir de 1890 inicia la publicación de cuadros ambientados en diversos ámbitos de la sociedad angloindia. Recién casado, a los veintiséis años se establece en los Estados Unidos, donde escribe *El libro de la selva*; y en 1896 vuelve a Inglaterra. Unos viajes a Sudáfrica lo pusieron más en contacto con políticos renombrados, acentuando su admiración y defensa del imperialismo británico. Fue escritor respetado y laureado. En 1907 recibió el Premio Nobel, el primero concedido a un escritor inglés. Su figura queda como un símbolo de la moderación y la elegancia británicas.

11.3. Conrad

La obra de **Joseph Conrad** (1857-1924) difiere de la de Kipling en los planteamientos esenciales de las aventuras, que trascienden y determinan a los personajes. Ya no son peripecias apropiadas para menores, están cargadas de romanticismo, sí, pero también de dureza, violencia y conflictos morales.

En sus novelas, ambientadas en el mar y la vida marinera, el medio cede buena parte de su relieve narrativo en favor del desarrollo de la psicología de los **personajes**. Éstos son seres solitarios, realmente «exiliados», fugitivos, y en continua lucha con la naturaleza, los poderes —cuyos principios, valores y decisiones aparecen cuestionados– y su propia y compleja conciencia. Un tema les obsesiona: el de la **traición**, la falta y la expiación; mientras que se ensalzan **virtudes marineras**, como la fidelidad, la solidaridad, la responsabilidad, el celibato y el código moral. Más que la peripecia y su desenlace de éxito o fracaso, lo interesante al final resulta la **transformación de la mentalidad y de la conducta** y el **proceso interior de conciencia** del personaje ante los propios actos.

Así planteado, el **paisaje** se carga de significado y los elementos actúan como **símbolos**: el mar como un escenario o ruta que remite a la vida interior, una metáfora de la vida humana; el barco como un cuerpo que pasa por diferentes estados y épocas, etc.

A partir de su retirada profesional, Conrad comenzó a escribir. Fue inicialmente muy bien recibido por destacados escritores y no tanto por el público, acostumbrado a héroes menos complejos y a intrigas sentimentales. De su obra, llena de elementos autobiográficos que se esforzó en transferir a la literatura, merecen destacarse, además de *Lord Jim* (1900), *El corazón de las tinieblas* (1902), donde los personajes, sumidos en una intensa presión ambiental física y psicológica de una aventura en el Congo, van olvidando los valores del hombre blanco civilizado para sacar sus instintos más salvajes en el trato y expolio de los negros esclavizados, una concepción del colonialismo contraria a la de Kipling; *Nostromo* (1904), curioso precedente de la llegada del capitalismo feroz a Sudamérica; *El agente secreto* (1907), donde, tras una intriga de terrorismo, trata el deseo de traición que subyace en el resentimiento anarquista; o *Bajo la mirada de Occidente* (1911), historia de espionaje, con el drama del delator y de la perversidad de la policía zarista y de los revolucionarios.

Argumento de *Lord Jim*

Atraído por la vida en el mar, que él considera heroica, llena de aventuras, el joven Jim embarca como segundo en el «Patna», una vieja nave de la marina mercante británica cargada de peregrinos que se dirigen a La Meca. Una noche en que el barco va a zozobrar, Jim abandona la nave y a sus pobres pasajeros a su suerte y se salva. Pero, milagrosamente, éstos logran llegar a puerto, remolcados por un carguero francés. Jim es procesado y despojado de su rango. Un viejo marinero, el capitán Marlow, atraído por la complejidad del personaje y por su misteriosa cobardía, le ayuda a rehacer su vida recomendándolo para una serie de trabajos secundarios en el Lejano Oriente, lo que convierte la vida de Jim en una continua fuga. Por último, llega a una isla malaya, donde se ve implicado en sucesos turbulentos entre los indígenas. Allí llega a liderar una facción que consigue vencer. Se gana así la confianza del pueblo y el amor de una malaya. Parece haber expiado su culpa. Pero, en una nueva revuelta, es sorprendido por las promesas de no violencia de un traidor portugués que causa una matanza de indígenas. Ha vuelto a perder la confianza de los suyos, se presenta al jefe indígena y éste lo mata.

Varias de las obras de Conrad todavía resultan atractivas para el lector contemporáneo porque presentan una reflexión relativizadora de cualidades o valores como la cobardía, la traición o el egoísmo. Además, temas de la época como los suscitados por el colonialismo o las relaciones entre razas trascienden los hechos concretos para proyectarse como ejemplos del destino humano, concretados en figuras cargadas de dramatismo.

Biografía

CONRAD

Józef Teodor Honrad Korseniowski, de padres polacos y nacido en Ucrania, fue hijo de un escritor y luchador político deportado por los rusos a Siberia a causa de sus ideas y actividades nacionalistas. Huérfano desde muy niño, se educó con un tío en Cracovia y, tras acabar sus estudios secundarios, a los diecisiete años se traslada a Marsella para enrolarse en la marina mercante francesa, donde llevó una vida aventurera en la que no faltaron las conspiraciones políticas, el tráfico de armas o un intento de suicidio. En 1878 se incorpora a la marina mercante británica, en la que pocos años después llegará a ser capitán y navega por el Océano Índico y el Sudeste asiático, experiencia que le serviría como material narrativo para bastantes de sus mejores obras. Obtuvo la nacionalidad británica en 1886, adaptando su nombre a como ahora lo conocemos, y a partir de 1890 publica en inglés, una lengua que desconoció hasta los veinte años. Un viaje al Congo belga en este mismo año lo puso en contacto con los brutales abusos de los colonizadores con los nativos y le quebrantó la salud, por lo que hubo de retirarse tres años después. Moriría de un infarto.

Cine y Literatura

Por sus cualidades narrativas, el relato de aventuras ha sido fuente principal para el cine. *La isla del tesoro, El extraño caso del Dr. Jekyll y Mr. Hyde* o *Lord Jim* han sido llevadas al cine con gran éxito. En *El corazón de las tinieblas* se basó F. Ford Coppola para su *Apocalypse Now* (1979). Y tanto *El libro de la selva* como *Alicia en el país de las maravillas* han dado lugar a populares versiones cinematográficas de dibujos animados.

12. La novela fantástica: Verne y Carroll

Otro modo de huida de la realidad circundante, diferente a la de los mundos exóticos, lejanos, pero en definitiva con perfiles de existencia real, es la creación de aventuras en mundos imaginados, plenos de fantasía. Son excelentes cultivadores de este ámbito narrativo el francés Jules Verne y Lewis Carroll.

Jules Verne (1824-1905) fue autor muy popular de relatos de aventuras cercanos, por la abundante presencia de datos científicos, a la actual **ciencia-ficción**, de la que se considera **precursor** por sus extraordinarias anticipaciones. En su obra, inicialmente orientada a un público juvenil pero muy estimada posteriormente por la crítica, se ha destacado, junto a la **humanidad** y la **simpatía** de sus intrépidos personajes, el **carácter didáctico** y el **significado moral** y **simbólico**, tanto en lo concerniente al **destino del ser humano** como en los interrogantes acerca del **porvenir de la ciencia**. Todo ello en unas historias sostenidas por tramas muchas veces dramáticas y narradas con un estilo ameno, repleto de frecuentes diálogos ingeniosos. Algunas de sus obras han sido leídas por sucesivas generaciones de jóvenes, como, por ejemplo, *Viaje al centro de la Tierra* (1864), *Los hijos del capitán Grant* (1867-1868), *La vuelta al mundo en ochenta días* (1873), *La isla misteriosa* (1874), *Miguel Strogoff* (1876), *Un capitán de quince años* (1878), *Las tribulaciones de un chino en China* (1879), etc.

Lewis Carroll (seudónimo de Charles Lutwidge Dogson) fue un afamado escritor (1832-1898), educado en Oxford, donde ejerció la docencia de las Matemáticas y publicó también obras de su especialidad, en las que asimismo dio muestras de su **inclinación literaria**, con modos de composición dramática y un curioso anecdotario. Excelente **fotógrafo**, creyó encontrar en ese arte una forma ideal de la belleza.

Carroll publicó unos primeros poemas y cuentos, **humorísticos** y a veces satíricos, pero adquirió inmediata fama ya con su primer y más conocido libro, *Alicia en el país de las maravillas* (1865), de sorprendente y desbordante **fantasía**, potenciada por las excelentes ilustraciones de un dibujante. El éxito continuaría con una segunda parte, *Alicia a través del espejo* (1871).

Aunque su obra está en principio destinada, como la de Verne, a un público infantil, contiene **elementos sociales** y **culturales** que la hacen atractiva para el público adulto. La superación de la lógica en su obra ha llevado a que sea valorado como un **precursor del Surrealismo**.

Argumento de *Alicia en el país de las maravillas*

Persiguiendo un pequeño conejo blanco en el bosque, Alicia llega al centro de la Tierra, donde vivirá extraordinarias aventuras, sin fronteras de espacio o de tiempo. Cambia de tamaño al comer una torta o beber un licor, presencia cómo el gato de Chesire aparece y desaparece dejando suspendida la sonrisa en el aire, asiste al té de la liebre o a la partida de croquet de la Reina de los Corazones, o la citan como testigo en el proceso de una Sota acusada de robar unas pastas; en fin, observa cómo hablan o se transforman objetos, animales y seres extraños. Cuando finalmente se ve en peligro por el proceso, las cartas de la baraja donde están representados los personajes que ha conocido giran en torno a ella; entonces se despierta y vuelve a encontrarse en el bosque.

Actividades

1. Copia y completa en tu cuaderno el cuadro resumen sobre la literatura del Posromanticismo con los datos más representativos que faltan.

Posromanticismo				
Género	Nación	Autor	Obra	Síntesis
Poesía	Francia	Baudelaire		
	Francia			El azul es un símbolo fundamental del movimiento al que pertenece, que encierra la misteriosa sugestión de ese color.
		Verlaine	Romanzas sin palabras	
	Francia		Iluminaciones	
		Leconte de Lisle		
			Lamentos	
	Portugal			Su poesía, rica y llena de imágenes pero sin la variedad simbólica de Baudelaire, es meditativa y comprometida con la sociedad y el progreso.
	Estados Unidos		Hojas de hierba	
	Hispanoamérica		Cantos de vida y esperanza	
Novela	Francia		Contracorriente	
	Italia		El placer	
		Oscar Wilde		
	Gran Bretaña			Novela de aventuras protagonizada por un muchacho que, tras muchas peripecias, conseguir descubrir y apoderarse de un tesoro.
		Kipling	El libro de la selva	
	Gran Bretaña		Lord Jim	
	Francia			Relatos de aventuras con datos científicos, precedentes de la actual «ciencia-ficción».
		Carroll	Alicia en el país de las maravillas	

de recapitulación

2. Traza un esquema de las tendencias fundamentales de la poesía del Posromanticismo.

3. Señala en un breve resumen cómo se dan y en qué obras de los escritores decadentes los aspectos amatorios y eróticos.

4. Haz una sinopsis de las principales tendencias narrativas estudiadas.

5. ¿Qué tendencia u obra de las novelas de aventuras te pueden resultar más atractivas para inclinarte a su lectura? ¿Por qué?

Un Rincón de mesa (1872), de Henri Fantin-Latour. Este cuadro se encuentra en el Museo de Orsay. Se trata de un retrato colectivo en el que aparecen Verlaine y Rimbaud junto a poetas jóvenes de la época. En pie de izquierda a derecha figuran: Elzéar Bonnier, Emile Blémont, Jean Aicard. Sentados están **Paul Verlaine**, **Arthur Rimbaud**, Léon Valade, Ernest d'Hervilly, Camille Pelletan. Todos están vestidos de negro excepto Camille Pelletan, que no fue poeta sino político.

Guía de lectura
Las flores del mal

1. Autor

Charles Baudelaire nace en París el 9 de abril de 1821 en el seno de una familia acomodada. Los biógrafos suelen destacar un hecho clave en la infancia del escritor: al morir su padre, su madre se casa con un recto militar al que Baudelaire nunca aceptó. Este enfrentamiento ha servido para explicar ciertos rasgos de su personalidad atormentada y rebelde. A la vida convencional y burguesa de la carrera diplomática, Baudelaire prefirió la inconsistencia e inseguridad de la vida literaria: frecuentó el círculo de Gautier, Courbet, Banville o d`Aurevilly y se adentró en los bajos fondos hasta malbaratar la fortuna heredada de su padre. Su profundo rechazo de la vulgaridad le llevó a distinguirse con la máscara del dandy, lo que no estaba reñido con sus ideas políticas republicanas. Su extravagancia marcaba la distancia entre el idealismo del poeta y el materialismo de la canalla burguesa. Intentó ganarse la vida como crítico de arte (sus famosos *Salones*), como traductor de Poe y como conferenciante, pero el fracaso pareció perseguirle siempre en todas estas iniciativas. La publicación de *Las flores del mal* (1851) fue recibida con una acusación por atentar contra la moral pública, lo que le acarreó un multa y la prohibición de algunos de sus poemas. Tras esta obra publicó *Los paraísos artificiales* (1860), sobre su experiencia con las drogas inspirada en De Quincey, y los *Pequeños poemas en prosa* (1868), recogidos de forma póstuma. Enfermo y endeudado, Baudelaire muere en París tras sufrir en Bélgica una parálisis como consecuencia de la sífilis que padecía.

2. Género y argumento

En Las *Las flores del mal*, Baudelaire recoge los poemas escritos durante un lapso de 26 años (1840-1866). La novedad y originalidad del libro fue percibida en parte por sus contemporáneos, sorprendidos por el realismo, el feísmo, la violencia subversiva de las imágenes o la morosa delectación en la conciencia del mal. Y todo ello unido a una mezcla de prosaísmo y clasicismo en la expresión que revelaba la premeditación del arte poético de Baudelaire. El poeta se convertía, así, en precursor del Decadentismo del fin de siglo: el dandismo y el malditismo como rechazo de la moral burguesa, el simbolismo como modo de lectura de la realidad, la modernidad de la ciudad, en fin, como tema literario. El argumento central del libro es tanto mostrar el lado criminal de los hombres ("el pecado, el error, la idiotez, la avaricia), como encontrar en la bajada a los infiernos una respuesta al hastío, al *spleen*, al tedio vital. Otros, en fin, han creído ver en su obra una suerte de moralidad a la inversa: mostrar el horror para evitar el vicio. Pero en la balanza de Baudelaire no hay bien que contrapese el mal.

3. Estructura

Baudelaire había anunciado en 1846 la publicación de un libro titulado *Las lesbianas* que nunca fue publicado. Luego lo anunció como *Los limbos* en 1950 y 1951, pero tampoco vio la luz. Estos libros parecen ser la base de *Las flores del mal*, que apareció impreso con una tirada de 1000 ejemplares en Alençon el 15 de junio de 1856. El libro tenía 248 páginas, un prólogo «Al lector» y cien poemas agrupados en cinco secciones: «Spleen e ideal», «El vino», «Flores del mal», «Rebelión» y «La muerte». Sin embargo, más tarde esta edición sería solo recordada por los seis poemas que fueron objeto de una acusación contra la moral pública y religiosa. Baudelaire y el editor fueron condenados a una multa y se eliminaron los poemas en cuestión: «Las joyas», «El leteo», «A la que es demasiado alegre», «Lesbos», «Mujeres condenadas» y «Las metamorfosis del vampiro». La siguiente edición es de 1861. Tenía 319 páginas, se le añadían 35 nuevos poemas, no aparecían los poemas prohibidos de la primera edición y contenía una nueva sección: «Cuadros parisinos». Era un libro mucho más maduro en cuanto a la intención de aquellas «flores enfermizas» pero fue recibido en general con indiferencia. La edición póstuma de 1868 no presentaba nuevos textos, solo eran poemas reescritos.

4. Temática

Los poemas de *Las flores del mal* son variaciones sobre un mismo tema: la exploración del mal y el hastío vital. Algunos autores han creído ver en esta obra una recreación de los círculos dantescos: *spleen*, amor culpable, la lujuria, la muerte, la esperanza del paraíso, el purgatorio del dolor. A continuación, señalamos las secciones del libro y los poemas más significativos.

- ***Spleen* e ideal**. Como sugiere el título, los poemas muestran la distancia entre la realidad y el ideal (poético, vital).
    - Las torturas morales: «Bendición», «El heautontimoroumenos», «Lo irreparable».
    - El poeta y la poesía: «El albatros», «Correspondencia».
    - El ideal: «La belleza», «El alba espiritual», «Invitación al viaje».
    - El mal: «Don Juan en los infiernos», «Obsesión», «Lo irremediable».
    - El amor venial: «La musa enferma», «Sisina», «A una madona».

- **Cuadros parisinos**. Baudelaire descubre en la ciudad la belleza fugitiva, la eterna novedad de lo efímero.
    - La vida moderna: «A una transeúnte», «El crepúsculo vespertino».

- **El vino**. Elogio de los paraísos artificiales.
    - «El alma del vino», «el vino de los asesinos».

- **Las flores del mal**. El poeta expresa la atracción irresistible del mal
    - «La destrucción», «Mujeres condenadas».

- **Rebelión**. Se retoma el tema romántico por antonomasia.
    - «Caín y Abel», «Letanías de Satán».

- **La muerte**. El decadentista exalta la muerte como reacción frente al materialismo burgués.
    - La muerte como estímulo de vida: «La muerte de los amantes».
    - La muerte como remedio del tedio: «La muerte de los pobres», «El fin de la jornada», «El viaje».

5. Contexto y trascendencia

Puede decirse que Baudelaire es la piedra angular de la poesía moderna. Llevó hasta sus últimas consecuencias la herencia del Romanticismo, es decir, la concepción visionaria de la poesía: el poeta es aquel que ve más allá de la realidad, el que es capaz de expresar la verdad profunda de las cosas. Su poesía se aleja, por tanto, del romanticismo grandilocuente y retórico de su época. Su modernidad no estriba tanto en ser precursor de las diversas corrientes del fin de siglo (simbolismo, decadentismo, esteticismo, malditismo) o de las vanguardias (expresionismo, surrealismo), como en presagiar el nihilismo contemporáneo frente a un mundo desencantado, mecanizado y vulgar. De Baudelaire dirá Luis Cernuda:

No es solo un gran poeta, sino un gran poeta que además es el primer poeta moderno, el primer poeta que tuvo la vida moderna; y todos cuantos después de él hemos tratado de escribir versos, seamos del país que seamos, si tenemos conciencia de nuestra tarea, reconoceremos para con él una deuda considerable.

Antología

La obra poética de dos mujeres sobresale en el panorama de la poesía simbolista inglesa. **Elizabeth Barret Browning** fue muy conocida en su época gracias a los *Sonetos del portugués*, expresión delicada de su amor por el poeta Robert Browning. Mucho más discreta fue la vida de **Christina Rosseti**, hermana de uno de los fundadores de la Hermandad Prerrafaelita, el pintor y poeta Dante Gabriel Rosseti. Ambas coinciden, sin embargo, en la calidad lírica de una poesía intimista, que canta con melancolía la fragilidad y la fugacidad de los dones de la vida.

XIV

Si has de quererme, quiéreme sin causa ni motivo,
no porque has de quererme y no digas: "la quiero
por su dulce sonrisa, por su mirada clara,
y por su pensamiento tan parecido al mío
que nos trajo aquel día de agradable armonía",
pues todas estas cosas podrían cambiar algo
y cambiar para ti así un amor forjado.
No me quieras tampoco, por esa compasión
con que triste me miras, que al punto seca el llanto
en mi rostro; porque si siempre poseyera
ese consuelo tuyo quizá fuera posible
que yo olvidara el llanto y así perder tu amor.
Quiéreme sin motivo, para quererme siempre,
en una eternidad completa de cariño.

Elizabeth Barret Browning: *Sonetos del portugués.*

Recuerda

Recuerda cuando me haya ido
y esté lejos en tierras silenciosas;
cuando ya no puedas cogerme de la mano
ni yo permanecer después de haber querido irme.
Recuérdame cuando al paso de los días
ya no puedas hablarme de tus planes futuros.
Recuérdame tan solo; bien sabes
que entonces será tarde rezar o aconsejar.
Y si aún me recordaras, después de haberme
olvidado por un tiempo, no te aflijas:
pues si la muerte y las tinieblas dejan
rastros de pensamiento que en otro tiempo tuve,
será mucho mejor que olvides y sonrías
y no que me recuerdes y estés triste

Christina Rosseti: *Recuerda.*

El poema If de **R. Kipling** es uno de los poemas más traducidos a todas las lenguas y reproducidos a lo largo de la historia.

If

Si puedes mantener intacta tu firmeza
cuando todos vacilan a tu alrededor
Si cuando todos dudan, fías en tu valor
y al mismo tiempo sabes exaltar su flaqueza

Si sabes esperar y a tu afán poner brida
O blanco de mentiras esgrimir la verdad
O siendo odiado, al odio no le das cabida
y ni ensalzas tu juicio ni ostentas tu bondad

Si sueñas, pero el sueño no se vuelve tu rey
Si piensas y el pensar no mengua tus ardores
Si el triunfo y el desastre no te imponen su ley
y los tratas lo mismo como dos impostores.

Si puedes soportan que tu frase sincera
sea trampa de necios en boca de malvados.
O mirar hecha trizas tu adora quimera
y tornar a forjarla con útiles mellados.

Si todas tu ganancias poniendo en un montón
las arriesgas osado en un golpe de azar
y las pierdes, y luego con bravo corazón
sin hablar de tus perdidas, vuelves a comenzar.

Si puedes mantener en la ruda pelea
alerta el pensamiento y el músculo tirante
para emplearlo cuando en ti todo flaquea
menos la voluntad que te dice adelante.

Si entre la turba das a la virtud abrigo
Si no pueden herirte ni amigo ni enemigo
Si marchando con reyes del orgullo has triunfado
Si eres bueno con todos pero no demasiado

Y si puedes llenar el preciso minuto
en sesenta segundos de un esfuerzo supremo
tuya es la tierra y todo lo que en ella habita
y lo que es más serás hombre hijo mío....

Rudyard Kipling: «If».

Una de las facetas más reconocibles del talento de **Oscar Wilde** es su facilidad para la frase memorable, el aforismo o el epigrama, hasta el punto de ser un autor imprescindible en los libros de citas. Recogemos aquí algunos de esos aforismos desperdigados en su obra:

> *Todos vivimos en las cloacas, pero algunos miramos a las estrellas.*
> *Experiencia es el nombre que cada uno da a sus propios errores.*
> *El único modo de librarse de una tentación es sucumbir a ella.*
> *Vi el arte como la realidad suprema, y la vida como una mera forma de ficción.*
> *Vivir es la cosa más rara en el mundo. Muchos existen, y eso es todo.*
> *La opinión pública existe solo donde no hay ideas.*
> *El hombre es menos él mismo cuando habla por sí mismo. Dale una máscara y te dirá la verdad.*
> *La belleza lo revela todo, porque no expresa nada.*
> *Hoy en día la gente conoce el precio de todo y el valor de nada.*
> *No existen libros morales o inmorales. Los libros están bien o mal escritos. Eso es todo.*

Joseph Conrad diseccionó en sus libros los múltiples dilemas morales de la humanidad. *Lord Jim* personifica en este sentido el remordimiento de la culpa y la necesidad de redimirla, la perplejidad de sabernos mucho peores de lo que creíamos. En este fragmento, el capitán Marlow, reflexiona sobre la actitud de Jim tras relatar algunos episodios en los que este, atormentado, huye ante el recuerdo de su acto de cobardía.

Capítulo XIX

Les he referido a ustedes con toda extensión estos dos episodios para que vieran cómo se conducía él en su nueva vida. No fueron estos los únicos, sino que menudearon hasta el punto de que no podría contarlos, sin repetir, con los dedos de ambas manos.

Presentaban todos el mismo matiz de intención elevada, pero absurda, lo que hacía patente su profunda y trágica futilidad. Tirar el pan de cada día para quedarse con las manos libres y poder así luchar a brazo partido con un fantasma, acaso sea un acto de prosaico heroísmo. Hombres ha habido que antes de ahora lo han hecho (aunque los que algo hemos vivido sabemos perfectamente que el hambre del cuerpo, y no el visionario espíritu, es la causa de que existan parias), y los otros hombres que han comido, y piensan seguir comiendo todos los días, han aplaudido la honrosa locura. Pero Jim fue, por cierto, poco afortunado en esto porque todos sus temerarios alardes no lograron apartarle de la sombra que le perseguía. Siempre continuaba dudándose de su valor. La verdad parece ser que es imposible echar por tierra el espectro de un hecho. No cabe más que hacerle frente o evitarlo, aunque cosa de un par de hombres he conocido yo que habían llegado a guiñarles amistosamente a esos sus espectros familiares.

Evidentemente no era Jim de la clase de los que han aprendido a guiñar en este caso; pero lo que nunca llegué yo a comprender es si su conducta iba encaminada a huir del fantasma que el perseguía o a hacerle cara.

Alambiqué el pensamiento todo lo posible para no llegar a descubrir, al fin, sino que, según ocurre con todos nuestros actos, el matiz que diferenciaba a una cosa de otra era tal que casi no cabía distinguirlo. Lo mismo podía ser aquello una huida que un modo de combatir. Para la opinión popular llegó a ser tenido en el concepto de una especie de canto rodado, porque este era el aspecto cómico que presentaba el asunto. No solo conocido, sino casi famoso, fue dentro del círculo en que andaba errante (un círculo al que podrían calculársele unas tres mil millas de diámetro), de parecido modo a como llegan a hacerse populares en toda una comarca las excentricidades de algún tipo raro. Por ejemplo, en Bankok, donde halló colocación en casa de los hermanos Yucker, armadores de barcos y comerciante de madera de teca, resultaba casi patético verle trabajando al sol en la creencia de conservar su secreto, que conocían hasta los maderos que desde el interior iban río abajo.

[…]

Joseph Conrad: *Lord Jim*.

V

Edad Contempóranea

Siglo xx

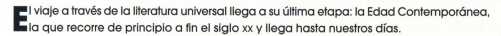

El viaje a través de la literatura universal llega a su última etapa: la Edad Contemporánea, la que recorre de principio a fin el siglo xx y llega hasta nuestros días.

Para muchos historiadores, el siglo xx está marcado por las dos Guerras Mundiales que condicionan gran parte de los acontecimientos venideros. En el terreno literario el comienzo de la contemporaneidad habría que buscarlo en las últimas décadas del siglo XIX con la aparición y la influencia del **Simbolismo**. A partir de ahí ya nada será igual. Las primeras décadas del nuevo siglo serán testigo del espíritu de renovación y experimentación de los **movimientos vanguardistas** en la poesía y de la superación del Realismo y el Naturalismo en la novela y el teatro. Aunque fugaces, el **Futurismo**, el **Dadaísmo**, el **Surrealismo**, el **Expresionismo**, el **Imaginismo** y el **Hermetismo** cambiarán profundamente la poesía heredada. Del mismo modo, escritores como Henry James, Marcel Proust, James Joyce, Virginia Woolf o Franz Kafka promoverán un giro radical en las concepciones narrativas. En cuanto al teatro, el cambio vendrá de la mano del **teatro simbolista**, del **teatro expresionista**, del **teatro de la crueldad** y de individualidades como Alfred Jarry, Luigi Pirandello o Bertolt Brecht.

La lucha del escritor por moldear nuevas formas y una nueva expresión alejadas de la tradición literaria es el signo distintivo de las décadas iniciales. Sin embargo, la irrupción de la Segunda Guerra Mundial interrumpirá el ensimismamiento del proceso creativo; los escritores percibirán las dimensiones de la tragedia humana que ha devastado el mundo. Es el momento de la reflexión profunda sobre la existencia humana (**existencialismo**). La literatura se encargará de resaltar lo absurdo de esa existencia (**el teatro del absurdo**) y dará cuenta de los efectos de la guerra en varias generaciones (**neorrealismo italiano** y **narradores alemanes de posguerra**). A partir de los cincuenta y cuando el tiempo ha atemperado los desastres de la guerra surgirán nuevos impulsos renovadores con el *nouveau roman* francés en la narrativa y con los **jóvenes airados ingleses** en el teatro.

En esta evolución de la literatura contemporánea merece una mención especial la **narrativa norteamericana** por su originalidad y por la variedad de registros. Su puesta de largo en el panorama internacional llega con **la generación perdida** en la segunda década y su influencia aumenta con la figura de William Faulkner. A partir de la Segunda Guerra Mundial la narrativa norteamericana presenta una multiplicidad de voces que la enriquecen: la narrativa sudista, la narrativa judía y la narrativa afroamericana. A mediados de los cincuenta surgen la bocanada fresca del inconformismo de la **generación *beat*** y los nuevos aires narrativos del **Posmodernismo**.

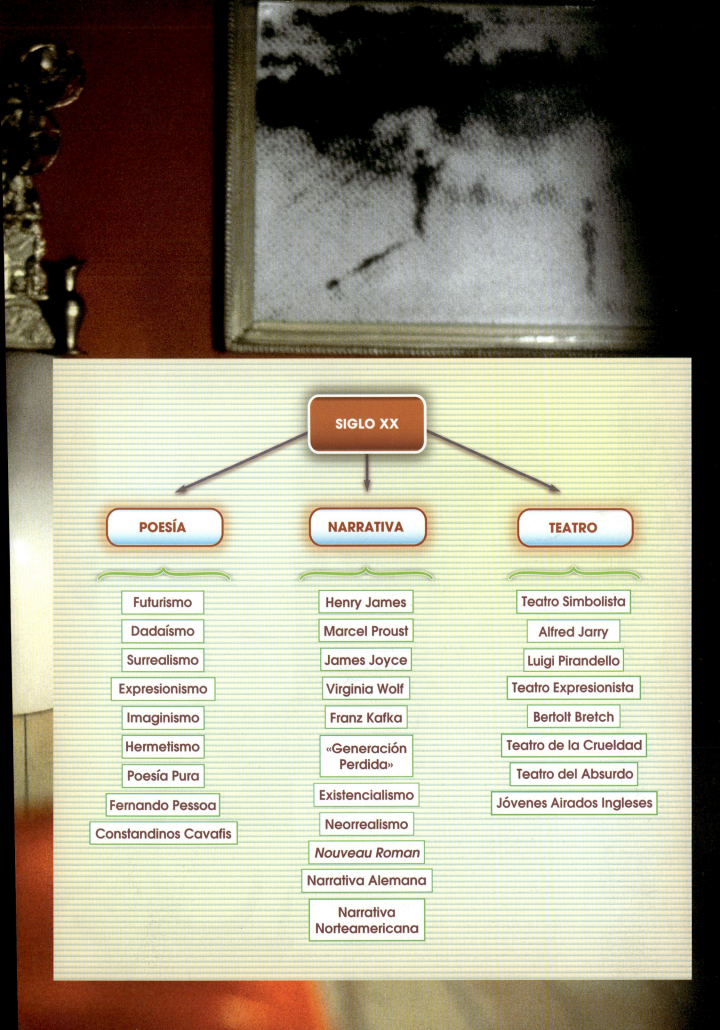

10

Literatura del siglo XX (I)

Edad Contemporánea

- Texto inicial y actividades previas
1. Las Vanguardias
2. La renovación de la novela
3. La renovación del teatro
- Actividades finales de recapitulación
- Guía de lectura: *La metamorfosis*
- Antología

Texto inicial

Como ya se indicó en la primera unidad, hay temas recurrentes en la poesía a lo largo de los siglos. Si en aquella ocasión se hablaba del amor, ahora nos centraremos en la figura de la amada, que ha sido abordada de modo diferente en cada época y cada movimiento literario. Los jóvenes poetas de las tres primeras décadas del siglo XX ahondan en la brecha iniciada por el Simbolismo de finales del XIX, pero van más allá porque para ellos no hay cánones ni tradiciones inmutables. Uno de esos poetas transgresores, el francés André Breton, escribe un poema titulado «Unión libre» y así retrata a la amada en el fragmento que te ofrecemos

Unión libre

Mi mujer con cabellera de incendio de bosque
con pensamiento de centellas de calor
con talle de reloj de arena
mi mujer con talle de nutria entre los dientes del tigre
5 *mi mujer con boca de escarapela y de ramillete de estrellas*
　　　　　　　　　[*de última magnitud*
con dientes de huellas de ratón blanco sobre la tierra blanca
con lengua de ámbar y de vidrios frotados
mi mujer con lengua de hostia apuñalada
10 *con lengua de muñeca que abre y cierra los ojos*
con lengua de piedra increíble
mi mujer con pestañas de palotes de escritura de niño
con cejas de borde de nido de golondrina
mi mujer con sienes de pizarra de techo de invernadero
y de vaho en los cristales
15 *mi mujer con hombros de champaña y*
de fuente con cabeza de delfines bajo el hielo
mi mujer con muñecas de fósforos
mi mujer con dedos de azar y de as de corazón
con dedos de heno segado
20 *mi mujer con axilas de marta y de bellotas*
de noche de San Juan
de alheña y de nido de conchas escalares
con brazos de espuma de mar y de esclusa
y de mezcla de trigo y de molino
25 *mi mujer con piernas de cohete*
con movimientos de relojería y desesperación
mi mujer con pantorrillas de médula de saúco
mi mujer con pies de iniciales
con pies de manojos de llaves con pies de pajarillos que beben.
[...]

André Bretón: «Unión libre.»

Actividades previas

A. El título del poema es clave para interpretarlo. ¿Podría referirse a la unión amorosa?, ¿podría referirse a la asociación libre de ideas que el poeta utiliza?¿Sabes en qué consiste la escritura automática?¿A qué movimiento artístico pertenece este método?

B. El tópico literario *descriptio puellae* (descripción de la mujer) responde a una fórmula muy utilizada a partir de Petrarca en la literatura. Investiga en qué consistía dicha fórmula descriptiva y compara ejemplos clásicos (Shakespeare, Garcilaso de la Vega, Quevedo,...) con la que realiza Breton en este poema. ¿Qué diferencias más destacadas percibes?

NÚCLEO V: Edad Contemporánea

1. Las Vanguardias

A principios del siglo XX surgen una serie de movimientos artísticos y literarios en Europa a una velocidad trepidante: son las vanguardias. Estas suponen una ruptura verdadera, más tajante que la modernista, con todo lo anterior. Las vanguardias –como su propio nombre indica (del francés *avant-garde*: «posición adelantada»)– se oponen, a veces de forma virulenta, a la estética anterior, y proponen, mediante manifiestos, concepciones profundamente novedosas del arte, la música y las letras. Los *ismos* vanguardistas se suceden a un ritmo vertiginoso. Nacen como una necesidad de regenerar las artes en general y acaban por extenderse incluso al campo del pensamiento. El denominador común de todos estos movimientos tan efímeros y fugaces es su antirromanticismo, la huida del sentimentalismo -que consideran ya caduco y burgués-, la transgresión lingüística y, sobre todo, la defensa del arte por el arte. El período de mayor efervescencia de los *ismos* se sitúa entre 1910 y 1930, en un mundo convulso donde los avances científicos y tecnológicos ponen en duda las viejas certezas y donde las alianzas políticas de las grandes potencias europeas desembocan en la Primera Guerra Mundial.

1.1. Futurismo

Es uno de los movimientos estéticos europeos de principios del siglo XX que pretende ser revolucionario e iconoclasta. El Futurismo alcanza su mayor arraigo en Italia gracias a Marinetti, cuya labor propagandística encuentra eco en un grupo de pintores y escritores.

Filippo Tommaso Marinetti (1876-1944), fundador del Futurismo, publica en el diario *Le Figaro*, en 1909, el manifiesto de este movimiento.

La esencia del futurismo se define por:

- El culto irracional de la acción por la acción y la velocidad.
- La alabanza de la civilización, la mecánica y la técnica.
- La exaltación del urbanismo y los grandes centros industriales.

Conocer y saber

LAS VELADAS FUTURISTAS

Fiel al principio de arte-acción, Marinetti y sus seguidores organizaban estos actos donde se recitaban poemas, se leían manifiestos y también había números musicales. Eran actos provocativos para dar mayor repercusión al movimiento. Algunas veladas fueron caóticas y terminaron en verdaderas batallas campales entre los futuristas, el público y la policía.

Vocabulario

Manifiestos vanguardistas: escritos públicos en los que los escritores y artistas de un movimiento exponían los fundamentos teóricos y artísticos.

Tema 10. Literatura del siglo XX (I)

- La estética de la máquina como ideal de belleza.
- La reacción contra lo que se llamaba «sentimentalismo romántico» o «burgués».
- La defensa del nacionalismo y de la guerra como fuerza regeneradora.
- La exaltación del movimiento agresivo, el insomnio febril, el paso gimnástico, el salto peligroso, el puñetazo y la bofetada.

Se establece la abolición del adjetivo, del adverbio, de la puntuación o la disolución del ritmo. Se admiten todos los símbolos, desde las más groseras representaciones de sonidos hasta las fórmulas químicas y matemáticas… El resultado de este planteamiento queda patente en las obras de Marinetti: *Mafarka* (1910), *La batalla de Adrianópolis* (1914), *Zang Tumb Tumb* (1914); o en los versos libres de D'Annunzio.

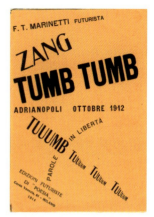

Cubierta de *Zang Tumb Tumb* (1914).

La ciudad se eleva (1910), de Boccioni.

Actividad

> Nosotros cantaremos a las grandes muchedumbres agitadas por el trabajo, por el placer o la revuelta; cantaremos las marchas multicolores y polifónicas de las revoluciones en las capitales modernas; cantaremos el vibrante fervor nocturno de los arsenales y de los astilleros incendiados por violentas lunas eléctricas; las estaciones glotonas, devoradoras de serpientes humeantes; las fábricas colgadas de las nubes por los retorcidos hilos de sus humos; los puentes semejantes a gimnastas gigantes que saltan los ríos, relampagueantes al sol con un brillo de cuchillos; los vapores aventureros que olfatean el horizonte, las locomotoras de ancho pecho que piafan en los raíles como enormes caballos de acero embridados con tubos, y el vuelo deslizante del aeroplano, cuya hélice ondea al viento como una bandera y parece aplaudir como una muchedumbre entusiasta.
>
> Marinetti: *Manifiesto futurista*, 1909.

1. ¿De qué recursos se vale Marinetti para ensalzar su obsesión por el movimiento?
2. Comenta el tono «político» del manifiesto.
3. Relaciona el cuadro de Boccioni *La ciudad se eleva* con las ideas del *Manifiesto*.

1.2. Dadaísmo

Es un movimiento artístico internacional más decisivo que el Futurismo en la cultura contemporánea. Surge en 1916, en la neutral Suiza, que en aquellos turbulentos años era un pequeño remanso de paz y un punto de reunión de pacifistas y revolucionarios llegados de todos los puntos de Europa.

El escritor más representativo del movimiento es **Tristan Tzara** (1896-1963), que ejercerá de animador del grupo de París. Sobre el significado de la palabra *dadá* se ha escrito mucho, tal vez su mejor definición es la que el mismo Tzara propuso en 1916: «Descripción de la nada». Y para que no hubiese ninguna duda acerca de esta sorprendente fórmula, solía completarla con: «Todo es Dadá: ¡todo lo que se resiste y se niega incluso a resistirse, todo lo que pretende atacar y provocar!». De ese año es su poemario *La primera aventura celeste del señor Antipirina* y dos años más tarde publica *Veinticinco poemas*.

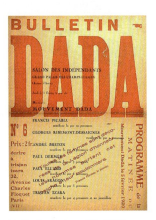

Bulletin Dada, n.º 6. 1920.

Estas son, en resumen, las principales **características** de los dadaístas:

- Son **nihilistas**: destruyen porque la construcción lleva a una perfección que les aburre. Su afán de provocación les lleva a cuestionar los valores establecidos: el trabajo, la patria, la familia.

- Intentan que los espectadores tomen conciencia de lo absurdo que es el mundo en que viven haciendo mofa de éste.

- Para los dadaístas, que «crean y a continuación destruyen», todo es relativo en la vida del hombre.

- Pretenden obligar al espectador a participar en sus «antiespectáculos» aunque sea expresando su desaprobación.

- Para ellos el hombre no es nada, luego no deja huella de su paso por el mundo.

La vena creativa de los escritores, pintores, músicos y artistas «dadá» es enorme. Hay que destacar la invención del **poema fónico**, en el que las palabras quedan reducidas a simples sílabas fónicas que luego se reordenan rítmicamente; de los **poemas simultáneos**, recitados al mismo tiempo por varias personas, y del **poema creado al azar**. Otras dos aportaciones del movimiento que resultarán muy productivas para este y otros *ismos* son las técnicas del **collage** y el **fotomontaje**.

La relación de escritores que se involucraron en el movimiento dadaísta es extensa pero merece citarse a **Louis Aragon**, **André Breton**, **Paul Éluard**, **Benjamin Péret** y **Philippe Soupault**. La aventura dadá termina en la primera mitad de los años veinte cuando algunos de los autores anteriormente citados se embarcan en la aventura del Surrealismo.

En 1920, Tristan Tzara exponía en el siguiente texto las instrucciones para hacer un poema dadaísta:

Coja un periódico.

Coja unas tijeras.

Escoja en el periódico un artículo que tenga la longitud que piensa darle a su poema.

5 *Recorte el artículo.*

Recorte a continuación con cuidado cada una de las palabras que forman ese artículo

---

El Cabaret Voltaire, cuna del Dadaísmo

El Cabaret Voltaire, una pequeña sala de Zurich, fue el lugar de nacimiento del movimiento dadaísta. Allí se organizaban veladas de canto, recitados, bailes e interpretaciones.

y métalas en una bolsa.

Agítela suavemente.

Saque a continuación cada recorte uno tras otro.

10 *Copie concienzudamente el poema en el orden en que los recortes hayan salido de la bolsa.*

El poema se parecerá a usted.

Y usted es "un escritor infinitamente original y de una sensibilidad hechizante, aunque incomprendido por el vulgo".

● **Actividad**

4. ¿Qué tipo de técnica dadaísta te sugiere el poeta?

5. Analiza las características vanguardistas del poema.

1.3. Surrealismo

Este nuevo movimiento vanguardista surge a comienzos de la década de los veinte, cuando el Dadaísmo da muestras de agotamiento. *El Primer Manifiesto Surrealista* aparece en 1924. Los surrealistas creen profundamente en la libertad, **la libertad de poder imaginar y soñar**. El término originario francés *surréalisme* ('por encima de lo real') lo deja claro: es algo que está por encima de la realidad que percibimos. Propone, además, el olvido de la lógica y da prioridad al mundo de los sueños.

Su objetivo es dejar volar la fantasía, expresar la vida auténtica liberando los pensamientos de la vigilancia moral, estética y lógica. Para ello se emplean métodos creativos como la **«escritura automática»**.

Las **características** que definen este movimiento son:

- La reivindicación del **inconsciente** y del **sueño**, a los que se otorga una categoría idéntica a los estados de vigilia. El creador es un mero transcriptor del inconsciente y la inspiración está por encima de la técnica literaria.

- La inclusión en sus obras de elementos cotidianos que, al no dejar intervenir la parte consciente, quedan descontextualizados. La **crueldad** y el **humor** aparecen también como contrapunto a todo tipo de sentimientos.

- La exaltación vital. Si Marx pretendía cambiar el mundo, los surrealistas ahora quieren cambiar la vida. Existe, en efecto, una **conciencia social** para la resolución de los problemas individuales. No es extraño, pues, que esta actitud conduzca a un acercamiento de estos artistas al marxismo y al Partido Comunista a finales de los años veinte. De este período es el *Segundo Manifiesto Surrealista* (1929), más místico y especulativo que el primero. Los escritores más destacados son **Guillaume Apollinaire**, **Blaise Cendrars**, **André Breton**, **Paul Éluard**, **Louis Aragon** y **Jules Supervielle**.

SURREALISMO

Sustantivo masculino. Automatismo psíquico puro por cuyo medio se intenta expresar, verbalmente, por escrito o de cualquier otro modo, el funcionamiento real del pensamiento. Es un dictado del pensamiento, sin la intervención reguladora de la razón, ajeno a toda preocupación estética o moral.

André Breton:
Primer Manifiesto del Surrealismo, 1924.

1.3.1. Guillaume Apollinaire

Guillaume **Apollinaire** (1880-1918) es uno de los precursores del Surrealismo, incluso es el primero que usa ese vocablo en su obra *Los pechos de Tiresias, drama surrealista*. Participó en todos los movimientos de vanguardia del momento y es uno de los primeros en resaltar las cualidades de un joven pintor, Pablo Ruiz Picasso, con quién mantendrá una larga y estrecha relación de amistad.

Apollinaire es el poeta de la modernidad: en su poemario *Alcoholes* (1913) no utiliza los signos de puntuación, recurre al verso libre y emplea atrevidas imágenes que rompen con los moldes tradicionales. Su mayor aportación literaria fueron los **poemas pictóricos** (*Caligramas*, 1918), un recurso que se remonta a China y Egipto, en los que consigue combinar la poesía con el dibujo.

Actividad

 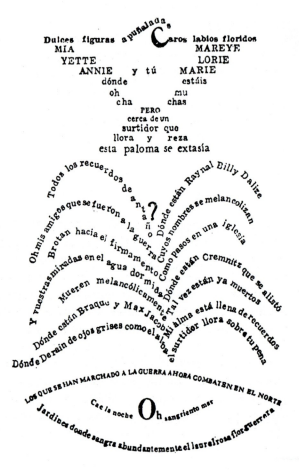

6. ¿De qué tipo de poema se trata?
7. ¿Cómo titularías esta composición?

1.3.2. André Breton

André Breton (1896-1966) es el teórico y jefe de filas del Surrealismo. Muy pronto desarrolla un gran interés por la psiquiatría y, tras leer las obras de Freud, cree ver en el **psicoanálisis** un método capaz de adentrarse en el mundo oculto de la mente. Simultáneamente empieza a relacionarse con los movimientos de vanguardia. Tras el período nihilista y provocador de Dadá se orientará hacia la recuperación de fragmentos del subconsciente. Fruto de este interés es *Los campos magnéticos* (1920), una obra escrita en colaboración con Philippe Soupault mediante la técnica de la escritura automática. Su novela más representativa es

Nadja (1928), una obra original escrita con la técnica del collage y que, desde el punto de vista genérico, oscila entre la ficción, el diario, el manifiesto personal y hasta el historial clínico de una relación amorosa conflictiva. En cuanto a su poesía (*El amor loco*, 1937), se caracteriza por la profusión de imágenes asociadas de forma sorprendente para el lector.

El cadáver exquisito

¿Sabías que el juego y el azar eran importantes en el proceso creativo de los surrealistas? El ejemplo más famoso es el «cadáver exquisito» (*cadavre exquis* en francés), que se juega entre un grupo de personas que escriben o dibujan una composición en secuencia, de manera que cada persona sólo puede ver el final de lo que escribió el anterior. El nombre proviene de la frase que surgió cuando se jugó por primera vez: «*Le cadavre-exquis-boira-le vin-nouveau*» (El cadáver exquisito beberá el vino nuevo).

Detalle de *La reunión de amigos* (1922), de Max Ernst.

El cine surrealista de Luis Buñuel

Con sólo veinticinco años, Luis Buñuel (1900-1983), un joven aragonés formado en la Residencia de Estudiantes de Madrid, amigo de Lorca y de Dalí, marcha a París, donde entra en contacto con los surrealistas. Cuatro años más tarde produce, dirige e interpreta un cortometraje mudo de diecisiete minutos, *Un perro andaluz*, cuyo guión había escrito con Salvador Dalí. La película es una sucesión de sueños encadenados. Buñuel intenta impactar a través de imágenes desconcertantes como la navaja que secciona el ojo de una mujer o la de un burro en descomposición. Al año siguiente dirige *La edad de oro*, en la que aparece la primera voz en *off* de la historia del cine. En esta ocasión va más allá de los juegos formales y dota a las imágenes de carga significativa. La mezcla de *collage*, asociaciones arriesgadas, humor negro, violencia, sexo e imágenes de podredumbre fue difícil de digerir en aquella época. Estuvo en cartel sólo seis días hasta que fue prohibida por la policía debido a la presión de la extrema derecha. La prohibición se mantuvo hasta 1980 en Nueva York y 1981 en París.

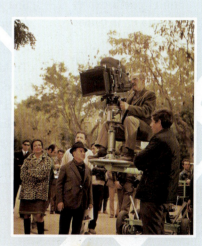

1.4. Expresionismo

El Expresionismo es la aportación alemana al proceso de renovación intelectual de las vanguardias. En un primer momento este término se emplea como denominación de un movimiento pictórico pero más tarde abarcará también el campo de las letras. Hay en él una enorme variedad de posturas individuales que, sin embargo, convergen en la huida de lo académico, en el rechazo de la obra artística burguesa, en la búsqueda de la síntesis total del arte y la vida, y en la visión subjetiva de la realidad.

El Expresionismo nace y se desarrolla en un país que ha sufrido un giro de ciento ochenta grados en pocos años. En 1900, Alemania es la segunda potencia industrial del mundo y vive un período de efervescencia nacionalista y de expansionismo fuera de Europa. Al terminar la Primera Guerra Mundial, Alemania es la gran derrotada del conflicto. Esto genera un amplio sentimiento de fracaso. Es un momento histórico que invita a la reflexión, al conocimiento de las características que conforman la personalidad del hombre y su pensamiento. Del mismo modo surge la necesidad de participar en la creación de una sociedad nueva y mejor.

Estos son **algunos de los rasgos del Expresionismo:**

- **Los personajes sufren una crisis íntima, psicológica o espiritual**, lo que explica una visión muy particular, casi siempre pesimista, del mundo y la gente que les rodea. En general, se desconfía de una sociedad que no es capaz de mantener ninguna de sus promesas.

- **Se realza la fealdad**, lo demoníaco, lo irracional, lo grotesco

- **Se cuestiona el concepto de verosimilitud**, puesto que lo que importa es «describir el interior de las cosas sin mostrar el exterior». De ahí procede tanto la tendencia al misticismo y a lo visionario como el recurso a nombrar a los personajes como seres abstractos o números: Míster Cero, K., el Poeta.

- **El caos** es el medio habitual en el que se desenvuelve el héroe.

Los polos básicos del movimiento son la fundación de revistas como *Der Sturm* (*La tormenta*) en 1910, *Die Aktion* (1913) y la publicación en 1920 de una antología de la lírica expresionista a cargo de Kurt Pinthus titulada *Ocaso de la humanidad*.

Uno de los poetas fundacionales del expresionismo es el austríaco **Georg Trakl** (1887-1914), un *poeta maldito* que, pese a la brevedad de su obra —dos colecciones de poemas: *Poemas* (1913) y la póstuma *Sebastián en sueños* (1915)—, marca profundamente la senda del movimiento. Influenciado por Hölderlin, Baudelaire, Rimbaud, Dostoievsky y Nietzsche, su poesía se caracteriza por el hermetismo de extrañas imágenes y alegorías. Motivos recurrentes en su obra son lo nocturno, lo otoñal, el desarraigo, el mal y la muerte.

Actividades

8. Busca información sobre Georg Trakl ¿Qué experiencia vital sufrió el poeta expresionista en la ciudad de Grodek?

9. ¿Tiene el poema un tono belicista como ocurrió con bastantes poetas de este periodo? Justifica tu respuesta.

Ansiedad (1894), de Eduard Munch.

Grodek

Por la tarde resuenan en los bosques otoñales
las mortíferas armas, y en las llanuras áureas
y en los lagos azules rueda el sol más oscuro.

La noche abraza a los guerreros moribundos,
5 irrumpe el lamento salvaje de sus bocas quebradas.

Pero silenciosas en la pradera,
rojas nubes que un dios airado habita
convocan la sangre derramada, la frialdad lunar;
y todos los caminos desembocan en negra podredumbre.

10 Bajo el dorado ramaje de la noche y las estrellas
vaga la sombra de la hermana por el bosque silencioso
saludando las almas de los héroes,
las cabezas sangrantes.

Y en el cañaveral suenan las oscuras flautas del otoño.

15 Oh, qué soberbio duelo, con altares de bronce;
un terrible dolor nutre hoy la ardiente llama del espíritu,
por los nietos que no han nacido aún.

Georg Trakl: *Poemas* (1906-1914).

1.5. Imaginismo

Algunos críticos señalan que uno de los hitos que preludian el comienzo de una nueva época en la poesía inglesa es la llegada a Londres de un joven poeta norteamericano, **Ezra Pound** (1885-1972). Al igual que otros coetáneos, viaja a Europa en pos de una sociedad culturalmente más desarrollada.

Coincidiendo con este período europeo de intensa actividad poética, Harriet Monroe crea en Chicago la revista literaria *Poetry* (1912). Las páginas de esta publicación serán el soporte de la nueva poesía de la que Pound es uno de sus máximos adalides. La poética emergente busca una mayor tensión y concisión expresiva, con el consiguiente rechazo de todo lo superfluo, perifrástico y libresco. Las páginas de *Poetry* acogen en 1913 un nuevo movimiento literario: el **Imaginismo**, cuyo manifiesto inaugural firman Ezra Pound y F. S. Flint. Ambos recogen los siguientes **principios**:

- Una «imagen» es aquella que presenta un complejo intelectual y emocional en un instante del tiempo.
- No utilizar en absoluto ninguna palabra que no contribuya a la presentación.
- Tratamiento directo del objeto, ya sea subjetivo u objetivo.
- En lo que concierne al ritmo: componer con la secuencia de la frase musical, no con la secuencia del metrónomo.

El conocimiento de la **poesía oriental**, especialmente de la japonesa, será de indudable importancia para la puesta en práctica de la teoría imaginista.

Ezra Pound publica una antología de poesía, *Des Imagistes* (1914), que va a resultar decisiva en la evolución del movimiento y en su influencia en la poesía norteamericana contemporánea. Además de Pound destacan dos poetas en dicha antología: **Hilda Doolittle** (más conocida como H.D.) y **Richard Aldington**.

Portada de la revista *Blast* (1915).

Actividad

9. Ejemplo clásico del imaginismo poundiano es el siguiente poema publicado, por primera vez, en *Poetry II* (1913), en el que se yuxtaponen dos imágenes. Trata de identificar y explicar esa doble metáfora.

   En una estación del metro

   La aparición de estos rostros en la multitud;
   pétalos en una mojada rama negra.

1.5.1. Ezra Pound

La aventura imaginista de Pound es sólo el comienzo de su trayectoria como «promotor» cultural de primer orden. En 1914 funda otro movimiento, esta vez más efímero, el **Vorticismo**, que intenta combinar los principios cubistas y futuristas.

La experiencia de la Primera Guerra Mundial desilusiona a Pound, que cada vez se muestra más decepcionado con una civilización occidental en plena decadencia. Este estado de ánimo está presente en su poemario de 1920, *Hugh Selwyn Mauberly*, una especie de autobiografía espiritual en la que prevalece la amargura

NÚCLEO V: Edad Contemporánea

y la ironía. Se trata un poema de carácter intertextual, en el que se yuxtaponen las referencias a los mitos clásicos grecorromanos y las alusiones eruditas a poetas y escritores de toda Europa. En 1924 Pound y su esposa abandonan París y se establecen en Rapallo (Italia). Allí comienza su obra más ambiciosa: los *Cantos*. Pound acaricia la idea de componer un poema épico que sea «el cuento de la tribu», un gran poema de 117 secciones que no dejará de reelaborar hasta el final de sus días. Los *Cantos* abarcan a toda la humanidad, de ahí el empleo de distintos idiomas (incluso ideogramas chinos), la riqueza de citas literarias y la aparición en sus versos de personajes tan dispares como Confucio, los presidentes norteamericanos Adams y Jefferson o el *condottiero* Segismundo Malatesta.

Biografía

**EZRA POUND
(1885-1972)**

Manifestó desde joven un espíritu inquieto. Nacido en Estados Unidos, estudia lenguas románicas y se marcha a Europa. Primero se establece en Londres como miembro muy activo del panorama literario. Posteriormente se va a vivir a Italia y allí desarrolla sus teorías sobre la usura como causante de todos los males y manifiesta su apoyo al fascismo. Pronuncia discursos radiofónicos contrarios a la entrada de Estados Unidos en la Segunda Guerra Mundial. Arrestado y enviado a un campo de concentración cerca de Pisa, fue enjaulado y exhibido como una fiera. Un informe médico lo salvó de ser ejecutado pero fue internado en la cárcel-manicomio de St. Elizabeth en Washington. La presión internacional y la de los jóvenes poetas norteamericanos consiguió su liberación en 1958. Una vez libre regresó a Italia y murió en Venecia.

● Actividad

*Y bajamos a la nave,
enfilamos quilla a los cachones, nos deslizamos en el mar divino,
e izamos mástil y vela sobre aquella nave oscura,
ovejas llevábamos a bordo, y también nuestros cuerpos
deshechos en llanto, y los vientos soplaban de popa
impulsándonos con hinchadas velas,
de Circe esta nave, la diosa bien peinada.*

*Nos sentamos luego en medio de la nave, mientras el
viento hacía saltar la caña del timón,
así con velas reventando, navegamos hasta el fin del día.
El sol a su descanso, las sombras en el océano todo.
Llegamos entonces al confín del mar más hondo,
a las cimerias tierras, y ciudades pobladas
cubiertas por la niebla de tejido espeso, jamás penetrado
por luz de los solares rayos
sin toldo estrellado, ni por los ojos desde el cielo vueltos
la noche más negra envolvía a los infelices de este suelo.*

*Y en el reflujo del océano, llegamos después al lugar
predicho por Circe.*

[...]

Ezra Pound, *Cantares completos*.

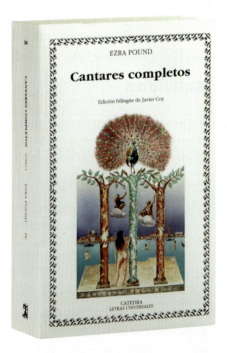

10. ¿Qué mito literario se refleja en el poema de Pound?

11. ¿A qué se refiere cuando habla del «sitio predicho por Circe»?

1.5.2. T. S. Eliot

La vida y la aventura poética de Pound corre paralela en parte a la de la otra gran figura de la poesía en lengua inglesa de este período: **Thomas Stearns Eliot** (1888-1965). Al igual que el primero se marcha de los Estados Unidos y se instala en Londres en 1915. En 1922 inicia la publicación de la revista *Criterion*, pero cinco años antes ve la luz su primer gran poema *La canción de amor de J. Alfred Prufrock*, un monólogo dramático novedoso, bastante alejado de los modelos victorianos.

El principio básico de su poesía será el de agregación o yuxtaposición, principio desarrollado en su obra más famosa e influyente: *La tierra baldía* (1922). El título alude a un paisaje desolado y seco, reflejo en parte de su concepción puritana de la vida y símbolo de la situación de Europa tras la Segunda Guerra Mundial. Es un poemario de gran complejidad, con una gran cantidad de citas literarias –de treinta y cinco autores y hasta en seis idiomas distintos, incluido el sánscrito.

A partir de ese momento las carreras de Eliot y Pound toman rumbos distintos. Pound marcha a Italia y prosigue con su espíritu de renovación y Eliot adopta posiciones más conservadoras. En 1936 inicia otra de sus grandes obras, ***Cuatro Cuartetos***, heredera de la poesía devocional inglesa del siglo XVII. En ella, Eliot realiza una reflexión filosófica sobre el tiempo mediante un acorde de imágenes, ritmos y rimas.

CORRELATO OBJETIVO

T. S. Eliot se basaba en la idea de que el arte no debe ser una expresión personal, sino que debe funcionar a través de símbolos universales. Proponía buscar un objeto o grupo de objetos con gran poder evocador. De esa manera trataba de mostrar determinadas imágenes o realidades a fin de suscitar en el lector la emoción y la idea elegidas.

Ejemplo de *La tierra baldía*:

Ciudad irreal,
bajo la niebla parda de un amanecer de invierno,
una multitud fluía por el Puente de Londres, tantos,
no creí que la muerte hubiese deshecho a tantos.

En el artículo «Hamlet y sus problemas», Eliot lo explica de esta forma:

La única manera de expresar la emoción en forma de arte es encontrando un «correlato objetivo»; dicho de otro modo, un grupo de objetos, una situación, una cadena de acontecimientos que habrán de ser la fórmula de esa emoción concreta; de modo que cuando los hechos externos, que deben terminar en una experiencia sensorial, se den, se evoque inmediatamente la emoción [...] La inevitabilidad artística radica en esta adecuación completa de lo externo a la emoción.

Un ejemplo memorable de esta técnica es el comienzo de *La canción de amor de J. Alfred Profrock*:

Vamos entonces, tú y yo,
cuando el atardecer se extiende contra el cielo
como un paciente anestesiado sobre una mesa;
vamos, por ciertas calles medio abandonadas,
los mascullantes retiros
de noches inquietas en baratos hoteles de una noche
y restaurantes con serrín y conchas de ostras.

1.6. El hermetismo

Después del paso fugaz del Futurismo, los poetas italianos inician un proceso de depuración de la lírica, cada vez más despojada y esencial, en un intento de huir de los tonos discursivos y elocuentes. Nace así el Hermetismo.

Este es un movimiento que se caracteriza por la brevedad y densidad de las composiciones, desprovistas de toda retórica. La poesía es la expresión de la intuición o de una súbita iluminación. El máximo representante del movimiento es **Giuseppe Ungaretti** (1888-1970), autor de *El puerto sepultado* (1916), *Alegría del naufragio* (1919) y *Sentimiento del tiempo* (1933).

Paulatinamente el Hermetismo acentúa la condensación de significados, el recurso a la analogía y la exigencia de concentración. La poesía gana en capacidad de sugestión pero se vuelve un tanto impenetrable. En esta tendencia sobresalen **Eugenio Montale** (1896-1981) y **Salvatore Quasimodo** (1901-1968).

Del primero merecen citarse **Huesos de sepia** (1925), obra caracterizada por su tono angustioso, *Las ocasiones* (1939), poemario bajo el influjo de T.S. Eliot, y *Satura* (1971), alejada ya del registro hermético gracias al empleo de una lengua directa y coloquial. En cuanto a Quasimodo, gran conocedor de los clásicos, en 1930 publica **Agua y tierra**, una obra con una palabra poética desnuda y esencial. La experiencia de la Segunda Guerra Mundial modifica su registro y en *Día tras día* usa una expresión más épica y colectiva.

Mañana
Me ilumino
de inmensidad
G. Ungaretti:
La alegría del naufragio.

1.7. Otras voces

La proliferación de movimientos vanguardistas no logró ocultar otros registros de la poesía de este periodo. Hubo, en efecto, poetas con una trayectoria creativa más allá de cualquier «ismo».

1.7.1. Fernando Pessoa

El portugués **Fernando Pessoa** (1888-1935) nace en Lisboa pero recibe una educación británica en Sudáfrica, adonde se traslada su madre tras la muerte del padre. Su dominio del inglés le permitirá trabajar más adelante como traductor comercial en Lisboa y escribir parte de su obra en ese idioma. De hecho casi la totalidad de los únicos libros de poemas publicados en vida fueron colecciones de poesía escrita en inglés: *Antinoo* (1918), *35 sonetos* (1918) y *Poemas ingleses I, II y III* (1922).

Al igual que otros grandes solitarios de la literatura, Pessoa vive por y para la escritura. Y en ese afán de la imaginación crea otras vidas: los **heterónimos**, personalidades poéticas completas e independientes que se vuelven verdaderas a través de su manifestación artística. Los tres heterónimos más conocidos son **Álvaro de Campos**, **Ricardo Reis** y **Alberto Caeiro**.

El primero de los tres inicia su trayectoria como decadentista, influido por el Simbolismo, y luego se une al Futurismo. Con el paso de los años adquiere una vena nihilista que queda reflejada en su poema «**Tabaquería**», uno de los más conocidos de Pessoa.

Tabaquería

>No soy nada.
>Nunca seré nada.
>No puedo querer ser nada.
>Aparte de esto, tengo en mí todos los sueños del mundo.
>
>5 Ventanas de mi cuarto,
>de mi cuarto de uno de los millones de gente que nadie sabe quién es
>(y si supiesen quién es, ¿qué sabrían?),
>dais al misterio de una calle constantemente cruzada por la gente,
>a una calle inaccesible a todos los pensamientos,
>10 real, imposiblemente real, evidente, desconocidamente evidente,
>con el misterio de las cosas por lo bajo de las piedras y los seres,
>con la muerte poniendo humedad en las paredes y cabellos blancos en los hombres,
>con el Destino conduciendo el carro de todo por la carretera de nada.
>
>Hoy estoy vencido, como si supiera la verdad.
>15 Hoy estoy lúcido, como si estuviese a punto de morirme
>y no tuviese otra fraternidad con las cosas
>que una despedida, volviéndose esta casa y este lado de la calle
>la fila de vagones de un tren, y una partida pintada
>desde dentro de mi cabeza,
>20 y una sacudida de mis nervios y un crujir de huesos a la ida.
>
>Hoy me siento perplejo, como quien ha pensado y opinado y olvidado.
>Hoy estoy dividido entre la lealtad que le debo
>a la tabaquería del otro lado de la calle, como cosa real por fuera,
>y a la sensación de que todo es sueño, como cosa real por dentro.
>
>[...]

Ricardo Reis simboliza la herencia clásica en la literatura occidental.

Por su parte, Alberto Caeiro es el poeta-filósofo que se irrita ante la metafísica y cualquier tipo de simbolismo.

Las obras de estos heterónimos verán la luz tras la muerte del poeta: *Poesías* de Álvaro de Campos en 1944, *Poemas* de Alberto Caeiro en 1946 y *Odas* de Ricardo Reis en 1946.

Esta trinidad de poetas se complementa con la producción del propio Pessoa, que adquiere así la condición de ortónimo, es decir, su personalidad original. En esta vertiente, el poeta desarrolla una vena patriótica con influencias simbolistas y modernistas. Todo esto queda plasmado en ***Mensaje*** (1934), el único poemario en portugués que vio la luz antes de su muerte.

Pessoa no fue sólo poeta, también tiene una extensa producción ensayística y crítica entre la que destaca ***El libro del desasosiego***, inédito hasta 1982, y en cuya escritura el escritor empleó los últimos veinte años de su vida. Se trata de una obra compleja, mezcla de diario íntimo, ensayo y poema en prosa que Pessoa atribuye a otro de sus heterónimos: **Bernardo Soares**.

La estatua de Fernando Pessoa recuerda a los visitantes del barrio de Chiado, en Lisboa, que al autor le gustaba frecuentar el mítico café *A Brasileira*.

1.7.2. Constandinos Cavafis

Constandinos P. Cavafis (1863-1933) nació en el seno de una próspera familia griega de comerciantes y pasó la mayor parte de su vida en Alejandría (Egipto), una ciudad cosmopolita y mestiza en aquella época. Cavafis, ciudadano griego, trabajó como funcionario de la administración británica –Egipto era un protectorado británico en aquella fecha– hasta jubilarse en 1922. En vida, Cavafis no publicó jamás un libro completo; publicó *plaquettes*, poemas en revistas, hojas sueltas, cuadernos y carpetas preparadas por él mismo. La primera edición de los 154 poemas fueron reunidos en un libro propiamente dicho dos años después de su muerte, es decir, en 1935. La poesía de Cavafis, objetiva, narrativa y prosaica, trata de **la vanidad del poder y la soledad de los ciudadanos, del amor y el placer, de la dignidad de los perdedores, de la creación artística**. Sus protagonistas situados en la antigüedad remota, en el mundo bizantino o en la sociedad contemporánea se enfrentan a la misma disyuntiva: ser ellos mismos o entregarse a las convenciones.

Actividad

La ciudad

Dijiste: «Iré a otra ciudad, iré a otro mar.

Otra ciudad ha de hallarse mejor que esta.

Todo esfuerzo mío es una condena escrita;
y está mi corazón -como un cadáver- sepultado.

5   Mi espíritu hasta cuándo permanecerá en este marasmo.

Donde mis ojos vuelva, donde quiera que mire
oscuras ruinas de mi vida veo aquí,
donde tantos años pasé y destruí y perdí».

Nuevas tierras no hallarás, no hallarás otros mares.

10 La ciudad te seguirá. Vagarás
por las mismas calles. Y en los mismos barrios te harás viejo
y en estas mismas casas encanecerás.

Siempre llegarás a esta ciudad. Para otro lugar -no esperes-
no hay barco para ti, no hay camino.

15 Así como tu vida la arruinaste aquí
en este rincón pequeño, en toda tierra la destruiste.

Cavafis: *Poesía completa*.

12. ¿Cuál es el tema del poema?
13. Busca información sobre la vida de Cavafis y analiza las posibles claves autobiográficas del poema.

1.7.3. Hacía la poesía pura

Uno de los cauces más fructíferos de aquellas voces poéticas no adscritas a ningún «ismo» fue **la poesía pura**. Los poetas más importantes de esta tendencia son William Butler Yeats, Paul Valéry y Saint-John Perse, herederos los tres del Simbolismo de finales del siglo XIX.

El irlandés **W.B. Yeats** (1865-1939) bebe de la poesía finisecular francesa y trasplanta el Simbolismo a Irlanda, al que dota de un halo místico y esotérico. *Las peregrinaciones de Oisin y otros poemas* (1889) y ***El viento entre los juncos*** (1899) reflejan ese influjo. Además de poeta, Yeats escribió teatro y fundó el *Abbey Theatre*; también participó activamente en lo que se conoce como Renacimiento irlandés, que se inicia en la última década del siglo XIX con la ligazón de literatura y nacionalismo. La poesía de Yeats evoluciona: elimina la retórica romántica y el influjo simbolista, y su lenguaje lírico se torna más personal, vigoroso y exacto en poemarios como ***La torre*** (1928) y *La escalera de caracol* (1929).

Paisaje irlandés.

Paul Valéry (1871-1945) es el caso paradigmático de poeta obsesionado con la poesía pura, es decir, con alcanzar la esencia de las cosas. En sus comienzos es discípulo de Mallarmé pero sufre una crisis profunda, deja de escribir poesía durante veinte años y se centra en la filosofía. Con el tiempo, cultiva una poesía intelectual refinada, sensual y de gran musicalidad. Sus obras señeras son *La joven Parca* (1917) y **Charmes** (1922), que incluye *El cementerio marino*, uno de sus poemas más conocidos. Cuando murió, su familia descubrió 261 cuadernos, una mezcla de taller de escritura y enciclopedia íntima, que incluían sus reflexiones sobre el proceso creativo. Una antología de esos cuadernos se publicó por primera vez en castellano en 2007.

Saint-John Perse es el seudónimo de Alexis Saint-Leger (1887-1975), un poeta y diplomático nacido en las Antillas francesas que desarrolló su actividad creativa en solitario. Su poesía es un llamamiento continuo al interior de las cosas a través de un lenguaje admirado por su precisión y belleza. Saint-John Perse se vale del poema en prosa y el versículo en obras como *Imágenes para Crusoe* (1904), ***Anábasis*** (1924), *Exilio* (1942), *Vientos* (1946) o *Crónica* (1960).

LA POESÍA PURA

El poeta español Jorge Guillén, miembro de la generación del 27 y amigo de Valéry, indicaba que poesía pura es aquello que queda en un poema después de suprimir en él todo lo que no es poesía (ideas, anécdotas, circunstancia).

2. La renovación de la novela

A finales del siglo XIX la novela empezó a transformarse, a experimentar un proceso de metamorfosis. El influjo del Simbolismo, además de sacudir los cimientos de la poesía, también había afectado a las concepciones realistas y naturalistas tan en boga entonces. Es evidente que la novela como desarrollo de una trama de hechos objetivos externos organizados de forma cronológica o lineal ya había tocado fondo. Esta concepción novelesca gestada a lo largo de varios siglos de lenta evolución, da paso a novelas que pondrán más énfasis en la forma, una forma que en muchas ocasiones adquirirá un tono poético inusual. Este **formalismo** de la novela será fruto de una mayor preocupación por su estructura y el lenguaje.

La ruptura de la linealidad argumentativa se logrará a través de distintos procedimientos. Uno de los más decisivos será la interiorización de la trama, es decir, la novela se interesa por el desarrollo de la complejidad del yo y traduce, por medio de un lenguaje nuevo, las contradicciones y el ilogicismo de la mente humana. El filósofo francés **Henri Bergson** publica en 1889 el *Ensayo sobre los datos inmediatos de la conciencia*, donde invitaba a los novelistas a crear una novela que analizara los contenidos de la conciencia. Nace así la nueva técnica compositiva del flujo de conciencia (*stream of consciousness*) o **monólogo interior**.

La omnisciencia del escritor, otro de los rasgos asociados con modos narrativos más tradicionales, da paso al desarrollo de un punto de vista más limitado o a la multiplicidad de los mismos. Todas las características anteriormente citadas provocan un debilitamiento de la estructura narrativa clásica (causalidad, omnisciencia, orden lineal). En su lugar, los autores se valdrán de otros recursos para que el texto no se convierta en una extensión amorfa. Algunos de los más usados son la alusión, la imitación de modelos literarios, los arquetipos míticos o la repetición con variación de *motifs*, imágenes y símbolos.

2.1. Henry James

Es habitual citar al novelista norteamericano **Henry James** (1843-1916) como uno de escritores innovadores de la novela contemporánea. Nace en el seno de una familia acomodada e intelectual de Nueva York (su hermano era el filósofo y científico William James), pero se forma en escuelas de Londres, Suiza, Francia y Alemania. Así pues, no es nada extraña su atracción por la cultura europea y su establecimiento definitivo en Londres en 1875.

Las novelas de James están pobladas por personajes refinadísimos, habitantes de ciudades como Boston, París, Nueva York, Roma, Florencia o Venecia, pero sofocados por las exigencias de su clase. Son seres reflexivos, ensimismados e inmóviles, que supeditan sus decisiones finales a largas reflexiones sobre los motivos desencadenantes de la acción. James utiliza un particular **enfoque psicológico**: la descripción del mundo externo es un espejo de lo que sucede en la mente de los protagonistas.

Gran parte de su producción gira en torno al tema «internacional», esto es, al contraste entre dos mundos culturales distintos: el europeo y el americano. Buen ejemplo de ello son sus obras *Daisy Miller* (1878), ***Retrato de una dama*** (1881) *Los embajadores* (1903), *Los europeos* (1878) y *Las bostonianas* (1886).

Henry James es un estilista y un maestro del punto de vista. El narrador interviene sólo para darnos la interpretación «indirecta» y «oblicua» de los acontecimientos. Suele presentar a sus protagonistas a través de la conciencia de otros personajes, como en *Lo que Maisie sabía* (1897) o *La copa dorada* (1904). Mención aparte merece *Otra vuelta de tuerca* (1899), en la que James deja el interrogante final de la credibilidad del narrador, una institutriz que cree adivinar la presencia del mal en dos niños bajo su cargo.

El monólogo interior

Técnica narrativa que reproduce con fidelidad el flujo de pensamientos de la conciencia, lo que explica el carácter inarticulado, desorganizado y caótico del discurso. Es un recurso utilizado por los narradores para sondear sin trabas la conciencia de los personajes. El primero en utilizarlo fue el escritor simbolista francés **Édouard Dujardin**, quien se sirvió del monólogo interior para transcribir la *corriente de conciencia*, término inventado por el psicólogo norteamericano **William James**, hermano mayor del escritor Henry James, para expresar el libre fluir de la mente.

2.2. Marcel Proust

Si Henry James preludia el futuro de la novela, el francés **Marcel Proust** (1871-1922) elabora ya su obra dentro de los nuevos cauces. Proust, hijo de un eminente epidemiólogo y de una joven judía de origen alsaciano, mostró desde su infancia una salud enfermiza. Pronto inicia la lectura de poetas románticos y simbolistas como Musset, Lamartine, Victor Hugo, Baudelaire y Verlaine.

Desde muy joven, se sintió ávido de entablar grandes relaciones sociales, lo que le llevó a frecuentar los «salones» donde conoce a damas exquisitas y esnobs. Su primera obra publicada, *Los placeres y los días*, data de 1896. La pasión por el arte aumenta y asume las influencias de Anatole France y sobre todo del esteta inglés John Ruskin. Proust se va distanciando de los salones y la muerte de sus padres le sume en un enclaustramiento voluntario. Parece ser que a partir de 1909 se consagra a su gran proyecto de novela: ***En busca del tiempo perdido***.

Aunque es posible leer *En busca del tiempo perdido* a la luz de la experiencia vital de Proust, es erróneo enfatizar los aspectos autobiográficos en la novela. Evidentemente Proust adornó una realidad que le resultaba intolerable y utilizó con libertad sus recuerdos para adecuarlos a sus fines. Además huye de la linealidad y compone las novelas a retazos formando un mosaico. La aparición de la obra, en particular la primera parte, estuvo salpicada de negativas y dificultades. Los editores no se atrevían a publicar un libro tan original en cuanto al estilo y la forma.

Marcel Proust.

Todos los personajes del libro sufren de algún **anhelo insatisfecho o una esperanza desengañada**. No son personajes planos construidos con leves pinceladas. Proust somete a sus criaturas a una sucesión de transformaciones. Los personajes principales pasan por tantas fases que resulta muy difícil resumir con brevedad sus historias. Se ven inmersos en una tupida red de complicadas relaciones y de referencias cruzadas entre diferentes grupos.

Argumento de *En busca del tiempo perdido*

Por el camino de Swann, el primero de los siete volúmenes que componen la novela, aparece en 1913. Es una evocación poética de la niñez del narrador en el pueblo de Combray –trasunto literario de Illiers, el pueblo del padre de Proust–, donde al salir de su casa un camino conduce a la mansión del mundano Swann y otro al castillo de los duques de Guermantes. Estos dos caminos simbólicos se irán entrecruzando y combinando con la historia personal del narrador a lo largo de los volúmenes siguientes. La acción del volumen siguiente, *A la sombra de las muchachas en flor* (1918), transcurre en otro lugar de veraneo, en la costa normanda, dentro del círculo de los Swann –esto es, la alta burguesía–. Por su parte, *Por el camino de Guermantes* (1920-1921) refleja el mundo aristocrático. Antes de morir, Proust vio la publicación de la cuarta novela de la serie, *Sodoma y Gomorra* (1921-1922), con la homosexualidad, hasta ahora sólo insinuada, como uno de los grandes motivos temáticos. De manera póstuma irían apareciendo *La prisionera* (1923), *La fugitiva* (1925) y *El tiempo recobrado* (1927).

Jardín en Sainte-Adresse, (1867) Claude Monet.

Hacía ya muchos años que no existía para mí de Combray más que el escenario y el drama del momento de acostarme, cuando un día de invierno, al volver a casa, mi madre, viendo que yo tenía frío, me propuso que tomara, en contra de mi costumbre, una taza de té. Primero dije que no, pero luego, sin saber por qué,
5 *volví de mi acuerdo. Mandó mi madre por uno de esos bollos, cortos y abultados, que llaman magdalenas, que parece que tienen por molde una valva de concha de peregrino. Y muy pronto, abrumado por el triste día que había pasado y por la perspectiva de otro tan melancólico por venir, me llevé a los labios una cuchara de té en el que había echado un trozo de magdalena. Pero en el mismo ins-*
10 *tante en que aquel trago, con las migas del bollo, tocó mi paladar, me estremecí, fija mi atención en algo extraordinario que ocurría en mi interior. Un placer delicioso me invadió, me aisló, sin noción de lo que le causaba. [...]*

Y de pronto el recuerdo surge. Ese sabor es el que tenía el pedazo de magdalena que mi tía Leoncia me ofrecía, después de mojado en su infusión de té o de tila, los domingos por la mañana en Combray (porque los domingos yo no salía hasta la hora de misa) cuando iba a darle los buenos días a su cuarto. Ver la magdalena no me había recordado nada, antes de que la probara; quizá porque, como había visto muchas, sin comerlas, en las pastelerías, su imagen se había separado de aquellos días de Combray para enlazarse a otros más recientes; ¡quizá porque de esos recuerdos por tanto tiempo abandonados fuera de la memoria, no sobrevive nada y todo se va disgregando!; las formas externas —también aquella tan grasamente sensual de la concha, con sus dobleces severos y devotos—, adormecidas o anuladas, habían perdido la fuerza de expansión que las empujaba hasta la conciencia. Pero cuando nada subsiste ya de un pasado antiguo, cuando han muerto los seres y se han derrumbado las cosas, solos, más frágiles, más vivos, más inmateriales, más persistentes y más fieles que nunca, el olor y el sabor perduran mucho más, y recuerdan, y aguardan, y esperan, sobre las ruinas de todo, y soportan sin doblegarse en su impalpable gotita el edificio enorme del recuerdo. […]

Marcel Proust: *En busca del tiempo perdido; 1. Por el camino de Swann.*

Actividad

14. ¿Qué hecho externo desencadena la sucesión de recuerdos en el fragmento de Proust?

15. Realiza una evocación semejante a la de Proust a partir de una experiencia personal.

2.3. James Joyce

La obra de **James Joyce** (1882-1941), un irlandés errante, es el paradigma de la nueva novela. Si Proust desarrolla un estilo original que entierra los restos de la novela del XIX, Joyce representa la aportación más radical a la autoconsciencia del lenguaje.

Según José María Valverde, traductor del *Ulises* al español y gran conocedor de este autor, Joyce tuvo un solo tema como material de su obra: el Dublín de su niñez y juventud, una Irlanda que reconstruirá en sus años de exilio en Zurich y Trieste. Allí comienza la recreación de su patria en los quince relatos que componen **Dublineses** (que inicia en 1904 y publica en 1914), una sucesión de personajes sumidos en una extraña parálisis de los que brota un sentimiento de muerte. A ella alude el título del relato más conocido: *Los muertos*.

Dos años antes, Joyce tuvo un encuentro providencial con Ezra Pound, quien le pidió algunos poemas para su antología de la poesía imaginista (*Des imagistes*) y leyó fragmentos de lo que luego sería el **Retrato de un artista adolescente** (1916). Esta es la aportación del irlandés a un género característico en la narrativa moderna, el *bildungsroman*, es decir, la novela de formación, en este caso la del joven Stephen Dedalus, un personaje con bastantes claves autobiográficas.

La Primera Guerra Mundial obliga a la familia Joyce a refugiarse en Zurich en 1915. En el exilio suizo inicia su gran libro, **Ulises** (1922). Como su título indica, la *Odisea* proporciona un modelo clásico al escritor, que intenta plasmar una épica moderna del hombre ordinario. El Ulises de Joyce sigue a la Odisea tanto en el tema como en la forma, e incluso puede afirmarse que su total comprensión depende de la referencia al original homérico. Si el Ulises de Homero es un griego astuto, famoso más por el sentido común, la rapidez y el nervio que por su bravura, el Ulises de Joyce es un judío de Dublín, Leopold Bloom, un agente de publicidad cuya Penélope —Molly— le es infiel. En esto aparece de nuevo la figura de Stephen Dedalus, que asume el papel de Telémaco en la historia.

EL *BLOOMSDAY*

Puede decirse que Dublín es otro de los protagonistas del *Ulises*. Joyce percibe la ciudad a través de todos los sentidos y lo refleja a través del naturalismo de los detalles cotidianos: la comida, la bebida, los precios, etc. Desde 1954, todos los 16 de junio, que es cuando transcurre la acción de la novela, los devotos de la obra de Joyce celebran el *Bloomsday* reproduciendo con fidelidad los hábitos de Leopold Bloom en esa jornada.

NÚCLEO V: Edad Contemporánea

Otro de los hallazgos de Joyce será dotar de complejidad lingüística a sus personajes, cuyas voces interiores poseen una especificidad gracias a la técnica del monólogo interior. Una vez terminada esta novela rica en parodias y con el lenguaje como figura protagonista, el escritor da un salto al vacío y comienza la elaboración de *Finnegans Wake* (1939), probablemente, en palabras del traductor joyciano José María Valverde, «el libro de más difícil lectura nunca escrito».

2.4. Virginia Woolf

Una contemporánea de Joyce –nacieron y murieron el mismo año–, **Virginia Woolf** (1882-1941), se convertirá en la otra figura decisiva de la narrativa inglesa moderna. Si la obra del escritor irlandés apelaba al mito, la de la escritora inglesa apelará a la lírica. Su bagaje más preciado fue la veneración absoluta que sintió por el lenguaje y un culto casi religioso a los recuerdos.

Virginia Woolf, hija del escritor Leslie Stephen, mostró desde pequeña una extremada sensibilidad. La muerte prematura de algunos seres queridos acentuó su crisis nerviosa y la neurosis que padeció a lo largo de su vida. De hecho, **la muerte**, presente en la mayoría de sus novelas, y **la búsqueda de significado de la vida** son dos motivos recurrentes de la escritora.

Los comienzos literarios de Virginia Woolf (*Viaje de ida* –1915– y *Noche y día* –1917–) se asientan todavía en la tradición, aunque ya se advierte su virtuosismo en el reflejo del mundo sensorial. El punto de arranque de la plena originalidad llega con *El cuarto de Jacob* (1922). La novela tiene un planteamiento elusivo (se yuxtaponen imágenes y palabras) en torno a la vida de un muchacho que terminará muriendo en la guerra.

El contenido **lirismo** de Virginia Woolf aflorará en su siguiente novela, *Mrs. Dalloway* (1925). La doble acción de su estructura sigue la **técnica del contrapunto**: por un lado, el proceso de enloquecimiento y el suicidio de un vulgar empleado al que la autora transfiere la experiencia de sus propias neurosis –no olvidemos que Virginia acabaría con su vida suicidándose en el río Ouse–; y, por otro lado, la brillante vida de Clarissa Dalloway, la esposa de un miembro del parlamento.

Argumento de *Al faro*

La familia del profesor Ramsay, que veranea en las islas Hébridas, prepara una excursión en barca al faro de una isla cercana. Los ocho niños están muy ilusionados, especialmente James, a quien le molesta el pesimismo de su padre, que augura mal tiempo. Desgraciadamente la lluvia impide la excursión, que tiene lugar diez años después cuando la señora Ramsay ya ha muerto.

En 1927 se publica la que se considera su mejor novela, ***Al faro***, en la que las divagaciones de la mente ocupan más espacio que la acción externa. La siguiente obra, *Orlando, una biografía* (1928), es una extraña fantasía que se extiende a lo largo de cuatro siglos con un protagonista peculiar: un aristócrata inmortal que tiene la facultad de transformarse en mujer. *Un cuarto propio* (1929) es un claro alegato feminista al que le sigue ***Las olas*** (1931), su libro más experimental y llamativo. Virginia Woolf usa aquí una técnica sorprendente: de cada personaje se van ofreciendo sólo unas palabras interiores, sin hablar nunca con los demás. Menos vanguardista resulta *Flush* (1933), nombre del perro a través de cuyos ojos nos cuenta la vida de su dueña, la poetisa Elizabeth Browning. Posteriormente, Virginia Woolf retoma el tema del tiempo en *Los años* (1937). El tono y la visión son ahora casi clásicos, tradicionales, sólo que su protagonista es el paso de los años. Antes de su suicidio dejó lista otra pequeña obra maestra, *Entre los actos* (1941).

Las horas

Virginia Woolf es una autora fundamental en la narrativa del siglo XX y el influjo de su lectura no ha decaído con el tiempo. En 1999 el escritor norteamericano Michael Cunningham consigue el Premio Pulitzer, el galardón más codiciado de la literatura norteamericana, con *Las horas* que se basa en *Mrs. Dalloway*. Cunningham hace una lectura personal de la novela de la autora inglesa y construye su novela sobre la vida de tres mujeres en tres tiempos diferentes del siglo XX. Una de ellas es la mismísima Virginia Woolf, a quien rinde homenaje; la segunda es Mrs. Brown, una mujer de la década de los 50 que busca sentido a su vida pese a la aparente felicidad que le rodea, y la tercera es una versión contemporánea de Mrs. Dalloway -Clarissa Vaughan-, una editora homosexual que cuida a un amigo enfermo de sida en el año 2001. En 2002 Stephen Daldry estrenó la película del mismo título con Nicole Kidman caracterizada como Virginia Woolf.

2.5. La narrativa alemana

La narrativa alemana asiste al derrumbamiento del Naturalismo a principios de la década de los 90 y el viraje hacia la literatura moderna. No obstante, los escritores más importantes nacen en el último cuarto del XIX y no desarrollan su labor literaria hasta bien entrado el nuevo siglo: Thomas Mann, Robert Musil, Herman Broch, Alfred Döblin, Franz Kafka y Herman Hesse.

A pesar de cierta experimentación lingüística y formal, la novela de este período es básicamente reflexiva e irónica en sus planteamientos narrativos. La forma tradicional de la novela se rompe al introducir reflexiones, comentarios y digresiones. Por eso se puede hablar en cierta manera de la destrucción de la forma épica y la **prevalencia del elemento reflexivo sobre el narrativo**.

Aún a riesgo de resultar excesivamente reduccionista, uno de los temas que vertebran esta novelística es el de la **enajenación del individuo moderno**. Lo que comienza siendo una mirada crítica contra la burguesía alemana en Thomas Mann, en autores más radicales como Kafka se torna un paisaje sombrío presidido por el mecanicismo y la burocratización de una existencia despersonalizada.

Thomas Mann (1875-1955) inicia su andadura literaria desde presupuestos tradicionales. Su primera novela, *Los Buddenbrook* (1901), narra la decadencia de una familia de la alta burguesía. Esta novela lo saca del anonimato a los veintiséis años y desde entonces se convierte en un autor consagrado dentro de su generación.

A raíz de un viaje a Venecia concibe y redacta **Muerte en Venecia** (1912). Durante la Primera Guerra Mundial se centra en el periodismo y en el ensayo político.

Tras la guerra reanuda la escritura literaria, que alcanza su cima con **La montaña mágica** (1924), un *bildungsroman* moderno basado en la ascensión espiritual de Hans Castorp a través de sus experiencias con el sufrimiento y la muerte. En la novela, ambientada en un sanatorio de Davos, adquieren una gran importancia la noción de tiempo, la remisión al plano mítico-simbólico y el uso del *leitmotiv*, que Mann confiesa haber heredado de Wagner. *La montaña mágica* acrecienta la fama de Mann y en 1929 recibe el premio Nobel de literatura. Los años de su consagra-

Muerte en Venecia (1971)

Tanto la novela original como la película constituyen, aparte de los sucesos acontecidos a Gustav durante su estancia en Venecia, un alegato a la belleza perfecta, pura y plena de la que habla Platón en el *Fedro* y *el Banquete*.

El título de la novela plantea una doble lectura: ¿el compositor y su mundo van a morir a Venecia o es la muerte de ese mundo antiguo que se hunde como la ciudad de los canales, la que lo espera?

ción coinciden con la ascensión del nacionalsocialismo al poder. Tras el nombramiento de Hitler como canciller decide abandonar definitivamente Alemania. Recorre media Europa y cuando el gobierno nazi le despoja de la nacionalidad alemana, en 1938, emigra a los Estados Unidos.

En el exilio americano termina la tetralogía *José y sus hermanos* (1942) y escribe *Doktor Faustus* (1947), cuyo tema principal es la música, encarnada en la vida de un compositor alemán, Adrian Leverkühn, trasunto de Nietzsche. Mann señala que usó las técnicas del **dodecafonismo musical** en la composición de la novela.

Robert Musil (1880-1942) es un autor austríaco coetáneo de Mann. Escribió una obra clave de la narrativa moderna, *El hombre sin atributos* (1930), y murió olvidado en la miseria. Musil hace de la enajenación uno de los vértices de su producción. Su primera novela, *Las tribulaciones del estudiante Törless* (1906), está ambientada en un internado; explora los conflictos interiores de un personaje a mitad de camino entre la adolescencia y la madurez. Es una novela sobre el dominio, la crueldad y el miedo.

En *El hombre sin atributos*, Musil expone el tema de la **crisis de identidad y de la pérdida de orientación de los intelectuales**. El individuo burgués experimenta su propia enajenación sin poder desempeñar el papel que le impone la sociedad. Reacciona con la desintegración de su identidad, con una deformación psíquica y con la pérdida de competencia social.

El recurrente tema de la enajenación también aparece en las obras de **Hermann Broch** (1886-1957), especialmente en *Los sonámbulos* (1931-32) y en *La muerte de Virgilio* (1946). Ambas obras reflejan el ocaso de la cultura burguesa mediante digresiones ensayísticas que expresan el pesimismo histórico de su autor. Estas interpolaciones, al interrumpirse la acción de la novela, tienden a independizarse del conjunto.

Alfred Döblin (1878-1957) dejó bien claro en su novela *Berlín Alexanderplatz* (1929) –la primera novela importante sobre el tema de la gran ciudad en la literatura alemana– que la enajenación es también una experiencia de la clase baja y que tiene unas causas socioeconómicas. Franz Biberkopf es un antiguo trabajador de la construcción que sale de la cárcel totalmente desorientado. Se propone llevar una vida decente pero su entorno lo impide una y otra vez. La novela de Döblin fascina menos por el argumento que por la técnica narrativa novedosa. Con la **técnica del montaje**, el autor, siguiendo el ejemplo del cine, intenta captar la totalidad de la urbe moderna. Se sirve de la asociación y de la inserción de documentos: canciones, mítines electorales, reglamentos de prisiones, previsiones meteorológicas, textos publicitarios, estadísticas demográficas o citas literarias.

La ciudad de Berlín inspiró a Alfred Döblin en su novela *Berlín Alexanderplatz*.

2.6. Franz Kafka

Franz Kafka (1883-1924) es una de los escritores fundamentales del siglo XX y, aunque vivió los años de efervescencia del expresionismo, no hay acuerdo de la crítica sobre su adscripción a dicho movimiento. En cierto sentido el escritor checo vivió bajo el **signo del aislamiento** por diversos motivos. Uno era de índole lingüística: el alemán de Praga, capital de Bohemia (que todavía pertenecía al imperio austro-húngaro), era diferente a la lengua estándar de la metrópoli; el otro tenía que ver con su condición de judío.

Pocos autores como Kafka desarrollan una obra tan ligada a sus problemas vitales. En sus novelas y relatos aparece el mundo consciente e inconsciente. La enorme sensibilidad, su introversión y timidez, unidas a la inseguridad que se acrecienta con la figura de un padre tosco y enérgico, son el terreno abonado para un **escritor obsesionado con la escritura**. Sin embargo, fue el suyo un proceso de creación muy tortuoso y autoexigente que explica el escaso número de obras publicadas en vida: *La condena* (1912), que escribió en una sola noche, *La metamorfosis* (1915), *Carta al padre* (1919), el único relato de carácter autobiográfico, y las colecciones de relatos *Contemplación* (1913) y *Un médico rural* (1917) son las más importantes. El resto es obra póstuma que verá la luz gracias a su amigo y albacea Max Brod, que hizo caso omiso de su petición de destruir su obra tras su muerte: *El proceso* (1925), *El castillo* (1926) y *América* (1927), las dos últimas inconclusas.

La escritura de Kafka es de naturaleza parabólica y enigmática. Resulta paradójico el tono impasible de la narración frente al horror de los hechos narrados. En cuanto a la temática, son reiterativos el tratamiento del conflicto generacional entre padres e hijos, la imposibilidad de realizarse como ser individual en una sociedad gobernada por el azar y la relación del hombre con un poder absurdo. Este tema tan típicamente «kafkiano» alcanza su cénit en el relato *En la colonia penitenciaria* (1914), donde se practica un procedimiento judicial y una ejecución bárbaros e inhumanos. No es extraño, pues, que el crítico y erudito George Steiner señale que Franz Kafka es un profeta que presagia el espanto del totalitarismo fascista que luego arrasaría Europa.

K.

La influencia de Kafka es perceptible en numerosos autores de todas las lenguas. Con el paso de los años sus novelas y relatos han sido analizados desde todos los puntos de vista: filosófico, literario, psicoanalítico, religioso o sociológico. Ante esa avalancha de interpretaciones que tienden a desvirtuar y ocultar la obra del escritor checo, el italiano Roberto Calasso escribe *K.* (2005), un ensayo en el que llama al sentido común del lector y lo invita a hacer una lectura literal de las principales obras de Kafka.

Intertextualidad

Placa conmemorativa a Franz Kafka, Praga.

3. La revonación del teatro

3.1. El teatro simbolista

Antes del comienzo del siglo XX, el enfoque naturalista es puesto en tela de juicio, sobre todo por el empuje del Simbolismo. La última década del XIX es un período de efervescencia en el que convergen a lo largo y ancho de Europa una sucesión de **nuevos planteamientos escénicos**, a los que no son ajenos los directores teatrales.

Aunque el Simbolismo no cuajó en una figura dramática definitiva, al menos transformó el teatro que hasta entonces se venía representando. Básicamente el teatro simbolista es de **carácter poético**, muy cercano a lo **onírico**. Algunos rasgos distintivos son la fusión de lenguajes escénicos (la música, la danza y la palabra), el empleo múltiple de la iluminación y novedosos movimientos escénicos. Es frecuente el desdoblamiento de un mismo personaje y la búsqueda de ambientes de misterio o magia. De la nómina de autores simbolistas -la mayoría franceses y belgas- cabe destacar a **Maurice Maeterlinck** (1862-1949), con dramas que expresan estados anímicos misteriosos y en los que aparecen fuerzas oscuras y malévolas: *La princesa Malena* (1889), *La intrusa* (1890), *Los ciegos* (1890), **Peleas y Melisenda** (1892) y *El pájaro azul* (1908); y a **Paul Claudel** (1868-1955), que compone piezas de un lirismo extremo y de un exacerbado barroquismo, a veces muy difíciles de representar: *La joven Violane* (1892), *El zapato de raso* (1919-1924), *Juana de Arco en la hoguera* (1934) o *La historia de Tobias y Sar* (1942).

La sensibilidad simbolista se manifiesta en la labor que desarrollan tres directores de escena tan representativos como el italiano **Adolphe Appia** (1862-1928), el británico **Gordon Craig** (1872-1966) y, sobre todo, el ruso **Vsevolod Meyerhold** (1874-1942). El común denominador de estos directores es el **rechazo de la estética naturalista** como algo caduco. Meyerhold será el más determinante por lo elaborado de sus postulados, entre los que merece la pena destacar la idea de devolver al teatro la ingenuidad perdida y de eliminar la actitud estática y declamatoria de los actores. Para ello recurre al método grotesco y a una profunda formación de los actores, de manera que la palabra queda relegada frente a lo corporal, las aptitudes miméticas, la nitidez de la dicción, el conocimiento de otras artes y el conocimiento de la historia del drama.

3.2. Alfred Jarry

El primer ataque frontal al teatro predominante a finales del siglo XIX viene de la mano de **Alfred Jarry** (1873-1907), que repudia una forma de teatro mimético de la realidad contemporánea. Esa **huida del verismo realista** y del simbolismo lo conduce al **recurso de la provocación**, de la farsa, de las máscaras y a la creación colectiva. Su obra más famosa, *Ubú rey* (1896), nace precisamente como la composición colectiva de un grupo de alumnos para burlarse de Monsieur Hébert, el profesor de física. A primera vista, el rasgo más peculiar de *Ubú rey* es el infantilismo y la presencia de lo escatológico. Los dramas de vanguardia como los de Jarry se caracterizan por la profundidad disfrazada de simplicidad. Toda su rebeldía queda plasmada en unos personajes prototipos de la imbecilidad y de la ignorante estupidez humana, la causa mayor de todos los males.

El personaje de Ubú no se agota en esta obra. Le sigue *Ubú cornudo* (1897-1898), donde ya no es rey pero es el mismo ser egocéntrico que encarna la perversidad. La trilogía la cierra *Ubú encadenado* (1900): el protagonista está harto de ser rey, quiere trabajar con sus manos y termina convirtiéndose en un esclavo.

> **PATAFÍSICA**
>
> Este término tiene su origen en la obra de Alfred Jarry *Hechos y dichos del Dr. Faustroll. Patafísico* (1898, aunque publicada en 1911), una obra maestra del Simbolismo en la que Jarry logra incluir cuadros, música y poemas en un texto. Para este autor, la Patafísica es la protesta contra la inutilidad del pensamiento. Piensa que la lógica, la razón y el progreso científico tienen una limitación. A través de la Patafísica, Jarry usa la lógica para formular proposiciones insensatas. En 1948 algunos incondicionales del dramaturgo francés fundaron el Colegio de la Patafísica.

Conocer y saber

3.3 Luigi Pirandello

Fuera de los escenarios franceses destaca la obra del italiano **Luigi Pirandello** (1867-1936), uno de los dramaturgos europeos que dejará una huella imborrable en el panorama teatral. Influido por *Las alteraciones de la personalidad* de Alfred Binet, su producción más importante reflejará aspectos psicológicos como la existencia del inconsciente, la presencia en cada hombre de personalidades contrapuestas, el relativismo de la conciencia o la crisis del concepto de identidad. Frente al Realismo y al Simbolismo, Pirandello opone su «**poética del humorismo**», entendido este término como sinónimo de lo incoherente, deforme, marginal o disonante. Estas teorías pirandellianas afloran primero en su labor como novelista en ***El difunto Matías Pascal*** (1904) y *Se rueda...* (1915). Posteriormente, Pirandello se pasará al teatro, donde también plasmará sus preocupaciones. Aquí se moverá en dos direcciones: en el desarrollo del concepto de autonomía de los personajes respecto del autor y en la desacralización del teatro a través de la autocrítica y de la visión del «**teatro en el teatro**».

El resultado es un teatro abstracto, alegórico, con personajes sin vida, totalmente autónomos respecto al autor, que a lo sumo los maneja como marionetas.

NÚCLEO V: Edad Contemporánea

Argumento de *Seis personajes en busca de autor*

Seis personajes en busca de autor es una indagación sobre la naturaleza del teatro en la que el autor pone al desnudo los artificios teatrales. Seis personajes irrumpen en mitad de un ensayo y piden al autor que asuma sus vidas para representarlas. El autor se niega en un principio, pero paulatinamente descubre que hay materia representable en esos personajes. A pesar de eso, los personajes no aceptan que unos actores representen sus vidas. Esos personajes son seres rígidos que quedan reducidos a símbolos: el padre es el remordimiento; la hijastra, la venganza; el hijo, la indignación; la madre, el dolor, y el adolescente, la inocencia sacrificada. Aunque la trama no está exenta de un trasfondo melodramático decimonónico, la obra quiere representar la imposibilidad de lo trágico tanto en la vida como en el arte.

Estos rasgos no son visibles todavía en sus primeras obras como *La morsa* (1910), *A la salida* (1916) o *Así es (si os parece)* (1916). Sus obras más logradas llegarán en la década de los veinte: *Seis personajes en busca de autor* (1921), *Enrique IV* (1922), *Cada cual a su manera* (1923) y *Esta noche se improvisa* (1928-1929).

Luigi Pindarello.

3.4. El teatro expresionista

El teatro contemporáneo recibe también un fuerte impulso desde el ámbito germánico. Desde finales del siglo XIX el Naturalismo preside la escena alemana. Este orden de cosas cambia a partir de 1910 con la irrupción del Expresionismo. Al igual que otros movimientos de vanguardia del mismo período, manifiesta su oposición al Naturalismo y se declara ferviente **defensor del irracionalismo y de lo grotesco**. Los dramaturgos expresionistas crearán obras llenas de desasosiego e inquietud, de un realismo desfigurado por el inconsciente, lo mitológico y hasta lo esotérico. La acción es abrupta, caótica, fantástica, con multitud de planos, acompañada de música, sonidos simbólicos y recursos teatrales especiales: caretas, trucos de luz, movimientos corales y rítmicos, cambios de escenografía. Con todo esto, las obras expresionistas son sorprendentes y, muchas veces, incomprensibles. Reconocen a **Georg Büchner** (1813-1837) y su drama *Woyzack* como el precursor lejano y a **Frank Wedekind** (1864-1918), autor de *El despertar de primavera* o *Lulú*, como el antecesor más inmediato.

El expresionismo teatral presenta diferentes variantes según los autores. Así **Reinhard Sorge** (1892-1916) se centró en un expresionismo simbólico que plasmó en *El mendigo* (1912) y *Odysseus* (1921). Por su parte, **Walter Hasenclever** (1890-1940) abogó por una vertiente más satírica y contestataria. Su drama *El hijo* (1914) adquirió valor programático al recrear uno de los temas predilectos del momento: la rebelión de los jóvenes contra el autoritarismo paterno.

Ernst Toller (1893-1939) opta por una tendencia socialista. Sus piezas, con un marcado mensaje antibélico, postulan el establecimiento de un orden justo en obras como *La transformación* (1917), *Hombre masa* (1921) y *Los destructores de máquinas* (1922), en donde propugna una rebelión sin odios ni violencia. **Ivan Goll** (1891-1950) se inclina por lo grotesco y lo cómico, y hasta cierto punto se muestra como precursor del teatro del absurdo en obras como *El que no ha muerto* (1920) y *Matusalén o el ciudadano eterno* (1922). La nómina de dramaturgos expresionistas se cierra con el más famoso de ellos, **Georg Kaiser** (1878-1954), que consigue su primer éxito con *Los burgueses de Calais* (1914). Su estilo se caracteriza por reducir los personajes históricos a conceptos simbólicos y por su destreza en el uso de un diálogo casi telegráfico. *Gas I* (1914) y *Gas II* (1920) son su visión apocalíptica de la sociedad moderna.

Rodin evoca en su obra *Los burgueses de Calais* un pasaje de la guerra de los cien años. Se cuenta cómo la ciudad de Calais en 1347 fue asediada por el rey inglés Eduardo III y cómo este consiente en levantar el asedio a condición de que seis burgueses de la ciudad acepten ser sus prisioneros para que él disponga de su suerte.

Con una obra homónima, Georg Kaiser consigue su primer éxito teatral.

A mediados de los años veinte se considera que el Expresionismo ya está agotado. La mayoría de los dramaturgos tuvieron una vida azarosa, unos porque murieron en la Primera Guerra Mundial y otros porque la ascensión de Hitler al poder les cerró las puertas de los teatros y tuvieron que huir del país. La situación social y política suscitó un mayor compromiso por parte de algunos escritores. En este nuevo frente destaca la figura de **Erwin Piscator** (1893-1966), director teatral alemán considerado como el verdadero fundador del teatro político y que influirá decisivamente en la gran figura del teatro europeo de entreguerras: Bertolt Brecht.

3.5. Bertolt Brecht

Brecht (1898-1956) asimila la herencia de los movimientos artísticos y literarios que germinaron en Europa en las primeras décadas del siglo. De hecho sus primeras obras –*Baal* (1918) y *Tambores en la noche* (1920)– tienen cierto aire expresionista. En esta primera etapa elabora piezas en un acto más cercanas al cabaret que al teatro.

Durante este periodo formativo, Brecht tensa la lengua alemana hasta límites insospechados. Su estilo será una síntesis de dialectalismos, de la jerga de cabaret literario berlinés, de estilos periodísticos y técnicos y de parodias de los grandes textos culturales y religiosos. La época en el Deutscher Theater de Berlín (de 1924 a 1933), donde trabajó como adaptador, resulta decisiva, especialmente por su colaboración con Piscator. Su primer gran texto será ***La ópera de perra gorda*** (también titulada en español *La ópera de cuatro cuartos*), una pieza basada en *La ópera del bandido* de John Gay, un autor británico del siglo XVIII. Aquí inicia Brecht una estrecha colaboración con el compositor Kurt Weill. En la década de

NÚCLEO V: Edad Contemporánea

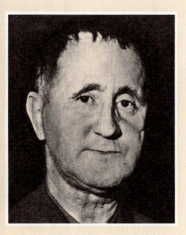

Conocer y saber

EL DISTANCIAMIENTO BRECHTIANO

El pequeño organón (1948), el texto teórico de Brecht más importante, contiene buena parte del sustento ideológico de su teatro. Uno de los rasgos más característicos es el uso, tanto en su poesía como en el teatro, del efecto de **extrañamiento** o **distanciamiento** (*V-effekt*). Brecht sostiene que la catarsis aristotélica, esto es, la identificación del público con los personajes, está desfasada. En consecuencia, se opone a las teorías de Stanislavski y a la identificación emocional del actor con el personaje.

Brecht rechaza la ilusión y la actitud pasiva del espectador del teatro aristotélico en su teatro «épico»; pretende suscitar una actitud lúdica y crítica del espectador, capaz de deducir una lección moral de la obra representada.

---

los treinta, Brecht **agudiza su conciencia política** y su compromiso con las capas más desfavorecidas. Marx será una guía definitiva en la conformación de su ideario estético. Básicamente denuncia las estructuras capitalistas de la sociedad y acusa a la burguesía de apropiarse de los beneficios de la revolución científica en detrimento del proletariado. Su teatro comenzará a teñirse de **didactismo** por medio de la sencillez expositiva, los diálogos esquemáticos y el uso de la parábola. Ejemplos de ese estilo son *La línea de conducta* (1930) o *La medida* (1931).

Frente a la concepción tradicional plantea una nueva sensibilidad dramatica:

Formas dramáticas	Formas épicas
Se actúa	Se narra
Se envuelve al espectador en una acción escénica	Se hace del espectador un observador
Se absorbe una actividad.	Se despierta su actividad
Se le hace experimentar sentimientos	Se le obliga a adoptar decisiones
Se ofrecen vivencias	Se ofrecen imágenes del mundo
El espectador es introducido en algo	Se sitúa al espectador frente a algo
Sugestión	Argumento
Se conservan las sensaciones	Las sensaciones conducen a una toma de conciencia
El espectador simpatiza	El espectador estudia
El hombre es algo conocido	El hombre es objeto de investigación
El hombre es inmutable	El hombre es mutable
La tensión aparece desde el principio	La tensión está en todo el desarrollo
Cada escena está en función de la siguiente	Cada escena tiene sentido en sí
La acción es creciente	La acción es oscilante
El pensar determina el ser	El ser social determina el pensar
Expresión de sentimientos	Expresión de la razón

César Oliva, Francisco Torres Monreal: *Historia básica del arte escénico*, 1997

El 28 de febrero de 1933, Brecht abandona Alemania con su familia y se refugia en países europeos. Sus libros y los de otros escritores como Thoman Mann y Stefan Zweig son quemados delante de la ópera de Berlín. En 1936 presenta en Copenhague *Cabezas redondas y cabezas puntiagudas*, una obra de fuerte simbolismo pero que es una terrible sátira contra la filosofía nazi. En 1937 estrena en París *Los fusiles de la señora Carrar*, inspirada en la guerra civil española. Brecht pasa del didacticismo a la plena madurez creadora en títulos como *El alma buena de Sezuan* (1939), *La vida de Galileo* (1938), *Terror y miseria del Tercer Reich* (1938), *La irresistible ascensión de Arturo Ui* (1942), *El círculo de tiza caucasiano* (1944-1945) o **Madre Coraje y sus hijos** (1939-1941).

Tras una breve experiencia americana en la que hizo incursiones en los estudios de Hollywood y se vio sometido a investigaciones por el Comité de actividades antinorteamericanas, se instala en Berlín Este. En 1949 se producirá un hecho decisivo en la evolución teatral de Brecht. Se trata de la fundación del **Berliner Ensemble**, el teatro donde el dramaturgo hará realidad sus proyectos escénicos.

3.6. El teatro de la crueldad

Identificar el teatro europeo de entreguerras con una actitud comprometida e incluso «belicosa» como la de Brecht es una actitud reduccionista que no hace justicia a las voces disonantes que van surgiendo en los escenarios del viejo continente. En Francia destaca la heterodoxia de **Antonin Artaud** (1896-1948), un autor más importante por sus escritos y teorizaciones sobre el teatro que por sus obras. Artaud considera la dramaturgia de su momento como «un teatro de idiotas, de locos, de invertidos, de gramáticos, de especieros, de antipoetas, de positivistas...». Ingresa en el grupo surrealista pero Breton lo expulsa en 1925. En 1926 funda con Robert Aron y Roger Vitrac el teatro «Alfred Jarry», una experiencia vanguardista que sólo durará dos años y que los surrealistas se encargarán de boicotear.

En 1931 el descubrimiento del teatro balinés en la Exposición colonial constituyó para Artaud la revelación de lo que buscaba: un **teatro sin psicología**, en el que el texto sólo desempeña una función secundaria. Sus escritos teóricos –*La puesta en escena y la metafísica* (1932), *Primer manifiesto sobre el teatro de la crueldad* (1932) y *El teatro y la peste* (1933)– van gestando el **teatro de la crueldad**.

Antonin Artaud, fundador y máximo exponente del teatro de la crueldad.

Se trata de abolir los obstáculos entre lo vivido y lo representado, de favorecer una comunicación entre el público y el actor. El primer intento de materialización de estas teorías, *Los Cenci* (1932), una adaptación de una novela de Stendhal sobre la que Shelley ya había escrito una tragedia, no tuvo ningún éxito.

El teatro y su doble (1938) es, tal vez, el libro teórico de Artaud que más ha influido en las vanguardias teatrales. Las ideas más relevantes podrían resumirse así:

- El teatro es un lenguaje muy complejo; el lenguaje es sólo una parte de ese lenguaje teatral. El lenguaje específicamente teatral, según Artaud, admite **lo sensorial, lo orgánico, lo mental e inconsciente**.
- **El hecho teatral es irrepetible.** Cada noche el actor ha de volver a crearse porque la repetición está prohibida.
- **El postexto será el verdadero texto**, más que la obra del dramaturgo o de su adaptación. Hay que acabar con la tiranía del escritor.
- El teatro no es **ni gratuito ni utilitario**.
- **La idea predomina sobre la forma.** Artaud cambia la «poesía del discurso» del teatro tradicional por la «poesía del espacio».
- El drama es una colección de **temas importantes flotando en estado amorfo**, susceptible de adoptar cualquier forma a capricho de la voluntad del *metteur en scène*.

Indudablemente los postulados de este dramaturgo francés ejercieron una influencia en directores y dramaturgos que más adelante conformarían lo que se ha dado en llamar **teatro del absurdo**.

Quizás el más próximo al teatro de la crueldad de Artaud sea el belga **Michel de Ghelderode** (1898-1962), que mezcla la búsqueda verbal, el carácter popular y el sentido de lo trágico con el humor rechinante y el gusto de lo fantástico. Ghelderode recibe la influencia del teatro isabelino, del repertorio clásico español, de Strindberg, Goethe y las marionetas. Destacan *La muerte mira por la ventana* (1918), *Escorial* (1927), **Cristobal Colón** (1927) y *Barrabás* (1933). Sus temas obsesivos –la muerte, el dolor y la locura– se expresan sin metafísica, con una imaginería prestada de los misterios medievales y las farsas.

Actividades

1. Copia y completa en tu cuaderno el cuadro resumen sobre los rasgos generales de los movimientos vanguardistas, los autores y las obras más representativas.

Poesía			
Movimiento	**Rasgos generales**	**Autor**	**Título**
	Culto irracional por la acción y la velocidad		*Manifiesto futurista*
Dadaísmo	Actitud nihilista		*La primera aventura celeste del señor Antipirina*
	Escritura automática	Guillaume Apollinaire	
			Nadja
Expresionismo	Realce de la fealdad		*Sebastian en sueños*
	Evitan las palabras superfluas	Ezra Pound	
			La tierra baldía
Hermetismo	Brevedad y densidad	Giuseppe Ungaretti	
			Huesos de sepia
		Salvatore Quasimodo	
Otras voces poéticas	Su trayectoria poética no queda limitada por ningún "ismo"		*El libro del desasosiego*
		Constandinos Cavafis	No publicó ningún libro completo
			El cementerio marino
			El viento entre los juncos
		Saint-John Perse	

Narrativa		
Autor	**Rasgos estilísticos**	**Título**
Henry James	El mundo externo es un espejo de la mente del protagonista	
	La evocación de los recuerdos es el eje de sus novelas	*En busca del tiempo perdido*
James Joyce	Las corrientes de conciencia y el monólogo interior caracterizan su obra	
	Escribe una prosa lírica con el tiempo y la muerte como temas recurrentes	*Al faro*
Franz Kafka	El individuo vive gobernado por el azar y un poder absurdo	

de recapitulación

Teatro		
Autor	**Rasgos estilísticos**	**Título**
Alfred Jarry	Usa la farsa y la provocación	
	Escribe obras alegóricas con personajes que se liberan del autor	Seis personajes en busca de autor
	Es un autor expresionista con una vertiente contestataria	El hijo
	promueve una concepción épica del teatro	
	Es el teórico del teatro de la crueldad	El teatro y su doble

2. ¿Qué rasgos generales definen a movimientos artísticos tan variopintos?
3. Enumera los nuevos recursos y técnicas más usadas por dichas vanguardias.
4. ¿Qué dos movimientos están más estrechamente ligados entre sí e incluso tienen escritores comunes?
5. ¿Cuáles son las huellas más visibles de las teorías de Sigmund Freud en las vanguardias?
6. A Kafka se le considera unánimemente un clásico contemporáneo. ¿A qué crees que se debe esta apreciación tan generalizada?
7. ¿Por qué los *Cantos* de Pound es un poema épico distinto a los medievales?
8. Compara la novela de este período con la novela anterior. Tabula los resultados.
9. Si hubiera que elaborar una obra de teatro compendio de la renovación teatral de este periodo, ¿qué características aportarían las distintas tendencias y los autores significativos?

Guía de lectura
La metamorfosis

1. Autor

Franz Kafka (1883-1924) nació en Praga en el seno de una familia judía asimilada, esto es, perteneciente a la clase alta de la burguesía constituida por alemanes. Pasó una niñez solitaria debido a su enorme sensibilidad y a la difícil relación con su padre. Muy pronto se inició en la literatura, pero para cumplir las expectativas paternas estudió Derecho y trabajó en una aseguradora de accidentes laborales. Esto le permitió la independencia económica y la posibilidad de dedicarse plenamente a la escritura. Su carácter inseguro fue un enorme obstáculo en su relación con las mujeres. La primera fue Felice Bauer, con la que llegó a prometerse. *La metamorfosis* nació en la primera crisis de la pareja. La salud de Kafka nunca fue buena y en 1917 sufrió una tuberculosis de pulmón. En esta época conoció a otra mujer decisiva en su vida, Milena Jesenskà-Polak, casada con un escritor judío alemán y con la que se carteó intensamente (*Cartas a Milena*). A partir de ahí tuvo internamientos temporales en sanatorios e intentó conseguir la jubilación, que no llegaría hasta 1922. Su salud empeoró a comienzos de 1924 con el desarrollo de una tuberculosis de laringe que le acarrearía la muerte.

2. Fecha

Escrita en 1912, se publicó en 1915; primero en la revista Weisse Blattter y luego en formato de libro en la editorial Kurt Wolff de Leipzig. El editor la llamaba «la historia de la chinche» y originalmente Kafka pretendía publicarla junto con *La condena* y *El fogonero*. También ha sido traducida al español con el título *La transformación*.

3. Género

La metamorfosis es un texto narrativo breve que algunos críticos consideran un relato y otros una novela corta.

4. Tema

Pese a su brevedad, es una obra tan densa que permite múltiples lecturas e interpretaciones. Por ello, hablar de tema en singular es no ser justos con la riqueza que atesoran sus páginas. En primer lugar está el tema de la identidad. El protagonista, Gregor Samsa, se transforma de la noche a la mañana en un insecto, y a medida que se desarrolla la historia va perdiendo la condición humana. El lector se ve inmerso en el tema del extrañamiento y la alienación. Por otra parte, el protagonista vive un existencia condicionada por unas obligaciones hacia su padre –Gregor trabaja para mantener a la familia– y hacia la empresa para la que trabaja. Su perfil encaja con uno de los temas centrales de la narrativa kafkiana: el individuo impotente ante una instancia superior.

5. Argumento

Gregor Samsa, un joven viajante de comercio que vive con sus padres y su hermana Grete, se levanta una mañana y descubre que se ha convertido en un insecto monstruoso que a duras penas puede levantarse de la cama. Su familia se extraña por su tardanza en salir de la habitación y el apoderado de la empresa se acerca a su casa para averiguar por qué no ha ido al trabajo. Gregor no pierde la calma en ningún momento; se pregunta qué ha podido ocurrirle y trata de buscar una respuesta lógica. Incluso achaca esos cambios que padece a la dureza de su profesión. Sin embargo, la reacción casi histérica de la familia y del apoderado al verlo salir de la habitación le indica que ocurre algo anormal y extraño. El padre le obliga con el bastón a entrar en su habitación para encerrarlo.

Gregor se va acostumbrando a su estado animal y sobrevive gracias a Grete, que le lleva la comida y es el único miembro de la familia que lo visita. Desde su habitación oye las conversaciones de los

suyos sobre la situación económica de la familia tras la transformación de Gregor y la iniciativa de Grete de retirar los muebles de la habitación para permitirle moverse con más facilidad. Las dos mujeres se ponen manos a la obra pero Gregor no quiere desprenderse de un cuadro y se cuelga de él en la pared. La madre lo ve y se desmaya. Cuando el padre llega a casa y pregunta por lo ocurrido, Grete le dice que Gregor ha intentado escaparse. Entonces el padre coge unas manzanas y empieza a lanzárselas para que vuelva a la habitación. Una de ellas le hiere gravemente.

A partir de ese incidente, Grete deja de visitarle y su habitación se va pareciendo a un basurero. Gregor es testigo de cambios en su familia. Por un lado la situación económica ha obligado a todo el mundo a trabajar y por otro han alquilado una habitación a tres caballeros. Una noche los inquilinos le piden a Grete que toque el violín y Gregor sale de su habitación para oírla. Los hombres ven al horrible insecto y deciden marcharse de la casa. En ese instante tan crítico Grete toma la voz cantante y dice abiertamente que hay que quitárselo de encima. Esa misma noche Gregor muere y al día siguiente la familia se marcha aliviada al campo.

6. Estructura

La metamorfosis está dividida en tres partes. La primera se centra en la mañana en la que Gregor descubre su transformación. Esta parte finaliza cuando el padre consigue meterlo en su habitación y sufre por primera vez heridas en su nuevo cuerpo. La segunda parte se inicia horas después de ese incidente y se centra en torno a la cotidianeidad de Gregor. Termina de la misma manera que la primera: el padre le lanza manzanas en su afán por volverlo a meter en su habitación y lo hiere de gravedad. La tercera parte es la del declive de Gregor. En esta ocasión no hay ningún objeto contra él; son las palabras de Grete las que lo rematan y aceleran su muerte.

7. Contexto y transcendencia

Desde el punto de vista cronológico, la obra de Franz Kafka coincide con la eclosión del movimiento expresionista pero no se puede afirmar de forma categórica que pertenezca a dicho movimiento. Se ha dicho con anterioridad que era un espíritu solitario ajeno a manifiestos. Es cierto que comparte rasgos con sus coetáneos pero ello se debe a que Kafka fue un «hijo de su tiempo», un artista crítico con su mundo y la sociedad pero preocupado sobre todo por expresar el malestar vital que le aquejaba.

Varios factores retrasaron el impacto de la obra del escritor checo sobre sus contemporáneos. En primer lugar, una gran parte de sus libros fueron póstumos y su publicación coincidió con la llegada del nazismo al poder. Su amigo y albacea Max Brod publicó sus obras completas primero en el exilio, en Nueva York, y luego en Alemania en los años cincuenta. Su influencia se ha dejado sentir desde entonces en todos los ámbitos y ha traspasado fronteras. La crítica reconoce su huella en la configuración del existencialismo y en una larga lista de narradores sudamericanos como Gabriel García Márquez, Julio Cortázar o Juan Carlos Onetti.

Antología

Pese a la sucesión ininterrumpida de proclamas y manifiestos en el panorama literario europeo que dan la sensación de fragmentación y enfrentamiento entre tendencias, los escritores del período comparten un sustrato común: el de una nueva sensibilidad con la que abordan la escritura y el desarrollo de nuevas formas de expresión.

Louis Aragon fue uno de los poetas que hicieron de puente entre el Dadaísmo y el Surrealismo. En este poema aborda la relación entre el poeta y el lenguaje

Yo

Todo lo que no es yo es incomprensible

Aunque vaya a buscarla a las orillas del Pacífico o la recoja en los límites de mi existencia, la caracola que aplicaré a mi oreja retumbará con la misma voz que tomaré por la del mar y que no será más que el sonido de mí mismo.

Todas las palabras, si de pronto ya no me contento con guardarlas en mi mano como preciosos objetos de nácar, todas las palabras me permitirán escuchar al océano, y en su espejo auditivo lo único que encontraré será mi imagen.

El lenguaje aunque no lo parezca se reduce a sólo Yo y si repito una palabra cualquiera ésta se despoja de todo lo que no es yo hasta convertirse en un sonido orgánico en el que mi vida se manifiesta

No hay más que yo en el mundo y si de vez en cuando tengo la debilidad de creer en la existencia de una mujer, me basta inclinarme sobre su seno para oír el latir de mi corazón y reconocerme. Los sentimientos no son más que lenguajes que facilitan el ejercicio de algunas funciones.

En mi bolsillo izquierdo llevo un retrato que se me asemeja mucho: es un reloj de acero. Habla, marca la hora, y no comprende nada.

Todo lo que es yo es incomprensible.

Francis Picabia, pintor y escritor, fue uno de los artistas más activos en el círculo dadaísta. Este texto refleja la provocación y el inconformismo del movimiento.

[...]
DADA no huele nada, no es nada, nada, nada.
Es como vuestras esperanzas: nada.
como vuestros paraísos: nada.
como vuestros héroes: nada.
como vuestros artistas: nada.
como vuestras religiones: nada.

Silbad, gritad, rompedme la boca, ¿y después? Aun os diré que todos vosotros sois unos estúpidos. Dentro de tres meses os venderemos, mis amigos y yo, nuestros cuadros por algunos francos.

Fernando Pessoa se hace eco en *El libro del desasosiego* de la crisis de su generación y del malestar vital que les aqueja:

Pertenezco a una generación que ha heredado la incredulidad en la fe cristiana y que ha creado en sí una incredulidad de todas las demás fes. Nuestros padres tenían todavía el impulso creyente, que transferían del cristianismo a otras formas de ilusión. Unos eran entusiastas de la igualdad social, otros eran enamorados sólo de la belleza, otros depositaban fe en la ciencia y en sus provechos, y había otros que, más cristianos todavía, iban a buscar a Orientes y Occidentes otras formas religiosas con que entretener la conciencia, sin ella hueca, de meramente vivir.

Todo esto lo perdimos nosotros, de todas estas consolaciones nacimos huérfanos. Cada civilización sigue la línea íntima de una religión que la representa: pasar a otras religiones es perder ésta y, por fin, perderlas a todas.

Nosotros perdimos ésta, y también las otras.

Nos quedamos, pues, cada uno entregado a sí mismo, en la desolación de sentirse vivir. Un barco parece ser un objeto cuyo fin es navegar; pero su fin no es navegar, sino llegar a un puerto. Nosotros nos encontramos navegando, sin la idea del puerto al que deberíamos acogernos. Reproducimos así, en la especie dolorosa, la fórmula aventurera de los argonautas: navegar es preciso, vivir no es preciso.

Guillaume Apollinaire, eje de las vanguardias, vivió en persona la Primera Guerra Mundial. Esa experiencia se deja sentir en *Caligramas* que subtituló Poemas de la paz y de la guerra:

Cohete

Es mi tesoro el rizo de los negros cabellos de tu nuca
Te alcanza mi imaginación y la tuya hacia ella converge
Son tus pechos los únicos obuses que amo
Tu recuerdo es el farol de señalamiento que en la noche nos

sirve para apuntar

Al ver las anchas ancas de mi caballo pensé en tus caderas

Aquí están los soldados que hacia retaguardia van leyendo un diario

El perro del camillero vuelve con una pipa en su hocico

Un cárabo de alas leonadas con ojos apagados hocico de gatito y de gato las zarpas

Corre un ratón verde por entre el musgo

Se ha quemado el arroz en la marmita de acampada

Lo que quiere decir que hay que prestar atención a muchas cosas

Grita el megáfono

Alarguen el tiro

Alarguen el tiro amor de vuestras baterías

Medida de las baterías pesados címbalos

Que los querubines locos de amor agitan

En honor del Dios de los ejércitos

Un árbol desollado en lo alto de un collado

El ruido de los tractores que por el valle trepan

Oh mundo antiguo del siglo XIX lleno de altas chimeneas tan hermosas y tan puras

Virilidades del siglo en que vivimos

Oh cañones

Cascos reventones de los obuses del 75

Repicad con piedad

10 de diciembre de 1896. El Théâtre de l'Oeuvre de París. Es la noche del estreno de **Ubú rey** de **Alfred Jarry**. El joven dramaturgo francés provoca un verdadero tumulto desde la primera palabra. Se tardó quince minutos para que la sala guardara silencio y se calmara el estupor ante dos figuras guiñolescas que encarnan toda la crueldad y la animalidad que esconde el ser humano.

PADRE UBÚ. – ¡Mierdra!

MADRE UBÚ. – ¡Oh! ¡Qué bonito, Padre Ubú! Eres un grandísimo granuja.

PADRE UBÚ. – ¡Y que no te revienta palos!

MADRE UBÚ. – No es a mí, padre Ubú, sino a otro, a quien habría que asesinar.

PADRE UBÚ. – ¡Por mi chápiro verde!, no te comprendo.

MADRE UBÚ. – ¿Así que estás contento con tu suerte?

PADRE UBÚ. – ¡Por mi chápiro verde!, ¡mierdra!, señora. Claro que estoy contento. Y no creo que sea para menos: capitán de dragones, oficial de confianza del rey Venceslao, en posesión de la orden del Águila Roja de Polonia y, en otro tiempo, rey de Aragón. ¿Qué más quieres?

MADRE UBÚ. – ¿Cómo? ¿Después de haber sido rey de Aragón te contentas con llevar a desfilar a medio centenar de rufianes armados con chafarotes? ¿No podrías conseguir que la corona de Polonia sucediera en tu cabeza a la de Aragón?

PADRE UBÚ. – ¡Ah, Madre Ubú! No comprendo nada de lo que dices.

MADRE UBÚ. – ¡Eres tan bruto!

PADRE UBÚ. – Por mi chápiro verde! El rey Venceslao todavía está bien vivo. Aun admitiendo que muera, ¿no tiene acaso una legión de hijos?

MADRE UBÚ. – ¿Quién te impide acabar con toda la familia y ponerte en su lugar?

PADRE UBÚ. – ¡Me ofendes, Madre Ubú! Tendré que aplicarte un correctivo.

MADRE UBÚ. – ¡Pobre desgraciado! Si me aplicas un correctivo, ¿quién te remendará el fondillo de los calzones?

PADRE UBÚ. – De acuerdo. ¿Y a mí qué? Me sentaré sobre el culo, que para eso lo tengo.

MADRE UBÚ. – En tu lugar, me preocuparía de instalar ese culo sobre un trono. Tus riquezas aumentarían indefinidamente, podrías comer botagueña a menudo y pasear en carroza por las calles.

PADRE UBÚ. – Si fuera rey, me encargaría una gran capelina como la que tenía en Aragón, y que esos miserables españoles, sin miramientos, me robaron.

MADRE UBÚ. – También podrías tener un paraguas y un gran chubasquero que te cubriese hasta los talones.

PADRE UBÚ. – Ah, me vence la tentación! ¡Individuo de mierdra, mierdra de individuo! Si alguna vez le encuentro a solas en el bosque, juro que le haré pasar un mal rato.

11 Literatura del siglo XX (II)

Edad Contemporánea

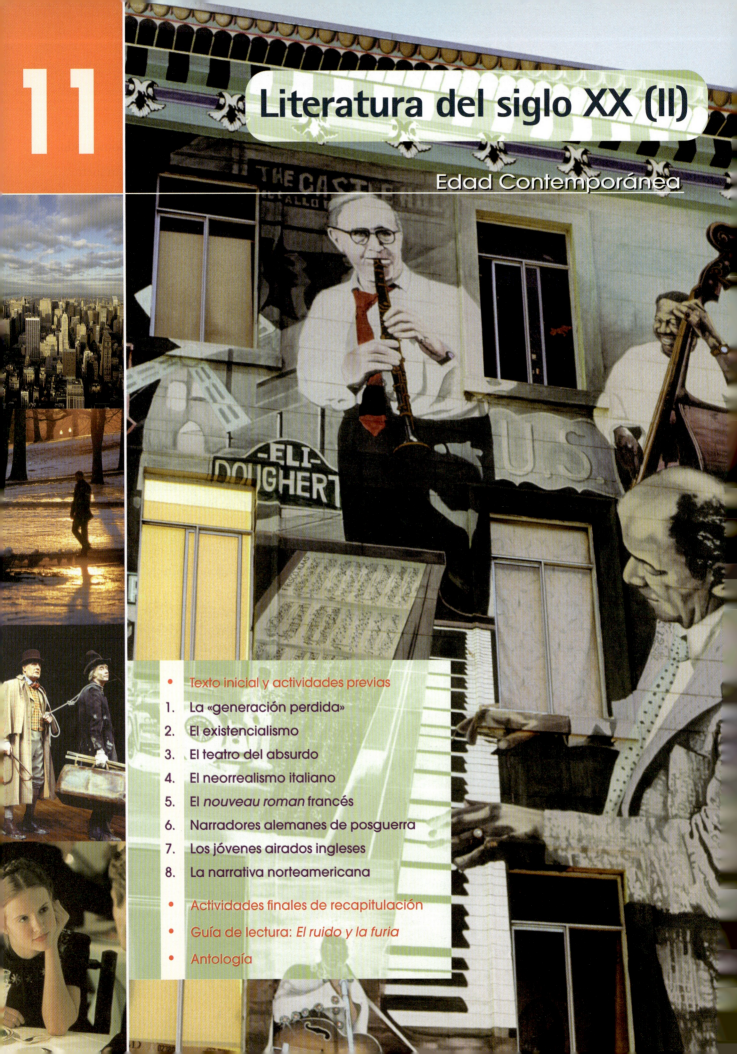

- Texto inicial y actividades previas
1. La «generación perdida»
2. El existencialismo
3. El teatro del absurdo
4. El neorrealismo italiano
5. El *nouveau roman* francés
6. Narradores alemanes de posguerra
7. Los jóvenes airados ingleses
8. La narrativa norteamericana

- Actividades finales de recapitulación
- Guía de lectura: *El ruido y la furia*
- Antología

La narrativa norteamericana ha marcado profundamente el panorama de la literatura universal del siglo XX tanto por su calidad como por la variedad de tendencias. Justo a mediados del siglo, en 1951, aparece *El guardián entre el centeno* de J.D. Salinger, que con el paso de los años se ha convertido en una de las novelas fundamentales del siglo pasado. Lo más novedoso del libro es la voz del narrador, Holden Cauldfield, un adolescente metido en problemas. Así comienza Holden su relato:

Si realmente les interesa lo que voy a contarles, probablemente lo primero que querrán saber es dónde nací, y lo asquerosa que fue mi infancia, y qué hacían mis padres antes de tenerme a mí, y todas esas gilipolleces estilo David Copperfield, pero si quieren saber la verdad no tengo ganas de hablar de eso. Primero porque me aburre y, segundo, porque a mis padres les darían dos ataques por cabeza si les dijera algo personal acerca de ellos. Para esas cosas son muy susceptibles, sobre todo mi padre. Son buena gente y todo eso, no digo que no, pero también son más susceptibles que el demonio. Además, no crean que voy a contarles toda mi maldita autobiografía ni nada de eso. Sólo voy a hablarles de unas cosas de locos que me pasaron durante las Navidades pasadas, justo antes de que me quedara bastante hecho polvo y tuviera que venir aquí y tomármelo con calma. Quiero decir que a D.B. tampoco le he contado más, y eso que él es mi hermano y todo. Está en Hollywood. Como eso no queda muy lejos de este antro, suele venir a verme casi todos los fines de semana. Él será quien me lleve a casa cuando salga de aquí, quizá el mes que viene. Acaba de comprarse un Jaguar. Uno de esos cacharros ingleses que se ponen como a trescientos kilómetros por hora. Casi cuatro mil dólares le ha costado. Ahora tiene un montón de pasta. Antes no. Cuando vivía en casa era sólo un escritor normal. Por si no saben quién es, les diré que ha escrito un libro de cuentos estupendo, El pececillo secreto. El mejor del libro es «el pececillo secreto». Trata de un niño que tiene un pez y no se lo deja ver a nadie porque se lo ha comprado con su dinero. Me dejó sin habla. Ahora D.B. está en Hollywood prostituyéndose. Si hay algo que odio en el mundo es el cine. Ni me lo nombren.

J.D. Salinger: *El guardián entre el centeno.*

Actividades previas

A. La presentación del narrador tiene una fuerte carga paródica. ¿De qué se ríe Holden?
B. ¿Cómo se expresa el narrador?
C. ¿Dónde y cuándo inicia Holden la narración?

NÚCLEO V: Edad Contemporánea

1. La «generación perdida»

Al igual que la literatura vanguardista europea de las tres primeras décadas del siglo XX, la narrativa norteamericana también empieza a liberarse de las limitaciones temáticas y técnicas del Realismo y del Naturalismo. A dicha tarea contribuye un grupo de escritores conocido como la **«generación perdida»**, quienes fueron a Europa en busca de un clima humano más tolerante. Allí vivieron una experiencia que les marcaría vital y literariamente: la Primera Guerra Mundial.

Gertrude Stein (1874-1946) ejerció de guía de todos sus jóvenes compatriotas. Ella fue la pionera de «la generación perdida» al utilizar un lenguaje rupturista en *Tres vidas* (1908), *Ser norteamericanos* (1925) y ***Autobiografía de Alice B. Toklas*** (1933). Había fijado su residencia en París a principios del siglo XX, donde realiza una actividad de mecenas de pintores y escritores como Picasso, Matisse, Juan Gris o Apollinaire. A la fuerte atracción de Europa, y especialmente París, acuden novelistas como Ernest Hemingway, Francis Scott Fitzgerald y John Dos Passos y poetas como e.e. Cummings.

Conocer y saber

MÁS QUE UNA LIBRERÍA

Uno de los puntos neurálgicos en la formación de los miembros de la generación perdida fue la librería *Shakespeare and Company* situada en el distrito quinto de París y regentada por la norteamericana Sylvia Beach. En aquellos años fue el eje de la cultura anglo-americana en la ciudad de la luz. Los clientes podían comprar o tomar prestados libros prohibidos por la censura en Estados Unidos y Reino Unido. En 1922 Beach publicó *Ulises* de James Joyce que más tarde sería prohibido en los dos países. La librería cerró en 1941 tras la ocupación alemana de París.

1.1. Ernest Hemingway

Ernest Hemingway (1898-1961) es uno de los pilares de la «generación perdida». En 1923 publica su primer libro, *Tres cuentos y diez poemas*, con la guerra como tema recurrente. Un año después deja el trabajo periodístico y decide establecerse definitivamente en Europa. En esos años iniciales de su exilio francés, entra en contacto con la cultura española a través del interés que siente por el mundo de los toros. Visita asiduamente nuestro país y en 1925 publica *Fiesta*. Los personajes que pululan por la novela desahogan la frustración a través del alcohol, el sexo o el peligro. La novela adquiere rasgos de epopeya romántica al ensalzarse la insignificancia y la soledad del hombre en el mundo. *Fiesta* se convierte rápidamente en un éxito mundial.

Este autor conformó un estilo peculiar, el «**estilo Hemingway**», cuyos ingredientes son la alta dosis de autobiografismo, la narración lineal, los diálogos magistrales, la economía emocional de los protagonistas y la docilidad del personaje femenino. En suma, es el *estilo duro* que Hemingway imprime a su prosa sustituyendo los desarrollos psicológicos por el relato de la acción.

Su interés por España queda reflejado en *Muerte en la tarde* (1932), obra sobre el mundo de los toros, y ***Por quién doblan las campanas*** (1940), en la que vierte sus experiencias de la guerra civil y su apoyo a la causa republicana.

Biografía

HEMINGWAY

Hemingway fue ante todo un hombre de acción. Tras unos inicios en el periodismo en el *Kansas City Star*, marcha a Europa con el Cuerpo de Ambulancias de la Cruz Roja durante la Primera Guerra Mundial. Primero estuvo en Francia y luego fue herido en Italia. A partir de su convalecencia se plantea dedicarse plenamente a la literatura. Vuelve a París y forma parte de la colonia de intelectuales europeos y norteamericanos en torno a Gertrude Stein. Como ya se ha dicho, Hemingway descubre la cultura española y vive los duros años de nuestra guerra civil. Cuando estalla la Segunda Guerra Mundial el escritor norteamericano viaja como corresponsal de guerra y toma parte en el desembarco de Normandía. Viaja a África y Cuba, donde desarrolla dos grandes pasiones: la caza y la pesca. A su amigo, también escritor, Aaron Edward Hotchner le confiesa que se he pasado el tiempo matando animales y peces para no tener que matarse a sí mismo. Sus palabras son un tanto proféticas porque en 1961 se suicida.

Argumento de *Adiós a las armas* (1929)

Es también una novela de frustración y desengaño. Frederick Henry, un soldado norteamericano resulta herido en Italia. Esa eventualidad le permitirá conocer a la enfermera Catherine Barclay. El amor que surge entre los dos es el único asidero de Frederick que, al final, deserta para vivir con su amada. Sin embargo, la serenidad alcanzada dura poco, porque Catherine muere en el parto.

NÚCLEO V: Edad Contemporánea

Actividades

—Ahora ha arreciado.
—Y tú siempre me querrás, ¿verdad?
—Sí.
—¿Aunque llueva, las cosas no serán distintas?
5 —No.
—Bueno. Porque me da miedo la lluvia.
—¿Por qué?
Me estaba durmiendo. Fuera la lluvia arreciaba cada vez más.
—No lo sé, amor mío. Siempre he tenido miedo de la lluvia.
10 —A mí me gusta.
—Me gusta pasear cuando llueve. Pero para el amor es algo muy malo.
—Yo te querré siempre.
—Te querré cuando llueva, cuando nieve, cuando granice y..., ¿qué más cosas hay?
15 —No lo sé. Me parece que me estoy durmiendo.
—Ve a dormir, amor mío, te querré pase lo que pase.
—No tendrás miedo de la lluvia, ¿verdad?
—Cuando estoy contigo, no.
—¿Por qué tienes miedo?
20 —No lo sé.
—Dímelo.
—Déjalo correr.
—Dímelo.
—Como quieras. Tengo miedo de la lluvia porque a veces me veo muerta bajo la lluvia.
25 —No.
—Y a veces te veo muerto a ti.
—[...] Son tonterías. Nada más que tonterías. No me da miedo la lluvia. No me da miedo la lluvia. ¡Oh, Dios mío, quiero no tener miedo...!
Estaba llorando. La consolé y dejó de llorar. Pero afuera seguía cayendo la lluvia.

Ernest Hemingway: *Adiós a las armas.*

1. ¿Qué aspectos estilísticos señalarías en el diálogo?
2. ¿Puedes señalar algunos rasgos de la personalidad de los protagonistas Frank y Catherine?

Francis Scott Fitzgerald

1.2. Francis Scott Fitzgerald

El otro gran novelista de la *generación perdida*, **F. Scott Fitzgerald** (1896-1940), es el cronista por antonomasia de la década de los veinte. Los personajes que pueblan sus novelas son muy diferentes a los de Hemingway. No son héroes endurecidos; son seres desequilibrados, ricos y ociosos. Tampoco estamos en un mundo brutal sino en una sociedad refinada cuyos ejes son el placer y el arte. Pero paradójicamente, y al igual que en Hemingway, la muerte está al final de la jornada.

Tras unas primeras novelas de formación, *A este lado del paraíso* (1920) y *Los malditos y los bellos* (1922) y diversas colecciones de relatos breves como *Jovencitas y Filósofos* (1922) y *Cuentos de la era del jazz* (1922), aparece **El Gran Gatsby** (1925), una obra clave de la narrativa norteamericana contemporánea.

El Gran Gatsby también ha sido considerada como la última novela romántica norteamericana. Por medio de Gatsby, Fitzgerald generalizó el choque romance/realismo como imagen de una América que es simultáneamente un paraíso para algunos y un erial para otros. El novelista y su esposa Zelda vivieron el desenfreno de la década. Ella tuvo que ser internada en clínicas psiquiátricas en varias ocasiones; él sucumbió a la bebida y el ritmo de vida al límite les acarreó problemas económicos. La década de los treinta es testigo de su decadencia imparable pese a novelas importantes como *Tierna es la noche* (1934) y *El último magnate* (1941). Cuando concluyó la era del jazz muchos lectores consideraron su obra anticuada e irrelevante, tal vez porque lo tomaron como un mero cronista de los males y la exuberancia de una década. Posteriormente se ha visto que Fitzgerald trasciende el marco temporal en el que escribió pese a ser «**el cronista metafísico de la generación perdida**».

Argumento de *El Gran Gatsby*

Para T. S. Eliot, *El Gran Gatsby* es un clásico moderno, «el primer paso que ha dado la ficción americana desde Henry James». A través de un narrador interpuesto, que se ve involucrado en las aventuras y desventuras del protagonista, nos adentramos en el pasado nebuloso de Gatsby, un personaje misterioso que se ha enriquecido por medios ilícitos y que sueña con recuperar a Daisy, «su chica» del pasado y ahora señora de Buchanan. Toda la parafernalia y la suntuosidad de las fiestas que Gatsby organiza no sirven de nada. El final es tremendamente desolador: una confusión le acarrea la muerte a Gatsby y descubrimos que, pese a sus nuevos flirteos, Daisy había decidido seguir con su marido.

Cartel publicitario de los años 20 que recuerda a la atmósfera de la novela de Fitzgerald *El Gran Gatsby*.

1.3. John Dos Passos

John Dos Passos (1896-1970) destaca por el experimentalismo, que ya se detecta en la polifonía de acciones de su primera novela, *Tres soldados* (1921), muy cercana a su experiencia en la Primera Guerra Mundial. El año 1925, un año crucial de la narrativa norteamericana pues se publican obras fundamentales de Gertrude Stein, Sinclair Lewis y Scott Fitzgerald, es testigo también de la edición de su novela ***Manhattan Transfer***. Aparecen entonces las técnicas expresionistas de yuxtaposición, los cortes abruptos en la línea narrativa y la fragmentación, procedimientos que recuerdan la influencia del cine, especialmente el de los primeros maestros como Eisenstein o Griffith. La ciudad, las multitudes, los rascacielos y los transportes dominan el libro. Para Jean-Paul Sartre, Dos Passos es el inventor de «la novela sin autor» y «sin personajes»; la experiencia urbana lo domina todo.

Las innovaciones técnicas empleadas en *Manhattan Transfer* adquieren más complejidad en la trilogía *U.S.A.*, compuesta por *Paralelo 42* (1930), *1919* (1932) y *El gran dinero* (1936). Dos Passos vuelve a utilizar el contrapunto, el collage y la fragmentación para dibujar un fresco de la nación.

Vista de Manhattan.

NÚCLEO V: Edad Contemporánea

1.4. e. e. Cummings

El poeta **Edward Estling Cummings** (1894-1962) también forma parte de la «generación perdida» y al igual que Hemingway se enroló en el Cuerpo de Ambulancias para participar en la Primera Guerra Mundial. En París conoce el Cubismo, que influirá en su concepción visual de la poesía. Es acusado de espionaje y pasa tres meses en un campo de prisioneros de Francia, experiencia que reflejó en su novela *La habitación enorme* (1922). En esa época prepara su primera colección de poemas, ***Tulipanes y chimeneas*** (1923), en la que ya se ven algunas de sus constantes: el atrevimiento formal y el ingenuo lirismo. Su técnica de reducida puntuación y el uso errático de puntos y comas refuerzan los aspectos auditivos. Para Cummings, el poema es un experimento tipográfico. Parte de la crítica cuestionó su obra poética, que la tachó de inmadura, adolescente e ilegible. Otros, por su parte, lo consideran uno de los poetas más innovadores que estuvo mucho más cerca de las vanguardias históricas que sus contemporáneos.

Actividades

*Hermoso
es el
sinsen
tido
del(sil
encioso)ca
er(p
or
do
quier)de la n
ieve*

e. e. Cummings

3. ¿A qué poeta vanguardista te recuerda este poema?

4. ¿Ves algún patrón en la aparente arbitrariedad tipográfica de Cummings?

2. El existencialismo

La hecatombe de la Segunda Guerra Mundial con tantos millones de muertos, la destrucción de gran parte de Europa y el descubrimiento del genocidio en los campos de concentración del nazismo son acontecimientos cruciales en el devenir del panorama literario. Intelectuales como el alemán **Walter Benjamin** y el aus-

Conocer y saber

EL EXISTENCIALISMO COMO FILOSOFÍA

Antes de convertirse en literatura con autores claves como Jean-Paul Sartre y Albert Camus, el existencialismo nace como filosofía. Esta debe renunciar a cualquier intento de cosmovisión y limitarse a ser una filosofía del hombre y para el hombre. Lo importante es el hombre vivo, angustiado y problemático. Precisamente el tema de la angustia vital es el eje del filósofo danés Sören Kierkegaard (1813-1855), quien defiende en su libro *El concepto de angustia* (1844) un pesimismo vital frente al idealismo optimista de Hegel. A Kierkegaard se le considera el antecedente más claro de las corrientes existencialistas que también se nutren de la filosofía de los alemanes Heidegger, Jaspers y Husserl, cuya fenomenología permitirá a Heidegger (discípulo de Kierkegaard) demostrar cómo la angustia y la inquietud son dos sentimientos inherentes al concepto de existencia.

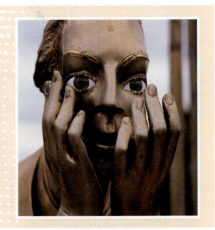

tríaco **Karl Kraus** denunciarán la instrumentalización y la degradación del lenguaje por la guerra. Otro filósofo alemán, **Theodor W. Adorno**, señalará la imposibilidad de escribir poesía después de Auschwitz. Es el terreno propicio para el desarrollo del existencialismo, una corriente filosófico-literaria que dominó prácticamente toda la vida literaria francesa desde el final de la guerra hasta los años sesenta, especialmente en la novela, el teatro y el ensayo.

El primero en utilizar el término existencialismo fue el filósofo francés **Gabriel Marcel** en 1943. Los periodistas lo rescataron en 1945 y lo divulgaron con tan buena fortuna que, a partir de esa fecha, el público lo identificará con un movimiento intelectual muy influyente tanto en política como en literatura. Sin embargo, desde el punto de vista literario, es preciso recordar que las corrientes existencialistas se manifiestan con fuerza nada más despuntar el siglo XX. Esto no es de extrañar ya que los temas difundidos por el Existencialismo tienen un profundo arraigo en la sociedad y, por consiguiente, constituyen la materia prima ideal para los escritores de la época. Nos referimos concretamente al conocimiento del hombre, al sentido de su vida en esta tierra al margen de cualquier dimensión trascendental, al problema de su libertad, de la muerte como fin ineludible y de la fe como razón de vida, al sentido de la angustia causado por la soledad y la necesidad de decidir, a las distintas respuestas a esta angustia, ya sean el compromiso social, el nihilismo o la salida religiosa.

ESCRIBIR POESÍA DESPUÉS DE AUSCHWITZ

Aunque las palabras de Adorno parecían profetizar la esterilidad en el terreno de la poesía después del reguero de muerte, pronto surgieron voces como la del poeta rumano **Paul Celan** (1920-1970) que demostraron que la poesía nace del dolor más profundo. Como millones de judíos, sus padres murieron en un campo de exterminio y él pasó dieciocho meses en campos de trabajo. En 1948 se traslada a Francia donde inicia su carrera literaria escribiendo en alemán. Su primer libro de poemas *Amapola y memoria* (1952) incluye su poema más famoso (véase antología), *Fuga de la muerte*, donde vierte su experiencia en el campo de exterminio de Auschwitz. La poesía de Celan tiene profundas influencias del Surrealismo y es muy rica en imágenes bíblicas. A ese primer poemario le siguen *Cambio de aliento* (1967) y *Hebras del sol* (1968). Desgraciadamente, tuvo una vida tormentosa marcada por la pérdida de dos hijos y graves desequilibrios mentales que le obligaron a recluirse en sanatorios. El 20 de abril de 1970 se suicida lanzándose a las aguas del Sena.

CÈLINE

El francés Louis-Ferdinand Destouches (1894-1961), conocido en el mundo literario como **Louis-Ferdinand Cèline**, es otro de los escritores que se vio envuelto en la vorágine de la guerra. Es una figura controvertida por sus panfletos antisemitas -*Bagatelas para una masacre* (1938) y *La escuela de los cadáveres* (1938)- y por su colaboracionismo con el gobierno de Vichy durante la ocupación de Alemania, que le valió una pena de muerte más tarde condonada. Su gran aportación es la publicación en 1932 de *Viaje al fin de la noche*, una novela con una fuerte carga autobiográfica, una violenta sátira de la condición humana que fue muy innovadora por el uso de un lenguaje oral, jergal e incluso grosero. Esta visión descarnada de una existencia absurda y violenta tiene su continuidad en *Muerte a crédito* (1936). La escritura torrencial de Cèline dejará una profunda huella en autores como Sartre, Henry Miller o Charles Bukowsky.

NÚCLEO V: Edad Contemporánea

2.1. El existencialismo cristiano

Esta denominación agrupa a escritores que creen que la fe y el compromiso cristiano son la salida ante el atolladero provocado por la angustia vital y el absurdo existencial. Son partidarios de adaptar el cristianismo al hombre del siglo XX a través de un replanteamiento del problema de la libertad y del mal. Todos ellos dramatizan la situación del hombre en el mundo para entreabrir la ventana de la esperanza cristiana.

En primer lugar aparecen autores como **Gilbert Keith Chesterton** (1874-1936) y **Paul Claudel** (1868-1955), ambos convertidos al catolicismo y cuyas obras muestran el sello inconfundible del entusiasmo de los neófitos. Posteriormente habrá una segunda promoción que empezará a publicar antes de la Segunda Guerra Mundial: **François Mauriac** (1885-1970), Georges Bernanos (1889-1948), **Julien Green** (1900-1998) y **Graham Greene** (1904-1991).

2.1.1. G. K. Chesterton

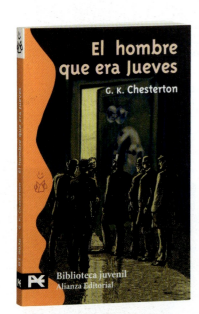

La etiqueta de «existencialista cristiano» resulta demasiado escueta para la enorme personalidad literaria de **Gilbert Keith Chesterton**. Aparte de sus escritos «religiosos» *Ortodoxia* (1908) y *El hombre eterno* (1925), publicado tres años después de su conversión del protestantismo al catolicismo, Chesterton fue un magnífico polemista, en absoluto dogmático, que usaba la paradoja como instrumento para revelar la verdad. De su gran producción merecen citarse sus novelas *El Napoleón de Notting Hill* (1904), ***El hombre que fue jueves*** (1908) y los cinco libros que reúnen los relatos sobre el padre Brown, un párroco pequeño y rechoncho que se enfrenta a los crímenes más increíbles y cuya popularidad lo sitúa al mismo nivel que otros detectives como el Auguste Dupin de Edgard Allan Poe y el Sherlock Holmes de Arthur Conan Doyle.

2.1.2. Graham Greene

Greene es otro escritor al que le viene pequeña la etiqueta de «existencialista cristiano». Nació en el seno de una familia protestante. Tras una adolescencia atormentada y una juventud comunista, se convierte al catolicismo en 1926. Pese a ello, no le gustaba que la crítica lo catalogara de «novelista católico». La religión católica profesada por el escritor británico se sale de lo convencional: para él es una cuestión de compromiso de vida activo, individual y personal.

No todas las novelas de Greene tienen la misma intensidad en cuanto a la temática abordada. Él mismo diferenciaba las novelas de entretenimiento de las novelas de «fondo», mucho más serias. Dentro del primer grupo cabe citar *Una pistola en venta* (1936), *El ministerio del miedo* (1943) y, más concretamente, *Brighton, parque de atracciones* (1938) y ***El agente confidencial*** (1939), donde la habilidad organizadora de la intriga policial revela cualidades que no tienen nada que envidiar a las de Georges Simenon. En el segundo grupo destacan, entre otras muchas, obras con dramáticos planteamientos morales como ***El poder y la gloria*** (1940), *El revés de la trama* (1948) y *El fin del asunto* (1951)

EL TERCER HOMBRE

Probablemente después de Shakespeare, Graham Greene es el escritor británico que más ha sido llevado al cine. La fuerza de sus historias, el drama interior de sus personajes y la violencia de las situaciones en las que se ven involucrados han sido elementos propicios para la adaptación de sus novelas al celuloide. Sin duda alguna, la mayor aportación de Greene a la historia del séptimo arte es su participación como guionista del *El tercer hombre*, dirigida por Carol Reed en 1949 y protagonizada por Joseph Cotten y Orson Welles. La historia se sitúa en Viena en los años de la posguerra. El escritor norteamericano de novelas policíacas Holly Martins llega a la capital austríaca ante la llamada de un amigo de la infancia, Harry Lime. Viena es una ciudad siniestra dividida en cuatro zonas ocupadas por los aliados. El día de la llegada de Holly coincide con el entierro de Harry, atropellado por un coche. El jefe de la policía militar británica le insinúa que su amigo se había mezclado en el mercado negro. A partir de aquí se desarrolla la trama por las inquietantes calles y el alcantarillado de Viena. *El tercer hombre* es considerada por la crítica la mejor película británica de la historia del cine.

2.2. El existencialismo ateo

Se denomina así a la corriente literaria que se ajusta más al existencialismo filosófico y que tiene a Jean-Paul Sartre como principal referente. El existencialismo de Sartre intenta explicar al hombre a través de sus manifestaciones concretas. De este planteamiento se deduce, primero, que el «hacer» se impone sobre el «ser» y, segundo, que se concibe al hombre como «ser realizador de valores». Pero sería injusto pensar que Sartre es el primero en plasmar tanto en sus novelas como en sus obras dramáticas estos supuestos existenciales. Tres escritores le han preparado el camino al proponer la superación de lo absurdo de la vida mediante la acción moral. Nos referimos concretamente a **Henry de Montherlant** (1896-1972), Antoine de Saint–Exupéry (1900-1944) y André Malraux (1901-1976).

Al primero, el afán de vivir y de luchar por una causa noble le lleva a escribir en su juventud novelas en las que propone la acción y el sacrificio para vencer la mediocridad de una vida sin sentido (*Olímpicas*, 1924). En 1925 inicia una serie de viajes por España, Italia y norte de África. En esta etapa sus obras reflejan un individualismo abocado a elegir entre la búsqueda desenfrenada del placer y la sublimación del sacrificio (*En las fuentes del deseo*, 1927).

Henry de Montherland.

Saint-Exupèry, popular por *El principito* (1943), también se refugia en la acción. Para él, cualquier actividad demuestra que el ser humano pertenece a una comunidad, por lo que es solidario con todos los individuos que la componen. Esta dimensión entusiasta y esperanzadora se transmite en obras como *Correo del sur* (1929), *Vuelo nocturno* (1930), *Tierra de hombres* (1939) o *Piloto de guerra* (1942).

André Malraux defiende la acción comprometida con la sociedad. Todas sus novelas describen al hombre luchando por superar las situaciones adversas y las exigencias impuestas por su destino. *La condición humana* (1933) lo sitúa al lado de los comunistas chinos enfrentados al ejército nacionalista de Chiang Kai Chek.

Tiempo de desprecio (1935) muestra su aversión por las doctrinas nazis y fascistas, y en ***La esperanza*** (1937) narra las penalidades del ejército republicano español durante la guerra civil, en la que intervino personalmente al mando de una Brigada Internacional.

2.2.1. Jean-Paul Sartre

Jean–Paul Sartre (1905-1980) nació en París. Tras cursar los estudios superiores en la Escuela Normal Superior de París, ejerce de profesor de filosofía. Entre 1933 y 1935 residió en Berlín y Friburgo, una etapa de formación en la que su sistema filosófico va madurando y que Sartre expondrá unos años más tarde en ***El ser y la nada*** (1943) y en la *Crítica de la razón dialéctica* (1960).

Algunos aspectos de este sistema filosófico ya estaban presentes en sus novelas ***La náusea*** (1938) y *El muro* (1939). La primera, perteneciente al género epistolar, tuvo una enorme influencia en las generaciones de la posguerra. La segunda, *El muro*, escrita en un estilo muy depurado y en la que ya se aprecia la experiencia negativa de la guerra, cuenta cinco historias destinadas a demostrar que la libertad humana no está supeditada a una libertad metafísica sino a una libertad vinculada a una responsabilidad histórica.

La Segunda Guerra Mundial, con la consiguiente ocupación de Francia por el ejército alemán, lleva a Sartre a comprometerse en la acción. Primero es miembro activo de la Resistencia y, luego, terminada la contienda, funda la revista *Les Temps Modernes,* que le sirve de tribuna para divulgar su pensamiento. En realidad, parte de la evolución de Jean-Paul Sartre está recogida en cinco volúmenes de una larga novela titulada ***Los caminos de la libertad*** (1945-1949), donde el filósofo pretendía exponer su programa de compromiso social y su genuino concepto de la libertad.

A partir de 1949, Sartre opta por la literatura política. Pone su pluma al servicio de una militancia más acorde con la realidad histórica del momento: el porvenir de la clase obrera y de los países en vía de desarrollo, la guerra del Vietnam, la guerra de pacificación en Argelia y la revolución cubana. Son temas que por aquel entonces le interesan más que la propia creación literaria, hasta el punto de rechazar aquel mismo año el premio Nobel de Literatura y poner en entredicho en ***Las palabras*** (1964) la utilidad de escribir libros en un mundo hundido en el sufrimiento.

Su obra dramática, publicada en las décadas de los cuarenta y cincuenta, refleja la misma evolución ideológica descrita en la obra novelística. Sartre pretende llevar al teatro los candentes problemas sociales de su tiempo para alertar a la opinión pública. De esa producción habría que reseñar *Las moscas* (1943), *A puerta cerrada* (1944), *Las manos sucias* (1948), *El diablo y el buen Dios* (1951) y *Los secuestrados de Altona* (1959).

Biografía

SIMONE DE BEAUVOIR (1908-1986)

Fue la compañera del filósofo existencialista Jean-Paul Sartre y, a pesar de una importante producción literaria, ha quedado relegada a un segundo plano. Su obra más influyente es el ensayo titulado *El segundo sexo* (1949), uno de los libros de referencia del feminismo. Es un estudio en el que la autora se propone describir y desmitificar la condición de la mujer. Es más, pone en entredicho tópicos como «la naturaleza femenina» y «el eterno femenino». Para ella, la pretendida psicología femenina no es más que el resultado de unos condicionamientos educativos y sociales, lo que le llevó a acuñar el famoso aforismo: «On ne naît pas femme, on le devient» (No naces mujer, sino que te haces mujer). Ese alegato feminista tiene su continuación en sus libros de memorias *Por la fuerza de la edad* (1963) y *Por la fuerza de las cosas* (1963).

Argumento de *La náusea*

El protagonista, Antoine Roquentin, descubre en una especie de vértigo metafísico que los mitos que daban un sentido a su vida son pura falacia, que su libertad no es más que el fruto de una serie de desilusiones y fracasos. Instalado en Bouville para llevar a cabo investigaciones históricas, la tristeza y la monotonía de la rutina diaria pronto le sumergen en un estado abúlico en el que la vida le resulta vacía y superflua hasta el punto de sentir náuseas por las cosas, por los demás y por sí mismo.

Tema 11. Literatura del siglo XX (II)

● Actividades

Toda mi vida está detrás de mí. La veo entera, veo su forma, veo los lentos movimientos que me han traído hasta aquí. Hay pocas cosas que decir de ella: una partida perdida, eso es todo. Hace tres años que entré en Bouville, solemnemente. Había perdido la primera vuelta. Quise jugar la segunda y también perdí; perdí la partida. Al mismo tiempo, supe que siempre se pierde. Sólo los cerdos creen ganar. Ahora voy a hacer como Anny, me sobreviviré. Comer, dormir. Dormir, comer. Existir lentamente, dulcemente, como esos árboles, como un charco de agua, como el asiento rojo del tranvía.

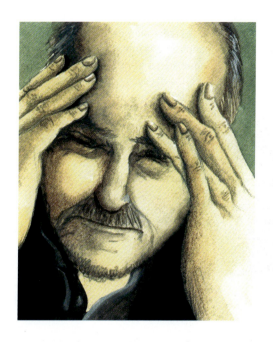

La Náusea me concede una corta tregua. Pero sé que volverá; es mi estado normal. Sólo que hoy mi cuerpo está demasiado agotado para soportarla. También los enfermos tienen afortunadas debilidades que les quitan, por algunas horas, la conciencia de su mal. Me aburro, eso es todo. De vez en cuando bostezo tan fuerte que las lágrimas me ruedan por las mejillas. Es un aburrimiento profundo, profundo, el corazón profundo de la existencia, la materia misma de que estoy hecho. No me descuido, por el contrario; esta mañana me bañé, me afeité. Sólo que cuando pienso en todos esos pequeños actos cuidadosos, no comprendo cómo pude ejecutarlos; son tan vanos. Sin duda el hábito los ejecuta por mí. Los hábitos no están muertos, continúan afanándose, tejiendo muy despacio, insidiosamente, sus tramas; me lavan, me secan, me visten; como nodrizas. ¿Habrán sido ellos, también, los que me trajeron a esta colina? Ya no recuerdo cómo vine. Por la escalera Dautry, sin duda; ¿pero subí realmente, uno por uno, sus diez peldaños? Lo que quizá sea aún más difícil de imaginar es que después voy a bajarlos. Sin embargo, lo sé; dentro de un rato me encontraré al pie del Coteau Vert; alzando la cabeza podré ver iluminarse a lo lejos las ventanas de estas casas que están tan cerca. A lo lejos, sobre mi cabeza; y este instante, del que no puedo salir, que me encierra y me limita por todos lados, este instante del que estoy hecho, será un sueño.

Jean-Paul Sartre: *La náusea.*

5. ¿Qué imágenes emplea Sartre para demostrar que la vida no tiene sentido?

6. Para Sartre el hombre sobra en esta tierra: ¿cómo consigue dar la impresión de hastío refiriéndose a la rutina de la vida diaria?

2.2.2. El existencialismo humanista de Albert Camus

Con **Albert Camus** (1913-1960) entramos en una nueva dimensión del existencialismo. Frente al «existencialismo intelectual», rígido y sistemático de Sartre, Camus contrapone un «existencialismo humanista».

La producción de Camus se divide en dos etapas. La primera corresponde al **ciclo del absurdo** y la segunda al **ciclo de la rebeldía**. La primera etapa está presidida por una visión pesimista del mundo que queda reflejada en un ensayo filosófico, *El mito de Sísifo* (1942). El autor demuestra que el sentimiento de lo absurdo es el resultado de la toma de conciencia del sinsentido de la existencia cotidiana, del paso inexorable del tiempo y de la muerte que ratifica la inutilidad de cualquier acción. La novela *El*

NÚCLEO V: Edad Contemporánea

Argumento de *La peste*

Es una sobrecogedora descripción de las distintas reacciones de los seres humanos ante la inminencia de su muerte. La acción se desarrolla en Orán, cuyos habitantes, retenidos en sus casas a consecuencia de la cuarentena, no pueden abandonar la ciudad invadida por las ratas causantes del contagio de la peste.

extranjero (1942) y las obras de teatro *El equívoco* (1944) y *Calígula* (1945) ilustran este punto de vista.

La segunda etapa -el ciclo de la rebeldía- es consecuencia lógica de la anterior. Para Camus, la rebeldía se presenta como un medio para superar el absurdo y dar sentido al destino humano. Las obras que publicará de aquí en adelante dejan de presentar personas encerradas en una negación estéril; se trata ahora de seres menos amargados, más abiertos, más comprensivos. *La peste* (1947) encabeza la lista de obras con este planteamiento. La evolución del pensamiento de Camus con respecto a sus personajes se manifiesta en el hecho de que la razón ya no es el único criterio que ha de inspirar la acción; también intervienen los sentimientos.

En su ensayo *El hombre rebelde* (1951) Camus da cuerpo a su evolución filosófica. Para él la rebeldía es un medio de escapar de lo absurdo y solo es justificable cuando se realiza en nombre de un valor propio de la naturaleza humana. Esta toma de posición le aleja definitivamente del existencialismo de Jean-Paul Sartre.

3. El teatro del absurdo

En un panorama literario europeo dominado por el existencialismo, el teatro tampoco permaneció impasible ante las consecuencias de la Segunda Guerra Mundial. Aunque las primeras obras dramáticas catalogadas por la crítica con la etiqueta de absurdo son de finales de los cuarenta, el teatro del absurdo se desarrolló con especial virulencia en la década de los cincuenta, especialmente en París, donde se dieron cita una pléyade de escritores exiliados y de directores escénicos que se atrevieron a poner en pie estas obras de vanguardia. No obstante, el movimiento no se limitó a Francia sino que se extendió en otros ámbitos europeos.

El crítico británico Martin Esslin fue quien en 1961 acuñó la denominación de «teatro del absurdo» para englobar a un conjunto de autores sumidos en las mismas ansiedades y temores que sus contemporáneos. El grupo básico lo forman **Jean Genet**, **Eugène Ionesco**, **Arthur Adamov** y **Samuel Beckett**.

Los dramaturgos del absurdo no discuten sobre lo absurdo de la condición humana a la manera de los escritores existencialistas como Sartre y Camus, sino que lo presentan por medio de imágenes y escenas. Dejando a un lado los rasgos distintivos de cada uno, todos comparten la falta de sentido de la condición humana recurriendo al abandono del enfoque racional. Su teatro fue toda una conmoción por lo innovador de sus propuestas: ausencia de historia concreta (a veces es difícil hablar siquiera de trama), escasa o nula caracterización de los personajes, diálogos incoherentes y la persistencia de sueños y pesadillas. En general basan sus dramas en la protesta y la paradoja. Critican el orden social y la condición humana. Esta protesta no toma la forma de una crítica racional y desapasionada; más bien parece un grito desesperado y frenético.

3.1. Jean Genet

Jean Genet (1910-1986) refleja como ningún otro la condición del escritor maldito, provocador y controvertido que celebra el mal y exhibe la vileza de una sociedad despreciable. Es abandonado nada más nacer y se cría en un hospicio. A los siete años se va a vivir con una familia de campesinos y muy joven es detenido por robo. Se inicia, pues, en una vida de delincuencia que le lleva a la condena de cadena perpetua, si bien es indultado por el presidente de la República en 1948.

En la cárcel comienza a escribir y en 1949 publica *Diario de un ladrón*. Su primer drama, *Las criadas* (1947), lleva hasta las últimas consecuencias uno de sus temas favoritos, la apariencia como única realidad existente: cuando se ausenta la señora, las dos criadas dejan sus ocupaciones y juegan entre ellas a ama y criada. El juego termina con el envenenamiento de la que hace de señora y la autoacusación de la otra. *Alta vigilancia* (1949) tiene lugar en la celda de una cárcel. Hay un elemento de atracción homosexual latente. El drama concluye con la muerte violenta de uno de los personajes.

El balcón (1956) es una vuelta de nuevo al tema de la realidad ilusoria. *Los negros* (1958) gira en torno a la irracionalidad de la discriminación racial y *Las persianas* (1961) trata el tema escabroso del antimilitarismo y el anticolonialismo, por lo que tuvo dificultades de estreno además de provocar manifestaciones de la extrema derecha.

Jean Genet.

Argumento de *El balcón*

La acción transcurre en un burdel que la madame denomina «casa de ilusiones». Hay tres protagonistas fetichistas ataviados de obispo, de juez y de general que viven sus ilusiones sexuales hasta que una revolución y las circunstancias les obligan a «vivir» sus papeles. La muchedumbre cree que son los auténticos desde el mismo instante en que salen al balcón porque, para Genet, el balcón es el símbolo supremo de lo ilusorio.

3.2. Arthur Adamov

Arthur Adamov (1908-1970) nació en el Cáucaso en el seno de una adinerada familia armenia. Al comienzo de la revolución bolchevique se exilió a Ginebra y Alemania y recaló en París. Allí entabla relación con los surrealistas y Artaud. El gobierno colaboracionista de Vichy lo internó en un campo de concentración durante la ocupación alemana. Estas experiencias vitales son materia suficiente para el desarrollo de unos temas recurrentes: la tiranía del amor paternal, la crueldad innata de la sociedad y lo absurdo, fútil y confuso de la existencia humana. Adamov comienza con unos dramas de tipo impersonal en el que los personajes carecen de individualidad psicológica: *La parodia* (1947), ***La invasión*** (1949) y *La grande y pequeña maniobra* (1950). En ellos nunca sucede nada decisivo salvo la muerte inevitable, absurda e ilógica al final.

Todos contra todos (1953), uno de sus mejores dramas, trata de la instintiva enemistad de los seres humanos. Escenifica la persecución de que son objeto un grupo de cojos que son utilizados como cabeza de turco cada vez que hace falta. Para Adamov la obra es una alegoría sobre la persecución de los judíos en Centroeuropa. Posteriormente se centra en un teatro más realista y comprometido a partir de *Ping-Pong* (1955) y *Pier Paoli* (1957), obras que reciben sin duda el influjo de Bertolt Brecht.

Una crisis personal le conduce hacia un teatro psicológicamente más flexible en *El hombre y el niño* (1968) y *El señor moderado* (1968). Sus últimas obras rezuman posturas izquierdistas intransigentes como queda reflejado en *Off-Limits* (1969), un drama caótico sobre la guerra de Vietnam.

3.3. Eugène Ionesco

Eugène Ionesco (1912-1994), el tercer pilar del teatro del absurdo, es otro de los exiliados que colaboró en la génesis de dicho movimiento. Nació en Rumania, aunque en 1945 se instaló definitivamente en París. Apasionado de la literatura y la lingüística, empezó a estudiar inglés mientras trabajaba como traductor y corrector. Inmediatamente le llamó la atención lo pintoresco, la banalidad y la falta de sentido de las frases del método Assimil. Esta sería la idea matriz de su primera obra, **La cantante calva** (1950), prolija en diálogos disparatados que certifican el colapso de la semántica. La premeditada falta de urdimbre dramática se compensa con la comicidad de los juegos de palabras, los malentendidos verbales y las situaciones ridículas. La obra escandalizó porque, para muchos, aquello no era teatro y no tenía ni ideas ni argumento. El drama termina con una apoteosis de demencia con todos los personajes hablando a la vez, gritando fragmentos de frases populares y frases célebres.

Eugène Ionesco.

Las siguientes obras de Ionesco se insertan también en la vertiente del absurdo. *La lección* (1951) sigue la fórmula habitual del autor: una escena inicial de cotidiana trivialidad y después una escapada a la fantasía. La obra comienza como un drama puramente realista, con una alumna que visita a su profesor particular para la primera lección y termina con el profesor fuera de sí tras asesinar a la alumna, una más en su larga lista de asesinatos.

Al año siguiente escribió **Las sillas**, otra de sus obras clásicas en el repertorio del teatro de vanguardia del siglo XX. Ionesco dejó bien claro al público que los diálogos faltos de sentido aparente pueden contener un profundo significado.

El teatro de Ionesco evoluciona hacia unos dramas de «advertencia social» en *El asesino sin gajes* (1959) y especialmente en **El rinoceronte** (1960), su obra más críptica y complicada. En pocas palabras trata sobre un rinoceronte —un hombre con camisa marrón y una extraña insignia en el brazo derecho— que mata un gato. Todos se horrorizan pero nadie hace nada. Paulatinamente van apareciendo más rinocerontes en las calles mugiendo y pisoteándolo todo.

En la última etapa Ionesco escribe más pausadamente sobre el tema de la preocupación por su propia finitud y los límites de las posibilidades vitales. *El rey se muere* (1962), *La sed y el hambre* (1965) y *Juegos de aniquilación* (1970) son algunas de las obras de este periodo.

LA SIRVIENTA.– ¡Esta es la cuadragésima vez! ¡Y todos los días lo mismo! ¡Todos los días! ¡No le dará vergüenza, a su edad... pero si va a enfermar! Y se quedará sin alumnas, lo que le estará bien empleado.

EL PROFESOR (irritado).– ¡Yo no tengo la culpa! ¡Ella no quería aprender! ¡Era desobediente! ¡Era una mala alumna! ¡No quería aprender!

LA SIRVIENTA.– ¡Mentiroso!

EL PROFESOR se acerca disimuladamente a la SIRVIENTA, con el cuchillo a la espalda.

EL PROFESOR.– ¡Eso no le importa a usted! (Trata de asestarle una cuchillada formidable, pero la SIRVIENTA le coge al vuelo la muñeca y se la retuerce. El PROFESOR deja caer al suelo su arma.) ¡Perdón!

LA SIRVIENTA (abofetea dos veces seguidas al PROFESOR, con ruido y fuerza, y el PROFESOR cae al suelo de espaldas y lloriquea).– ¡Asesino! ¡Cochino! ¡Asqueroso! ¿Quería hacerme eso a mí? ¡Yo no soy una de sus alumnas! (Lo levanta asiéndolo por el cuello, recoge el gorro, que le pone en la cabeza, mientras él, que teme que lo abofetee, se protege con el codo como los niños.) ¡Ponga ese cuchillo en su sitio! ¡Vamos!

(EL PROFESOR va a dejarlo en el cajón del aparador y vuelve.) Y, sin embargo, yo se lo advertí hace un momento: la aritmética lleva a la filología y la filología al crimen...[...]

EL PROFESOR.– Sí, María. ¿Qué vamos a hacer ahora?

LA SIRVIENTA.– Vamos a enterrar... al mismo tiempo que a las otras treinta y nueve... Serán necesarios cuarenta ataúdes... Vamos a llamar al servicio de pompas fúnebres y a mi enamorado, el cura, a Augusto. Tendremos que encargar coronas...[...]

EL PROFESOR.– De todos modos, que no sean muy caras las coronas. Ella no ha pagado su lección.[...]

EL PROFESOR.– Sí, María, sí. (La cubre). Hay el peligro de que nos detengan... Imagínese, con cuarenta ataúdes... La gente se asombrará. ¿Y si nos preguntan qué contienen?

LA SIRVIENTA.– No se preocupe tanto. Diremos que están vacíos. Además, la gente no preguntará nada, pues ya está acostumbrada.

EL PROFESOR.– De todos modos...

LA SIRVIENTA (saca un brazalete con una insignia, quizá la svástica nazi).– Tome. Si tiene miedo, póngase esto y nada tendrá que temer. (Le coloca el brazalete.) Se trata de política.

Eugène Ionesco: *La lección*.

Argumento de *Las sillas*

Un matrimonio anciano invita a una muchedumbre a la isla en la que viven para que el marido pueda transmitirles la sabiduría acumulada tras noventa y cinco años. El plan que ha ideado para salvar al mundo debe ser comunicado por un orador profesional. Los invitados -invisibles- van ocupando sus lugares hasta que el escenario está repleto de sillas. El viejo anuncia que el orador ofrecerá el secreto; a continuación ambos se suicidan y el orador indica por signos que es sordomudo. Quizás no haya una forma más demoledora de presentar el tema de la incomunicación de los seres humanos.

Actividades

7. ¿Qué aspectos de la escena pueden catalogarse de «absurdos»?

8. ¿Cómo es la relación entre la sirvienta y el profesor?

3.4. Samuel Beckett

Samuel Beckett (1906-1989) nace en Dublin en el seno de una familia protestante. En 1928 marcha a París como lector de inglés en la Ecole Normale Superieure de París. Allí contacta con James Joyce, con quien mantendría una larga relación de amistad y admiración mutua. Su carrera literaria comienza en la revista literaria *Transition*, donde escribe artículos críticos y narraciones breves. Más tarde abandona su puesto de profesor, rompe con todo y se dedica a viajar por Europa.

En su primera novela, *Murphy* (1938), ya aparecen por primera vez personajes en situación de anormalidad. La Segunda Guerra Mundial le sorprende en Irlanda; vuelve a París y colabora con la resistencia. Beckett continúa su producción novelística y publica *Watt* (1953), una novela dedicada por entero a inútiles elucubraciones mentales. En ese momento se produce el gran viraje beckettiano, ya que el lenguaje empieza a ser cuestionado desde su misma base. Para empezar cambia de lengua; elige el francés porque quiere huir del mundo referencial de su lengua materna. En francés escribe las novelas **Molloy** (1951), *Malone muere* (1951) y *El Innombrable* (1953). Tienen en común el ser obras narradas en primera persona por hombres que rememoran su pasado una vez que han llegado al final de sus vidas y tratan de encontrar algún hecho significativo para probarse a sí mismos que no todo fue en vano. Tanto estos protagonistas como los de su teatro parecen estar incapacitados físicamente; es como si la imperfección y la deformidad fueran el estado natural del hombre.

Argumento de *Esperando a Godot*

Dos vagabundos, Estragón y Vladimir, se encuentran en un lugar desierto con el único motivo de esperar a un tal Godot que, presumiblemente, los ha citado. Mientras esperan su llegada se dedican a «rellenar» el tiempo como pueden con conversaciones deshilvanadas. El desconcierto de muchos espectadores fue mayúsculo al prolongarse esa espera interminable que nunca termina por materializarse.

Llegado a este punto, el autor irlandés considera que el cauce narrativo está agotado y opta por el teatro. Curiosamente, Beckett, reconocido como uno de los renovadores indiscutibles del teatro contemporáneo de la segunda mitad del siglo XX, hecho que le valió la concesión del Nobel de literatura en 1969, daba una importancia secundaria a sus obras dramáticas. El comienzo de esta nueva etapa no puede ser más explosivo: *Esperando a Godot* se publica en 1952.

Fin de partida (1957), *Días felices* (1961) y *Comedia* (1964) continúan esa **indagación en pos de la identidad**. Beckett acentúa el carácter experimental de su dramaturgia. El argumento se va reduciendo al mínimo cada vez más y las obras se convierten en pequeñas miniaturas que sólo encierran el vacío. El autor presenta acontecimientos similares indefinidamente reiterados. La banalización alcanza a todo: a los decorados (escuetos o inexistentes), a los personajes (sin individualidad definida), a los gestos (inacabados o repetidos), al espacio y a la palabra misma (frases planas, sin estilo, largos silencios). La reducción del lenguaje llega a su plenitud en *Acto sin palabras I y II* (1957-1959) y *Breath* (1971), donde toda la trama descansa sobre un ruido a medio camino entre el bostezo y el grito ahogado.

4. El neorrealismo italiano

La literatura italiana contemporánea debe esperar hasta la década de los treinta para encontrarse con una corriente narrativa moderna sólida. En 1930, el crítico Arnaldo Bocelli hablaba por primera vez de neorrealismo para definir a un grupo de autores que analizaban el contexto social a través de un objetivismo psicológico y subrayaban su alejamiento de planteamientos exclusivamente estilísticos o formales.

Los neorrealistas eligen como ejemplo a los narradores norteamericanos: Melville, Hemingway o Faulkner. Para Cesare Pavese, América representaba una literatura íntimamente ligada al hombre, creadora de nuevos mitos con la energía e intensidad de símbolos primordiales. Vittorini señalaba el vitalismo de la cultura americana, que permitía renovar las tradiciones academicistas y enfrentarse a la hipocresía convencional.

Los neorrealistas no formaron un grupo compacto y homogéneo; en realidad crearon una atmósfera común, una actitud humana que cada uno interpretaría a su manera. El común denominador es la adopción de una **actitud pragmática, ético-política**, frente a la exclusivamente preocupación estética. Tienen la convicción de que la palabra debe ayudar al hombre al que se dirige. Nada mejor para ello que recurrir al **documental y la crónica**, dos géneros que permiten la visión inmediata del objeto que se quiere modificar, de ahí su decantación por la naturalidad y la espontaneidad de lo captado.

Entre los escritores neorrealistas los más destacados son **Elio Vittorini, Cesare Pavese** y **Alberto Moravia**.

Obreros italianos en bicicleta, de Alexander Deineka.

4.1. Elio Vittorini

Elio Vittorini ((1908-1966) desarrolla una importante labor de difusión y apoyo de los postulados neorrealistas a través de una colección, «I gettoni», en la editorial Einaudi, y de una revista *Il Menabó*. Tras su primera novela, *El clavel rojo* (1931), escribe una obra importante, *Conversaciones en Sicilia* (1941), donde se embarca en un viaje de recuperación de tiempos y espacios perdidos que expresa un sentimiento profundo de solidaridad con los hombres.

La guerra se refleja en *Hombres o no* (1945), que funde tonos épicos y tensión lírica. En esta novela el autor interviene en el relato con marcas tipográficas a través de la cursiva e interpreta los hechos dándoles su exacta dimensión y su posible repercusión en la historia del hombre.

Vittorini se va desencantando de la realidad y en *Las mujeres de Messina* (1949) utiliza la ironía y la crítica incisiva para denunciar a una sociedad que no asume sus compromisos esenciales.

4.2. Cesare Pavese

El poeta y novelista **Cesare Pavese** (1908-1950) adopta una actitud de rechazo del excesivo provincianismo y busca una pauta vital y estética arraigada en los escritores norteamericanos, a los que tradujo con asiduidad (Melville, Dos Passos, William Faulkner, John Steinbeck). *De tu tierra* (1941) fue señalada como ejemplo de la poética neorrealista inspirada en una problemática social. De esa época es su primer poemario, ***Trabajar cansa*** (1943), que contiene una poesía narrativa de tono coloquial que se aleja del hermetismo.

Durante la guerra los fascistas lo confinaron en Brancaleone Calabro, experiencia que relata *En la cárcel* (1949). Cuando la guerra acaba, se entrega a una actividad creativa incansable intentando hallar una respuesta a su angustia existencial. De soledad se tiñe *El Camarada* (1947), y *Diálogos de Leucó* (1947) le impulsa a entablar un diálogo con los viejos protagonistas del mito: Edipo, Tiresias, Safo y Calipso. Se suceden magníficas novelas: ***El diablo en las colinas*** (1949), *La luna y las fogatas* (1950). Desgraciadamente, no consigue paliar su angustia y escribe el poemario *Vendrá la muerte y tendrá tus ojos* (1951) antes de su suicidio en una habitación de hotel. De forma póstuma aparecerá, entre otras obras, su diario ***El oficio de vivir*** (1952).

4.3. Alberto Moravia

Alberto Moravia (1907-1990) publica una novela fundacional, ***Los indiferentes*** (1929), que ofrece una violenta y lúcida denuncia moral de la burguesía. Se vale de un realismo descarnado con notas sombrías para delinear un cuadro de convenciones, mezquindades y ambiciones inútiles donde parece que la única escapatoria posible es la hipocresía. Moravia tiende así al antilirismo, a la negación de toda clave sentimental y a un lenguaje de marcado antirretoricismo.

Alberto Moravia.

Moravia inicia una labor periodística como corresponsal en distintos países. Sus crónicas le enfrentan con el régimen fascista de su país y sufre persecución. Esto le obligará a adoptar una expresión indirecta, utilizando la alegoría, la sátira o la analogía para eludir la censura. En esos años publica *Mascarada* (1938) y *Los sueños del vago* (1940), obras que documentan con gran precisión la condición de la sociedad italiana en los años treinta.

A continuación escribirá algunas de sus obras más conocidas: ***La romana*** (1947), *La desobediencia* (1948) y *El amor conyugal* (1949). Mientras el neorrealismo despliega sus principios de vitalismo, compromiso y fe en una posible recuperación vital, social y política, Moravia participa de su clima ilusionado, pero conservando su sentimiento de pesimismo frente a la humanidad. Cuando los ecos del movimiento se apagan, escribe teatro, se interesa por el fenómeno cinematográfico y reanuda su trabajo como corresponsal de diferentes periódicos.

5. El *nouveau roman* francés

A partir de los años cincuenta la narrativa francesa desarrolla un nuevo impulso renovador con el *nouveau roman*. Para entender este nuevo enfoque novelístico, es preciso relacionarlo con uno de los cambios sociales llevado a cabo en Francia por esas fechas: la progresiva pasividad de los individuos inmersos en un sistema consumista. Es lo que suele llamarse cosificación o también *reificación* (del latín *res*, cosa).

Esta mentalidad, muy extendida entre los franceses a principios de la segunda mitad del siglo XX, es responsable de la concepción de un nuevo «realismo» en el que el objeto pasa a ser punto de mira exclusivo por parte de los novelistas. En ese sentido, el *nouveau roman* aparece como una reacción en contra del Existencialismo que, por aquel entonces, daba en la literatura prioridad al «mensaje» y al discurso comprometido.

El *nouveau roman* se desmarcaba de la tradición por una serie de orientaciones que se pueden sintetizar de la manera siguiente:

- **El novelista deja de ser omnipresente**; tiene que desaparecer del relato y limitarse al papel de narrador anónimo.

- **Los personajes se reducen a una conciencia**, de ahí que, en la mayoría de los casos, el papel de éstos se confunda bien con una mirada, como en *Los celos* de Nathalie Sarraute, bien con una voz, como en las obras de Beckett y de Butor.

- El relato ha de reflejar el **desorden ilógico propio de la vida**.

- **El marco espacio-temporal está en función de la experiencia humana** y ésta nos dice que actúa con movimientos tanto hacia atrás como hacia delante. Así, por lo que se refiere concretamente al tiempo, Robbe-Grillet lo reduce a 24 horas en *El mirón*, mientras que a Butor le basta una hora en *Grados*. En cuanto al **espacio**, suele ser, por lo general, **muy limitado**: una ciudad en *El empleo del tiempo* de Butor y en *En el laberinto* de Robbe-Grillet; un tren en *La modificación* de Butor; una plazuela en *El Square* de M. Duras; o el plano de una mesa de banquete en *La cena en la ciudad* de Claude Mauriac.

- Lo que es preciso modificar en la novela para asegurar su evolución no es el contenido sino la forma. Ello explica la necesidad de recurrir a un **nuevo tipo de escritura** totalmente distinto de las técnicas tradicionales.

- **El lector también ha de implicarse en este proceso**; no puede seguir pasivo ante la novela; debe, por el contrario, participar en su creación como quien averigua un enigma o descifra un secreto.

ROBBE-GRILLET Y EL *NOUVEAU ROMAN*

Alain Robbe-Grillet fue el principal teórico y animador del movimiento *nouveau roman* caracterizado por un grado de objetividad extremo en el que el autor no interviene con las situaciones o los personajes y donde a menudo los personajes son solo espectadores de un mundo de objetos que parecen cobrar el principal valor.

La labor cinematográfica de Robbe-Grillet se inicia trabajando como guionista en *El año pasado en Marienbad* (1961), dirigida por Alain Resnais, y fue él mismo director de cine, destacando en su filmografía películas como *El inmortal* o *Jugar con fuego*. Se puede decir que el cineasta aplica a sus novelas las técnicas propias del séptimo arte haciendo que el narrador se confunda con el frío y omnipresente ojo de la cámara.

Miembro de la Academia Francesa de la Lengua el 25 de marzo de 2004, Robbe-Grillet falleció a los 85 años de edad el 18 de febrero de 2008 a causa de una crisis cardíaca.

5.1. Nathalie Sarraute

La primera en intervenir cronológicamente en el escenario literario es **Nathalie Sarraute** (1900-1999). Tras plantear el tema de la imposibilidad de aprehender la realidad profunda de los seres siguiendo las técnicas novelísticas tradicionales, propone rebasar la pura apariencia conversacional de los protagonistas. Sarraute se centra, por tanto, en «**la subconversación**»: gestos, entonaciones, silencios, etc., que matizan o, incluso, contradicen las palabras y que permiten al escritor y al lector levantar la máscara de los personajes. Se trata, pues, de alcanzar la realidad humana a partir de deducciones sobre el comportamiento verbal de los protagonistas y, luego, reflejarlo en la novela.

Sus principales obras son *Tropismos* (1938), *Martereau* (1953), *La era del recelo* (1956), *El planetario* (1959) y *Los frutos de oro* (1962).

5.2. Alain Robbe-Grillet

El novelista y cineasta **Alain Robbe-Grillet** (1922-2009) rompe las reglas literarias desde su primera novela, *Un regicidio* (1949). Sus novelas se caracterizan por su empeño en presentar las cosas y los seres en su más desnuda realidad. Este enfoque lo lleva a un **objetivismo «matemático»** en el que el relato, desprovisto de toda identidad personal y afectividad, adquiere una apariencia de realidad estrictamente material. Es cierto que con este escritor el análisis psicológico queda desplazado por la descripción de los actos, gestos y obsesiones de sus personajes.

La innovación también afecta a la estructura externa de sus novelas, casi siempre calcadas del género policiaco: son relatos que se enrollan sobre sí mismos en lugar de desarrollarse en torno al eje central –el crimen–. Es el caso concreto de *Las gomas* (1953), *El mirón* (1955), *Los celos* (1957) y El laberinto (1959).

5.3. Michel Butor

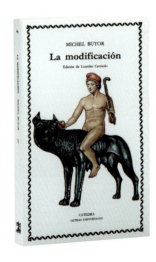

Con **Michel Butor** (1926) entramos en otra dimensión del *nouveau roman*. Para él, lo que cuenta es cómo resolver el problema del movimiento, es decir, de la vida enmarcada en el espacio y en el tiempo. Este original enfoque le lleva a reflexionar sobre las estructuras de la novela y llega a la conclusión de que para abarcar toda la realidad circundante es preciso describirla desde distintos ángulos. Así, *El empleo del tiempo* (1956), el relato en el que el narrador va recordando los episodios que han constituido su vida, se ve enriquecido por el constante vaivén de su pensamiento entre el presente y el pasado. Lo mismo ocurre en *La modificación* (1957), la novela más popular de Butor. Narra la historia de un parisino que va a Roma en busca de su amante para vivir con ella en la capital francesa. Mientras el tren se aproxima a Roma –el viaje simboliza el desarrollo lineal del tiempo y del espacio– el protagonista se recrea dejando vagabundear su pensamiento entre el pasado, el presente y el futuro. Al final, decide regresar solo a París. En *Grados* (1960) se dedica a analizar la misma hora de clase vista desde dos perspectivas, la de los alumnos y la del profesor.

5.4. Marguerite Duras

El caso de **Marguerite Duras** (1914-1996) es también atípico. Se inicia en la literatura siguiendo los planteamientos tradicionales; sin embargo, a partir del año 1953 sus novelas parecen amoldarse a las directrices del *nouveau roman*. Nos referimos a *El Esquare* (1955), *Moderato cantabile* (1958), ***El amante*** (1983) y *La lluvia de verano* (1990). También ha escrito para el cine (*Hiroshima mi amor, 1959*) y, con menos fortuna, para el teatro.

Los temas predilectos de esta escritora son el encuentro entre dos personas y el progresivo desarrollo de la pasión entre ambas; de ahí que sus novelas sean estáticas con una trama simplísima como en *El Esquare,* que relata, –como era de prever–, el encuentro en un parque entre una criada y un buhonero. Cuenta sus vidas en términos conmovedores, y cuando han terminado sus confidencias se separan como si nada hubiese ocurrido entre ellos, ni siquiera unas horas de desahogo intimista.

Marguerite Duras.

La *nouvelle vague*

Otro producto cultural francés de primer orden coetáneo del *nouveau roman* es el movimiento cinematográfico de la *nouvelle vague*. Con ese nombre se designa a un conjunto de escritores y críticos de la revista *Cahiers du Cinema* (fundada en 1951) que deciden dar el salto a la dirección cinematográfica. Entre sus componentes destacan François Truffaut, Jean-Luc Godard, Jacques Rivette, Eric Rohmer o Claude Chabrol. La mayoría de ellos son auténticos cinéfilos que quieren dar un cambio a la forma de hacer cine en Francia. Buscan la verosimilitud con la cámara al hombro, sin iluminación artificial; creen en la espontaneidad y en la necesidad de cierta dosis de improvisación a la hora de filmar. 1959 es el año clave del grupo. Se estrenan *Los 400 golpes* de Truffaut, *Hiroshima mom amour* de Alain Resnais y *Al final de la escapada* de Godard.

6. Narradores alemanes de posguerra

Alemania fue la gran derrotada en la Segunda Guerra Mundial. La literatura tampoco fue ajena a la debacle. La llegada del nazismo al poder provocó la huida de escritores de ascendencia judía y de aquellos que no compartían la política del Tercer Reich.

Elias Canetti (1905-1994), un judío sefardita nacido en Bulgaria que escribió toda su obra en alemán, fue uno de los que se salvaron huyendo a Londres. Antes publica su novela más conocida ***Auto de fe*** (1936). La novela cuenta la historia de un erudito arrancado de su mundo privado, de su biblioteca-orbe, por la presencia de una mujer. En el exilio termina de escribir *Masa y poder* (1960), un ensayo que indaga sobre el fenómeno del nacionalsocialismo y que le llevó tres décadas. Ademas Canetti escribió miles de aforismos, sentencias y textos fragmentarios que son los que le han dado más fama.

NÚCLEO V: Edad Contemporánea

Ernst Jünger (1895-1998) es una figura un tanto incómoda en el panorama literario alemán por su espíritu militarista, por su idealización de la guerra –*Tempestades de acero* (1920)–, que le llevó a participar en la Primera Guerra Mundial, y por su apoyo inicial al nazismo, lo que le impedirá publicar después de la contienda. El escepticismo de Jünger, que va ganando terreno con los años, le conduce a un humanismo desencantado. Después de años de ostrascismo y retiro su figura se agranda a partir de la década de los ochenta. Sus obras más destacadas son *Sobre los acantilados de mármol* (1939), *Números y dioses* (1973) y *Eumeswil* (1979).

Las generaciones posteriores a estos dos grandes escritores se encuentran con un país derrotado que tiene que hacer literatura de las ruinas y superar el sentimiento de culpa tras tanta destrucción y muerte. Surge entonces el **Grupo 47**, que además de intentar revitalizar la literatura de posguerra se plantea instruir al público alemán sobre la democracia después del nazismo. Los miembros más destacados del grupo son Heinrich Böll, Ingeborg Bachman, Martin Walser y Günter Grass.

Heinrich Böll (1917-1985) se vale de un tradicional realismo crítico para narrar las penurias de la guerra y de la posguerra en sus colecciones de relatos *El tren llegó puntual* (1949) y *Y no dijo una sola palabra* (1953) respectivamente. A partir de los sesenta, Böll inicia una nueva etapa donde defiende la libertad individual frente a una sociedad alienante en ***Opiniones de un payaso*** (1963), cuyo protagonista inicia la serie de personajes marginales e incomprendidos que son tan frecuentes en las novelas de este período. En *Retrato de grupo con señora* (1971) critica la hipocresía de la sociedad alemana y en *El honor perdido de Katharina Blum* (1974) critica el periodismo sensacionalista.

Günter Grass (1927) es el máximo representante del Grupo 47. En sus novelas repasa la historia reciente de Alemania y el nazismo. Pese al enfoque realista e histórico, abundan en su literatura elementos que distorsionan y deforman ese realismo: lo grotesco y satírico, el humor y la fantasía. Grass alterna novelas de gran extensión con narraciones breves. Cada una de esas grandes novelas está marcada por los acontecimientos de una determinada época. Los cincuenta se reflejan en ***El tambor de hojalata*** (1959), la siguiente década queda retratada en *Años de perro* (1963); *El rodaballo* (1977) es su aportación a los setenta y *La ratesa* (1986) se sitúa en la década de los ochenta.

Argumento de *El tambor de hojalata*

Grass construye una alegoría sobre la Alemania del nazismo y de la Segunda Guerra Mundial. Oskar, el protagonista, es un niño que a los tres años decide que ya no va a crecer más disgustado por el comportamiento de los adultos. En su aniversario le regalan un pequeño tambor de hojalata que toca incesantemente y del que no se separa. Cuando alguien quiere quitárselo, el niño grita tan alto que rompe los cristales. En 1959 fue llevada al cine por Volker Schlöndorff, quien logró el Óscar a la mejor película extranjera y la Palma de oro del festival de Cannes.

Es cuento largo (1996) es una novela mosaico que rastrea la historia de Alemania desde la revolución de marzo de 1848 hasta la caída del muro de Berlín y la unificación con el desencanto que vendría después. Con cada una de sus obras la figura de Grass como guía moral y referente del intelectual comprometido con su tiempo se ha ido acrecentando aunque la publicación de su autobiografía **Pelando la cebolla** (2007) ha minado su imagen ante la confesión de que militó en su juventud en las filas de la temible SS.

La última gran aportación del caudal de la cultura alemana al torrente de la literatura universal es **W. G. Sebald** (1944-2001) que desarrolló una obra corta pero excepcional truncada por una muerte prematura. Comienza siendo un autor de culto que a los cuarenta y seis años publica su primera novela, *Vértigo* (1990). En cada uno de sus libros va ganando adeptos hasta alcanzar un reconocimiento general con títulos como **Los anillos de Saturno** (2000) o *Austerlitz* (2002). Sus libros son una mezcla de crónica de viajes, narrativa, reportaje y ensayo que busca iluminar la condición humana y la evolución de la cultura.

Los otros «alemanes»

Una de las grandezas de la lengua y la cultura alemanas es la amplitud de sus fronteras. Países como Austria o Suiza han aportado autores de reconocido prestigio. Del primero hay que señalar al dramaturgo y novelista **Thomas Bernhard** (1931-1989), quien mantiene una visión muy crítica de su país. Sus novelas (*Trastorno*, 1966; *Extinción*, 1986) y su saga autobiográfica (*El origen*, *El sótano*, etc.) expresan la incomunicación y la angustia del hombre contemporáneo. Otro escritor destacado es **Peter Handke** (1942), que conserva de su experimentalismo inicial una gran preocupación por el lenguaje (*El miedo del portero ante el penalti* (1970), *Carta breve para un largo adiós*, 1972). Durante las guerras balcánicas de la década de 1990 fue muy polémica su adhesión a la causa serbia.

En cuanto a los escritores suizos que escriben en alemán destacan Max Frisch y Friedrich Dürrenmatt. **Max Frisch** (1911-1991) es autor de una obra original que gira en torno al problema de la libertad y a las relaciones entre el individuo y la colectividad. Su novela más famosa, *No soy Stiller* (1964), es una crítica a la sociedad suiza y el drama *Andorra* (1961) es una interesantísima indagación sobre el fenómeno del nacionalsocialismo. **Friedrich Dürrenmatt** (1921-1990) adopta en cambio un tono sarcástico al presentar un mundo dominado por el azar y el mal. Las obras escépticas de este dramaturgo denuncian la falsedad y la ambigüedad moral del mundo actual: *Los físicos* (1962), *La visita de la vieja dama* (1965). Como narrador, merecen destacarse sus divertidas parodias policíacas *Griego busca griega* (1955) y *La promesa* (1958).

7. Los jóvenes airados ingleses

A mediados de los cincuenta, mientras París ardía por las provocaciones y el atrevimiento escénico de la primera hornada de autores del absurdo, en el teatro inglés también corrían vientos de cambio, aunque no tan extremos como los del el continente. Tradicionalmente se ha considerado el año 1956 como el comienzo de una nueva etapa del teatro inglés. El 8 de mayo se estrena la obra de **John Osborne** (1929-1994) *Mirando hacia atrás con ira*. El estreno no atrajo mucha atención, pero la aparición de un fragmento en la televisión provocó llenos en el teatro y el protagonista de la obra, Jimmy Porter, se convirtió en portavoz de toda una generación. A partir de ahí **la ira pasó a ser un *leitmotiv* de la literatura inglesa.**

Aunque la carrera de Osborne siguió unos derroteros más tradicionales y conservadores, su primera obra impactó por el individualismo de los personajes masculinos y por el ansia de una sociedad menos conformista.

NÚCLEO V: Edad Contemporánea

Argumento de *Mirando hacía atrás con ira*

Jimmy vive con su mujer Alison y su amigo Cliff en una ciudad de provincias. Él ha tenido una educación universitaria pero ha trabajado en diversos oficios. Ella está embarazada pero no se atreve a decírselo. Helena, una amiga común, convence a Alison para que regrese junto a su familia. Al comienzo del tercer acto, Jimmy y Cliff se dedican a leer periódicos y Helena ocupa ahora el lugar de su amiga. Alison pierde el hijo que esperaba y regresa junto a Jimmy. La trama es tremendamente simple pero lo nuevo es la atmósfera de tedio y claustrofobia de una anodina vida gris y la agresividad verbal del protagonista.

Sus obras posteriores –*El animador* (1957), *El hotel de Amsterdam* (1968) o *Prueba inadmisible* (1965)– no le reportaron la misma fama que la primera y los otros dramaturgos del grupo como Arnold Wesker o John Arden lo criticaron por haberse vendido al sistema.

Es posible que el dramaturgo más influyente y decisivo de la generación de 1956 sea **Harold Pinter** (1930-2008), que encaja cronológicamente en el grupo a pesar de que su obra difiere de la de Osborne y Wesker. Ya en su primera obra, ***La habitación*** (1957), se detecta el influjo de Beckett y el teatro del absurdo. Esta pieza en un acto contiene varios temas básicos que se repetirán a lo largo de los años: la reproducción del lenguaje cotidiano, la presentación de una situación anodina que poco a poco se tiñe de amenaza, miedo y misterio, y la omisión deliberada de una explicación. De aquí proviene la denominación de *comedia de amenaza* para referirse a este tema obsesivo de Pinter. Es el caso de *La fiesta de cumpleaños* (1958), ***El guardián*** (1959), *Silencio* (1968).

En la década de los sesenta surgió una segunda «ola» de dramaturgos que renovaron, todavía más, el panorama teatral inglés. A la cabeza de ellos está **Tom Stoppard** (1937), que se dio a conocer en el Festival de Edimburgo de 1966 con ***Rosencrantz y Guildenstern han muerto***, una versión de Hamlet vía Beckett en la que los dos personajes secundarios del original de Shakespeare se convierten en espectadores impotentes de la tragedia. Esta es una de las características definitorias de su teatro, la referencia a la tradición literaria inglesa pero con un tratamiento muy original.

Stoppard muestra un enorme interés por cuestiones filosóficas tales como los problemas de la identidad individual, el contraste entre apariencia y realidad y la viabilidad de los juicios morales, temas que vierte en unas piezas con planteamientos dramáticos bastante imaginativos, como en *Travesties* (1974). Con posterioridad, el teatro de Stoppard abandona las pirotecnias verbales y adopta una actitud comprometida en defensa de los artistas vejados por los estados totalitarios (*Every good boy deserves favour*, 1978; *Cahoot's Macbeth*, 1979; *Night and Day*, 1978).

Tom Stoppard.

8. La narrativa norteamericana

Como ya se ha visto al comienzo de este tema, los novelistas de la «generación perdida» sitúan la narrativa de los Estados Unidos en primera línea de la literatura universal. Pero no son los únicos exponentes. A partir de la década de los treinta, la literatura de esta sociedad multiétnica empezará a «teñirse» de colorido con la narrativa judía, afroamericana y sureña, con William Faulkner a la cabeza.

8.1. William Faulkner

William Faulkner (1897-1962) es coetáneo de la «generación perdida» pero su perfil no se ajusta al de los componentes de dicho grupo literario. Cuando comienza a publicar a mediados de los veinte, el *viejo Sur* americano es todavía una realidad distinta a la del resto del país. Esta situación parecía abocar a Faulkner a una escritura regionalista, pero el novelista supera lo local y muestra **un fresco grandioso de la condición humana**. No deja de ser paradójico que uno de los escritores más sedentarios de su generación —él se consideraba un granjero que escribía— cubra el espectro humano más amplio.

William Faulkner.

A diferencia de Hemingway y Fitzgerald, Faulkner no gozó de la aceptación crítica y popular. Sus primeras obras, *La paga del soldado* (1926), la típica novela del soldado que regresa de la batalla, y *Mosquitos* (1927), sobre la bohemia de Nueva Orleans, pasaron inadvertidas. Incluso cuando en 1929 publicó su primera obra maestra, *El ruido y la furia*, el vacío crítico fue total. El reconocimiento le llegaría después de la Segunda Guerra Mundial con la concesión del premio Nobel de literatura en 1949

Después de unos comienzos tradicionales, Faulkner inicia una tarea titánica: **la creación de un microcosmos, el condado de Yoknapatawpha**, trasunto imaginario de su tierra natal. Poco a poco lo irá poblando de clanes familiares como los Compson, los Snopes o los McCaslin, y sus vidas irán entrelazándose en muchas de sus novelas a partir de *Sartoris* (1929). En su mayoría son familias blancas decadentes, con héroes fuera de la ley o simples desheredados de la fortuna. A través de la ruptura de esos clanes Faulkner ilustra y describe la decadencia del sur tradicional, siempre oprimido por la carga del pasado.

El ruido y la furia (1929) —título que alude al *Macbeth* de Shakespeare— es la primera novela en la que el escritor pondrá en práctica recursos formales más atrevidos. Faulkner fusiona la novela sureña clásica, influenciada por Mark Twain, con la forma experimental moderna, especialmente la fractura del tiempo histórico y el uso del monólogo interior. La primera complejidad de esta obra radica en que es una novela a cuatro voces.

Más compleja es la siguiente novela, *Mientras agonizo* (1930), en la que se suceden cincuenta y nueve monólogos interiores de quince personajes.

Argumento de *Mientras agonizo*

Addie Bundren yace agonizante mientras que sus hijos y su marido aguardan el momento de su muerte y se preparan a cumplir su voluntad de ser enterrada en el cementerio de Jefferson junto a sus antepasados. Externamente, la novela es el relato de un viaje largo y tortuoso en el que se desatan las fuerzas de la naturaleza y en el que a veces es más difícil preservar el cadáver que la propia vida. Aunque todos señalan que el motivo del viaje es cumplir con la voluntad de la difunta, cada uno tiene sus propios objetivos inconfesados para acudir a la gran ciudad.

La ingente producción novelística de Faulkner sugiere que el Sur no es sólo un lugar geográfico, sino un estado mental que va diseccionando, ya sea en novelas con progresión narrativa lineal como *Santuario* (1931) y *Luz de Agosto* (1932) o en tramas más complejas como *¡Absalón, Absalón!* (1936), a la que muchos críticos consideran como una de sus mejores novelas.

En 1940 inicia la elaboración de su trilogía sobre los Snopes que se extenderá a lo largo de varias décadas: *El villorrio* (1940), *La ciudad* (1957) y *La mansión* (1959). En medio de esta crónica familiar Faulkner publica otra obra importante, **Desciende Moisés** (1942).

A diferencia de los otros dos novelistas señeros de la literatura norteamericana de la primera mitad del siglo XX —Fitzgerald y Hemingway— Faulkner continuó su magisterio después de la Segunda Guerra Mundial con obras que le consolidaron como el escritor más influyente del panorama literario: *Intruso en el polvo* (1949), *Réquiem por una monja* (1951) y **Los rateros** (1962) ponen punto final a una vasta producción donde confluyen la experimentación formal, el barroquismo estilístico y sobre todo una visión profunda de la condición humana.

8.2. Voces del sur

El enorme peso literario de William Faulker se dejará sentir en un grupo de narradores que comparten una visión trágica de la vida y el estigma del pasado. Son novelistas de gran patetismo expresivo como **Carson McCullers** (1917-1967), autora de *El corazón es un cazador solitario* (1940), *Reflejos en un ojo dorado* (1941), *La balada del café triste* (1951) y *Reloj sin manecillas* (1961). **Flannery O'Connor** (1925-1964) se inclina hacia los temas espirituales debido a sus sólidas creencias católicas (*Sangre sabia*, 1952). **Truman Capote** (1924-1984), que sólo se consideraba sureño de nacimiento, también suele incluirse en este grupo de escritores, sobre todo con sus obras *Otras voces, otros ámbitos* (1948), novela de iniciación de un muchacho que se debate contra las presiones de una atmósfera inquietante; *El arpa de hierba* (1951), que transcurre en una pequeña población sureña, en medio de una exaltación contrastada de las voces de la naturaleza, y *Un árbol de la noche* (1949), colección de relatos caracterizados por la presencia de lo onírico y lo simbólico. A partir de su marcha a Nueva York, su estilo se ajusta a las exigencias de la narración corta y del periodismo. En esta etapa escribió las novelas que le dieron más fama: *Desayuno en Tiffany's* (1958) y *A sangre fría* (1966), la macabra reconstrucción de un horrendo crimen. El último gran escritor sudista es **William Styron** (1925-2006), que con *Tendidos en la oscuridad* (1951) alcanzó la consideración de discípulo más aventajado de Faulkner. Luego vendrían *Las confesiones de Nat Turner* (1967), sobre una revuelta antiesclavista en 1831, y **La decisión de Sophie** (1976), que trata el tema del Holocausto.

8.3. Narrativa judía

La comunidad judía ha tenido una presencia muy activa en la vida norteamericana desde sus orígenes. La narrativa judía de los años cuarenta y cincuenta amplía el punto de mira de los emigrantes de principios de siglo, hasta entonces centrados en lo local. Ahora se intenta describir las angustias y los temores del hombre contemporáneo, es decir, lo que el poeta W. H. Auden llamó la «**edad de la ansiedad**» posterior a la Segunda Guerra Mundial. El mejor instrumento que tienen a mano los novelistas es el realismo, eso sí, tamizado por la influencia europea de Kafka y de los existencialistas franceses. De esta forma en la novela judía se dan la mano la neurosis y la alienación, la soledad y la amargura, todo ello presidido por la búsqueda obsesiva de unos valores en medio del materialismo y la opulencia.

En la transición entre la literatura de la emigración y la de la alienación se sitúa **Isaac Bashevis Singer** (1904-1991), una figura peculiar dentro de los narradores judíos. Escritor polaco en lengua *yiddish*, nació en el seno de una familia de rabinos y pasó su infancia en Varsovia. En 1935 marchó a Estados Unidos y posteriormente adoptaría la ciudadanía norteamericana. Su obra es una evocación crítica y emocionada de las pequeñas comunidades judías rusas y polacas con su obsesión por el *pogrom*, la moralidad altiva y sus actitudes religiosas. Destaca especialmente la trilogía formada por *La familia Moskat* (1950), *La mansión* (1967) y *Los herederos* (1969). En 1978 recibió el premio Nobel de Literatura.

El escritor judío más influyente es **Saul Bellow** (1915-2005). Nació en Canadá pero se trasladó de niño a Chicago. Su primera novela, *Hombre en suspenso* (1944) es una obra rupturista en muchos sentidos. En primer lugar se aleja de la novela tradicional norteamericana representada por Hemingway, Dos Passos o Faulkner, y se acerca a Dostoievsky y Kafka. En cierto sentido nos remite a *La náusea* de Sartre y a *El concepto de la angustia* de Sören Kierkegaard.

Bellow continúa esta labor introspectiva que ha iniciado en su siguiente novela, *La víctima* (1947), donde trata dos temas muy recurrentes en la narrativa judía: el sentimiento de culpabilidad y el victimismo. Le siguen *Las aventuras de Augie March* (1953), *Carpe Diem* (1956) y *Henderson, el rey de la lluvia* (1959). Siguiendo esta senda cronológica se llega a una de sus obras cumbres, *Herzog* (1964).

Posteriormente Bellow continuará publicando una serie de sólidas novelas: *El planeta de mister Sammler* (1970), *El legado de Humboldt* (1975), *El diciembre del Dean* (1982). La narrativa de Bellow se va orientando hacia espacios cada vez más inhóspitos, el escepticismo de sus héroes es ya enfermizo y la posibilidad de un cambio muy remota. Las últimas obras, *Algo para ser recordado* (1992) y *La verdadera* (1998), son más breves y ligeras, pero en todas ellas Bellow rastrea en pos del conocimiento de los problemas del espíritu humano, «la misteriosa circunstancia del ser» en palabras del novelista.

Argumento de *Herzog*

Esta novela relata la necesidad de apoyo afectivo que tiene un profesor universitario que vive en Nueva York en un mundo literario basado en la erudición y los datos. Ha padecido dos divorcios pero todavía ansía compañía femenina. En su mente se funde el monólogo interior de Joyce con los métodos de Faulkner; no puede vivir sin el hecho de ir narrando en su imaginación una novela fascinante y escribir cartas a personajes históricos e incluso al mismísimo Dios. El protagonista termina abatido, cansado de la literatura. He aquí, pues, un héroe que analiza obsesivamente toda una serie de temas: la ruptura imposible con la ciudad, la necesidad de entrar en el Paraíso, el viaje a la Arcadia, el sentido de la culpa o la vaciedad intelectual.

EL ESCRITOR INVISIBLE

En la década de los cincuenta aparece la figura de **Jerome David Salinger** (1919). Aunque de ascendencia judía, su obra no se inserta en esta narrativa. En 1951 publica *El guardián entre el centeno*, un libro fundamental en la literatura norteamericana del siglo XX. La novela provocó gran controversia por su lenguaje provocador y por reflejar las ansiedades y los temores de un adolescente. El protagonista, Holden Caulfield, relata en primera persona los días posteriores a su expulsión de la escuela mientras deambula por Nueva York antes de enfrentarse a sus padres. Posteriormente Salinger escribiría *Nueve cuentos* (1953), *Franny y Zooey* (1961) y una serie de novelas cortas. El último libro que ha publicado, *Hapworth 16, 1924* data de 1965. Desde entonces el escritor ha desaparecido de la escena literaria y no concede entrevistas en su afán de mantener la privacidad.

Tras la muerte de Bellow el testigo de la narrativa judía norteamericana recae en **Philip Roth** (1933), un escritor heterodoxo alejado de las preocupaciones religiosas. El reconocimiento literario le llega con su tercera novela, *El lamento de Portnoy* (1969) donde muestra que escribe sin ataduras y se burla de lo más sagrado creando personajes grotescos. La época más fértil de Roth llega en la década de los noventa cuando publica su *Trilogía americana* compuesta por *Pastoral Americana* (1997), *Me casé con un comunista* (1998) y *La mancha humana* (2000). Una de sus últimas obras *La conjura contra América* (2004) es una novela de política ficción en la que el presidente de Estados Unidos se alía con la Alemania nazi.

8.4. Narrativa afroamericana

La irrupción de la voz afroamericana en la literatura de Estados Unidos ha corrido paralela a la de la comunidad judía, aunque el reconocimiento crítico y de los lectores ha tardado más en llegar. La primera edad dorada surge en los años veinte con el llamado **Renacimiento de Harlem**, que se convierte en la capital mundial de la negritud. Comienza, pues, un descubrimiento no sólo a escala nacional sino internacional de las «artes negras»: los libros, la escultura africana —mérito sobre todo de los cubistas—, la danza y sobre todo la música con el jazz.

La figura más destacada de ese renacimiento literario será **Langston Hughes** (1902-1967), poeta laureado que además escribió sobre los prejuicios raciales pero contra ciertos rasgos de la comunidad negra. Sus cuentos, agrupados en *Los caminos de los blancos* (1934), *Reír por no llorar* (1952) y *Algo en común y otras historias* (1963) están llenos de matices y huyen de cualquier propuesta maniquea. Su novela *No sin hilaridad* (1930) es un bello testimonio sobre la adolescencia de un muchacho negro y sobre la vida de una pobre familia de color en una aldea de Kansas.

El siguiente eslabón en los escritores afroamericanos más emblemáticos es **Richard Wright** (1908-1960), más violento que Hughes y más militante en la causa contra la discriminación racial. Comienza a descollar desde su primera colección de relatos breves *Los hijos del Tío Tom* (1938), pero es en *Hijo nativo* (1940) donde se consagra. Es una novela de gran brutalidad centrada en el tema de la alienación del proletariado del South Side de Chicago. El compromiso político llevará a Wright a posturas más extremas y se convertirá en apologista del *Black Power*.

Langston Hughes y Richard Wright iniciarán a **Ralph Ellison** (1914-1994), famoso por una única novela, *El hombre invisible* (1952), que sin embargo, ha entrado plenamente en el canon norteamericano y es considerada un clásico de la segunda mitad del siglo XX. Es una obra que recrea los incidentes raciales de Harlem y que se caracteriza por el sincretismo cultural heredado: obras clásicas europeas, la literatura afroamericana y su folklore a través de la tradición oral, la mitología nativa americana, los juegos y la poesía infantil.

James Baldwin (1924-1987), hijo de un predicador de Harlem, es otra de las figuras destacadas posteriores a la Segunda Guerra Mundial. En su primera novela, *Dilo sobre las montañas* (1953), expresa la situación del escritor negro marginado. *El cuarto de Giovanni* (1956) refleja la complejidad de un amor dividido entre un hombre y una mujer, y *Otro país* (1962) incide en la misma temática.

Escena de Harlem, de Eduard Burra.

De todas las novelistas afroamericanas, la que ha alcanzado mayor trascendencia es **Toni Morrison** (1931), la primera representante de la cultura afroamericana que obtiene el premio Nobel de Literatura (1993). A lo largo de su obra, Morrison cuestiona algunos mitos bastante enraizados en el subconsciente americano: el culto a lo doméstico, el amor romántico, el estándar de belleza, el capitalismo, la ética protestante del trabajo, la obsesión por la tecnología, el cristianismo y la ciencia. *Ojos azules* (1970) es la historia de una fea muchacha negra que reza por las noches para tener los ojos azules; es violada por su padre y termina en la locura. En *Sula* (1973) plantea la difícil relación de dos mujeres durante cuarenta años. Por su parte, *Beloved* (1988) supone su consagración al obtener el premio Pulitzer. La protagonista es una mujer fugitiva que degüella a su hija para evitarle el suplicio de la esclavitud. Finalmente, *Jazz* (1992) es la crónica del Harlem de los años 20, presidida por la fantasía y un lenguaje muy bello. Al igual que ha ocurrido con otros grandes escritores que escribieron a partir del localismo, Morrison lo ha superado y hoy en día es una de las escritoras más leídas en Estados Unidos.

Toni Morrison.

8.5. La generación *beat*

Los jóvenes norteamericanos no se sienten muy satisfechos de la herencia recibida tras la guerra. En los cincuenta empiezan a dar rienda suelta al **inconformismo** ante una sociedad tan aburguesada y acomodaticia, temerosa de un nuevo Hiroshima y de la caza de brujas del senador McCarthy. Los jóvenes escritores se rebelarán contra esta situación y contra la clase literaria. *Beat* en el argot del jazz significa cansado, golpeado, destrozado. El credo vital del grupo podría resumirse en pocas palabras: vivir rápido, gozar de todo tipo de experiencias y llegar a ser un genio en minúsculas. Encandilaron a los lectores con su denuncia existencial y con el aire fresco que trajeron, y fueron padres naturales del movimiento *hippy*, de la contracultura y de la psicodelia.

Los poetas *beat*

En 1955 en la galería Six de San Francisco tuvo lugar el acto fundacional de la generación *beat* cuando **Allen Ginsberg** (1926-1997) leyó su poema «Aullido». Los poetas *beat* conectaron rápidamente con el ansia de cambio de la juventud estadounidense de ese período, harta de guerra fría, consumismo y paranoias anticomunistas. Utilizaron un lenguaje coloquial sin evitar lo vulgar y lo obsceno y elaboraron una poesía eminentemente oral que era apta para ser recitada en ceremonias multitudinarias y acompañada por melodías de jazz o *bebop*. Otros compañeros de viaje de Ginsberg fueron **Gregory Corso** (1930-2001), un chico conflictivo que se hace poeta autodidacta durante su estancia en la cárcel, y **Lawrence Ferlinghetti** (1919), que escribe una poesía de tono conversacional con un marcado escepticismo.

Pese a ser un movimiento eminentemente poético, el paradigma del movimiento es el poeta y novelista **Jack Kerouac** (1922-1969), un escritor autodidacta que abandonó la universidad para enrolarse en la marina mercante y viajar por todo el país. *En el camino* (1957) es la biblia de toda una generación en la que Kerouac narra ese viaje físico y vital del protagonista de Este a Oeste, hacia San Francisco, que ya vivía a mediados de los cincuenta los inicios de su renacimiento literario. En ese viaje iniciático el novelista va asimilando elementos totalmente dispares: el uso obsesivo de la primera persona, el valor confesional de la literatura, el jazz y el *bebop* como músicas del alma, el uso y abuso de las drogas como puertas hacia otras formas de conciencia y el *zen* como marco ético (*Los vagabundos del Dharma*, 1958).

Otro novelista que habitualmente se incluye, a su pesar, en la lista de miembros de la generación beat es **William Burroughs** (1914-1997), quien no puede negar sus estrechos vínculos personales con miembros destacados como el poeta Allen Ginsberg o Jack Kerouac. En *El almuerzo desnudo* (1959) afronta la disolución del mundo y de las relaciones con la alternativa del mundo de las drogas. Igualmente plantea su desconfianza hacia el lenguaje escrito y hablado en favor de una comunicación subliminal y telepática.

Conocer y saber

LA CAZA DE BRUJAS

En el contexto de la guerra fría, el senador Joseph MacCarthy presidió el llamado Comité de Actividades Antiamericanas del Congreso. Este organismo emprendió una persecución de corte inquisitorial, de ahí el término caza de brujas, contra intelectuales sospechosos de conspirar a favor del comunismo. La sospecha afectó sobre todo a la industria del cine, a guionistas, directores y actores que fueron depurados, condenados o se vieron obligados a salir del país. Este ambiente sofocante de censura y delación ha sido reflejado con fidelidad en obras literarias (*Las brujas de Salem* de Arthur Miller) o cinematográficas (*Caza de brujas* de Irwin Winkler y *Buenas noches, Buena suerte* de George Clooney).

Arthur Miller con sus padres y Marilyn Monroe.

Biografía

CHARLES BUKOWSKI (1920-1994)

Este novelista y poeta es incluido dentro de la generación *beat* por su vida bohemia, pero otros lo consideran el padre del *realismo sucio* por su mirada corrosiva sobre la realidad y el sórdido universo *underground*. La primera novela, *El cartero*, se publica en 1971 cuando empieza a dedicarse profesionalmente a la literatura. Luego vendrán *Erecciones, eyaculaciones, exhibiciones* (1972), *Factotum* (1975) o *Pulp* (1994). Su poesía es menos conocida pero destacan sus antologías *Los días pasan como caballos salvajes sobre las colinas* (1969) y *El amor es un perro del infierno* (1974).

Actividades

> He visto las mejores mentes de mi generación destruidas por la locura,
> hambrientas histéricas desnudas,
> arrastrándose de madrugada por las calles de los negros en busca
> de un pinchazo colérico,
> 5 ángeles rebeldes quemando por la vieja conexión celestial
> hacia la dínamo estrellada en la maquinaria de la noche,
> que pobres y andrajosos y ojerosos y colocados se pasaron la noche fumando
> en la sobrenatural oscuridad de agujeros flotando sobre
> las azoteas de las ciudades contemplando el jazz,
> 10 que vaciaron sus cerebros al Cielo bajo el metro elevado y vieron ángeles musulmanes
> vacilando sobre edificios iluminados,
> que pasaron por las universidades con radiantes ojos descarados alucinando
> Arkansas y la trágica visión de Blake entre los eruditos de la guerra,
> que fueron expulsados de las academias por locos y por publicar
> 15 odas obscenas en las ventanas del cráneo,
> que en calzoncillos y escondidos en sucias habitaciones, quemaron su dinero
> en las papeleras y escucharon el Terror a través de la pared
> [...]
>
> Allen Ginsberg: *Aullido*.

9. ¿Qué panorama de la juventud dibuja Ginsberg?

10. ¿Qué rasgos estilísticos destacarías del poema?

8.6. El Posmodernismo

A medida que nos adentramos en la segunda mitad de este siglo, se van imponiendo nuevos modos de novelar que, sin embargo, no impiden el paso a fabuladores más tradicionales. La narrativa norteamericana de los años cincuenta refleja las reflexiones que se plantean muchos escritores sobre el hecho literario, sobre el carácter mimético de la literatura. Algunos empiezan a **cuestionar el realismo** enfatizando el carácter ficticio de la narración. Es lo que se conoce como **metaficción**, es decir, una autorreflexión sobre el hecho narrativo que abre nuevas vías narrativas.

La cultura *pop* tuvo también un tremendo impacto. La nueva narrativa se nutrirá del mundo del cómic y de géneros hasta entonces marginales como la ciencia ficción, la novela del oeste e incluso la pornografía. La novela deja de lado el análisis de la intimidad y se protege contra cualquier atisbo de lirismo, pretenciosidad o de comentario social. Es una época en la que **se tambalean las fronteras entre los géneros**. Prueba de ello es el *Nuevo Periodismo* de escritores tan destacados como **Tom Wolfe** y **Hunter S. Thompson**, que critican la novela tildándola de aburrida y se apropian de sus métodos para la elaboración de las crónicas: construcción de escena por escena, el uso dramático de los diálogos y la detallada exploración de las costumbres para retratar la época. Defienden un periodismo que no reniega del subjetivismo.

Uno de los mentores de las nuevas concepciones novelísticas es el exiliado ruso **Vladimir Nabokov** (1899-1977), un escritor «extraterritorial» que se establece en Estados Unidos en 1945. Su obra conserva el sentido del absurdo y de la ironía de la tradición rusa (*Invitado a una decapitación*, 1935; *La verdadera vida de Sebastian Knight*, 1941, y *El desprecio*, 1939). La cultura norteamericana le proporciona el material para dos novelas: ***Lolita*** (1955), que trata sobre la obsesión que siente un profesor maduro por una adolescente coqueta, y *Pnin* (1957), de ambiente universitario. ***Pálido fuego*** (1962) convierte la crítica literaria en una composición novelesca laberíntica. Por último, ***Ada o el ardor*** (1969), *Cosas transparentes* (1972) y *Mira los arlequines* (1973) juegan con la memoria y el pasado.

Para los nuevos narradores, los enemigos de la ficción son las convenciones como la trama, los personajes, la ambientación y el tema. Así **John Hawkes** (1925-1998) se sirve de recursos temáticos como el sueño y una psicología perversa para recolocar su narrativa en novelas como ***El caníbal*** (1949) o *Naranjas de sangre* (1971). Parece como si el autor quisiera sacar a plena luz lo más abominable del hombre. La progresión de **John Barth** (1930) ha sido aún más espectacular. Empezó escribiendo novelas existenciales en los cincuenta, hizo experimentos literarios extravagantes en los sesenta hasta llegar a sus últimos trabajos donde predomina el placer de narrar: *La ópera flotante* (1956), ***El plantador de tabaco*** (1960), *Quimera* (1972).

Fotograma de la versión cinematográfica *Lolita* (1997), de Adrian Lyne. Esta novela ya había sido llevada al cine por Stanley Kubrick en 1962.

Kurt Vonnegut (1922-2007) es otro destacado representante de la nueva tendencia. Muy determinante en su carrera será su experiencia como prisionero durante la Segunda Guerra Mundial. *La pianola* (1952) es una especie de utopía del futuro y *Matadero cinco* (1969), una dura proclama contra la guerra. Otras obras conocidas son *Slapstick* (1976), una fantasía *rock*, y *Desayuno de campeones* (1973). Es una narrativa totalmente opuesta a la de **Thomas Pynchon** (1937), para muchos el más excelso representante de la posmodernidad. Es un escritor enigmático que desde muy joven se dedicó a borrar sus propias huellas. Nunca ha concedido entrevistas ni ha promocionado sus novelas. Su estilo narrativo destaca por la complejidad de las tramas en las que el narrador cambia de registros y se distorsionan el tiempo y el espacio. En sus primeras novelas, *V* (1962) y *La subasta del lote 49* (1966), refleja uno de los temas más recurrentes de la literatura de los 60: la pérdida de la autonomía del individuo. Los protagonistas son en su mayoría desposeídos y *outsiders* sobre los que recae todo el peso del sistema político americano, hecho que queda especialmente patente en sus novelas, *Arco iris de gravedad* (1973) y **Vineland** (1990). Su obra es escasa —seis novelas y un libro de relatos— pero es un autor de culto.

8.7. Los últimos narradores

Dentro de la órbita posmodernista se encuentra **Paul Auster** (1947), un autor más popular y más leído en Europa que en su país. Es el novelista del azar, de la soledad y de la identidad. Desarrolla un estilo aparentemente sencillo pero sus novelas esconden una forma compleja con numerosas digresiones, historias intercaladas y metaficción. Su primer éxito editorial le llega con *Trilogía de Nueva York* (1987). Otros títulos destacados son *La música del azar* (1990), *El libro de las ilusiones* (2002), *Viajes por el Scriptorium* (2006), **Brooklyn follies** (2005) y *Un hombre en la oscuridad* (2008).

En las décadas de los setenta y ochenta florece una corriente literaria, la del **realismo sucio**, que llega hasta nuestros días. Los escritores de esta tendencia narrativa son herederos de Hemingway; abogan por un estilo sobrio y conciso en su retrato de la cotidianeidad. El modelo a seguir es **Raymond Carver** (1938-1988), un maestro del relato corto que desarrolla una escritura precisa, casi minimalista, con la que retrata la vida de los perdedores anónimos: desempleados, alcohólicos, divorciados y seres solitarios. Publicó cuatro libros de relatos: *¿Quieres hacer el favor de callarte, por favor?* (1976), *De qué hablamos cuando hablamos de amor* (1981), **Catedral** (1983) y *Tres rosas amarillas* (1988).

Richard Ford (1944-) y **Tobias Wolff** (1945-) son los escritores vivos más destacados de esta corriente realista. Ford es autor de una trilogía básica para conocer la Norteamérica de las últimas dos décadas del siglo XX y la de comienzos del XXI: *El periodista deportivo* (1986), **El día de la independencia** (1995) y *Acción de Gracias* (2007).

Paul Auster.

Por su parte, **Tobias Wolff** se desenvuelve como pez en el agua en el relato breve, donde es un maestro en la narración del detalle mínimo. Uno de los temas predilectos de Wolff es el dilema moral de difícil solución. Destacan sus colecciones de relatos *Cazadores en la nieve* (1981), *De regreso al mundo* (1985), su libro de memorias **Vida de este chico** (1989) y la novela *La vieja escuela* (2003).

Actividades

1. Copia y completa en tu cuaderno el cuadro resumen sobre la literatura del siglo XX.

Siglo XX			
Movimiento	**Rasgos generales**	**Autor**	**Título**
Generación perdida	Autores americanos que vivieron el marasmo de la época convulsa de entreguerras		Adiós a las armas
		Scott Fiztgerald	
			Manhattan Transfer
		e. e. cummings	
Existencialismo	Indagación filosófica tras los horrores de la Segunda Guerra Mundial	Chesterton	
			El tercer hombre
		Saint-Exupèry	
			La condición humana
		Sartre	
			La peste
Teatro del absurdo	Reacción vanguardista a la angustia vital	Genet	
			Todos contra todos
		Ionescco	
			Esperando a Godot
Neorrealismo italiano	Rehumanización a través del realismo	Vittorini	
			El oficio de vivir
		Moravia	
Noveau roman	Objetivismo llevado a sus últimas consecuencias		Tropismos
		Robbe-Grillet	
		Butor	
			El amante
Narrativa alemana de posguerra	Respuestas literarias a la traumática derrota alemana		Auto de fe
		Jünger	
			Opiniones de un payaso
			El tambor de hojalata
		Sebald	
			Trastorno
		Handke	
		Max Frixh	
			Los físicos
Jóvenes airados ingleses	Reacción inglesa a la desorientación de la posguerra	John Osborne	
			La habitación
			Rosencrantz y Guildenstein han muerto

de recapitulación

Siglo XX			
Movimiento	**Rasgos generales**	**Autor**	**Título**
Narrativa norteamericana	Renovación narrativa en Norteamérica		Mientras agonizo
		Capote	
			La mansión
		Bellow	
			La mancha humana
		Salinger	
			Los caminos de los blancos
		Wright	
			El hombre invisible
		Baldwin	
			Jazz
«Generación beat»	Contracultura americana	Kerouac	
			El almuerzo desnudo
		Bukowski	
Posmodernismo	Retorno al orden de la ficción		Lolita
		Hawkes	
			Quimera
		Vonnegut	
			Vineland
Últimos narradores	Herencia posmodernista / Realismo sucio	Auster	
			Catedral
		Ford	
			Vida de este chico

2. Diferencia los mundos novelescos de Hemingway y Scott Fitzgerald.
3. ¿Qué respuestas da el existencialismo al absurdo de la vida?
4. ¿Qué cambios trae el teatro del absurdo a la escena internacional?
5. ¿Es el *nouveau roman* un «neorrealismo»? Justifica tu respuesta.
6. ¿Qué sabes del Grupo 47?
7. ¿Qué es el condado de Yoknapatawpha?
8. ¿Qué lugar ocupa Philip Roth en la narrativa norteamericana actual?

Guía de lectura
El ruido y la furia

1. Autor

William Faulkner (1897-1962) nació en New Albany, en el estado de Mississippi, en el seno de una familia profundamente sureña. Pronto dejó los estudios y se enroló en las fuerzas aéreas de Canadá en la Primera Guerra Mundial, pero no entró en combate. A la vuelta volvió a la Universidad pero la abandonó para dedicarse a escribir viviendo de trabajos ocasionales. En 1925 hizo uno de sus escasos viajes; fue a Nueva Orleans, donde entra en contacto con el escritor Sherwood Anderson, quien le ayuda a encontrar editor para su primera novela *La paga del soldado* (1926). Posteriormente viaja por Europa y a la vuelta inicia sus novelas ambientadas en el condado de Yoknapatawpha. Aunque hoy es reconocido como uno de los escritores más influyentes de la literatura norteamericana, la mayor parte de su vida escribió impulsado por las necesidades económicas. En 1949 se le otorga el Premio Nobel de Literatura

2. Fecha

Faulkner inició la escritura de *El ruido y la furia* en la primavera de 1928 mientras trabajaba como vigilante de calderas de la Universidad de Mississippi. Se publica al año siguiente.

3. Género

El ruido y la furia es una novela.

4. Tema

El tema central son las relaciones asfixiantes de la familia Compson, que antepone la apariencia social al amor por sus hijos. Pero *El ruido y la furia*, como gran parte de la producción de Faulkner, no se queda en lo local. Por eso también hay que hablar del tema de la alienación y la desintegración moral en distintas vertientes: el deterioro de los valores de la familia aristocrática, la ruptura de las relaciones entre padres e hijos y la corrupción individual.

5. Argumento

La familia Compson está formada por los padres, tres hermanos -Benjy, que es retrasado mental, Quentin y Jason- y una hermana, Caddy. La señora Compson es una mujer hipocondríaca que se desentiende de sus hijos. Caddy y la criada Dilsey, dos mujeres sensibles, hacen el papel de madre. Caddy queda embarazada y la familia le busca un esposo; se casa con un rico pero el marido la repudia al enterarse de que está embarazada. Caddy tiene una hija, a la que llama Quentin, y la entrega a su madre antes de huir a la gran ciudad. Durante años Caddy seguirá mandando dinero a su madre para que mantenga a la niña. Por otro lado, su hermano Quentin, el intelectual de la familia, se suicida por sentirse culpable de la «desgracia» de su hermana. Ante este panorama, Jason se hace cargo de los asuntos económicos de la familia, pero es un vago y no tiene escrúpulos.

6. Estructura

La novela se divide en cuatro secciones que se inician con la fecha en la que tiene lugar la apreciación de cada personaje. La primera (siete de abril de 1928) corresponde a Benjy; la segunda (2 de junio de 1910) es la de Quentin; la tercera (6 de abril de 1928) pertenece a Jason y la cuarta (8 de abril de 1928) es la sección de Dilsey.

El primer narrador, Benjy, cumple ese día treinta y tres años pero tiene el desarrollo mental de un niño pequeño. Esta sección se caracteriza por la fragmentación y una estructura de montaje sin una coordinación lógica. Por medio de la asociación verbal y sensorial, Benjy pasa revista a tres décadas en una especie de grabación ininterrumpida y fragmentaria. Son noventa y nueve saltos entre pasado y presente.

El narrador de la segunda sección, Quentin, es un ser introvertido y muy reflexivo. Es el depositario de los ideales aristocráticos y no puede soportar la pérdida de la virginidad de su hermana Caddy. Por eso se suicida arrojándose al río Charles. La fecha de esta sección corresponde a su último día de vida.

Mientras que las dos primeras secciones tienen cierta naturaleza poética, la sección de Jason se caracteriza por el uso vulgar del lenguaje. Jason es un ser bastante mezquino; sólo piensa en el dinero y carece de toda ética. Engaña a todos los miembros de la familia porque quiere vengarse de ellos.

La cuarta sección corre a cargo Dilsey, la criada negra, la única persona capaz de mostrar un amor equilibrado y desinteresado en la novela.

7. Contexto y trascendencia

La consideración de *El ruido y la furia* como una obra maestra de la literatura norteamericana es bastante posterior a su fecha de publicación. Como se ha dicho antes, Faulkner escribió acuciado por los problemas económicos y aunque el escritor gozó de cierto renombre el reconocimiento no llegaría hasta después de la Segunda Guerra Mundial. Las primeras traducciones de Faulkner se hicieron en Francia y de ahí pasó a España. Por ello la influencia del escritor norteamericano se ha extendido más allá de las fronteras de su país y hoy sigue gozando de un prestigio que no ha mermado con los años.

Tarde en Cape Cod (1939), de Eduard Hopper

Antología

Paul Celan parece desmentir la idea de que no es posible escribir poesía después de Auschwitz. Su primer libro de poemas, *Amapola y memoria* (1952), incluye su poema más famoso, *Fuga de la muerte*, donde vierte su experiencia en el campo de exterminio de Auschwitz. La poesía de Celan tiene profundas influencias del surrealismo y es muy rica en imágenes bíblicas. Desgraciadamente tuvo una vida tormentosa marcada por la pérdida de dos hijos y graves desequilibrios mentales que le obligaron a recluirse en sanatorios. El 20 de abril de 1970 se suicida lanzándose a las aguas del Sena.

Fuga de la muerte

*Negra leche del alba la bebemos de tarde
la bebemos a mediodía de mañana la bebemos de noche
bebemos y bebemos
cavamos la fosa en los aires no se yace allí estrecho
Vive un hombre en la casa que juega con las serpientes que escribe
que escribe al oscurecer a Alemania tu pelo de oro Margarete
lo escribe y sale de la casa y brillan las estrellas silba a sus mastines
silba a sus judíos hace cavar una fosa en la tierra
nos ordena tocad a danzar*

*Negra leche del alba te bebemos de noche
te bebemos de mañana a mediodía te bebemos de tarde
bebemos y bebemos
Vive un hombre en la casa que juega con las serpientes que escribe
que escribe al oscurecer a Alemania tu pelo de oro Margarete
Tu pelo de ceniza Sulamit cavamos una fosa en los aires no se yace allí estrecho*

*Gritad hincad los unos más hondo en la tierra los otros cantad y tocad
agarra el hiero del cinto lo blande son sus ojos azules
hincad los unos más hondo las palas los otros seguid tocando a danzar*

*Negra leche del alba te bebemos de noche
te bebemos de mañana a mediodía te bebemos de tarde
bebemos y bebemos
Vive un hombre en la casa tu pelo de oro Margaret
tu pelo ceniza Sulamit juega con las serpientes*

*Grita que suene más dulce la muerte la muerte es un Maestro Alemán
grita más oscuro el tañido de los violines así subiréis como humo en el aire
así tendréis una fosa en las nubes no se yace allí estrecho*

*Negra leche del alba te bebemos de noche
te bebemos a mediodía la muerte es un Maestro Alemán
te bebemos de tarde y mañana bebemos y bebemos
la muerte es un Maestro Alemán su ojo es azul
él te alcanza con bala de plomo su blanco eres tú
vive un hombre en la casa tu pelo de oro Margarete
azuza sus mastines a nosotros nos regala una fosa en el aire
juega con las serpientes y sueña la muerte es un Maestro Alemán*

*tu pelo de oro Margarete
tu pelo de ceniza Sulamit.*

Paul Celan: *Amapola y memoria.*

Meursault, el protagonista de *El extranjero* de **Albert Camus**, lleva saliendo algún tiempo con Marie. La chica, que ve cómo el tiempo va pasando, le pide que se case con ella. Esta escena relata ese preciso momento.

Por la tarde, Marie vino a buscarme y me preguntó si quería casarme con ella. Le dije que me daba igual y que podíamos hacerlo si era su deseo. Me preguntó entonces si la quería. Contesté, como ya había hecho una vez, que nada significaba eso, y que lo más probable es que no la quería. «¿Por qué te casarías entonces conmigo?», dijo ella. Le expliqué que la cosa no tenía ninguna importancia, pero que si ella lo deseaba podíamos casarnos. Además, era ella la que lo preguntaba y yo me limitaba a responder que sí. A continuación recalcó que el matrimonio era una cosa seria. Respondí: «No». Se quedó callada un momento y me miró en silencio. Después siguió hablando. Quería simplemente saber si yo habría aceptado la misma proposición de otra mujer, a la que hubiese estado unido de igual modo. Dije: «Naturalmente». Se preguntó entonces si ella me amaba a mí, pero yo nada podía decir al respecto. Después de otro momento de silencio, musitó que yo era extraño, que me quería probablemente por eso, pero que tal vez un día yo le repugnaría por las mismas razones. Como me callaba, porque no tenía nada que añadir, me cogió del brazo sonriendo y declaró que quería casarse conmigo. Le dije que lo haríamos en cuanto ella quisiera. Le hablé entonces de la propuesta del patrón y Marie me dijo que le gustaría conocer París. Le conté que ya había vivido allí tiempo atrás y me preguntó cómo era. Le dije: «Es sucio. Hay palomas y patios oscuros. La gente tiene la piel blanca».

Después caminamos y atravesamos la ciudad por sus grandes calles. Las mujeres eran hermosas, y le pregunté a Marie si se daba cuenta. Me dijo que sí y que me comprendía. Durante un momento dejamos de hablar. Yo quería, sin embargo, que se quedara conmigo y le dije que podíamos cenar juntos en el restaurante de Celeste. A ella le habría encantado, pero tenía que hacer. Estábamos cerca de mi casa y me despedí. Me miró: «¿No quieres saber lo que tengo que hacer?». Yo quería saberlo, pero no había caído en ello y eso es lo que ella parecía reprocharme. Entonces, al verme en apuros, volvió a reír y vino hacia mí con un movimiento de todo su cuerpo para ofrecerme la boca.

El *Gran Gatsby* de **Scott-Fitzgerald** es una de las grandes novelas americanas. En este fragmento, Nick Carraway, el narrador, relata las confesiones que le hace Gatsby sobre la historia de su relación amorosa con Daisy. Paradójicamente, esta vuelta a los orígenes está muy próxima al trágico desenlace final.

Era la primera muchacha de buena familia que había conocido. En varias, aunque no reveladas actividades, había entrado en contacto con tal gente, pero siempre con indiscernibles alambradas de por medio. Al conocerla, la encontró excitantemente deseable. Primero fue a su casa con otros oficiales de Camp Taylor; luego, solo. Le sorprendió. Nunca había estado en una casa tan hermosa, pero lo que le daba un aire de jadeante intensidad era que Daisy vivía allí. Para ella, aquella casa era algo tan indiferente como para él su tienda de campaña en el campamento. En torno a ella había un maduro misterio, vistazos de dormitorios más frescos y hermosos que otros dormitorios, alegres y radiantes actividades que tenían lugar por los pasillos, romances que no estaban marchitos y guardados entre hojas de lavanda, sino frescos y llenos de vida; automóviles último modelo, bailes cuyas flores apenas se marchitaban. También le excitaba el hecho de que muchos hombres hubiesen amado a Daisy; en su opinión, eso aumentaba su intrínseco valor. Sentía su presencia en toda la casa, impregnando el aire con las sombras y los ecos de emociones que se prendían, temblorosas, en la atmósfera.

Sin embargo, sabía que estaba en casa de Daisy por un colosal accidente. Por glorioso que fuera su porvenir con Jay Gatsby, en la actualidad era un pobre muchacho sin pasado; en cualquier instante, la invisible capa de su uniforme resbalaría de sus hombros. Así, pues, aprovechaba el tiempo. Tomaba cuanto podía coger, voraz y despreocupadamente. Una callada noche de invierno, tomó a Daisy; la hizo suya, precisamente, porque no tenía derecho a tocar su mano.

Cesare Pavese tuvo una carrera muy prolífica en el panorama literario italiano. Desgraciadamente puso fin a su vida. «Vendrá la muerte y tendrá tus ojos» es uno de sus poemas más recordados.

*Vendrá la muerte y tendrá tus ojos
esta muerte que nos acompaña
desde el alba a la noche, insomne,
sorda, como un viejo remordimiento
o un absurdo defecto. Tus ojos
serán una palabra inútil,
un grito callado, un silencio.
Así los ves cada mañana
cuando sola te inclinas
ante el espejo. Oh, amada esperanza,
aquel día sabremos, también,
que eres la vida y eres la nada.*

*Para todos tiene la muerte una mirada.
Vendrá la muerte y tendrá tus ojos.
Será como dejar un vicio,
como ver en el espejo
asomar un rostro muerto,
como escuchar un labio ya cerrado.
Mudos, descenderemos al abismo.*

Samuel Becket estrena *Esperando a Godot* en 1953 y desde esa fecha no ha dejado de representarse por todo el mundo. La espera interminable de los dos vagabundos Vladimir y Estragon no ha dejado de calar hondo en el público.

VLADIMIR.– ¿Qué decía? ¿Cómo sigue tu pie?

ESTRAGON.– Se hincha.

VLADIMIR.– Ah, sí, ya sé, la historia de ladrones. ¿La recuerdas?

ESTRAGON.– No.

VLADIMIR.– ¿Quieres que te la cuente otra vez?

ESTRAGON.– No.

VLADIMIR.– Así matamos el tiempo. (Pausa). Eran dos ladrones, crucificados al mismo tiempo que el Salvador. Se…

ESTRAGON.– ¿El qué?

VLADIMIR.– El Salvador. Dos ladrones. Se dice que uno fue salvado y el otro…(Busca lo contrario a salvado)… condenado.

ESTRAGON.– ¿Salvado de qué?

VLADIMIR.– Del infierno.

ESTRAGON.– Me voy (No se mueve)

VLADIMIR.– Y, sin embargo…(Pausa) ¿Cómo es que…? Supongo que no te aburro-

ESTRAGON.– No escucho.

VLADIMIR.– ¿Cómo se comprende que de los cuatro evangelistas sólo uno presente los hechos de ese modo? Los cuatro estaban allí presentes… bueno, no muy lejos. Y sólo uno habla de un ladrón salvado. (Pausa). Veamos, Gogo, tienes que devolverme la pelota de vez en cuando.

ESTRAGON.– Escucho.

VLADIMIR.– Uno de cuatro. De los tres restantes, dos ni lo mencionan, y el tercero dice que los otros dos lo insultaron.

ESTRAGON.– ¿Quién?

VLADIMIR.– ¿Cómo?

ESTRAGON.– No entiendo nada… (Pausa) ¿Insultado? ¿Quién? […]

VLADIMIR.– Se hallaban allí los cuatro. Y sólo uno habla de un ladrón salvado. ¿Por qué darle más crédito que a los otros?

ESTRAGON.– ¿Quién le cree?

VLADIMIR.– Pues todo el mundo. Sólo se conoce esta versión.

ESTRAGON.– La gente es estúpida.

Esperando a Godot.